# Immobilienrecht praxisnah

**EBOOK INSIDE**

Die Zugangsinformationen zum eBook Inside finden Sie am Ende des Buchs.

Johannes Handschumacher

# Immobilienrecht praxisnah

## Grundlagen und praktische Anwendung

2., aktualisierte und erweiterte Auflage

 Springer Vieweg

Johannes Handschumacher
Technische Universität Dresden
Dresden, Deutschland

ISBN 978-3-658-26908-1     ISBN 978-3-658-26909-8   (eBook)
https://doi.org/10.1007/978-3-658-26909-8

Die Deutsche Nationalbibliothek verzeichnet diese Publikation in der Deutschen Nationalbibliografie; detaillierte bibliografische Daten sind im Internet über http://dnb.d-nb.de abrufbar.

Springer Vieweg
© Springer Fachmedien Wiesbaden GmbH, ein Teil von Springer Nature 2014, 2019

Lektorat: Karina Danulat

Springer Vieweg ist ein Imprint der eingetragenen Gesellschaft Springer Fachmedien Wiesbaden GmbH und ist ein Teil von Springer Nature.
Die Anschrift der Gesellschaft ist: Abraham-Lincoln-Str. 46, 65189 Wiesbaden, Germany

# Vorwort 2. Auflage

Nach gut fünf Jahren liegt nun die 2. Auflage des Buches „Immobilienrecht *praxisnah*" vor. Die Struktur des Buches wurde grundsätzlich beibehalten, lediglich der Titel wurde dem potenziellen Leserkreis entsprechend angepasst. Das Buch deckt, wie auch schon die 1. Auflage, sämtliche praktisch relevanten Teilrechtsgebiete des Immobilienrechts sowie der „benachbarten" Rechtsgebiete ab. Gegenüber der 1. Auflage hat sich der Umfang der behandelten Rechtsfragen aber deutlich erhöht, einschließlich der Differenziertheit und Tiefe der Darstellung. Dies ist nicht zuletzt dem Umfang der in den letzten Jahren ergangenen Rechtsprechung geschuldet, die im Zusammenhang mit den dort zur Entscheidung stehenden Sachverhalten, wenn auch in prägnanten aber, anders als noch in der 1. Auflage, nahezu umfassend eingeflossen ist. Hierdurch soll das Buch nunmehr auch für angehende Juristen in der Ausbildung zu einem gut handhabbaren und lehrreichen Nachschlagewerk werden. Dass für diese Neujustierung ein Bedürfnis besteht, belegt die große Anzahl von Onlinezugriffen aus dem Bereich der Hochschulen. Aber auch für Juristen im Beruf soll das Buch nach wie vor als kompakte und praxisbezogene Darstellung des gesamten Immobilienrechts von Nutzen sein. Gleichwohl wurde der Anspruch, auch für Nichtjuristen gut verständlich zu sein, keinesfalls aufgegeben.

Die relevante Rechtsprechung, die durchgängig nach juris zitiert wird, und bedeutsame Gesetzesänderungen der letzten Jahre, sind bis zum Frühjahr 2019 berücksichtigt, also auf dem neuesten Stand.

Mein Dank gilt zunächst meinem Sohn, Rechtsanwalt Konstantin Handschumacher LLM, der auch für die 2. Auflage des Buches wertvolle Beiträge geleistet hat. Danken möchte ich zudem Frau Maria Scherer für das Korrekturlesen sowie Herrn Prof. Dr. Rainer Schach, der mir stehts ein wertvoller Gesprächspartner war und Frau Karina Danulat vom Springer Vieweg Verlag, die mich zu dieser 2. Auflage des Buches motiviert hat.

August 2019        Rechtsanwalt Prof. Dr. Johannes
Dresden        Handschumacher

# Vorwort 1. Auflage

Dieses Buch ist hervorgegangen aus den Vorlesungen, „Juristisches Projektmanagement für Immobilien" und „Öffentliches Baurecht" an Technische Universität Dresden, Fakultät Bauingenieurwesen.

Ziel ist es, denjenigen, die sich beruflich mit Immobilien zu befassen haben, ein Kompendium an die Hand zu gebe, welches die wesentlichen Grundlagen des Immobilienrechts in ihrer Gesamtheit darstellt. Sämtliche Teilrechtsgebiete des Immobilienrechts werden in diesem Buch zusammengefasst dargestellt, wie es ansonsten in der juristischen Literatur eher selten zu finden ist. Dabei soll sowohl den Anforderungen von Juristen an ein gut handhabbares Nachschlagewerk, aber insbesondere auch denjenigen Rechnung getragen werden, die nicht täglich mit der Lösung von Rechtsproblemen befasst sind, also beispielsweise Architekten, Bauingenieuren, Immobilienmaklern etc., die aber dennoch bei ihrer Arbeit mit Rechtsfragen im Zusammenhang mit Immobilien konfrontiert werden.

Um diesem Anspruch gerecht zu werden, sollen einerseits die allgemeinen rechtlichen Grundlagen der verschiedensten Teilrechtsgebiete in verständlicher Weise dargestellt werden, versehen mit praxisrelevanten Hinweisen, damit auch dem „Nichtjuristen" der Einstieg in die komplexe Rechtsmaterie des Immobilienrechts gelingt. Andererseits wird nicht darauf verzichtet, juristische Detailfragen vertieft zu behandeln, unter Bezugnahme auf die aktuelle Rechtsprechung. Beides geschieht in kompakter, aber dennoch gut lesbarer Form.

Dort wo es für das Grundverständnis erforderlich ist, wird auch auf ältere gefestigte Rechtsprechung verwiesen. Aufgrund der vollständigen Zitierung der Entscheidungen mit Datum, Aktenzeichen und wenn möglich auch dem Ort der Veröffentlichung, ist die überwiegende Anzahl der zitierten Entscheidung problemlos und kostenfrei im Internet zu recherchieren. Deswegen wurde, von Ausnahmen abgesehen, auf Zitierung von juristischer Literatur verzichtet. Am Ende jedes Kapitels findet sich aber jeweils ein Hinweis auf weiterführende Literatur zum Themenkreis des Kapitels.

Dieses Buch geht insoweit über das hinaus, was die übliche Ratgeberliteratur ihrem Leser zu vermitteln versucht. Es ist andererseits aber auch kein klassisches Lehrbuch nur für Juristen.

Besonderer Dank gilt meinem Sohn Ref. jur. Konstantin Handschumacher, der wesentliche Zuarbeiten, insbesondere zum Kapitel über die Grundstücksbelastungen, geleistet hat. Danken möchte ich auch Herr Prof. Dr. Rainer Schach, Dekan der Fakultät Bauingenieurwesen der Technischen Universität Dresden, der mich zu diesem Buch motiviert und mir wertvolle Anregungen gegeben hat.

September 2014                                                    Rechtsanwalt Prof. Dr. Johannes
Dresden                                                                         Handschumacher

# Inhaltsverzeichnis

# Einführung

## 1.1 Immobilien und ihr wirtschaftliches Umfeld

Immobilien sind weltweit ein wichtiger **Wirtschaftsfaktor.** Sie sind Wirtschaftsgüter von in der Regel ganz erheblichem **Wert.** Sie können einzeln oder in ihrer Gesamtheit aufgrund von gesamtwirtschaftlichen Entwicklungen an Wert gewinnen, aber auch verlieren. Zudem hat jede Immobilie für sich einen **Lebenszyklus,** währenddessen ihr Wert, beispielsweise aufgrund ihrer Lage oder ihres baulichen Zustands, ebenfalls deutlich schwanken kann, mit gravierenden Auswirkungen auf die gesamte Vermögenssituation des jeweiligen Eigentümers.

Das **Transaktionsvolumen** für Immobilien betrug allein in Deutschland im Jahre 2017 insgesamt 72,8 Mrd. € (ohne IPO´s). Welche immensen Auswirkungen **Fehlentwicklungen** in der Immobilienwirtschaft nach sich ziehen können, haben vor einigen Jahren die Subprimekrise in den USA oder die Entwicklung des Immobilienmarktes mit all seinen Schwankungen auf dem Gebiet der ehemaligen DDR gezeigt. Der Begriff „**Schrottimmobilie**" soll in diesem Zusammenhang in Erinnerung gerufen sein. Immobilien erleben seit einigen Jahren nahezu weltweit einen erneuten erheblichen **Wertzuwachs.** Das niedrige Zinsniveau macht sie und das Investment in Immobilien für Investoren und Privatanleger wieder zu einer attraktiven Anlageform. Gleichwohl scheint eine erneute **Blasenbildung** nicht ausgeschlossen. Welche Auswirkungen der **Brexit** für die Wertentwicklung britischer Immobilien hat, ist überhaupt noch nicht abzusehen.

Wer beruflich mit Immobilien zu tun hat, bewegt sich also nicht nur in einem besonders gearteten **wirtschaftlichen Umfeld,** sondern er ist auch mit **rechtlichen Rahmenbedingungen** konfrontiert, deren Kenntnis unabdingbare Voraussetzung ist, um wirtschaftlich erfolgreich zu sein und/oder Fehler mit negativen wirtschaftlichen Folgen zu vermeiden. Dies gilt sowohl für den Manager großvolumiger Immobilienprojekte, für

© Springer Fachmedien Wiesbaden GmbH, ein Teil von Springer Nature 2019
J. Handschumacher, *Immobilienrecht praxisnah,*
https://doi.org/10.1007/978-3-658-26909-8_1

den privaten Immobilieneigentümer, aber natürlich auch für Architekten, Bauingenieure, Immobilienmakler sowie die gesamte Beratungsbranche.

## 1.2    Allgemeine Grundlagen des Immobilienrechts

Der Begriff **„Immobilie"** stammt aus dem **Lateinischen** und bedeutet **„unbewegliche Sache".** Grund und Boden einschließlich aufstehender und damit fest verbundener „Bauwerke" wird daher als Immobilie bezeichnet. Für bewegliche Gegenstände wird im Gegensatz dazu der Begriff **„Mobilien"** verwandt.

Die Immobilie ist ein **„Rechtsobjekt"** und kann daher – anders als **„Rechtssubjekte"** – nicht Träger eigener Rechte sein, sondern nur Gegenstand von Rechten.

Die Immobilie steht in der Regel im **Eigentum** eines Rechtssubjekts, in dessen „Zuständigkeit" die Ausgestaltung, der Erhalt, die wirtschaftliche Ausnutzung, die Übertragung und dergleichen fällt.

### 1.2.1    Die Immobilie als Rechtsobjekt

Die Immobilie als Rechtsobjekt ist komplex strukturiert. Sie hat, jedenfalls bezüglich des Grund und Bodens, **„Ewigkeitscharakter".** Sie ist im wahrsten Sinne des Wortes **„immobil",** also unbeweglich und ist meist **werthaltig.**

Im **Rechtsverkehr** gelten deswegen und wegen der besonderen wirtschaftlichen Relevanz spezielle **Rechtsvorschriften,** die für sonstige Rechtsobjekte nicht gelten. So müssen beispielsweise Grundstückskaufverträge gemäß § 311a BGB **notariell beurkundet** werden. Im Hinblick auf die große wirtschaftliche Bedeutung eines solchen Geschäfts dient die notarielle **Beurkundung** vor allem dem **„Übereilungsschutz"** der Kaufvertragsparteien[1].

Eine Immobilie als **„Projekt"** zu managen, also zu erwerben, zu bebauen, sie als Vermögensanlage oder Betriebsvermögen zu verwalten, erfordert daher die Beachtung der unterschiedlichsten rechtlichen Rahmenbedingungen. **Relevante** Aspekte sind beispielsweise

- das Eigentum bzw. die Eigentumsformen,
- die Bestandteile der Immobilie,
- die Art und Weise der Übertragung,
- die Belastungen zum Zwecke der Finanzierung,
- die Arten der Gebrauchsüberlassung.

---

[1]Vgl. beispielsweise OLG Rostock, Beschl. v. 28.04.2006 – 7 U 48/06

## 1.2.2 Die Immobilie im Rechtsverkehr

Es gibt kein deutsches „Immobiliengesetzbuch", das sämtliche rechtlichen Regelungen für Immobilien enthält. Das Recht der Immobilien – „**Immobilienrecht**" – setzt sich vielmehr aus den verschiedensten **Teilrechtsgebieten** zusammen.

Das Immobilienrecht ist im Wesentlichen ein Teil des **Privatrechts,** welches im **BGB** geregelt ist, mit Bezügen zu anderen Rechtsgebieten, unter anderem zum Steuerrecht, dem öffentlichen Baurecht oder dem Zwangsvollstreckungsrecht. Rechtlich relevante Vorgänge in Bezug auf die Immobilie sind beispielsweise folgende:

- Kauf
- Miete/Pacht
- Bebauung
- Steuer
- Versicherung
- Beleihung/Finanzierung
- Zwangsversteigerung
- Vermakelung

Um das Immobilienrecht und seine Teilrechtsgebiete richtig einordnen zu können, ist es sinnvoll, zunächst einen Blick auf die grundsätzliche **Struktur** des **deutschen Rechtssystems** zu werfen.

## 1.2.3 Die Struktur des deutschen Rechtssystems

Das deutsche Rechtssystem unterteilt sich in seiner **Grundstruktur** in zwei große Rechtgebiete, nämlich

- das Öffentliche Recht und
- das Privatrecht.

Das **Strafrecht** nimmt eine Sonderstellung ein, weshalb es nachfolgend außer Betracht bleiben kann.

### 1.2.3.1 Definition „Öffentliches Recht"

Das Öffentliche Recht regelt die **Organisation des Staates** und anderer hoheitlich handelnder Institutionen. Das Öffentliche Recht bestimmt zudem die Beziehung zwischen **Bürger und Staat** beziehungsweise sonstiger Träger öffentlicher Gewalt und ordnet das **Verhältnis der Verwaltungsträger, also Behörden und Institutionen** untereinander.

### 1.2.3.2 Über-/Unterordnungsverhältnis

Ein Rechtsverhältnis ist in der Regel dann **öffentlich-rechtlich,** wenn ein Hoheitsträger dem Bürger im **Über-/Unterordnungsverhältnis** oder dieser Hoheitsträger gerade in seiner Eigenschaft als **Träger hoheitlicher Gewalt** dem Bürger gegenüber tätig wird. Dies ist beispielsweise dann der Fall, wenn eine Baugenehmigung erteilt werden muss, die Polizei eine Ordnungsmaßnahme verhängt oder eine Grundstücksenteignung beschlossen wird.

Auch wenn das Kriterium des „Über-/Unterordnungsverhältnisses" zur rechtlichen Einordnung eines Rechtsverhältnisses zwischen Bürger und staatlichen Institutionen im demokratischen **Rechtsstaat** mit einer bürgerfreundlichen Verwaltung nicht mehr zeitgemäß erscheint, so lässt sich durch dieses Schlagwort gleichwohl immer noch gut ermitteln, bei welchen **Lebenssachverhalten** es um ein öffentlich-rechtliches Rechtsverhältnis zwischen Bürger und Staat geht, bei dem **öffentlich-rechtliche Vorschriften** zur Anwendung kommen.

#### 1.2.3.2.1 Verwaltungsakt

**Hauptgestaltungsmittel** des öffentlichen Rechts ist neben dem Gesetz der **Verwaltungsakt,** zum Beispiel in der Form eines **Bescheides** oder einer **Genehmigung.** Der betroffene Bürger wird durch den von einer Behörde erlassenen Verwaltungsakt als dessen Adressat zu einem **Tun oder Unterlassen** bestimmt oder ihm werden **Rechte** oder **Ansprüche** gewährt oder versagt.

#### 1.2.3.2.2 Gesetze

**Zentrale Gesetze** des Öffentlichen Rechts sind beispielsweise

- das Grundgesetz (GG),
- das Verwaltungsverfahrensgesetz (VwVfG),
- das Baugesetzbuch (BauGB) bzw. die Landesbauordnungen (LBO).

#### 1.2.3.2.3 Justiz/Rechtsschutz

Bei **Streitigkeiten** aus dem Bereich des öffentlichen Rechts entscheiden

- die Verwaltungsgerichte,
- die Oberverwaltungsgerichte,
- das Bundesverwaltungsgericht,
- das Bundesverfassungsgericht.

### 1.2.3.3 Definition „Privatrecht"

Das Privatrecht ist derjenige Teil der Rechtsordnung, der die Rechtsbeziehungen Einzelner zueinander auf der Basis von **Gleichordnung** und **Selbstbestimmung** regelt[2].

---

[2]BGH, Urt. v. 09.03.2012 – V ZR 115/11

Auch die Träger öffentlicher Gewalt können an Privatrechtsgeschäften mit Bürgern beteiligt sein, wenn sie **fiskalisch** wie ein Bürger handeln, also nicht hoheitlich. Bei solchen **Rechtsgeschäften** sind sie dem Bürger rechtlich **gleichgestellt.**

Wesentliche Teile des Immobilienrechts sind dem Privatrecht zuzuordnen, da das Privatrecht **Eigentumsfragen** im Zusammenhang mit Grund und Boden sowie dem Erwerb und die wirtschaftliche Verwertung von Grund und Boden zum Gegenstand hat.

**Hauptgestaltungsmittel** des Privatrechts sind

- der Vertrag und
- das Gesetz.

Verbindliche **Rechte und Ansprüche** der Beteiligten auf ein Tun oder Unterlassen gegenüber einem anderen ergeben sich also typischerweise aus einem Vertrag oder dem Gesetz. Das **Bürgerliche Gesetzbuch** ist für zivilrechtliche Rechtsbeziehungen das zentrale Gesetz, abgekürzt **BGB**.

Das öffentliche Recht, genauer gesagt das öffentliche Baurecht in der Gestalt des **Bauplanungs-**[3] **und Bauordnungsrechts,** ist hingegen maßgeblich, wenn die rechtliche **Bebaubarkeit** von Grund und Boden jenseits von bautechnischen Frage in Rede steht, also ob und in welcher Weise ein Grundstück in rechtlich **zulässiger Weise** bebaut werden darf. Die Frage der Bebaubarkeit – also das Baurecht – wird grundsätzlich nicht durch vertragliche Vereinbarung zwischen Eigentümer und Behörde geregelt, sondern durch Verwaltungsakt.

### 1.2.3.4 Prozessrecht

Über privatrechtliche Streitigkeiten entscheiden die **Zivilgerichte** in den **Instanzen**:

- Amtsgericht, Klagen bis 5000,- €,
- Landgericht, Klagen > 5000,- €, Berufungen gegen Amtsgerichtsurteile,
- Oberlandesgericht, Berufungen gegen Landgerichtsurteile,
- Bundesgerichtshof, Revisionen ab 20.000,- € gegen Oberlandesgerichtsurteile.

Das deutsche **Zivilprozessrecht,** das die Art und Weise der **Prozessführung** in Zivilrechtsstreitigkeiten regelt, ist in der **Zivilprozessordnung** – der ZPO – und diversen **Nebengesetzen** geregelt.

Spezielle Regelungen für den „Immobilienprozess" gibt es nicht. Die **ZPO** enthält allerdings einige spezielle Regelungen, beispielsweise

- für den Gerichtsstand bei Grundstücken, § 24 ZPO,
- die Veräußerung von Grundstücken während eines Prozesses, § 266 ZPO oder
- für die Zwangsvollstreckung in Grundstücke, §§ 864 ff. ZPO

---

[3]Siehe Kap. 11

Die **Zwangsversteigerung** von Grundstücken wird im Einzelnen durch das **Zwangsver-steigerungsgesetz** (ZVG) geregelt (siehe Kap. 3; Abschn. 3.4).

## 1.3    Das Bürgerliche Gesetzbuch, BGB

Das BGB ist insgesamt in **fünf „Bücher"** (Kapitel) unterteilt, wobei

- das Schuldrecht, Buch 2. § 241 – § 853, und
- das Sachenrecht, Buch 3. § 854 – § 1296,
- aber auch Bereiche des Allgemeinen Teils, Buch 1. § 1 – 240,

für das Recht der Immobilie und das Verständnis rechtlich relevanter Vorgänge in Bezug auf die Immobilie von zentraler und ganz grundlegender Bedeutung sind.

### 1.3.1    Das Schuldrecht, §§ 241 ff. BGB

Das Recht der **Schuldverhältnisse** wird durch das „**Schuldrecht**" im BGB regelt. Das „**Schuldverhältnis**" ist der **zentrale Begriff** des bürgerlichen Rechts.

Ein Schuldverhältnis wird in der Regel begründet, wenn zwei Rechtssubjekte in eine **rechtliche Beziehung** zueinander treten. Das Schuldverhältnis kann sich insoweit aus einem **Vertrag** oder aus dem **Gesetz** ergeben und auf Sachüberlassung, Dienstleistung, Schadensersatz usw. sowie endgültig oder vorübergehend sein. Der Vertrag wird in der Rechtswissenschaft als **Rechtsgeschäft** bezeichnet.

Die verschiedenen **Vertragsarten** sind im BGB geregelt, so beispielsweise der Kauf-vertrag, der Werkvertrag, der Mietvertrag oder der Darlehnsvertrag.

#### 1.3.1.1 Vertragliche Schuldverhältnisse

Der **Vertrag,** durch den ein Schuldverhältnis zwischen zwei Parteien begründet wird, regelt die gegenseitigen **Rechte** und **Pflichten** der Vertragsparteien. Ein Vertrag kommt in der Regel im Wege des **Angebots** und dessen **Annahme** zustand, §§ 150 ff. BGB.

**Vertragliche Schuldverhältnisse** können beispielsweise den Austausch von Waren gegen Geldzahlung zum Gegenstand haben, also auf eine Sachüberlassung gerichtet sein. Typisches Beispiel hierfür ist der **Kaufvertrag** gemäß § 433 BGB. Ein Schuldverhältnis kann auch auf eine **Dienstleistung** gemäß § 611 BGB oder **Werkleistung** gemäß § 633 BGB usw. gerichtet sein.

Die **Vertragsfreiheit** wird durch das **Grundgesetz** garantiert, also die Möglichkeit der Parteien, Verträge selbst zu gestalten (**Privatautonomie).** Dabei wird richtigerweise unter-stellt, dass die Parteien eines Vertrages „auf gleicher Augenhöhe" verhandeln und eigen-verantwortlich den Inhalt der gegenseitigen Rechte und Pflichten verbindlich festlegen können. Sittenwidrigkeit, Wucher, Täuschung, Treu und Glauben, Verbraucherschutz und seit einiger Zeit auch das Verbot der Diskriminierung[4] bilden die Grenze der **Vertragsfreiheit.** Solche Verträge, die gegen diese Rechtsprinzipien verstoßen, sind nichtig und begründen keine gegenseitigen Rechtspflichten.

Die **Vertragsparteien** sind bei der Vereinbarung von Verträgen nicht nur auf die im BGB enthaltenen **Vertragstypen** beschränkt. Sie können auch „**gemischte Verträge**" abschließen, die jeweils nur Teile von verschiedenen Vertragstypen des BGB enthalten oder Verträge mit ganz eigenem Rechtscharakter (**sui generis**). Ein typischer Fall für einen gemischten Vertrag war bis zur Reform des Bauvertragsrechts zum 01.01.2018 der **Bauträgervertrag.** Er enthielt Elemente eines Kauf-, Werk- und Geschäftsbesorgungsvertrags (siehe Kap. 3; Abschn. 3.3). Seit der Reform ist dieser Vertragstyp nun mit diesem Inhalt in den §§ 650u, 650v BGB gesetzlich geregelt.

Über die Jahre können sich im Rechtsverkehr auch ganz spezielle **Vertragstypen** neu herausbilden, wie beispielsweise der Leasingvertrag oder der Franchisevertrag, ohne dass diese gesetzlich geregelt sind. Die Rechtsprechung greift bei der **Vertragsauslegung** solcher Verträge dann in der Regel aber immer wieder auf die Vertragstypen des BGB und die dortigen Regelungen zurück, insbesondere für die Bestimmung der gegenseitigen **Leistungspflichten** und deren **Rechtsfolgen.**

### 1.3.1.2 Gesetzliche Schuldverhältnisse

**Gesetzliche Schuldverhältnisse** kommen – anders als vertragliche Schuldverhältnisse – ohne einen Vertragsschluss zwischen den Parteien zustande, zum Beispiel durch eine **deliktische Handlung** gemäß § 823 BGB, die den Schädiger verpflichtet, dem Geschädigten **Schadensersatz** zu leisten oder wegen **ungerechtfertigter Bereicherung** gemäß § 811 BGB. Danach muss derjenige, der ohne rechtliche Grundlage auf Kosten eines anderen einen **Vermögensvorteil** erlangt hat, diesem einen Ausgleich hierfür zahlen.

Aus **§ 1004 BGB** ergibt sich ein für das Immobilienrecht wichtiges gesetzliches Schuldverhältnis. Danach kann ein Eigentümer vom sogenannten **Störer** die Beseitigung seiner **Eigentumsbeeinträchtigung** verlangen, unabhängig davon, ob ihm daneben unter Umständen auch noch Schadenersatz oder sonstige Ansprüche zustehen. Der Eigentümer kann sich insoweit mit gerichtlicher Hilfe gegen jeden **widerrechtlichen Eingriff** in seine **Herrschaftsmacht** über sein **Eigentum** zur Wehr setzen und eine **Beseitigung** oder **Unterlassung** des Eingriffs oder der Störung verlangen und dies mit staatlichem Zwang durchsetzen[5].

---

[4]BGH, Urt. v. 23.04.2012 – II ZR 163/10

[5]BGH, Urt. v. 04.02.2005 – V ZR 142/04, NZM 2005, 315; BGH, Urt. v. 08.03.1990 – III ZR 81/88, NJW 1990, 2058

### 1.3.1.3  Leistungspflichten

Durch Schuldverhältnisse werden **Leistungspflichten** der Vertragsparteien untereinander begründet, die von den Vertragsparteien **zu erfüllen** sind, § 241 BGB. Die vertraglichen Leistungspflichten werden in **Haupt- und Nebenleistungspflichten** unterteilt.

**Hauptleistungspflichten** sind solche von den Vertragsparteien zu erfüllende Vertragspflichten, derentwegen der Vertrag geschlossen wird.

**Nebenleistungspflichten** sind zusätzliche Pflichten, um die Hauptleistung erfüllen zu können.

Hauptleistungspflichten der Parteien bei den wichtigsten **Vertragstypen** des BGB sind folgende:

- Kaufvertrag § 433 BGB: Übereignung Kaufgegenstand – Kaufpreiszahlung
- Darlehensvertrag § 488 BGB: Verschaffung Geldbetrag – Zins- und Rückzahlung
- Mietvertrag § 535: Gebrauchsüberlassung Mietgegenstand – Mietzinszahlung
- Werkvertrag § 631: Herstellung und Übereignung Werkleistung – Werklohnzahlung.

### 1.3.2   Das Sachenrecht, §§ 854 ff. BGB

Das Sachenrecht des BGB regelt im Sinne des **Art. 14 GG** die rechtliche **Vermögenszuordnung** von **Personen zu Sachen,** mithin den Erwerb, den Verlust und die Befugnis mit Sachen umzugehen, mithin **„Eigentumsfragen".**

Das Sachenrecht regelt auch den **Rechtschutz** wegen **Eigentumsbeeinträchtigungen,** wie

- Herausgabeansprüche,
- Beseitigungsansprüche und
- Unterlassungsansprüche.

Im Sachenrecht gilt, anders als im Schuldrecht, der sogenannte **Typenzwang**[6]. Der Rechtsverkehr darf sich nur der gesetzlich vorgesehenen **Eigentumsformen** bedienen. Eigentum kann nur in gesetzlich geregelter Weise begründet, übertragen oder aufgehoben werden (**numerus clausus** des Sachenrechts). Es gibt demzufolge nicht die Möglichkeit, beispielsweise ein „Eigentum-light" zu kreieren, unterschiedliche Eigentumsformen je nach **Bundesland** gesetzlich neu zu schaffen oder etwa eine Hypothek für Industriemaschinen zu vereinbaren.

---

[6]BGH, Urt. v. 05.12.1996 – V ZB 27/96, BGHZ 134, 182, 186; BGH, Beschl. v. 17.11.2011 – V ZB 38/11

### 1.3.2.1 Begriff des Eigentums

Eigentum (materielles) ist nach § 903 BGB die **Herrschaftsbeziehung** einer natürlichen oder juristischen Person über eine **Sache,** mit der der Eigentümer nach seinem eigenen Belieben verfahren[7] und Einwirkungen Dritter ausschließen kann[8] und die selbstverständlich auch staatliche Stellen, etwa im Falle einer beabsichtigten Enteignung, zu achten haben[9].

Das **Eigentum** – auch das Grundeigentum – ist **verfassungsrechtlich** garantiert, § 14 GG[10]. Es unterliegt aber zahlreichen öffentlich-rechtlichen **Beschränkungen** und selbstverständlich solchen, die vertraglich vereinbart wurden.

Eigentum ist nicht gleich **Besitz.** Diese **Unterscheidung** ist wichtig, auch wenn beide Begriffe umgangssprachlich meistens für ein und dasselbe verwendet werden. Besitz im Rechtssinn ist nur die **tatsächliche Sachherrschaft** über die Immobilie. Eigentum ist demgegenüber die **umfassende rechtliche Befugnis** in Bezug auf eine Sache, zum Beispiel die Immobilie. So ist beispielsweise der Wohnungsmieter Besitzer der Räumlichkeiten, aber nicht ihr Eigentümer.

Die Eigentumsrechte des Grundstückseigentümers können durch **Besitzrechte** zum Beispiel von Pächtern, Mietern oder einem Erbbauberechtigten erheblich eingeschränkt sein. Der Eigentümer ist in diesen Fällen nachvollziehbarerweise zur **Duldung** der Eigentumsbeeinträchtigung im vertraglichen Umfang verpflichtet. Dieser Umstand schließt auch einen Beseitigungs- und Unterlassungsanspruch gemäß **§ 1004 Abs. 2 BGB** gegenüber dem vertraglich Berechtigten aus[11].

### 1.3.2.2 Formen des Eigentums

Das Eigentum wird in unterschiedliche **Eigentumsformen** unterteilt, die ihrerseits speziellen rechtlichen Regelungen unterworfen sind.

#### 1.3.2.2.1 Alleineigentum

**Alleineigentum** liegt vor, wenn die jeweilige Sache nur einem **einzigen Eigentümer** alleine gehört. In diesem Fall kann der Eigentümer ohne weiteres alleine über sein Eigentum bestimmen und verfügen.

---

[7]BGH, Urt. v. 21.10.1983 – V ZR 166/82, NJW 1984, 729

[8]BGH, Urt. v. 20.01.2006 – V ZR 134/05, NJW 2006, 1054; Urt. v. 03.11.1993 – VIII ZR 106/93, NJW 1994, 188

[9]BVerfG, Beschl. v. 23.02.2010 – 1 BvR 2736/08 zur Entschädigungsregelung von Enteignungen beim Bau des Flughafens Berlin-Brandenburg

[10]BVerfG a. a. O.

[11]BGH, Urt. v. 03.11.1993 – VIII ZR 106, 93, NJW 1994, 188; BAG, Urt. v. 22.09.2009 – 1 AZR 972/08, NJW 2010, 631

### 1.3.2.2.2 Miteigentum

Man spricht von **Miteigentum**, wenn die Sache mehreren Personen **gemeinschaftlich** gehört. Das Miteigentum unterteilt sich wiederum in **zwei Formen**, nämlich das **Bruchteilseigentum** und das **Gesamthandseigentum**.

Beim **Bruchteilseigentum** im Sinne von **§ 1008 BGB** kann jeder frei über seinen Teil verfügen, § 747 BGB, zum Beispiel beim Wohnungseigentum.

Beim **Gesamthandseigentum** besteht keine alleinige Verfügungsmöglichkeit der Miteigentümer über einzelne Gegenstände des Gesamthandsvermögens, beispielsweise bei einer Erbengemeinschaft, einer BGB-Gesellschaft, einer KG oder OHG.

### 1.3.2.2.3 Mobiliareigentum

Von **Mobiliareigentum** oder Fahrniseigentum spricht man bei Eigentum an **beweglichen Sachen**, also solchen Sachen, die nicht Grundstücke oder Grundstücken gleichgestellt sind oder zu den Grundstücksbestandteilen gehören[12].

### 1.3.2.2.4 Immobiliareigentum

**Unbewegliches Eigentum** liegt vor bei Eigentum an Grund und Boden, aufstehenden Gebäuden oder baulichen Anlagen bzw. Bestandteilen von Grund und Boden und Gebäuden. Grundstücken rechtlich gleichgestellt sind das **Wohnungseigentum** (Kap. 2; Abschn. 2.2) und das **Erbbaurecht** (Kap. 2; Abschn. 2.3).

### 1.3.2.3 Eigentümer

**Eigentümer** einer Sache kann eine natürliche Person oder juristische Person sein, also zum Beispiel eine Personen- oder Kapitalgesellschaft. Eigentümer kann auch eine **Kooperationsgemeinschaft** mit atypischer rechtlicher Ausgestaltung sein, beispielsweise ein Immobilienfonds, eine Arbeitsgemeinschaft, eine PPP- oder eine Bauherrengemeinschaft.

Die **Geschäftsfähigkeit** ist keine Voraussetzung für eine Eigentümerstellung, sodass selbstverständlich auch Minderjährige Eigentümer sein können.

Wer Eigentümer einer Immobilie ist, ergibt sich aus der Bezeichnung in Abteilung 1 des **Grundbuchs**. (siehe Kap. 4; Abschn. 4.5.2.3).

### 1.3.2.4 Formen der Eigentumsübertragung

Die häufigste Form der **Eigentumsübertragung** von Immobilieneigentum ist die mittels **Grundstückskaufvertrag** gemäß §§ 433, 873, 925, 311b BGB. Die Eigentumsübertragung an sich wird aber noch nicht durch den Abschluss eines **notariellen** Kaufvertrages gemäß § 433 BGB bewirkt, sondern der Vertrag gibt dem Käufer (nur) einen **Anspruch** darauf, dass ihm der Verkäufer das **Eigentum** an dem Grundstück **verschafft**.

---

[12]RG, Urt. v. 19.09.1903 – V.106/0355, RGZ 55, 281; RG, Urt. 02.06.1915 – V. 19/15, RGZ 87, 43

Der Verkäufer hat aufgrund des Kaufvertrages seinerseits einen Anspruch darauf, dass er im **Gegenzug** zur Eigentumsübertragung die vertraglich vereinbarte **Gegenleistung,** meistens in Form des **Kaufpreises,** erhält.

Der Käufer erhält das Eigentum an der Immobilie erst nachfolgend durch die **sachrechtliche Abwicklung** also nicht schon mit Abschluss des schuldrechtlichen Kaufvertrags[13].

Das Eigentum an Grund und Boden kann selbstverständlich auch **vererbt** oder **verschenkt** werden und auf diese Weise von einem Eigentümer auf einen oder mehrere neue Eigentümer übertragen werden.

Schließlich kann eine Eigentumsübertragung auch durch einen staatlichen **Hoheitsakt** vollzogen werden, beispielsweise im Wege der **Enteignung.**

### 1.3.2.5 Rechtsgeschäfte zur Abwicklung der Eigentumsübertragung

Die Vertragsparteien müssen zur Abwicklung des Übergangs von Eigentum auf der Grundlage eines Kaufvertrags in Deutschland also **mehrere Rechtsgeschäfte** tätigen, bevor die sachenrechtliche Rechtsänderung des Eigentums voll rechtswirksam vollzogen ist.

#### 1.3.2.5.1 Verpflichtungsgeschäfte

Zur Eigentumsübertragung zum Beispiel eines Grundstücks bedarf es zunächst – wie bereits dargestellt – des Abschlusses eines Grundstückskaufvertrags. Der Kaufvertrag ist ein **Verpflichtungsgeschäft,** mit dem sich die Vertragsparteien zur vertraglich festgelegten Leistung verbindlich verpflichten, nämlich einerseits zur **Eigentumsübertragung** und andererseits zur **Kaufpreiszahlung.** Der Anspruch auf **Erfüllung** dieser Verpflichtung kann gegebenenfalls **gerichtlich** durchgesetzt werden, wenn eine der Kaufvertragsparteien ihre vertragliche Verpflichtung nicht, nur zum Teil oder nicht fristgerecht erfüllt.

#### 1.3.2.5.2 Verfügungsgeschäfte

Im Anschluss an den Kaufvertrag sind je ein **Verfügungsgeschäft** vorzunehmen, mit dem gemäß §§ 873, 925 BGB der **Eigentumsübergang** des Grundstücks und der **Gegenleistung** in Form des Geldbetrages **vollzogen** wird.

Verpflichtungsgeschäft und Verfügungsgeschäft sind rechtlich strikt voneinander zu **trennen (Abstraktionsprinzip),** auch wenn sie, insbesondere bei alltäglichen Käufen, zeitlich **zusammenfallen** können. Diese Trennung ist rechtlich von entscheidender Bedeutung, weil bei „**Störungen**" entweder beim Vertragsschluss oder bei der Vertragsabwicklung jeweils **unterschiedliche Rechtsfolgen** eintreten.

Die Verpflichtung zu einer Leistung (Schuldrecht) in Form eines Grundstückskaufvertrags oder Werkvertrags wird – wie oben dargestellt – durch das Verpflichtungsgeschäft

---

[13]Anders ist die Rechtslage beispielsweise in Frankreich oder Italien, wo die Trennung zwischen schuldrechtlichem Kaufvertrag und sachenrechtlicher Eigentumsübertragung unbekannt ist

begründet. Die **Verfügungsgeschäfte** haben hingegen **unmittelbare Rechtswirkung** (Sachenrecht). Rechte und Sachen werden erst durch die sachenrechtliche Abwicklung – **Verfügung** genannt – unmittelbar übertragen, belastet, geändert oder aufgehoben, zum Beispiel

- durch **Übereignung** eines Gegenstandes,
- **Bestellung** einer Hypothek an einem Grundstück oder
- **Abtretung** einer Geldforderung.

Die **Rechtsänderung** an einem Grundstück tritt also (erst) unmittelbar mit der sachenrechtlichen Verfügung ein.

Die **Abwicklung** eines Grundstückskaufvertrags gemäß § 433 BGB vollzieht sich somit mittels dreier Rechtsgeschäfte, nämlich einem **Verpflichtungsgeschäft**, dem Kaufvertrag, und zweier **Verfügungsgeschäfte,**

- der sogenannten **Auflassung** zur Übereignung des Grundstücks, §§ 873, 926 und
- der **Übereignung** der Gegenleistung, also des Kaufpreises.

Bei Kaufgeschäften des täglichen Lebens können die **drei Rechtsgeschäfte** in einem tatsächlichen Vorgang „verschmelzen". Juristisch bleiben es aber **getrennte** Rechtsgeschäfte, die rechtlich ein unterschiedliches Schicksal haben können.

## Weiterführende Literatur

Jauernig, Kommentar zum BGB, 17. Aufl. 2018, C.H. Beck Verlag
Jacoby/von Hinden, Bürgerliches Gesetzbuch: Studienkommentar, 16. Aufl. 2018, C.H. Beck Verlag
Lüke, Sachenrecht, 4. Aufl. 2018, C.H. Beck Verlag
Medicus/Petersen, Bürgerliches Recht, 26. Aufl. 2017, Verlag Vahlen
Münchener Kommentar zum BGB: Band 7, Sachenrecht, 7. Aufl. 2017, C.H. Beck Verlag
Musielak/Hau, Grundkurs BGB, 15. Aufl. 2017, C.H. Beck Verlag
Palandt, Kommentar zum BGB, 77. Aufl. 2018, C.H. Beck Verlag
Prütting, Sachenrecht, 36. Aufl. 2017, C.H. Beck Verlag
Wolf/Wellenhofer, Sachenrecht, 33. Aufl. 2018, C.H. Beck Verlag

# Das Immobilieneigentum

**2**

## 2.1 Einführung

**Drei Formen** des Immobilieneigentums sind durch Gesetz **geregelt,** nämlich

- das Eigentum an **Grund und Boden,**
- das getrennte Eigentum an einem aufstehenden **Gebäude** in der Form des Erbbaurechts und
- das Eigentum an einer **Wohnung** in der Form des Wohnungseigentums.

Andere hiervon **abweichende Eigentumsformen** sind – wie bereits unter Abschn. 1.3.2 dargestellt- gesetzlich nicht zugelassen (Typenzwang des Sachenrechts).

Zentraler **Begriff** des Immobilienrechts ist der des **Grundstücks.** Die beiden Eigentumsformen des Erbbaurechts und des Wohnungseigentums sind hiervon abgeleitet.

Ein **Grundstück** existiert in der Wirklichkeit nicht nur in der reinen Form von **Grund und Boden,** sondern es weist zumeist zahlreiche **Verbindungen** und **Beziehungen** zu Baulichkeiten, Anlagen oder Gegenständen auf, die sich auf oder unter der **Erdoberfläche** befinden, mit dieser fest oder nur vorübergehend verbunden oder die dort auf Dauer oder nur vorübergehend vorhanden sind. Dies sind beispielsweise Gebäude, sonstige bauliche oder technische Anlagen, Leitungen, Anpflanzungen, Bodenschätze, Maschinen, Kraftfahrzeuge usw.

Wegen dieser häufig sehr komplexen „Gemengelage" soll zunächst erläutert werden, was originär dem Grundstück zugerechnet wird, weil sich an dieser Frage entscheidet, in wessen **Eigentum** die vorgenannten Gegenstände oder Bestandteile stehen.

© Springer Fachmedien Wiesbaden GmbH, ein Teil von Springer Nature 2019
J. Handschumacher, *Immobilienrecht praxisnah,*
https://doi.org/10.1007/978-3-658-26909-8_2

## 2.2 Das Grundstückseigentum

Alles das, was sich **fest und dauerhaft** auf einem Grundstück oder gegebenenfalls auch unterhalb der Erdoberfläche befindet, ist entweder **wesentlicher Bestandteil** des Grundstücks oder eines aufstehenden Gebäudes und steht somit im Eigentum des Grundstückseigentümers, **§§ 93, 94 BGB.** Daneben gibt es Gegenstände wie Zubehör, gewerbliches oder landwirtschaftliches **Inventar**, die zwar in einer engen Beziehung zum Grundstück stehen, aber nicht von Gesetzes wegen sich zwingend im Eigentum des Grundstückseigentümers befinden, **§§ 95, 97, 98 BGB.** Die **Abgrenzung** ist – auch wenn das BGB hierzu klare gesetzliche Regelungen enthält – in der Praxis nicht immer leicht zu treffen, sie ist aber insbesondere bei der **Vertragsgestaltung** zur Übertragung von Immobilien von erheblicher Bedeutung.

### 2.2.1 Das Grundstück

Das Wesen des **Grundstücks** ist im deutschen **Rechtssystem** gesetzlich nicht definiert. Der **Begriff** des „Grundstücks" wird in der Rechtsordnung daher in unterschiedlicher Weise verwendet. Zu **unterscheiden** sind

- das Grundstück im **Rechtssinne** und
- das Grundstück im **tatsächlichen Sinne.**

Gesetzliche Regelungen über Grundstücke finden sich nicht nur im **BGB**, sondern auch in diversen weiteren Gesetzen. Neben dem BGB finden u. a. folgende Gesetze Anwendung:

- die Grundbuchordnung (GBO),
- das Wohnungseigentumsgesetz (WEG),
- das Erbbaurechtsgesetz (ErbbauRG) und
- das Zwangsversteigerungsgesetz (ZVG).

### 2.2.2 Die gesetzlichen Regelungen für Grundstücke im Einzelnen

Das **Sachenrecht** des BGB enthält folgende Regelungen über Grundstücke:

- allgemeine Vorschriften über Rechte an Grundstücken, §§ 873–902 BGB,
- Eigentum, §§ 903–924 BGB,
- Erwerb und Verlust des Eigentums an Grundstücken, §§ 925–928 BGB,
- Ansprüche aus dem Eigentum, §§ 985–1007 BGB,
- Miteigentum, §§ 1008–1011 BGB,

- Dienstbarkeiten, Reallasten, Vorkaufsrecht §§ 1018–1112 BGB,
- Hypotheken, Grundschulden, Rentenschulden §§ 1113–1203 BGB.

Das **BGB** enthält außerhalb des Sachenrechts noch folgende Regelungen über Grundstücke:

- Wesentliche Bestandteile, Zubehör, Nutzungen, §§ 93–103 BGB,
- Verträge über Grundstücke, § 311b BGB,
- Kaufvertrag, §§ 433 ff. BGB,
- Vorkauf, §§ 463–473 BGB

## 2.2.3 Das Grundstück im tatsächlichen Sinne

Als Grundstück im tatsächlichen Sinne wird der zusammenhängende Teil der **Erdoberfläche,** bezeichnet, der von einer durchgehenden, zusammenhängenden Line **umgrenzt** wird und in der **Flurkarte** des **Liegenschaftskatasters** mit einer Nummer aufgeführt ist[1].

Das **Liegenschaftskataster** ist das Verzeichnis von Grund und Boden in einer **Kommune,** das nach **vermessungstechnischen** Gesichtspunkten geordnet ist. Es besteht aus zwei Teilen, nämlich

- der Liegenschaftskarte/Flurkarte und
- dem Liegenschaftsbuch.

Die einzelnen **Flurstücke,** auch Parzellen genannt, sind im **Liegenschaftsbuch** wie folgt aufgeführt:

- nach Nummern geordnet
- mit Lage,
- Wirtschaftsart und
- Größe.

Mehrere Flurstücke sind nach **Fluren** und diese wiederum nach **Gemarkungen** zusammengefasst.

In den **Flurkarten** sind die Grundstücksgrenzen der einzelnen Flurstücke **zeichnerisch** dargestellt und die jeweiligen **Flurstücksnummern** vermerkt.

Die Darstellung des Grundstücks in der Flurkarte ist somit das Ergebnis einer amtlichen **Vermessung.** Die **Grenzen** sind nach der Vermessung durch **Grenzzeichen**

---

[1]LG Heidelberg, Urt. v. 21.03.2007 – 5 O 178/06

**Abb. 2.1**  Grenzpunkt

in der Örtlichkeit erkennbar. Die entsprechende **Abmarkung,** also die Errichtung oder Wiederherstellung fester Grenzzeichen zwischen den Grundstücken, wird durch die staatlichen **Vermessungsämter** durchgeführt[2] (Abb. 2.1).

Das Vermessungs- und Abmarkungsverfahren wird durch die **Vermessungskatastergesetze** (VermKatG[3]) und die **Abmarkungsgesetze** (AbmG) der einzelnen **Bundesländer** näher geregelt[4]. Die Grenzabmarkung bezweckt, die katastermäßige Aufzeichnung über den Verlauf der Grundstücksgrenzen in die **Örtlichkeit** zu übertragen (Abb. 2.2, 2.3 und 2.4).

Ihre **Richtigkeit** hängt nur davon ab, ob die abgemarkte **Grenze** mit den **Vermessungsfeststellungen** des **Liegenschaftskatasters** übereinstimmt[5]. Ob die Grenze damit auch „zivilrechtlich" tatsächlich richtig festgestellt ist, steht mit der **Abmarkung** noch nicht fest[6]. Dies muss im Streitfall gerichtlich im Klagewege zwischen den Grundstückseigentümern mittels einer sogenannten **Grenzscheidungsklage** geklärt werden[7]. (siehe im Einzelnen Kap. 6, Abschn. 6.3.10)

---

[2]VGH München, 12.01.2010 – 19 B 08.1694

[3]Vgl. beispielsweise für Sachsen, SächsVermKatG – Gesetz über das amtliche Vermessungswesen und das Liegenschaftskataster im Freistaat Sachsen vom 29.1.2008 (GVBl. S. 74), in Kraft getreten am 01.01.2010, rechtsbereinigt durch Gesetz vom 21.11.2010 (GVBl. S. 1018)

[4]Vgl. § 919 Abs. 2 BGB

[5]OVG Weimar, Beschl. v. 15.05.1996 – 1 EO 423/95

[6]OLG Brandenburg, Urt. v. 28.08.2008 – 5 U 111/06

[7]OLG Hamm, Urt. v. 24.11.2011 – 5 U 132/10

**Fortführungsmitteilung**
**an Eigentümer**

Landesbetrieb
Geoinformation und
Vermessung
Sachsenkamp 4
20097 Hamburg

Erstellt am 26.06.2013

| Antragsnummer | 2013229035 |
|---|---|
| Gemarkung | 020306 Lokstedt |

**Fortführungsfallnummer 2**

Berichtigung der Flächenangabe

| | Vor der Fortführung | Nach der Fortführung |
|---|---|---|
| Anzahl der Flurstücke | 1 | 1 |
| Gesamtfläche der Flurstücke | 892 m² | 898 m² |

Buchungsart:   Grundstück

Buchung:   Amtsgericht Hamburg
Grundbuchbezirk Lokstedt
Grundbuchblatt 43   - Laufende Nummer 1

**Vor der Fortführung**

**Flurstück 750, Gemarkung Lokstedt**

Fläche:   892 m²

**Nach der Fortführung**

**Flurstück 750, Gemarkung Lokstedt**

Fläche:   898 m²

| Flächendifferenz: | 6 m² |
|---|---|

**Abb. 2.2**   Fortführung Liegenschaftskataster

Haben beide Grundstückeigentümer bei einem **Grenzfeststellungstermin** teilgenommen, die **Grenzniederschrift** unterzeichnet und gegen die Grenzfeststellung kein **Rechtsmittel** eingelegt, so ist die Festsetzung des Grenzverlaufs **bindend**[8].

---

[8]OLG Rostock, Urt. v. 12.03.2015 – 3 U 37/14

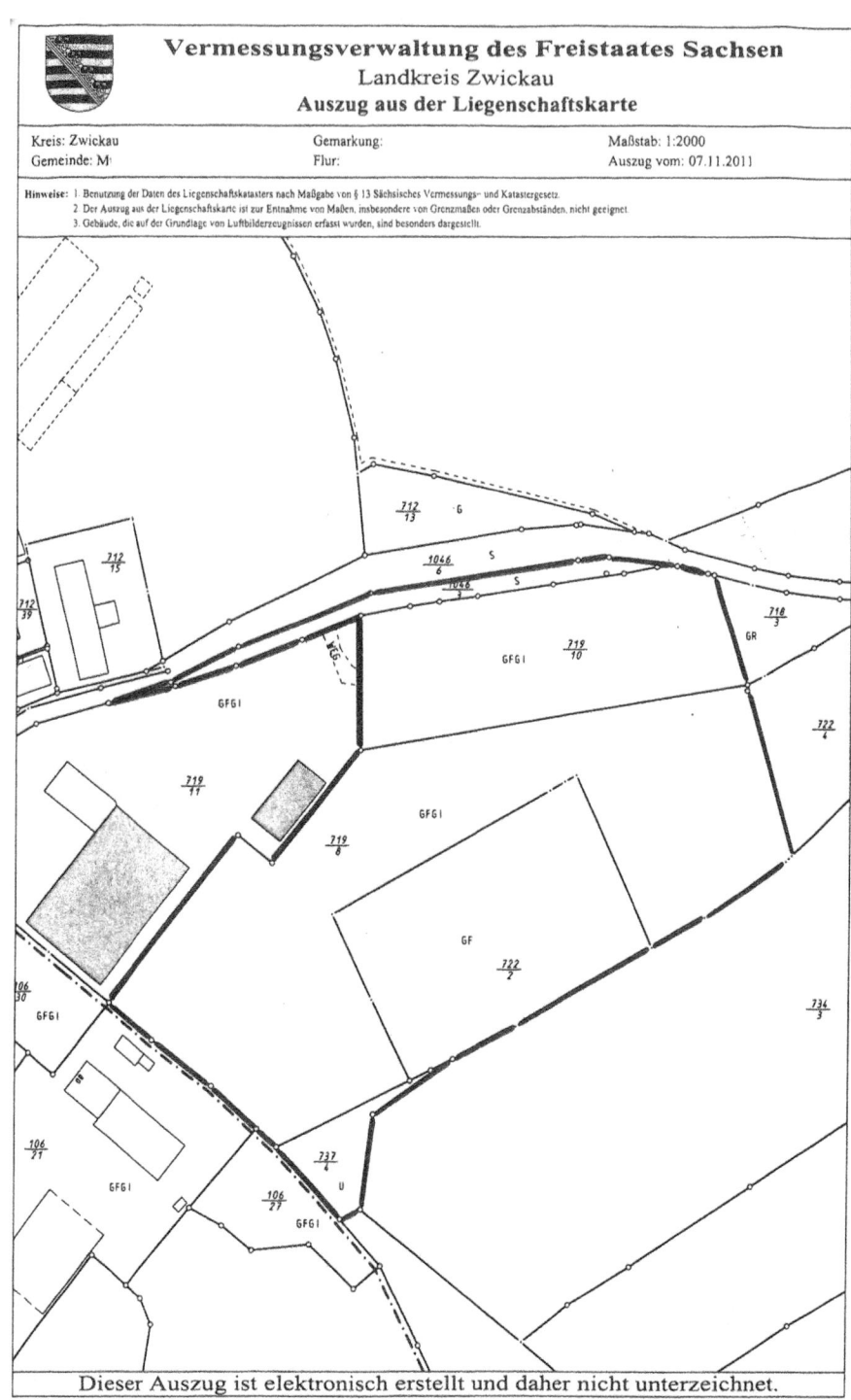

**Abb. 2.3**  Flurkarte Land

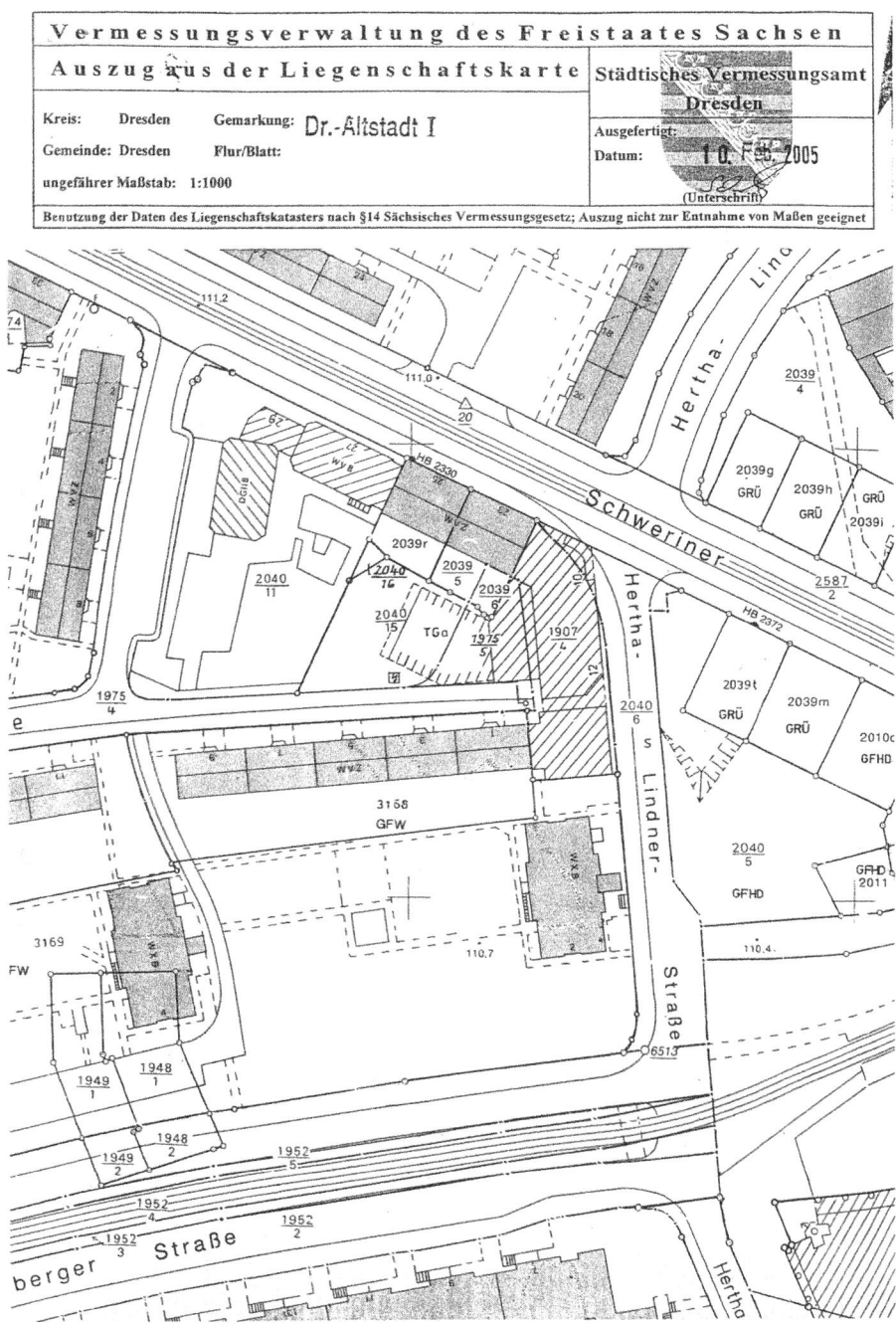

**Abb. 2.4** Flurkarte Stadt

| Amtsgericht | | Grundbuch von | | | | Blatt | Bestandsverzeichnis | Bogen |
|---|---|---|---|---|---|---|---|---|
| Gera | | hain | | | | 225 | | 1 |
| Laufende Nummer der Grund- stücke | Bisherige laufende Nummer der Grund- stücke | Bezeichnung der Grundstücke und der mit dem Eigentum verbundenen Rechte | | | | | | Größe |
| | | Gemarkung (Vermessungsbezirk) | Karte | | Wirtschaftsart und Lage | | | |
| | | | Flur | Flurstück | | | | |
| | | a | b | | c | | | m² |
| 1 | 2 | 3 | | | | | | 4 |
| 1 | | hain | 1 | 104/1 | Landwirtschaftsfläche Weg | | | 923 |
| 2 | 1 | hain | 1 | 104/1 | Landwirtschaftsfläche 5 | | | 923 |

**Abb. 2.5**  Bestandsverzeichnis

## 2.2.4   Das Grundstück im Rechtssinne

Ein Grundstück im rechtlichen Sinne ist der **räumlich abgegrenzte** Teil der Erdoberfläche, der **katastermäßig** vermessen und im Bestandsverzeichnis des **Grundbuchblattes** unter einer bestimmten Nummer **gebucht** ist[9] (Abb. 2.5).

**Mehrere Flurstücke** können zusammen ein Grundstück im Rechtssinne bilden. Mehrere Grundstücke im Rechtssinne können aber kein Grundstück im tatsächlichen Sinne (Flurstück) bilden. Ein **Flurstück** kann rechtlich also nicht „geteilt" sein oder werden[10].

## 2.2.5   Veränderungen von Grundstücken

Grundstücke können in ihrem **Bestand** oder **Zuschnitt** geändert werden. Ein Grundstück kann zwar in seiner Lage an sich nicht verändert werden, aber seine Größe kann sich ändern. Es können auch „neue" Grundstücke im Rechtssinne gebildet werden. Eine **Veränderung** von Grundstücken erfolgt durch:

- Grundstücksteilung,
- Grundstücksvereinigung, § 890 Abs. 1 BGB,
- Zuschreibung, § 890 Abs. 2 BGB,
- behördliche Maßnahmen.

### 2.2.5.1 Grundstücksteilung
Soll ein **Teilstück** aus einem Grundstück zwecks separater Bebauung verkauft werden, beispielsweise bei der Erschließung eines **Neubaugebietes** und entsprechender

---

[9]OLG Brandenburg, Urt. v. 17.01.2008 – 5 U 106/06
[10]BayOblG, Urt. v. 03.11.1954 – 2 Z 121/54, MittBayNot 1954, 307

| Amtsgericht | Grundbuch von | | Blatt | Bestandsverzeichnis | Bogen |
|---|---|---|---|---|---|
| Gera | | | 225 | | 1 |

| Bestand und Zuschreibungen | | | Abschreibungen | |
|---|---|---|---|---|
| Zur lfd. Nr. der Grund-stücke | | | Zur lfd. Nr. der Grund-stücke | |
| 5 | 6 | | 7 | 8 |
| 1 | Bei Neufassung des Bestandsverzeichnisses als Bestand eingetragen am 01.10.2002. | | | |
| 1,2 | Best.Verz. Nr. 1 gemäß Flurstücks- und Eigentümernachweis zu Nr. 2 fortgeschrieben am 10.12.2013. | | | |
|  | Ellinger | | | |

**Abb. 2.6**  Fortschreibung

Parzellierung eines vormals großen landwirtschaftlich genutzten Grundstücks, so ist in der Regel eine Grundstücksteilung notwendig.

Die **Grundstücksteilung** ist im BGB gesetzlich zwar nicht geregelt, sie ist aber gleichwohl **zulässig**[11] und muss in **notarieller** Form entsprechend § 29 GBO vollzogen werden. Durch die Grundstücksteilung werden grundbuchmäßig zwei **neue Grund-stücke** im Rechtssinne gebildet. Die betreffenden Grundstücksflächen werden in Folge dessen im **Grundbuch** abgeschrieben und als neue Grundstücke im Grundbuch **gebucht** (Abb. 2.6).

Die **Grundstücksrechte** am ursprünglichen Grundstück setzen sich an den neu gebildeten Grundstücken fort[12]. Es tritt somit **kein Rechtsverlust** eines Gläubigers oder sonstig dinglich Berechtigten durch die Teilung ein.

Eine **Hypothek** an dem geteilten Grundstück bleibt gemäß § 1132 BGB als **Gesamthypothek** an dem neu gebildeten Grundstück bestehen. Damit **haftet** jedes neue Grundstück für die gesamte Forderung eines Grundpfandgläubigers. Diesem steht es nach § 1132 Abs.2 BGB frei, den Betrag der Forderung auf die einzelnen Grundstücke in der Weise zu **verteilen,** dass jedes Grundstück nur für den zugeteilten Betrag haftet.

Bei **Grunddienstbarkeiten** gilt, dass bei Teilung des **herrschenden** Grundstücks die Grund-dienstbarkeit für die neu gebildeten Teile grundsätzlich **fortbesteht,** § 1025 BGB. Gleiches gilt für **Reallasten** gemäß § 1109 BGB (s. u. Kap. 5; Abschn. 5.2.6).

## 2.2.5.2  Grundstücksvereinigung

Die **Grundstücksvereinigung** ist in § 890 Abs. 1 BGB gesetzlich geregelt. Meh-rere Grundstücke können dergestalt zu einem Grundstück **vereinigt** werden, dass der

---

[11]OLG Hamm, Urt. v. 05.02.1974 – 15 Wx 14/74, NJW 1974, 865

[12]BayObIG, Beschl. v. 12.07.1972 – (BReg) 2 Z 14/72

Eigentümer sie als ein Grundstück im Grundbuch eintragen lässt. Zwei oder mehrere Grundstücke eines Eigentümers werden somit unter einer neuen Nummer im **Bestandsverzeichnis** des Grundbuchs als ein **neues Grundstück** eingetragen.

Die ursprünglichen Flurstücke bleiben **katastermäßig** grundsätzlich auch weiterhin bestehen, können aber auch zu einem Flurstück **verschmolzen** werden.

### 2.2.5.3 Zuschreibung

Ein Grundstück wird durch die **Zuschreibung** gemäß § 890 Abs. 2 BGB zum **Bestandteil** eines anderen Grundstücks, sodass nur ein **einziges** Grundstück bestehen bleibt.

Da **Grundstücksbelastungen** als Einzelbelastungen an den Grundstücksteilen bestehen bleiben und sich nicht auf andere Teile des neuen Grundstücks erstrecken, bedarf es, anders als bei der Grundstücksteilung, zur Grundstücksvereinigung auch nicht der **Zustimmung** von **Grundpfandgläubigern.** Ein ursprünglich mit einem Grundpfandrecht belastetes Grundstück verliert zwar seine rechtliche Selbstständigkeit. Diese Veränderung hindert den Grundpfandgläubiger aber nicht daran, in den unselbstständigen Teil des neuen Grundstücks die **Zwangsversteigerung** zu betreiben[13]. Für **Grunddienstbarkeiten** und **sonstige Grundstücksbelastungen** gilt Gleiches[14]. Eine **Hypothek** oder **Grundschuld** an diesem Grundstück erstreckt sich gemäß §§ 1131, 1192 BGB somit auch (ausnahmsweise) auf das zugeschriebene Grundstück (**gesetzliche Nachpfändung**).

**Rechte,** mit denen das zugeschriebene Grundstück bereits belastet ist, gehen einer solchen Hypothek oder Grundschuld im **Rang** vor, § 1131 S. 2. BGB. Eine Hypothek erstreckt sich nur auf das zugeschriebene Grundstück, nicht auch auf das Hauptgrundstück.

**Belastungen** in Abteilung II des Grundbuchs, also Wegerechte, Leitungsrechte und ähnliche dingliche Belastungen, bleiben an den jeweiligen Teilflächen getrennt bestehen[15].

### 2.2.5.4 Behördliche Maßnahmen

Das **Umlegungsverfahren** nach §§ 45 ff. BauGB ist beispielsweise eine solche **behördliche Maßnahme,** durch die sich Grundstücke in ihrem **Bestand** oder **Zuschnitt** ändern können. Eine solche Neuordnung von Grundstücken ist zur Erschließung oder Neugestaltung bestimmter Gebiete **zulässig,** sodass nach Lage, Form und Größe für bauliche oder sonstige Nutzungen zweckmäßig gestaltete Grundstücke entstehen.

---

[13]BGH, Beschl. v. 24.11.2005 – V ZB 23/05, NJW 2006, 1000

[14]KG, Beschl. v. 27.06.1989 – 1 W 2309/89, NJW-RR 89, 1360

[15]Für die Grunddienstbarkeit vgl. BGH, Urt. v. 13.10.1977 – VII ZR 262/75, NJW 1978, 319

## 2.2.6 Das Grundstück und seine Bestandteile, §§ 94 ff. BGB

Bei einem **Grundstücksverkauf** werden neben dem Grund und Boden nicht noch etwaige aufstehende Gebäude oder sonstige bauliche Anlagen gesondert übertragen, sondern einzig das Grundstück im Rechtssinn. Für den rechtssicheren **Grundstücksverkehr** ist es somit von besonderer Bedeutung festzustellen, was alles zu einem Grundstück dazugehört, also mit diesem grundsätzlich eine **rechtliche Einheit** bildet. Was an Gegenständen und Gebäuden usw. gegebenenfalls vom vorherigen auf den neuen Eigentümer mit übertragen wird, auch ohne dass es einer ausdrücklichen Erwähnung im Grundstückskaufvertrag bedarf, bestimmt sich zwar zuvorderst nach der **vertraglichen** Regelung im Grundstückskaufvertrag selbst, aber insbesondere auch nach den zwingenden gesetzlichen Regelungen des BGB. Die entsprechenden **Vorschriften** werden im Folgenden dargestellt.

## 2.2.7 Die Begrenzung des Eigentums am Grundstück, § 905 BGB

Das Recht des Eigentümers eines Grundstücks erstreckt sich hinsichtlich des Erdkörpers auch auf den Raum in der **Senkrechten** über der und unter der **Erdoberfläche**. Dies regelt § 905 BGB. Das Recht des Eigentümers endet in der **Höhe** und der **Tiefe** dort, wo er ersichtlich **kein Interesse** mehr an der **Rechtsverfolgung** hat.

Das **Eigentumsrecht** am Grundstück bezieht sich somit auch auf sämtliche **Bodenbestandteile**, so diese nicht ausnahmsweise dem **Bergrecht** unterliegen, § 3 Abs. 2 S. 1 BBergBG, einschließlich etwaiger **Hohlräume**[16]. Es erstreckt sich aber nicht auf das **Grundwasser**, § 4 Abs. 2 WHG[17].

Ein **Eigentumsrecht** wird durch § 905 BGB nicht verliehen, sondern „nur" das sogenannte **Herrschaftsrecht** über den Raum unter und über der **Erdoberfläche**[18]. **Eine Reklametafel** über seinem Grundstück braucht der Eigentümer zum Beispiel nicht zu dulden.

### 2.2.7.1 Wesentliche Bestandteile, § 94 BGB

Die mit dem Grund und Boden **fest verbundenen Sachen** sind – im Gegensatz zu unwesentlichen Bestandteilen – **wesentliche Bestandteile** des Grundstücks und stehen somit **unmittelbar im Eigentum** des Grundstückseigentümers, § 94 Abs. 1. BGB. Grundsätzlich sind Sachen dann **fest verbunden,** wenn eine **Trennung** vom Grund

---

[16]BGH, Urt. v. 26.01.1984 – III ZR 216/82, NJW 1984, 1169

[17]BVerfG, Beschl. v. 15.07.1981 – 1 BvL 77/78, NJW 1982, 745

[18]RG, Urt. v. 16.05.1931 – V 235/30, RGZ 132, 398

und Boden nur unter Inkaufnahme von **Beschädigungen** möglich wäre oder einen unverhältnismäßig großen Aufwand erfordern würde. Die Betrachtung des jeweiligen **Einzelfalls** ist also entscheidend[19].

Ein mit dem Grund und Boden fest verbundenes **Gebäude** ist – ohne Zweifel – immer ein wesentlicher Bestandteil des Grundstücks und steht daher grundsätzlich auch im Eigentum des jeweiligen Grundstückseigentümers.

Eine **feste Verbindung** kann zum Beispiel auch dann bestehen, wenn allein durch die **Schwerkraft** eine problemlose Beseitigung oder Fortschaffung einer baulichen Anlage ausgeschlossen ist[20].

Ein **Carport,** der lediglich mit seiner Verankerung verschraubt ist, dürfte demgegenüber nicht zu den wesentlichen Bestanteilen des Grundstücks gehören, ebenso wie ein **Silo** auf einem Betriebsgelände, das auf einem **Betonsockel** montiert ist und nur mittels **Rohrleitungen** mit den Betriebseinrichtungen verbunden ist. Zum Abtransport müssten nämlich nur die **Verschraubungen** gelöst werden[21]. Hierbei dürfte es sich aber um einen **Grenzfall** handeln, da beispielsweise **Fertiggaragen** oder **Fertigholzhäuser** regelmäßig als wesentliche Bestandteile des Grundstücks angesehen werden, weil sie durch eigene Schwerkraft eine feste Verbindung zum Grund und Boden haben[22].

Auch **Anpflanzungen,** die durch einen Mieter auf dem Grundstück erfolgen, gehen als wesentliche Bestandteile in das Eigentum des Grundstückseigentümers über, wenn diese nicht ohne wesentliche Beschädigung wieder entfernt werden können und weil davon auszugehen ist, dass in diesem Fall die Anpflanzung nicht nur zum **vorübergehenden Zweck** erfolgt[23].

Eine **Ausnahme** gilt für den Fall des rechtmäßigen **Grenzüberbaus** (siehe Kap. 6, Abschn. 6.3.5). In diesem Fall bleibt der überhängende Gebäudeteil wesentlicher Bestandteil des Stammgrundstücks und wird in der Regel nicht **wesentlicher Bestandteil** des überbauten Grundstücks, auch wenn er fest mit dem Grund und Boden des überbauten Nachbargrundstücks verbunden ist[24].

Die **zur Herstellung** des Gebäudes **eingefügten Sachen** sind ihrerseits wesentliche Bestandteile dieses Gebäudes, § 94 Abs. 2 BGB, also zum Beispiel **technische Einrichtungen** oder **Installationen.** Derartige Bestandteile eines Gebäudes stehen somit auch im Eigentum des Grundstückseigentümers.

---

[19]OLG Brandburg, Urt. v. 11.07.2007 – 4 U 197/06, Rn 36; BGH, Urt. v. 31.10.1963 – VII ZR 285/61, Rn 19

[20]OVG Münster Urt. v. 08.03.2012 – 10 A 215/10, Rn 48

[21]OLG Celle, Urt. v. 08.06.2000 – 13 U 180/99, IBR 2000, 631; OLG Brandenburg, Urt. v. 11.07.2007 – 4 U 197/06, Rn 35

[22]OLG Düsseldorf, Urt. v. 26.05.1981 – 20 U 1/81, BauR 1982, 164

[23]LG Detmold, Urt. v. 26.03.2014 – 10 S 218/12

[24]BGH, Urt. v. 23.02.1996 – V ZR 231/88, BauR 1990, 373; LG Dresden Urt. v. 12.06.2012 – 1 O 2775/11, IMR 2012, 3484

Der **BGH** hat hierzu grundsätzlich folgendes ausgeführt:

**Rechtsprechung:** „Nach § 94 II BGB gehören zu den wesentlichen Bestandteilen eines Gebäudes die zur Herstellung des Gebäudes eingefügten Sachen. „Zur Herstellung" in diesem Sinne sind alle Teile eingefügt, ohne die das Gebäude nach der Verkehrsanschauung noch nicht fertig gestellt ist (vgl. Senat, NJW 1979, S. 712). Eine solche Fertigstellung setzt aber nicht voraus, dass das Gebäude für den beabsichtigten Zweck schon in jeder Hinsicht nutzbar ist. ... Maßgeblich kann deswegen nicht die wirtschaftliche Einheit der vollendeten Anlage, sondern grundsätzlich allein die Fertigstellung des bloßen Bauwerks sein. ... Zur Herstellung des Gebäudes eingefügt sind hiernach in erster Linie Baumaterialien. Für Gegenstände, die der Ausstattung oder Einrichtung des Bauwerks dienen, gilt dasselbe nur dann, wenn auch nach der Verkehrsanschauung erst deren Einfügung dem Gebäude eine besondere Eigenart, ein bestimmtes Gepräge gibt ... oder wenn sie dem Baukörper besonders angepasst sind und deswegen mit ihm eine Einheit bilden."[25]

Eine außerhäusige **Wärmepumpenanlage** gehört nach diesen Grundsätzen genauso zu den wesentlichen Bestandteilen eines Gebäudes, wie eine **Heizungsanlage**[26] oder eine **Klimaanlage**[27], weil die Gesamtheizungsanlage ohne die Wärmepumpe ebenso **unvollständig** und **funktionsunfähig** wäre wie, ohne Rohre oder Heizkörper[28].

Dass sich die **Installationen** unmittelbar im Gebäude befinden, um wesentliche Bestandteile zu sein, ist nicht notwendig. Ein **Öltank** ist auch dann wesentlicher Bestandteil des Wohnhauses, dessen Beheizung er dient, wenn er nicht in das Gebäude, sondern in das Erdreich eingebracht wurde[29].

Bei **Maschinen** gilt, dass sie nur dann wesentliche Bestandteile des **Fabrikgebäudes** werden, wenn sie speziell für das Gebäude **angefertigt** wurden, das Gebäude gerade zur Aufnahme dieser Maschinen **konstruiert** wurde oder Gebäude und Maschinen besonders aneinander angepasst sind[30].

Eine Sache muss schließlich auch noch im Sinne von § 94 Abs. 2 in das Gebäude *„eingefügt"* sein, um **wesentlicher Bestandteil** zu werden. Voraussetzung hierfür ist, dass die vorgesehene **Verbindung** mit dem Grundstück auch tatsächlich hergestellt wurde. Die Verbindung muss allerdings nicht in jeder Hinsicht endgültig **fertiggestellt** sein. Es genügt beispielsweise, wenn ein **Heizungskessel** in einen Rohbau an die Stelle gebracht wurde, wo er letztlich auch eingebaut werden soll[31].

---

[25]BGH, Urt. v. 25.05.1984 – V ZR 149/83, NJW 1984, 2277

[26]BGH, Urt. v. 13.03.1970 – V ZR 71/67, BGHZ 53, 324

[27]OLG Hamm, Urt. v. 28.04.1995 – 11 U 161/94, OLGR 1995, 148

[28]BGH, Urt. v. 15.11.1990 – IVa ZR 212/88, BauR 1990, 248

[29]BGH, Urt. v. 19.10.2012 – V ZR 263/11

[30]OLG Hamm, Urt. v. 17.03.2005 – 5 U 183/04, BauR 2005, 1222, 1369

[31]BGH, Urt. v. 27.09.1978 – V ZR 36/77, NJW 1979, 712

Auch **Rechte** können entsprechend **§ 96 BGB** wesentliche Bestandteile eines Grundstücks sein, zum Beispiel **Vorkaufsrechte** nach § 1094 Abs. 2 BGB[32]. Gleiches gilt für **Grunddienstbarkeiten** gemäß § 1018 BGB[33] oder **Reallasten** gemäß § 1105 Abs. 2 BGB[34], wenn sie zugunsten eines Eigentümers eines anderen Grundstücks bestellt wurden. Zu diesen Rechten zählen ferner das Recht der gemeinschaftlichen Nutzung von **Grenzanlagen**, § 921 BGB, und das **Notwegerecht**, § 917 BGB.

Durch § 96 BGB soll sichergestellt werden, dass diese Rechte dem **Haftungsverband** der Hypothek nach §§ 1120 ff. BGB unterfallen.

Alle **wesentlichen Bestandteile** – wie bereits erwähnt – stehen ausgehend von den gesetzlichen Regelungen der §§ 94 ff. BGB also im **Eigentum** des Grundstückeigentümers, **§ 946 BGB.** Sie sind somit in der Regel nicht einzeln Gegenstand von Eigentumsrechten Dritter, die nicht Grundstückseigentümer sind. Sinn dieser gesetzlichen **Grundentscheidung** ist es, Sachgesamtheiten vor **Wertverlust** zu schützen, dadurch dass sie getrennt werden und die einzelnen Teile rechtlich ein unterschiedliches Schicksal nehmen.

▶      Es gilt insoweit der Grundsatz: *„Das Eigentum am Gebäude folgt dem Eigentum am Grund und Boden"*[35]

Dieser **römisch-rechtliche** Grundsatz, den das deutsche Privatrecht übernommen hat, hat zur Folge, dass beispielsweise **Baumaterialien oder Installationen**, die fest in ein Gebäude eingebaut wurden, automatisch in das Eigentum des Grundstückseigentümers übergehen. Unerheblich ist, ob hierüber ein Vertrag geschlossen oder das Material bezahlt wurde. Die weiteren **zivilrechtlichen Ansprüche,** die sich aus dieser gesetzlichen Festlegung bezüglich der **Eigentumszuordnung** der wesentlichen Bestandteile zum Grundstückseigentum ergeben, zum Beispiel ein Werklohnanspruch des Bauhandwerkers oder eventuelle Schadensersatzansprüche, sind für die Frage des **sachenrechtlichen Eigentumsübergangs** ohne Relevanz und hiervon strikt zu trennen.

Ein möglicher Ausgleich für den **Rechtsverlust** an Eigentum regelt sich nach anderen Vorschriften. Hier kommen neben den vertraglichen **Zahlungsansprüchen** zum Beispiel die Ansprüche aus §§ 812 ff. BGB für die **ungerechtfertigte Bereicherung** in Betracht, wenn keine vertragliche Vereinbarung über den Einbau bestand.

---

[32]RG, Urt. v. 10.05.1922 – V 462/21, RGZ 104, 319

[33]OLG Köln, Beschl. v. 01.02.1993 – 2 Wx 2/93, NJW-RR 1993, 982

[34]BayObLG, Beschl. v. 27.06.1989 – 1 W 2309/89, NJW 1989, 1360

[35]BGH, Urt. v. 26.02.1964 – V ZR 59/61, Rn 14

### 2.2.7.2 Scheinbestandteile, § 95 BGB

Sogenannte **Scheinbestandteile** gehören nicht zu den wesentlichen Bestandteilen und somit nicht ohne weiteres zum Eigentum des Grundstückseigentümers. Dies sind **Gegenstände,** die gemäß § 95 Abs. 1 BGB nur zum **vorübergehenden Zweck** mit dem Grund und Boden verbunden oder gemäß § 95 Abs. 2 BGB in das Gebäude eingefügt wurden. Dabei ist maßgeblich, dass nach dem objektiv feststellbaren **Willen** der Beteiligten die eingebrachte Sache nach dem erwarteten Gang der Dinge wieder vom Grundstück oder dem Gebäude **getrennt** wird[36]. Ein solcher Wille ist in der Regel bei einem **Pachtverhältnis** zu unterstellen[37].

Der **BGH**[38] hat hierzu grundsätzlich Folgendes ausgeführt:

**Rechtsprechung:** „Nach § 95 I 1 BGB gehören solche Sachen nicht zu den Bestandteilen eines Grundstücks, die nur zu einem vorübergehenden Zweck mit dem Grund und Boden verbunden sind. Ob dies der Fall ist, beurteilt sich in erster Linie nach dem Willen des Erbauers, sofern dieser mit dem nach außen in Erscheinung tretenden Sachverhalt in Einklang zu bringen ist. … Verbindet ein Mieter, Pächter oder in ähnlicher Weise schuldrechtlich Berechtigter Sachen mit dem Grund und Boden, so spricht nach gefestigter Rechtsprechung regelmäßig die Vermutung dafür, dass dies mangels besonderer Vereinbarung nur in seinem Interesse für die Dauer des Vertragsverhältnisses und damit zu einem nur vorübergehenden Zweck geschieht."

Dass ein Gebäude **massiv** erbaut wurde und das Nutzungsverhältnis längere Zeit besteht, ändert hieran nichts. Erforderlich ist vielmehr der **Wille des Erbauers,** dass das Gebäude nach **Beendigung** des Vertragsverhältnisses in das Eigentum des Grundstückseigentümers übergehen soll[39]. Erst dadurch wird das Gebäude zum wesentlichen Bestandteil im Sinne von § 94 BGB und ist nicht nur **Scheinbestandteil** gemäß § 95 BGB.

Für den Fall einer **Windkraftanlage**, die ein Pächter auf einem Pachtgrundstück errichtet, hat der BGH verneint, dass diese zum wesentlichen Bestandteil des Grundstücks im Sinne von § 94 BGB wird, sondern vielmehr **Scheinbestandteil** ist, auch wenn die Anlage für ihre gesamte wirtschaftliche **Lebensdauer** auf dem Grundstück verbleiben soll[40].

### 2.2.7.3 Zubehör, § 97 BGB

Das sogenannte **Zubehör** gehört ebenfalls nicht unmittelbar zum Grundstück. Zubehör sind **bewegliche Sachen,** die zwar dem **wirtschaftlichen** Zweck des Grundstücks

---

[36]BGH, Urt. v. 13.03.1970 – V ZR 71/67, NJW 1970, 895

[37]BGH, Urt. v. 29. 06.1970 – III ZR 155/69, BGHZ 54, 208

[38]BGH, Urt. v. 22.12.1995 – V ZR 334/94, NJW 1996, 916

[39]BGH, Urt. v. 04.07.1984 – VIII ZR 270/83, NJW 1984, 2878

[40]BGH, Urt. v. 07.04.2017 – V ZR 52/16

dienen und mit dem Grundstück in einer **räumlichen** Beziehung stehen, ohne jedoch wesentliche Bestandteile zu sein, § 97 BGB. Diese Voraussetzung ist grundsätzlich dann erfüllt, wenn der fragliche Gegenstand die **zweckentsprechende Verwendung** des Grundstücks **ermöglicht** oder **fördert**. Dass ein **Betriebsgebäude** bereits fertiggestellt ist, ist nicht erforderlich, um die Zubehöreigenschaft von dort eingebrachtem Inventar zu begründen.

Der BGH[41] führt hierzu Folgendes aus:

**Rechtsprechung:** „Nach den §§ 1192 Abs. 1, 1120 BGBerstreckt sich der Haftungsverband der Grundschuld auch auf das Zubehör des Grundstücks mit Ausnahme der Zubehörstücke, die nicht in das Eigentum des Grundstückseigentümers gelangt sind. Gemäß § 97 BGB ist eine bewegliche Sache grundsätzlich dann Zubehör, wenn sie, ohne Bestandteil der Hauptsache zu sein, nicht nur vorübergehend dem wirtschaftlichen Zweck der Hauptsache zu dienen bestimmt ist und zu ihr in einem dieser Bestimmung entsprechenden räumlichen Verhältnis steht. § 98 BGB enthält Beispiele für eine solche wirtschaftliche Zweckbestimmung (BGH, Urteil vom 23. Oktober 1968 – VIII ZR 228/66 – NJW 1969, 36 = LM BGB § 98 Nr. 1 unter 2). Nr. 1 der Vorschrift ist zu entnehmen, dass ein Gebäude jedenfalls dann Hauptsache sein kann, wenn es vermöge seiner Bauart und Einteilung oder/und seiner Ausstattung mit den nötigen betriebsdienlichen Gegenständen für einen gewerblichen Betrieb dauernd eingerichtet ist (BGH a.a.O.). Entscheidend ist, ob sich aus den baulichen Besonderheiten oder/und aus der Ausstattung mit Inventar ergibt, dass das Gebäude einem gewerblichen Betrieb auf Dauer dienen soll (BGH a.a.O.; vgl. auch RGZ 48, 207, 209; BayObLG, Urteil vom 24. April 1911 – BayObLGZ 12, 306, 313). Wie die Revision zutreffend ausführt, kann ein Gebäude somit nicht nur durch seine Gliederung, Einteilung, Eigenart oder Bauart, sondern auch aufgrund seiner Ausstattung mit betriebsdienlichen Maschinen und sonstigen Gerätschaften als „für einen gewerblichen Betrieb dauernd eingerichtet" angesehen werden."

**§ 926 BGB** sieht aufgrund der besonderen Beziehung zwischen Grundstück und Zubehör für den **Eigentumsübergang** von Zubehör beim Grundstückskauf Folgendes vor. Sind sich Veräußerer und Erwerber bei einem Grundstückskauf einig, dass sich die Veräußerung auch auf das Zubehör des Grundstücks **erstrecken** soll, so erwirbt der Käufer mit dem Eigentum des Grundstücks, ohne gesonderten Übertragungsakt, auch das Eigentum an den zur Zeit des Erwerbs vorhandenen Zubehörstücken, so sie dem Veräußerer gehören. Zubehörstücke unterfallen aufgrund dieser besonderen Beziehung auch dem **Haftungsverband** der Hypothek gemäß § 1120 BGB, mithin auch der entsprechenden Vorschrift über die **Zwangsvollstreckung** gemäß § 865 ZPO.

### 2.2.7.4 Gewerbliches Inventar, § 98 BGB

Für **gewerbliches Inventar** legt § 98 BGB ausdrücklich fest, dass bei einem Gebäude, das für einen gewerblichen Betrieb dauernd eingerichtet ist, beispielsweise einem Fabrikgebäude, die dort befindlichen **Maschinen** und sonstigen Gerätschaften Zubehör

---

[41]BGH, Urt. v. 14.12.2005 – IV ZR 45/05

im Sinne von § 97 sind. Inventar ist also nur dann als Zubehör des Gewerbebetriebs anzusehen, wenn dort der **wirtschaftliche Schwerpunkt** des Unternehmens liegt.

Ein Grundstück erhält nicht allein schon aufgrund der Tatsache, dass von dort aus auch der Betrieb geführt wird, die Eigenschaft einer **Hauptsache** für das Betriebsinventar[42]. Vielmehr muss das Fabrikgebäude auf einen speziellen **Gewerbebetrieb** ausgerichtet sein.

▶  Bei der **Veräußerung** gewerblicher Grundstücke ist daher genauestens darauf zu achten, ob irgendwelches **Zubehör** mit veräußert oder mit erworben werden soll und bei welchen Gegenständen auf dem Grundstück es sich tatsächlich um wesentliche Bestandteile im Sinne von § 94 BGB, Scheinbestandteile entsprechend § 95 BGB oder um Zubehör nach §§ 97, 98 BGB handelt.

   Eine eindeutige vertragliche Vereinbarung sollte auch hinsichtlich eventuell vom Erwerber benötigter **technischer Unterlagen** mit in den Grundstückskaufvertrag aufgenommen werden.

## 2.3  Wohnungseigentum

Das Wohnungseigentum ist eine sehr **verbreitete Form** des Immobilieneigentums. Dies soll anhand einiger **Zahlen** verdeutlicht werden. In Deutschland verfügten im Jahre 2013 ca. 5,513 Mio. Haushalte über **Wohnungseigentum**[43]. Über die Hälfte der Bevölkerung der einzelnen EU-Staaten lebte 2016 in einer Eigentumswohnung[44]. Welche große gesellschaftspolitische Bedeutung das Wohnungseigentum hat, zeigen auch die Ergebnisse der letzten **Mikrozensus-Zusatzerhebung** 2014, wonach ca. die Hälfte aller Wohnungen in Deutschland mit steigender Tendenz vom Eigentümer selbst genutzt wird, nämlich 45,5 %[45]. 79 % aller Immobiliengeschäfte sind Wohnungskäufe.

### 2.3.1  Einführung

Beim Wohnungseigentum handelt es sich um eine anspruchsvolle juristische **Eigentumskonstruktion,** da sie zum einen vom **Grundsatz,** dass aufstehende Gebäude im Eigentum des Grundstückeigentümers stehen, abweicht und zudem die Gruppe

---

[42]BGH, Urt. v. 13.01.1994 – IX ZR 79/93, BGHZ 124, 380, 393

[43]Statistisches Bundesamt, Einkommens- und Verbraucherstichprobe Geld- und Immobilienvermögen sowie Schulden privater Haushalte

[44]Eurostat Wohnungsstatistiken

[45]Statistisches Bundesamt 2016

der Wohnungseigentümer eine Gemeinschaft bildet. Dieser Umstand bereitet häufig erhebliche rechtliche Probleme.

Das Recht des Wohnungseigentums wurde erstmals, anknüpfend an die Regelung von § 1010 BGB, mit dem **Gesetz über das Wohnungseigentum- und Dauerwohnrecht** (Wohnungseigentumsgesetz) vom 15.03.1951 geregelt[46]. Eine letzte große **Reform** des Wohnungseigentumsgesetzes (im Folgenden WEG) erfolgte zum 01.07.2007[47].

Das WEG eröffnet die Möglichkeit, **abweichend** vom **Grundsatz** der Einheit von Gebäude und Grundstück, „gesondertes"

- Wohnungseigentum an Wohnungen und
- Teileigentum an gewerblichen Räumen zu bilden.

Wohnungs- bzw. Teileigentum im Sinne des WEG wird definiert als das **Sondereigentum** an einer Wohnung bzw. sonstigen Räumen, die gemäß § 3 Abs. 3 WEG in sich abgeschlossen sein müssen, in Verbindung mit dem **Miteigentumsanteil** an dem **gemeinschaftlichen Eigentum,** zu dem es gehört, § 1 Abs. 2. u. 3 WEG. Ein Wohnungseigentümer ist also nicht nur Eigentümer seiner einzelnen Wohnung oder seiner gewerblichen Räume, sondern auch **Miteigentümer** an den übrigen Teilen des Gebäudes sowie dem Grund und Boden außerhalb seines Sondereigentums, bezeichnet als **Gemeinschaftseigentum.**

Die nachfolgende Darstellung muss sich darauf beschränken, nur diejenigen Rechtsfragen des Wohnungseigentumsrechts zu behandeln, die immobilienrechtlich von Relevanz sind. Fragen, die beispielsweise im Zusammenhang mit der Verwaltung der Wohnungseigentumsanlage, der Kostenverteilung oder der Durchführung von Eigentümerversammlungen stehen, können nur zum Teil angesprochen werden. Zu diesen Rechtsfragen muss auf die spezielle Literatur zum WEG verwiesen werden.

## 2.3.2   Das Gemeinschaftseigentum

Das Gemeinschaftseigentum nach dem WEG setzt sich zusammen aus dem Grundstück und seinen wesentlichen Bestandteilen, welche nicht im Eigentum eines der Miteigentümer oder Dritten stehen und typischer Weise von allen Wohnungseigentümern gemeinschaftlich genutzt und in Anspruch genommen werden, § 1 Abs. 6 WEG. Dem **Gemeinschaftseigentum** sind daher in aller Regel diejenigen Räume eines Gebäudes zugeordnet, auf deren Benutzung **alle Wohnungseigentümer** unbedingt angewiesen

---

[46]BGBL I 209

[47]BGBL I 370

sind, zum Beispiel Treppenhäuser und Flure. Gleiches gilt für sonstige Gebäudeteile, wie zum Beispiel Wohnungstüren, da diese erst zur Abgeschlossenheit der Wohnungen als **Sondereigentum** führen und damit funktionell und räumlich in Gänze zum Gemeinschaftseigentum gehören[48]. Darüber hinaus gehören auch diejenigen **Gebäudeteile** zum Gemeinschaftseigentum,

- die das Gebäude äußerlich gestalten, beispielsweise die Fassade,
- für dessen Bestand zwingend erforderlich sind, wie tragende Wände oder
- im Einzelnen durch die **Teilungserklärung** ausdrücklich dem Gemeinschaftseigentum **zugewiesen** sind.

Folgende **Räume und Gebäudeteile** gehören daher in der Regel oder sogar zwingend zum **Gemeinschaftseigentum:**

- Dach und Dachkonstruktion,
- Fundament,
- Heizung und Heizungskeller,
- Versorgungs- und Entsorgungsleitungen bis zur Wohnung,
- Fassade und Außenfenster,
- Aufzüge,
- Schornsteine,
- Balkone (zum Teil)
- Treppen und Treppenhäuser usw.

An der **Zuordnung** eines Gebäudeteils zum Gemeinschaftseigentum ändert sich auch dann nichts, wenn das Gemeinschaftseigentum durch umfangreiche **Umbaumaßnahmen** auf Kosten eines der Wohnungseigentümer **umgestaltet** wurde. Der betroffene Wohnungseigentümer kann unter bestimmten Voraussetzungen aber die Einräumung eines **Sondernutzungsrechts** verlangen[49].

### 2.3.3 Das Sondereigentum, §§ 3 ff. WEG

Der **Begriff** des **Sondereigentums** ist im WEG nicht ausdrücklich definiert, ergibt sich aber aus den einzelnen Vorschriften des WEG wie beispielsweise §§ 1, 3, 5 und 6 WEG. Danach besteht das Sondereigentum an einer Wohnung aus denjenigen **Räumen** eines Gebäudes, die in sich **abgeschlossen** sind und einem Miteigentümer als solches zugewiesen wurden, also die einzelne **Eigentumswohnung.** Ist eine Wohnungseinheit zum Beispiel nur über eine im Sondereigentum eines anderen stehenden Raum

---

[48]BGH, Urt. v. 25.10.2013 – V ZR 212/12

[49]OLG München, Urt. 08.03.2016 – 6 U 23/15

zugänglich, so fehlt es an einer solchen **Abgeschlossenheit** i. S. v. § 3 Abs. 2 WEG. Eine Eintragung ins Grundbuch kommt in einem solchen Fall nicht in Betracht[50].

Bei Balkonen und Terrassen verhält es sich wie folgt. **Balkone** stehen grundsätzlich in Sondereigentum des Wohnungseigentümers, von dem aus sie ausschließlich betreten werden können. Die **tragende Bausubstanz** selbst bleibt hingegen im Gemeinschaftseigentum. Eine **Terrasse** kann nur im Sondereigentum stehen, wenn sie vom Gemeinschaftseigentum durch einen **Zaun** oder eine ähnlichen **Anlage** deutlich und dauerhaft **abgegrenzt** ist und nur durch die Wohnung des Wohnungseigentümers betreten werden kann[51].

Zum Sondereigentum gehören gemäß § 5 Abs. 1 WEG die zu diesen Räumen gehörenden **Bestandteile** des Gebäudes, die verändert, beseitigt oder eingefügt werden können, ohne dass dadurch das gemeinschaftliche Eigentum oder ein auf dem Sondereigentum beruhendes Recht eines anderen Wohnungseigentümers **beeinträchtigt** oder die äußerer Gestaltung des Gebäudes **verändert** wird. Das sind zum Beispiel sämtliche **Installationen** für Strom, Gas, Wasser ab dem **Abzweig** von den Hauptsträngen in die einzelnen Wohnungen. Bis dahin gehören die **Steigleitungen** zum Gemeinschaftseigentum[52].

Teile des Gebäudes, die für den **Bestand** oder die **Sicherheit** erforderlich sind, stehen demgegenüber nach § 5 Abs. 2 nicht im Sondereigentum, selbst wenn sie sich im Bereich der im Sondereigentum stehenden Räume befinden, also beispielsweise **tragende Wände.** Für Anlagen und Einrichtungen, die dem **gemeinschaftlichen Gebrauch** der Wohnungseigentümer dienen, gilt das Gleiche, also zum Beispiel für **Treppen** und **Aufzüge.**

Die **Abgrenzung,** was zum Sondereigentum des einzelnen Wohnungseigentümers gehört und welche Teile des Gebäudes im Gemeinschaftseigentum stehen, ist an vielen Stellen eines Gebäudes nicht immer eindeutig.

Folgende **Gebäudeteile** gehören typischerweise zum **Sondereigentum:**

- Innenverkleidungen von Wänden und Decken,
- Fußbodenbeläge,
- Tapeten,
- Innentüren,
- Sanitärinstallationen,
- Elektroschalter
- Trockenbau usw.

---

[50] OLG München, Beschl. v. 30.08.2018 – 34 Wx 66/18
[51] KG Berlin, Beschl. v. 06.01.2015 – 1 W 369/14
[52] BGH, Urt. v. 26.10.2012 – V ZR 57/12

**Sondereigentum** kann auch zu Gemeinschaftseigentum **umgewandelt** werden und umgekehrt. Voraussetzung für letzteres ist allerdings, dass die betroffenen Gebäudeteile **nicht zwingend** zum Gemeinschaftseigentum gehören.

Es kann **ausnahmsweise** sogar ein Anspruch auf **Umwandlung** von Sondereigentum in Gemeinschaftseigentum bestehen, wenn sich die bisherige Regelung als **untragbar** erweist und eine Änderung dringend **erforderlich** ist[53].

Eine solche Umwandlung kann nicht durch einfache **Beschlussfassung** von der Mehrheit der Wohnungseigentümer in der Eigentümerversammlung erfolgen, sondern bedarf gemäß § 4 WEG der Einigung **aller Beteiligten** in der Form der notariellen **Auflassung** und der **Eintragung** ins Grundbuch. Ist ein **Verfügungsverbot** im Grundbuch eingetragen, so bedarf es auch der Zustimmung desjenigen, zu dessen Gunsten das Verfügungsverbot besteht[54].

Soll Wohnungseigentum zu einem späteren Zeitpunkt dergestalt unterteilt werden, dass der eine Teil nunmehr Teileigentum sein soll, so bedarf diese **Unterteilung,** anders als lediglich die Unterteilung von Wohnungseigentum, der **Zustimmung** aller WE-Eigentümer zur Änderung der Teilungserklärung, weil es in diesem Fall zu einer Änderung der **Zweckbestimmung** der Räume kommt.

Das **Teileigentum** an Räumen, die nicht zu Wohnzwecken dienen, ist ebenfalls eine Form des Sondereigentums, § 1 Abs. 3 WEG. Dies sind **gewerblich** genutzte Räume, wie beispielsweise Büroräume, Restaurants, Ladenlokale, Kellerräume usw. Für solches Teileigentum gelten nach § 1 Abs. 6 WEG die Vorschriften über das Wohneigentum **entsprechend.**

In der **Teilungserklärung** kann festgelegt werden, zu welchem **Zweck** das **Teileigentum** durch den Teileigentümer genutzt. werden darf, also zum Beispiel durch die **Bezeichnung** als „Gewerbe", „Laden" oder „Restaurant".

▶   Ob bei einer Bezeichnung der Räume als *„Laden"* beispielsweise ein Fitnessstudio oder ein Eiscafé in den Räumen betrieben werden kann, dürfte zweifelhaft sein[55]. Aus diesem Grunde ist auf die **genaue Bezeichnung** der Räume und deren **Nutzungszweck** besonderer Wert zu legen.

Ein entsprechender **„Klarstellungsvermerk"** im **Bestandsverzeichnis** des Grundbuchs kann dann zulässig sein, wenn die dort aufgeführte Umschreibung als *„Gewerberäume"* nicht dem entspricht, was nach der **Zweckbestimmung** als dessen zulässiger Inhalt, nämlich eine Nutzung als *„Laden",* tatsächlich gewollt war[56].

---

[53]BGH, Beschl. v. 10.05.2012 – V ZR 228/11
[54]KG Berlin, Beschl. v. 17.02.2015 – 1 W 379/14
[55]LG Frankfurt, Urt. v. 27.09.2018 – 2-13 S 138/17
[56]OLG München, Beschl. v. 26.08.2014 – 34 Wx 247/14

**Grundbuchamt** Meißen

# Grundbuch

**von**

⌞　　　Ockrilla　　　⌟

**Blatt** 4 6

W o h n u n g s g r u n d b u c h

Dieses Blatt ist zur Fortführung auf EDV neu
gefasst worden und dabei an die Stelle des
bisherigen Blattes getreten. In dem Blatt
enthaltene Rötungen sind schwarz sichtbar.
Freigegeben am 29.06.2000.

Voos

**Abb. 2.7**　Wohnungsgrundbuch

## 2.3.4　Bildung von Wohnungseigentum

Wohnungseigentum kann nach § 3 WEG durch **vertragliche Vereinbarung** der „werdenden" Wohnungseigentümer oder nach § 8 WEG durch **Teilung** seitens eines Eigentümers § 8 WEG gebildet werden. Letzteres wird als **„Vorratsteilung"** bezeichnet und ist der **Regelfall** bei der Bildung von Wohnungseigentum.

Zur Bildung von Wohnungseigentum in der vorbezeichneten Weise bedarf es der notariellen **Beurkundung** § 4 WEG und der Anlage der **Wohnungsgrundbücher,** § 7. (Abb. 2.7).

Der sogenannte **Teilungsvertrag** ist notariell zu beurkunden, wenn die werdenden Wohnungseigentümer das Wohnungseigentum bilden bzw. die **Teilungserklärung** bei der Bildung von Wohnungseigentum gemäß § 8 WEG.

Die **Eintragung** von Wohnungseigentum in das **Grundbuch** richtet sich nach § 47 GBO. **Grundvoraussetzung** dabei ist, dass das Grundstück und das Gebäude eine **rechtliche Einheit** bilden.

Kommt es zum Beispiel bei einer **nachträglichen Grundstücksteilung** zu einem **Überbau,** so ist zu prüfen, ob eine solche rechtliche Einheit noch gegeben ist. Dabei kommt es auf den maßgeblichen Teil des Gebäudes an, mit dem der Überbau nach Umfang, Lage und wirtschaftlicher Bedeutung (noch) eine Einheit bilden muss[57]. Ist dies nicht der Fall, kann kein Wohnungseigentum gebildet werden.

### 2.3.4.1  Gemeinschaftsordnung
Der **Teilungsvertrag** und insbesondere die **Teilungserklärung** sind von der **Gemeinschaftsordnung** zu unterscheiden. Teilungsvertrag und Teilungserklärung enthalten nur die **sachenrechtlichen** Regelungen bezüglich des neu zu bildenden Wohnungseigentums wie beispielsweise die Größe der Miteigentumsanteile oder die Zuordnung von Gebäudeteilen zum Gemeinschafts- oder Sondereigentum. Die weiteren **Rechtsbeziehungen** der Wohnungseigentümer untereinander werden darüber hinaus durch die **Gemeinschaftsordnung verbindlich** festgelegt, so beispielsweise

- bestimmte Gebrauchsregelungen,
- die Kostenverteilung,
- Regelungen bezüglich bestimmter Abstimmungsquoren oder
- die Art der Verwaltung.

Teilungserklärung und Gemeinschaftsordnung werden häufig zusammen in einer **Urkunde** beurkundet.

### 2.3.4.2  Aufteilungsplan
Die **Aufteilung** des Gebäudes sowie die Lage und Größe von Sonder- und **Gemeinschaftseigentum** werden durch den **Aufteilungsplan** des § 7 Abs. 4 Ziff. 1 WEG, der von der **Baubehörde** durch Unterschrift und Stempel/Siegel zu bestätigen ist, mittels Bauzeichnungen dargestellt. Dieser Aufteilungsplan ist zwingender **Bestandteil** des Antrags zur Bildung und Eintragung von Wohnungseigentum nach dem WEG in das **Grundbuch**[58].

### 2.3.4.3  Abgeschlossenheitsbescheinigung
Zusätzlich bedarf es noch einer **Abgeschlossenheitsbescheinigung** der Baubehörde gemäß § 7 Abs. 4 Ziff. 2 WEG. Damit bescheinigt die Behörde, dass die im **Sondereigentum** stehenden Wohnräume von den sonstigen Wohnungen vollkommen **getrennt**

---

[57]KG Berlin, Beschl. V. 19.08.2015 – 1 W 765/15
[58]KG Berlin, Beschl. v. 23.04.2013 – 1 W 343/12

| Grundbuchamt Meißen<br>Grundbuch von Ockrilla | | | Blatt 4 6 | Bestandsverzeichnis | Anlegebogen 1 | |
|---|---|---|---|---|---|---|
| Lfd. Nr. der Grund-stücke | Bisherige lfd. Nr. d. Grund-stücke | Bezeichnung der Grundstücke und der mit dem Eigentum verbundenen Rechte | | | | Größe |
| | | Gemarkung (nur bei Abweichung vom Grundbuchbezirk angeben) Flurstück | | Wirtschaftsart und Lage | | m² |
| | | a/b | | c | | |
| 1 | 2 | 3 | | | | 4 |
| 1 | – | 77/1.000 Miteigentumsanteil an dem Grundstück | | | | |
| | | 24/2 | | Gebäude- und Freifläche | | 1 76 |
| | | 25/6 | | Gebäude- und Freifläche, Ockrillaer Str. 44 | | 14 42 |
| | | verbunden mit dem Sondereigentum an der im Auf-teilungsplan mit Nr. 11 bezeichneten Wohnung und dem Sondernutzungsrecht an dem mit 11 gekenn-zeichneten PKW-Abstellplatz. | | | | |
| | | Für jeden Miteigentumsanteil ist ein Grundbuchblatt angelegt (Blatt 426 bis 439 Ockrilla). | | | | |
| | | Der hier eingetragene Miteigentumsanteil ist durch die zu den anderen Miteigentumsanteilen gehörenden Sondereigentumsrechte beschränkt; | | | | |
| | | Wegen Gegenstand und Inhalt des Sondereigentums und der Sondernutzungsrechte wird auf die Bewilligung vom 18.10.1994 (URNr. 1537/94, Notar Erker, Meißen), 21.02.1995 (URNr. 232/1995, Notar Erker, Meißen) und 29.03.1995 (URNr. 492/95, Notar Erker, Meißen) Bezug genommen. | | | | |
| | | Übertragen aus Blatt 138 Ockrilla; eingetragen am 06.04.1995. | | | | |
| | | Bei Neufassung des Bestandsverzeichnisses als Bestand eingetragen am 29.06.2000. | | | | |

**Abb. 2.8** Miteigentumsanteil

sind, einen eigenen Zugang zum **Treppenhaus** oder ins **Freie**[59] haben und zur Führung eines **Haushalts** durch Vorhandensein beispielsweise von WC und Kochgelegenheit geeignet sind.

§ 3 Abs. 2 S. 2 WEG bestimmt eine **Ausnahme** von dem Erfordernis der **Abgeschlossenheit. Garagenstellplätze** gelten danach auch als abgeschlossene Räume, wenn ihre Fläche durch dauerhafte **Markierungen** ersichtlich ist. Die Abgeschlossenheit wird in diesem Fall rechtlich **fingiert.**

---

[59]OLG München, Beschl. v. 30.08.2018 – 34 Wx 66/18

Für **offene Stellplätze** auf einem Garagendach gilt dies nicht. Für **Duplexstellplätze** kommt es auf die spezielle Situation vor Ort an[60].

#### 2.3.4.4 Größe des WEG-Anteils

Die **Größe** des jeweiligen **Miteigentumsanteils** orientiert sich in der Regel an der Größe der einzelnen Eigentumswohnung. Dieser Bezug ist allerdings nicht zwingend. Die Größe wird in **x/1000stel** berechnet.

Die entsprechende Festlegung in der **Teilungserklärung** lautet beispielsweise wie folgt:

*1. Miteigentumsanteil von 112/1000stel verbunden mit dem Sondereigentum an den im Teilungsplan mit Nr. 1 bezeichneten, zu Wohnzwecken dienenden Räumlichkeiten im EG des Hauses Musterstraße Nr. 23 und dem Sondereigentum an dem im Teilungsplan ebenfalls mit der Nr. 1 bezeichneten nicht zu Wohnzwecken dienenden Abstellraum.*

Entsprechend erfolgt auch die Eintragung des Miteigentumsanteils in das **Wohnungsgrundbuch** (Abb. 2.8).

### 2.3.5 Die Wohnungseigentümergemeinschaft, §§ 10 ff. WEG

Mehrere Wohnungseigentümer bilden von Gesetzes wegen auf Dauer eine Wohnungseigentümergemeinschaft, im Folgenden **WE-Gemeinschaft.**

#### 2.3.5.1 Unauflöslichkeit der WE-Gemeinschaft

§ 11 WEG bestimmt, dass diese Gemeinschaft **unauflöslich** ist, anders als die Bruchteilsgemeinschaft gemäß § 749 BGB. Diese Unauflöslichkeit gilt selbst für den Fall, dass ein **wichtiger Grund** für eine **Auflösung** der Gemeinschaft vorliegen sollte. Die Auflösung kann auch nicht vertraglich vereinbart werden, es sei denn, eine Auflösung der Gemeinschaft wird nur für den Fall vereinbart, dass das **Gebäude** teilweise oder in Gänze **zerstört** ist und keine Verpflichtung zum **Wiederaufbau** besteht, also das Gebäude endgültig nicht mehr existiert.

Die **Unauflöslichkeit** der WE-Gemeinschaft hat zur Folge, dass nach § 6 WEG das Sondereigentum an einer WEG-Wohnung nicht ohne den Miteigentumsanteil, zu dem es gehört, **veräußert** oder **belastet** werden kann.

Dieser **Grundsatz** der „**Trinität**" bedeutet, dass Wohnungseigentum die **untrennbare Verbindung** von

---

[60]BGH, Urt. v. 21.10.2011 – V ZR 75/11; LG München, Urt. v. 05.11.2012 – 1 S 1504/12

- Miteigentumsanteil,
- **Sondereigentum** und
- dem verdinglichten Mitgliedschaftsrecht in der WE-Gemeinschaft ist.

Dieser **Grundsatz** hat auch zur Folge, dass ein **Verzicht** auf Wohnungs- und Teileigentum nach § 928 BGB nicht zulässig und eine derartige Eintragung in das **Grundbuch** ebenfalls **unzulässig** ist[61]. Unter den vorgenannten Voraussetzungen ist es also rechtlich nicht möglich, sich durch Verzicht von einer „**Schrottimmobilie**" zu trennen.

### 2.3.5.2 Rechtsverhältnisse der WE-Gemeinschaft
Die Rechtsverhältnisse der WE-Gemeinschaft sowie Rechte und Pflichten der Wohnungseigentümer untereinander werden durch **§§ 13 ff. WEG** bestimmt, beziehungsweise darauf aufbauend in der **Teilungserklärung und/oder Gemeinschaftsordnung** geregelt.

### 2.3.5.2.1 Rechtsfähigkeit der WE-Gemeinschaft
Die WE-Gemeinschaft ist **partiell rechtsfähig,** kann also in gewissem Umfang **Rechtssubjekt** sein. Das heißt, dass die WE-Gemeinschaft **eigenes Vermögen** bilden oder **Partei** in einem gerichtlichen **Rechtsstreit** sein kann. Sie kann daher aus einer zu ihren Gunsten in das *Grundbuch* von WE-Eigentümern eingetragenen beschränkt persönlichen Dienstbarkeit auch wirksam **Berechtigte** sein[62].

Sie ist unter bestimmten Voraussetzungen zudem befugt, **Gewährleistungsansprüche** wegen Baumängeln „*an sich zu ziehen*" und diese gegebenenfalls für die WE-Gemeinschaft insgesamt oder auch für den einzelnen Wohnungseigentümer zum Beispiel gegenüber dem **Bauträger** geltend zu machen[63].

Die **öffentliche Hand** muss diese Rechtsfähigkeit ebenfalls beachten. Eine **Bauordnungsverfügung** wegen eines mangelhaften Zustandes des Gemeinschaftseigentums ist daher nicht gegen die einzelnen Wohnungseigentümer zu richten, sondern gegen die **WE-Gemeinschaft insgesamt**[64].

### 2.3.5.2.2 Kostentragung
Die **Kosten** der WEG-Anlage, also im Wesentlichen die des Gemeinschaftseigentums, werden durch die Wohnungseigentümer gemeinschaftlich getragen. Diese von den Wohnungseigentümern zu tragenden Kosten werden auch als **Wohn- oder Hausgeld** bezeichnet.

---

[61]BGH, Urt. v. 14.06.2007 – V ZB 18/07, NJW 2007, 2547

[62]KG Berlin, Beschl. v. 29.09.2015 – 1 W 10-12/15

[63]BGH, Urt. v. 15.01.2010 – V ZR 80/09, NJW 2010, 933; OLG Celle, Urt. v. 25.10.2012 – 5 U 44/12; BGH, Urt. v. 12.04.2007 – VII ZR 236/05, NJW 2007, 1952

[64]VG Hannover, Urt. v. 14.05.2018 – 4 A 8334/17

Jeder Wohnungseigentümer ist gemäß § 16 Abs. 2 WEG den anderen Wohnungseigentümern gegenüber verpflichtet, die **Lasten** des gemeinschaftlichen Eigentums sowie die **Kosten**

- der Instandhaltung,
- der Instandsetzung,
- der sonstigen Verwaltung und
- eines gemeinschaftlichen Gebrauchs des gemeinschaftlichen Eigentums

nach dem **Verhältnis** seines Anteils an der WEG-Anlage zu zahlen. Aus diesen Beiträgen werden nicht nur die **laufenden Kosten** beglichen, sondern auch eine **Instandhaltungsrücklage** gebildet.

Die Wohnungseigentümer können allerdings mit **Stimmenmehrheit** nach § 16 Abs.3 WEG, abweichend von § 16 Abs. 2 WEG beschließen, dass diejenigen **Betriebskosten** des gemeinschaftlichen Eigentums oder des Sondereigentums i. S. v. § 556 Abs.1 BGB, die nicht unmittelbar gegenüber Dritten abgerechnet werden, sowie Kosten der Verwaltung nach **Verbrauch** oder **Verursachung** erfasst und dementsprechend oder nach einem anderen **Maßstab** verteilt werden. Voraussetzung ist, dass eine solche **abweichende Verteilung** der ordnungsgemäßen Verwaltung entspricht. Eine derartige Vereinbarung kann auch dann geschlossen werden, wenn bereits ein entsprechender **Beschluss** vorliegt oder eine solche **Vereinbarung** schon in der **Teilungserklärung** oder Gemeinschaftsordnung getroffen wurde.

Es besteht gemäß **§ 16 Abs. 4 WEG** zudem die Möglichkeit, im **Einzelfall** einen entsprechenden Beschluss hinsichtlich Instandhaltung und Instandsetzung oder baulichen Veränderungen mit **drei Viertel bzw. mit Stimmenmehrheit** aller Miteigentumsanteile zu fassen.

Den Wohnungseigentümer befreit eine **Nichtbenutzung** des gemeinschaftlichen Eigentums, vorbehaltlich einer anderweitigen **Beschlussfassung** der WE-Gemeinschaft, grundsätzlich nicht von der **Kostentragungspflicht.** Gleiches gilt, wenn der Wohnungseigentümer seine Wohnung vorübergehend nicht nutzen kann. Auch dies befreit ihn nicht von der **Verpflichtung,** die Kosten der WE-Anlage mitzutragen[65].

### 2.3.5.2.3 Haftung der Wohnungseigentümer
Hiervon zu unterscheiden ist die **Haftung** für **Verbindlichkeiten** der WE-Gemeinschaft gegenüber **Dritten** bzw. eine Haftung gegenüber einem **Miteigentümer,** die nicht aus dem Gemeinschaftsverhältnis herrührt. Entsprechend § 10 Abs. 8 WEG haftet der einzelne Wohnungseigentümer für solche Verbindlichkeiten nur in **Höhe seines Anteils** an der WEG-Anlage (beschränkte Außenhaftung).

---

[65]LG Berlin, Urt. v. 15.06.2018 – 55 S 81/17 WEG

Bei kommunalen **Ver- bzw. Entsorgungsleistungen** gilt etwas anderes. Die entsprechenden Kosten ruhen als „**öffentliche Last**" auf dem im **Gemeinschaftseigentum** stehenden **Grundstück** der WE-Gemeinschaft, sodass alle Wohnungseigentümer für die entstanden Verbrauchskosten gesamtschuldnerisch haften[66].

### 2.3.5.2.4 Gemeinschaftliche Verwaltung

Den Wohnungseigentümern obliegt die Verwaltung der WEG-Anlage gemäß § 20 WEG grundsätzlich **gemeinschaftlich.** In **§§ 21–29 WEG** wird näher geregelt, wie dies im Einzelnen zu geschehen hat.

Maßnahmen, die dem **Interesse** der ordnungsgemäßen Verwaltung dienen, sind laut § 21 Abs. 5 WEG insbesondere

- die Aufstellung einer Hausordnung,
- die ordnungsgemäße Instandhaltung und Instandsetzung des gemeinschaftlichen Eigentums,
- der Abschluss einer Feuerversicherung und einer Haus- und Grundbesitzerhaftpflichtversicherung,
- die Bildung einer **Instandhaltungsrücklage,**
- die Aufstellung eines Wirtschaftsplans,
- sowie die Duldung von Maßnahmen zur Herstellung von Versorgungs- und Medienanschlüssen für die Wohnungseigentümer.

### 2.3.5.2.5 Wohnungseigentümerversammlung

Die WE-Gemeinschaft hat für alle **Maßnahmen,** die mit den Gegebenheiten der Wohnanlage in Verbindung stehen, die **Beschlusskompetenz.** Dem kann sich die WE-Gemeinschaft nicht durch Übertragung auf **Dritte,** auch nicht durch eine umfassende Ermächtigung des **Beirates** entledigen[67]. Bindende **Beschlüsse** werden gemäß § 23 WEG in der **Wohnungseigentümerversammlung** gefasst. Hierzu sind unter Umständen bestimmte **Quoren** erforderlich, zum Beispiel für

- bauliche Veränderungen,
- Kostentragungspflichten,
- Instandhaltungs- und Instandsetzungsmaßnahmen.

Die **Einberufung** einer Eigentümerversammlung sowie die sonstigen **Formalien** sind in §§ 25, 26 WEG geregelt.

---

[66]BGH, Urt. v. 11.05.2010 – IX ZR 127/09; BVerwG, Beschl. v. 11.11.2005 – 10 B 65/05, NJW 2006, 791

[67]LG Dortmund, Urt. v. 24.05.2016 – 1 S 42/16

Für einzelne WE-Eigentümer kann bei der Beschlussfassung ein **Stimmrechts-verbot** bestehen. Ein solches Stimmrechtsverbot gilt vor allem dann, wenn der einzelne WE-Eigentümer **persönlich** durch den Beschluss **betroffen** ist, zum Beispiel bei der Geltendmachung von Ansprüchen der WE-Gemeinschaft gegenüber ihm oder bei einer Beschlussfassung zum Abschluss eines Rechtsgeschäfts mit ihm, § 25 Abs. 5 WEG. Das Stimmrechtsverbot gilt auch für den Fall, dass der WE-Eigentümer zwar nicht persönlich betroffen ist, aber eine Gesellschaft, an der er **mehrheitlich beteiligt** ist[68].

Für den einzelnen WE-Eigentümer besteht grundsätzlich **keine Pflicht** zur **Teilnahme** an der WE-Versammlung, auch nicht in einer Versammlung zu verbleiben, wenn durch sein Entfernen eine **Beschlussunfähigkeit** eintritt. Die „Boykott-Rechtsprechung" zum Gesellschaftsrecht ist auf die WE-Gemeinschaft (wohl) nicht anwendbar[69].

### 2.3.5.2.6 Instandhaltung/Instandsetzung/bauliche Veränderung
**Konflikte** innerhalb der WE-Gemeinschaft entzünden sich häufig an Fragen, die die **Instandhaltung** und **Instandsetzungsmaßnahmen** des gemeinschaftlichen Eigentums nach § 21 WEG oder **bauliche Veränderungen** entsprechend § 22 WEG betreffen.

### 2.3.5.2.7 Instandhaltung und Instandsetzung, § 21 Abs. 5 Ziff. 2 WEG
Zur ordnungsgemäßen Verwaltung gehört gemäß § 21 Abs. 5 Ziff. 2 WEG die ordnungs-gemäße Instandhaltung und Instandsetzung des **gemeinschaftlichen Eigentums,** die den Wohnungseigentümern gemeinschaftlich obliegt oder durch einen WEG-Verwalter über-nommen wird. Die Rechte aus § 21 Abs. 5 Ziff. 2 WEG sind **nicht abdingbar,** sondern sie sind **zwingendes** Recht.

Die Instandhaltung und/oder die Instandsetzung kann aber durch **Vereinbarung** auf einen **Sondereigentümer** übertragen werden. Eine solche Übertragung beinhaltet im Zweifel auch die alleinige **Kostentragungspflicht** für die entsprechenden Maßnahmen[70].

**Instandhaltung** ist die **Erhaltung** des ordnungsgemäßen Zustands der WEG-Anlage durch Erhaltungsmaßnahmen. Darunter fallen auch Pflegemaßnahmen und Maßnahmen der Vorsorge vor **Wertverlust** und dergleichen, die der WEG-Anlage dienen[71]. **Instand-haltungsmaßnahmen** im Sinne von § 21 Abs. 5 Ziff. 2 WEG sind auch Maßnahmen, die zur Wahrung von **Verkehrssicherungspflichten** beitragen[72].

**Instandsetzung** ist die **Wiederherstellung** oder **Erstherstellung** eines ordnungsge-mäßen Zustandes einschließlich der hierfür notwendigen Vorbereitungsmaßnahmen[73].

---

[68]BGH, Urt. v. 13.01.2017 – V ZR 138/16

[69]AG Neumarkt, Urt. v. 20.08.2015 – 4 C 5/14 WEG

[70]BGH, Urt. v. 28.10.2016 – V ZR 91/16, Rn 19; BGH, Urt. v. 09.10.2016 – V ZR 124/16

[71]KG, Beschl. v. 19.10.1989 – 24 W 4300/98

[72]BGH, Urt. v. 17.01.1989 – VI ZR 186/88

[73]BayObLG, Beschl. v. 12.05.2004 – 2Z BR 001/04, Rn 13

Auch die Verfolgung von **Gewährleistungsansprüchen** gegenüber dem Bauträger oder einem der bauausführenden Unternehmen fällt unter Instandsetzungsmaßnahmen betreffend das **Gemeinschaftseigentum**.

Jeder Wohnungseigentümer hat nach § 21 Abs. 4 WEG einen **Anspruch** auf eine ordnungsgemäße Instandhaltung und Instandsetzung des gemeinschaftlichen Eigentums. Diesen Anspruch kann er **gerichtlich** einklagen. Danach kann jeder Wohnungseigentümer eine **Verwaltung der WEG-Anlage** verlangen, die den Vereinbarungen und Beschlüssen der WE-Gemeinschaft und, soweit solche nicht gefasst bzw. nicht getroffen wurden, dem **Interesse der Gesamtheit** der Wohnungseigentümer nach billigem Ermessen entspricht[74].

In einem solchen Rechtsstreit kann das angerufene Gericht bei seiner **Ermessensentscheidung** sowohl über einen **Klageantrag** gemäß § 21 Abs. 8 WEG hinausgehen und nicht lediglich die **Zustimmung** zu einer beantragten Maßnahme erteilen, als auch **rechtsgestaltende Anordnungen** treffen[75].

Zu einer ordnungsgemäßen Verwaltung gemäß. § 21 Abs. 5 Ziff. 4 gehört auch die Bildung einer angemessenen **Instandhaltungsrückstellung** (**Instandhaltungsrücklage**), damit die WE-Gemeinschaft dauerhaft über die notwendigen Mittel zur Durchführung von Instandsetzungs- und Instandhaltungsmaßnahmen verfügt. Die Instandhaltungsrücklage gehört zum **Verwaltungsvermögen** der WE-Gemeinschaft, § 10 Abs. 8 WEG[76].

Die WE-Gemeinschaft kann ebenso für das **Sondereigentum** der WE-Eigentümer im Einzelfall Maßnahmen beschließen, so zum Beispiel das Anbringen von Rauchmeldern in den Wohnungen. Dies gilt aber nur dann, wenn das jeweilige **Landesrecht** eine entsprechende Maßnahme ausdrücklich vorschreibt. Die WE-Gemeinschaft hat in einem solchen Fall die **Beschlusskompetenz**[77].

### 2.3.5.2.8  Bauliche Veränderungen, § 22 WEG

**Bauliche Veränderungen** im Sinne von § 22 WEG sind von Maßnahmen zur Instandhaltung und Instandsetzung zu unterscheiden. Solche **baulichen Maßnahmen** gehen über Instandhaltungs- und Instandsetzungsmaßnahmen hinaus und können damit nur mit **Zustimmung** aller Wohnungseigentümer beschlossen werden, deren **Rechte** von einer solchen baulichen Veränderung betroffen sind.

Bauliche Veränderungen im Sinne von § 22 WEG sind gegenständlich **Umgestaltungen** oder **Veränderungen** des **Erscheinungsbildes** des gemeinschaftlichen Eigentums in Abweichung vom Zustand bei der Entstehung der WE-Gemeinschaft. Dies können **Umgestaltungen** der Erdoberfläche oder des Gebäudes selbst sein, zum Beispiel durch

---

[74]BayObLG, Beschl. v. 26.05.2000 – 2Z BR 174/99

[75]BGH, Urt. v. 24.05.2013 – V ZR 182/12, Rn 21

[76]BGH, Urt. v. 17.04.2015 – V ZR 12/14

[77]AG Wuppertal, Urt. v. 05.09.2016 – 96b C 47/16

- Anbauten,
- Aufstockungen,
- Anbringung von Balkonen oder Treppenanlagen,
- Anbringen von Markisen, Rollladen, Solarzellen
- Einbau von Dachfenstern oder
- Anbringung einer Klimaanlage an der Außenfassade[78].

Zur baulichen Veränderung gehören auch Veränderungen des äußeren **Erscheinungs-bildes** des Gebäudes, auch wenn hiermit kein **Substanzeingriff** erfolgt, zum Beispiel

- das Anbringen einer Werbeanlage,
- einer Parabolantenne[79],
- einer **Klimaanlage** an der Außenfassade[80] oder
- die Änderung der farblichen Gestaltung der Außenfassade.

**Bauliche Veränderungen** müssen aber immer auf **Dauer** angelegt sein, sodass nur kurzfristige Maßnahmen, also zum Beispiel das **Abstellen** von Gegenständen, keine baulichen Veränderungen darstellen.

Alle Wohnungseigentümer sind in der Regel durch bauliche Veränderungen am **Gemeinschaftseigentum betroffen**, sodass die **Zustimmung** sämtlicher Wohnungseigentümer nur **ausnahmsweise** nicht erforderlich ist.

Auch **auf bauliche Maßnahmen** am **Sondereigentum** eines WE-Eigentümers, die nur wegen ihrer **Ausstrahlung** auf den optischen **Gesamteindruck** des Gebäudes für die anderen WE-Eigentümer einen **Nachteil** darstellen, sind die Vorschriften von § 22 Abs. 2, 3 WEG entsprechend anwendbar. Es genügt in diesem Fall zur **Genehmigung** eine entsprechende Mehrheit der WE-Eigentümer, wenn es sich um eine Maßnahme handelt, die eine **Modernisierung** oder modernisierende Instandsetzung darstellt[81].

Führt eine bauliche Maßnahme eines Sondereigentümers dazu, dass **Instandsetzungsmaßnahmen** am Gemeinschaftseigentum **erschwert** sind, so genügt dies, um von einer baulichen Veränderung und einem entsprechenden **Nachteil** auszugehen. Dies gilt selbst dann, wenn der Sondereigentümer den **finanziellen Nachteil** gegenüber der WE-Gemeinschaft ausgleicht[82].

Bauliche Veränderungen, die der **Modernisierung** oder der **Anpassung** des gemeinschaftlichen Eigentums an den **Stand der Technik** dienen, die die Eigenart der

---

[78]LG Frankfurt a. M., Urt. v. 13.01.2017 – 2-13 S 186/14

[79]BGH, Beschl. v. 22.01.2004 – V ZB 51/03, NJW 2004, 937; vgl. auch BVerfG, Nichtannahmebeschl. v. 24.01.2005 – 1 BVR 1953/00 m. w. N.

[80]LG Frankfurt, Urt. v. 13.01.2017, 2 – 13 S 186/14

[81]BGH, Urt. v. 18.11.2016 – V ZR 49/16, Rn 19 ff.

[82]BGH, Urt. v. 07.02.2014 – V ZR 25/13

WEG-Anlage nicht ändern und keinen Wohnungseigentümer gegenüber anderen unbillig beeinträchtigen, können hingegen mit einer ¾-**Mehrheit** der stimmenberechtigten Wohnungseigentümer im Sinne von § 25 Abs. 2 WEG und mehr als der **Hälfte** aller Miteigentumsanteile beschlossen werden[83].

Eine **Umgestaltung** von **Gemeinschaftseigentum innerhalb** des Sondereigentums ist ebenfalls eine bauliche Veränderung, die der **Zustimmung** sämtlicher Wohnungseigentümer bedarf, auch wenn hiervon keine erkennbar negativen Wirkungen auf das Gemeinschaftseigentum ausgehen. Hier sind insbesondere **Wanddurchbrüche** oder die **Beseitigung** von **tragenden Gebäudeteilen** zu nennen.

Einer der häufigsten **Streitpunkte** innerhalb einer WE-Gemeinschaft sind solche Maßnahmen, die durch einen einzelnen Wohnungseigentümer vorgenommen werden, diese sich aber nicht auf sein **Sondereigentum** beschränken, sondern sich als **bauliche Veränderungen** im Sinne von § 22 WEG darstellen. Werden solche baulichen Maßnahmen, zum Beispiel **Umgestaltungen** an der Fassade oder Balkonanlagen, durch einen einzelnen Wohnungseigentümer ohne die erforderliche **Zustimmung** vorgenommen, so hat die WE-Gemeinschaft gegen den einzelnen Wohnungseigentümer einen **Beseitigungsanspruch**, der sogar von jedem einzelnen Wohnungseigentümer **gerichtlich** geltend gemacht werden kann. Es ist also nicht Voraussetzung, dass sich die übrigen Wohnungseigentümer, also die WE-Gemeinschaft insgesamt, zur **Durchsetzung** eines solchen Beseitigungsanspruchs verständigt.

▶ Will ein Wohnungseigentümer bauliche Veränderung oder ähnliche Maßnahmen durchführen, so ist dringend angeraten, hierüber zunächst einen **Konsens** mit den übrigen Wohnungseigentümern herbeizuführen, da gegebenenfalls auch **Schadensersatzansprüche,** zum Beispiel für die ordnungsgemäße **Wiederherstellung** des gemeinschaftlichen Eigentums, entstehen können, so die übrigen Wohnungseigentümer dies verlangen.

Der **Anspruch** auf **Beseitigung** einer unzulässigen baulichen Veränderung **verjährt** nach §§ 195, 199 BGB innerhalb von 3 Jahren zum Jahresende ab dem Jahr, in dem die bauliche Veränderung vorgenommen wurde. § 902 BGB, wonach Rechte aus eingetragenen Rechten nicht der Verjährung unterliegen, ist auf den **Beseitigungsanspruch** aus § 1004 BGB **nicht anwendbar.**[84]

Der **Lauf der Verjährung** wird nach den allgemeinen Regelungen von §§ 194 ff. BGB **gehemmt.** Er ist aber auch während der Dauer eines **Anfechtungsrechtsstreits,** der über den Beschluss, mit dem eine bauliche Veränderung genehmigt wurde, geführt wird, **gehemmt,** weil vor einer rechtskräftigen Entscheidung ein Beseitigungsanspruch nicht durchsetzbar wäre[85]. Die gesamte **Verfahrensdauer** eines solchen Prozesses kann daher erheblich sein.

---

[83]LG Lüneburg, Urt. v. 31.05.2011 – 9 S 75/10

[84]BGH, Urt. v. 28.01.2011 – V ZR 141/10, NJW 2011, 1068

[85]LG Frankfurt a. M., Urt. v. 28.06.2017 – 2-13 S 191/14

Ein Beseitigungsanspruch kann nur unter sehr engen Voraussetzungen nach dem Grundsatz von **Treu und Glauben** unter Umständen nicht durchgesetzt werden[86], so zum Beispiel wenn die **Beseitigungskosten** völlig außer Verhältnis zu dem Interesse der übrigen Wohnungseigentümer an der Beseitigung der baulichen Veränderung stehen[87].

### 2.3.5.3 Untergemeinschaft

Bei größeren WE-Anlagen, die zum Beispiel aus mehreren Häusern bestehen, besteht die Möglichkeit, was auch nicht unüblich ist, sogenannte Untergemeinschaften mit eigener **Verwaltungsbefugnis** und **Beschlusskompetenz** zu bilden. Eine solche Untergemeinschaft besitzt hingegen keine eigene **Rechtsfähigkeit** oder **Parteifähigkeit**. Zudem besitzt sie kein eigenes **Verwaltungsvermögen**. Die Einzelheiten müssen durch Vereinbarung oder die Teilungserklärung geregelt werden[88].

Die **Beschlusskompetenz** der jeweiligen Untergemeinschaft bezieht sich daher auch nur auf die eigene Untergemeinschaft selbst und die **interne Kostenlast**, was aber die **Außenhaftung** der WE-Gemeinschaft insgesamt nicht ausschließt[89].

## 2.3.6 Rechte und Pflichten der Wohnungseigentümer, §§ 13 ff. WEG

Jeder Wohnungseigentümer kann grundsätzlich mit seiner Wohnung nach seinem **Belieben** verfahren, es sei denn, es ist hierzu Spezielles in der **Teilungserklärung** oder der **Gemeinschaftsordnung** geregelt oder die Rechte eines Dritten stehen dem entgegen, also insbesondere die Rechte anderer Wohnungseigentümer.

Der einzelne Wohnungseigentümer hat grundsätzlich solche **Maßnahmen zu unterlassen,**

- die den **Bestand** des Gebäudes gefährden,
- die das äußere **Erscheinungsbild** des Gebäudes verändern,
- die dem **Bestimmungszweck** des Gebäudes zuwider laufen oder ihn verändern,
- die den **Mitgebrauch** der übrigen Eigentümer beeinträchtigen.

Der Wohnungseigentümer ist grundsätzlich **berechtigt,** seine Wohnung

- zu bewohnen,
- zu vermieten,

---

[86]LG Frankfurt a. M., Urt. v. 14.12.2017 – 2-13 S 133/15

[87]LG Hamburg, Urt. v. 20.09.2017 – 318 S 77/16, Rn 28

[88]BGH, Urt. v. 17.04.2015 – V ZR 12/14

[89]BGH, Urt. v. 10.11.2017 – V ZR 184/16

- zu verpachten oder
- in sonstiger Weise zu nutzen.

Die Nutzung von Teileigentum zum Betrieb eines **Boardinghouses** ist nicht ohne weiteres unzulässig. Eine solche **Nutzungseinschränkung** von gewerblicher Tätigkeit muss sich vielmehr ausdrücklich aus der Teilungserklärung ergeben[90].

Gleiches gilt für die kurzfristige Vermietung einer Eigentumswohnung als **Ferienwohnung**. Die **Untersagung** einer solchen Vermietung, also die Einschränkung der **Zweckbestimmung** einer Eigentumswohnung, ist nur durch **einstimmigen Beschluss** aller Wohnungseigentümer möglich, so dies nicht bereits in der **Teilungserklärung** geschehen ist[91].

Der Wohnungseigentümer hat zudem das Recht, **Einwirkungen** Dritter auf seine Wohnung abzuwehren. Er kann die Rechte aus **§§ 1004 ff. BGB** beziehungsweise **§§ 985 ff. BGB** sowohl gegenüber einem anderen Wohnungseigentümer als auch einem Dritten gegenüber geltend machen und gegebenenfalls **gerichtlich** durchsetzen, so beispielsweise gegenüber einem Mieter einer Eigentumswohnung oder von gewerblichem Teileigentum[92].

Jeder Wohnungseigentümer ist gemäß § 13 Abs. WEG auch zum **Mitgebrauch** des Gemeinschaftseigentums berechtigt. Die **Art und Weise** des Mitgebrauchs ist in § 14 WEG, § 15 WEG und § 16 WEG im Einzelnen geregelt.

### 2.3.7   Der Wohnungseigentumsverwalter, §§ 26 ff. WEG

Die WE-Gemeinschaft wird in der Regel durch einen **WEG-Verwalter** vertreten. Dieser hat nicht nur die Stellung eines besseren Hausmeisters, er führt vielmehr die **Beschlüsse** der WE-Gemeinschaft aus und erledigt die Geschäfte der **laufenden Verwaltung.** Er kann zum **Schadensersatz** verpflichtet sein, wenn er dieser **Verpflichtung** nicht nachkommt[93].

Er verwaltet die **Finanzen** der WE-Gemeinschaft, ruft die **WEG-Versammlung** ein und leitet diese. Der WEG-Verwalter ist also quasi der „Geschäftsführer" der WEG-Anlage.

Die **Rechtsstellung** des WEG-Verwalters ergibt sich unter anderem aus

- § 26 Bestellung und Abberufung,
- § 27 Aufgaben und Befugnisse,
- § 28 Wirtschaftsplan und Rechnungslegung.

---

[90]LG Frankfurt a. M. Urt. v. 30.08.2017 – 2-13 S 207/14

[91]BGH, Urt. v. 12.04.2019 – V ZR 112/18

[92]OLG Celle, Beschl. v. 24.02.2012 – 4 W 1/12; LG Berlin, Beschl. v. 25.06.2013 – 85 S 143/12 WEG; BGH, Beschl. v. 16.06.2011 – V ZA 1/11

[93]BGH, Urt. v. 08.06.2018 – V ZR 125/17

Der WEG-Verwalter wird meistens auf die **Dauer** von fünf Jahren **bestellt.** Eine vorherige **Abberufung** ist nur bei Vorliegen eines wichtigen Grundes zulässig.

Parallel zur Bestellung wird in der Regel mit dem Verwalter ein **Verwaltervertrag** geschlossen, der den **Aufgabenbereich** sowie die Rechte und Pflichten einschließlich der **Vergütung** regelt.

Der Verwalter ist den Wohnungseigentümern grundsätzlich zur **Auskunft** verpflichtet. Er muss ihnen zudem auf Anforderung **Einsicht** in sämtliche **Unterlagen** gewähren, ggf. auch mehrfach. Wird einem Wohnungseigentümer vor einer Beschlussfassung eine solche Einsicht **verwehrt,** so ist ein Beschluss der Wohnungseigentümerversammlung anfechtbar[94].

▶ Um sich von einem WEG-Verwalter zu trennen, bedarf es nach der sogenannten „**Trennungstheorie**" sowohl der **Abberufung** durch Beschluss der Wohnungseigentümerversammlung als auch der **Kündigung** des Verwaltervertrages[95].

## 2.3.8 Übertragung von Wohnungseigentum

Der **Erwerb** von Wohnungseigentum unterscheidet sich dem Grunde nach nicht vom Erwerb von Grund und Boden. Zu unterscheiden ist aber der Erwerb einer bereits errichteten Eigentumswohnung (**Zweiterwerb**) und der Erwerb mittels Bauträgervertrag, wenn die WEG-Anlage erst noch errichtet werden soll (**Ersterwerb**).

### 2.3.8.1 Ersterwerb vom Bauträger
Zum Ersterwerb von Wohnungseigentum mittels **Bauträgervertrag,** wird auf die entsprechenden Ausführungen in Kap. 3, Abschn. 3.3 verwiesen.

### 2.3.8.2 Zweiterwerb vom Wohnungseigentümer
Die **Veräußerung** einer Eigentumswohnung durch einen Wohnungseigentümer erfolgt – wie bei einem Grundstückserwerb – mittels **notariellem Kaufvertrag, Auflassung** und **Eigentumsumschreibung** im Grundbuch. Der Wohnungseigentümer kann bei der Veräußerung aber **Beschränkungen** unterliegen, die vor Abschluss eines Kaufvertrages zu berücksichtigen sind.

### 2.3.8.2.1 Veräußerungsbeschränkung
Die Möglichkeit der Veräußerung von Wohnungseigentum kann dadurch eingeschränkt sein, dass die **Gemeinschaftsordnung** eine **Zustimmungsverpflichtung** enthält.

---

[94]LG Frankfurt a. M. Urt. v. 12.01.2017 – 2-13 S 48/16

[95]OLG Düsseldorf, Beschl. v. 28.08.2007 – 3 Wx 163/0; BGH, Beschl. v. 06.03.1997 – III ZR 248/95, NJW 1997, 2106

Der Verkauf kann zulässigerweise von der **Zustimmung** der übrigen Wohnungseigentümern abhängig gemacht werden oder der eines Dritten, beispielsweise des Wohnungseigentumsverwalters. Veräußert ein Wohnungseigentümer sein Wohnungseigentum ohne die erforderliche Zustimmung, so macht er sich gegenüber den übrigen Wohnungseigentümern unter Umständen **schadensersatzpflichtig.**

Ist die **Veräußerungsbeschränkung** gemäß § 12 WEG als **dinglicher Inhalt** des Wohnungseigentums im **Grundbuch** eingetragen, so ist der Kaufvertrag bis zur Erteilung der **Zustimmung** gemäß § 12 Abs. 3 WEG **schwebend unwirksam.** Wird die erforderliche Genehmigung **verweigert,** so ist die Veräußerung endgültig unwirksam[96].

### 2.3.8.2.2  Wichtiger Grund, § 12 Abs. 2 WEG

Die Zustimmung darf gemäß § 12 Abs. 2 WEG aber nur aus **wichtigem Grund** verweigert werden. Ansonsten würde ein solcher **Zustimmungsvorbehalt** gegen die grundgesetzliche **Eigentumsfreiheit** verstoßen[97]. Deswegen ist es auch nicht zulässig, in der Gemeinschaftsordnung vermeintlich wichtige Gründe zu definieren, die solche ersichtlich nicht darstellen.

Ein **wichtiger Grund,** die Zustimmung zu verweigern, wird angenommen, wenn die Veräußerung an den „neuen" Wohnungseigentümer wegen des zu erwartenden gemeinschaftswidrigen Verhaltens **unzumutbar** wäre. Dies ist der Fall, wenn der Käufer ersichtlich nicht in der Lage sein wird, sein **Hausgeld** zu zahlen oder die **Vollstreckung** eines entsprechenden Titels im Ausland erheblich erschwert ist[98].

Ein wichtiger Grund kann auch darin liegen, dass der potenzielle neue Eigentümer wegen **Sachbeschädigung** oder **Körperverletzung** gegenüber einem anderen Wohnungseigentümer in der Vergangenheit bereits auffällig geworden ist. **Streitigkeiten** zwischen dem Erwerber und nur einem Wohnungseigentümer genügen hingegen nicht[99].

Bloße **Konkurrenzschutzerwägungen** können in der Regel ebenfalls keinen wichtigen Grund darstellen, um die Zustimmungsverweigerung eines Wohnungseigentümers zu begründen[100].

Der veräußernde Wohnungseigentümer kann die Zustimmung **gerichtlich** ersetzen lassen, wenn die Zustimmung zum Verkauf durch die übrigen Wohnungseigentümer oder den WEG-Verwalter zu **Unrecht** verweigert wird. Die benötigte Zustimmung gilt mit Rechtskraft des **Urteils** nach § 894 BGB als erteilt[101].

---

[96]BGH, Urt. v. 20.07.2012 – V ZR 241/11

[97]OLG Frankfurt, Beschl. v. 27.07.2005 – 20 W 493/04

[98]AG Wedding, Urt. v. 27.08.2012 – 21b C 75/12

[99]BayOblG, Beschl. v. 04.01.1995 – 2Z BR 114/94

[100]OLG Frankfurt a. M., Beschl. v. 01.02.2007 – 20 W 8/06

[101]OLG Zweibrücken, Beschl. v. 08.11.2005 – 3 W 142/05

### 2.3.8.2.3 Vorkaufsrecht des Mieters

Dem Mieter einer Wohnung steht gemäß **§ 577 BGB** ein Vorkaufsrecht zu, wenn die Wohnung nach der Überlassung an den Mieter in Wohnungseigentum **umgewandelt** und die Wohnung an einen Dritten verkauft wird[102]. Das gilt auch, wenn das Wohngebäude in Wohnungseigentum umgewandelt und **als Ganzes** veräußert wird. Dem jeweiligen Mieter steht für diesen Fall bezüglich jeder Wohnung ein Vorkaufsrecht zu. Der zu zahlende **Verkaufskaufpreis** wird entsprechend des Miteigentumsanteils nach § 467 BGB ermittelt. Der Verkauf muss allen Mietvertragsparteien mitgeteilt werden (zugehen), erst dann läuft die **Zweimonatsfrist** von § 469 Abs. 2 BGB, innerhalb derer das Vorkaufsrecht ausgeübt werden muss[103]. Durch den Mieter kann das Vorkaufsrecht nur beim **erstmaligen** Verkauf nach der Umwandlung in Wohnungseigentum ausgeübt werden[104].

Ein **Vorkaufsrecht** des Mieters **besteht nicht,** wenn das Wohngebäude **als Ganzes** verkauft wird und erst der neue Eigentümer die **Aufteilung** in Wohnungseigentum vornimmt. Das Vorkaufsrecht besteht also nur, wenn der Verkäufer selbst das Wohngebäude in Wohnungseigentum aufteilt oder sich gegenüber dem in Aussicht genommenen Käufer hierzu verpflichtet[105].

Unterlässt es der Vermieter **pflichtwidrig,** einen vorkaufsberechtigten Mieter über den Inhalt des mit einem Dritten über die Mietwohnung abgeschlossenen Kaufvertrags sowie über das Bestehen des Vorkaufsrechts nach § 469 Abs. 1 BGB zu **unterrichten,** so kann der Mieter, der infolgedessen von diesen Umständen erst nach Erfüllung des Kaufvertrags zwischen Vermieter und Drittem Kenntnis erlangt, Ersatz der **Differenz** von Verkehrswert und Kaufpreis verlangen, abzüglich der im Falle des Erwerbs der Wohnung angefallenen Kosten. Dies gilt auch dann, wenn der Mieter sein Vorkaufsrecht nach **Kenntniserlangung** nicht ausgeübt hat[106].

Dem Mieter steht **kein Vorkaufsrecht** zu, wenn der Kaufgegenstand nicht mit der Wohnung des Mieters identisch ist. Besteht das verkaufte Wohnungseigentum beispielsweise aus **zwei Mietwohnungen,** so liegt keine solche **Identität** mit dem Kaufgegenstand vor.
Ein Vorkaufsrecht des Mieters besteht auch nur dann, wenn sich der Verkäufer vertraglich zur **Aufteilung** gemäß § 8 WEG verpflichtet hat und wenn die von dem Vorkaufsrecht umfasste zukünftige Eigentumswohnung in dem Vertrag bereits hinreichend **bestimmt** oder zumindest **bestimmbar** ist[107].

---

[102]BGH Urt. v. 29.03.2006 – VIII 250/05, NJW 2006, 1869

[103]zu den Einzelheiten bei Ausübung des Vorkaufsrechts siehe Kap. 5, Abschn. 5.2.5

[104]BGH, Urt. v. 22.06.2007 – V ZR 269/06, BauR 2007, 1622

[105]BGH, Urt. v. 22.11.2013 – V ZR 96/12

[106]BGH, Urt. v. 21.01.2015 – VIII ZR 51/14

[107]KG Berlin, Urt. v. 10.02.2017 – 5 W 18/17

## 2.3.9  Sondernutzungsrechte

Die Sondernutzungsrechte beim Wohnungseigentum sind gesetzlich nicht speziell ausgestaltet, sie werden aber in § 5 Abs. 4 Satz 2 und 3 WEG ausdrücklich **erwähnt.** Sondernutzungsrechte haben gleichwohl eine **große praktisch Bedeutung,** da durch sie ein Teil des gemeinschaftlichen Eigentums einem oder mehreren Wohnungseigentümern beziehungsweise Teileigentümern zur **alleinigen Nutzung** unter **vollständigem Ausschluss** aller übrigen Wohnungseigentümer vom **Mitgebrauch** zugeordnet wird.

### 2.3.9.1  Einführung
Das Recht zur alleinigen **Garten-** oder zur **Stellplatznutzung** sind die praktisch bedeutsamsten Sondernutzungsrechte. Mit der Einräumung von Sondernutzungsrechten sind die übrigen Wohnungseigentümer, obwohl die Flächen dem **Gemeinschaftseigentum** zugeordnet sind, ausnahmsweise nicht mehr zum **Mitgebrauch** dieses Teils des Gemeinschaftseigentums berechtigt, hiervon also **ausgeschlossen.**

### 2.3.9.2  Entstehung von Sondernutzungsrechten
Sondernutzungsrechte können nur durch **Vereinbarung** aller Wohnungseigentümer untereinander begründet werden. Typischerweise geschieht dies bereits durch die Teilungserklärung. Eine Begründung in dieser Weise ist allerdings nicht zwingend.

Eine vertragliche Vereinbarung über die Einräumung von Sondernutzungsrechten kann ohne weiteres auch zu einem **späteren Zeitpunkt** noch geschlossen werden. Die Schwierigkeit bei der Bildung eines dann notwendigen **Konsenses** unter den Wohnungseigentümer sollte allerdings bedacht werden. Nur durch einen nachträglichen **Mehrheitsbeschluss** können solche Sondernutzungsrechte jedenfalls nicht begründet werden[108].

Eine Berechtigung zur **nachträglichen** Begründung von Sondernutzungsrechten kann sich aber in der Teilungserklärung **vorbehalten** werden, also eine **Zuweisung** durch den teilenden Eigentümer, sodass in einem solchen Fall ein Sondernutzungsrecht auch erst zu einem späteren Zeitpunkt eingeräumt werden kann[109]. Hierzu bedarf es einer exakten **Bezeichnung** der betroffenen Fläche oder des Grundstücksteils, da ansonsten eine solche spätere Zuweisung wegen mangelnder **Bestimmbarkeit** scheitern kann[110].

Sondernutzungsrechte stehen zwingend in einer **Verbindung** zum Sondereigentum eines oder mehrerer Wohnungseigentümer. Sondernutzungsrechte können daher „Fremden", die nicht Mitglieder der WE-Gemeinschaft sind, **nicht isoliert** eingeräumt werden.

---

[108]OLG München, Beschl. v. 18.04.2013 – 34 Wx 363/12; OLG München, Beschl. v. 21.02.2007 – 34 Wx 103/05, ZMR 2007, 561

[109]OLG München, Beschl. v. 27.04.2011 – 34 Wx 149/10; OLG Hamm, Urt. v. 12.06.2012 – 5 Wx 99/11

[110]OLG München, Beschl. v. 28.09.2015 – 34 Wx 84/14

Sondernutzungsrechte können auch im **Grundbuch** eingetragen werden, müssen es aber nicht. Zur Eintragung ins Grundbuch muss die hierzu erforderliche **Bewilligung** grundsätzlich durch alle Wohnungseigentümer abgegeben werden[111]. Eine Vereinbarung zur Einräumung eines Sondernutzungsrechts ist zwar **voll wirksam,** auch wenn eine Eintragung im Grundbuch unterbleibt. Sie gilt gemäß § 10 Abs. 3 WEG dann aber nicht für und gegen den **Rechtsnachfolger** des so berechtigten Wohnungseigentümers.

### 2.3.9.3 Inhalt und Grenzen von Sondernutzungsrechten

In welcher Weise das Sondernutzungsrecht durch den begünstigten Wohnungseigentümer ausgeübt werden kann, ergibt sich aus der hierzu getroffenen **Zweckbestimmung** bzw. aus der **Bezeichnung** wie beispielsweise *„Garten"* oder *„Kfz-Stellplatz".* Eine andere Nutzung, als eine in dieser Weise bestimmte, ist nicht zulässig[112].

Die **Grenzen** des Sondernutzungsrechts können sich auch aus der bisher ausgeübten Nutzung ergeben, wenn keine ausdrückliche Zweckbestimmung getroffen wurde. Die übrigen Wohnungseigentümer brauchen nach § 14 Nr. 1 WEG aber grundsätzlich keine unangemessene **Beeinträchtigung** durch die Sondernutzung eines der Wohnungseigentümer zu dulden, wenn die Grenzen des Sondernutzungsrechts nicht eindeutig **bestimmbar** sind[113].

Wie sich bereits aus der **Bezeichnung** „Sondernutzungsrecht" ergibt, ist der berechtigte Wohnungseigentümer nur zur Nutzung und nicht zur baulichen Veränderung des gemeinschaftlichen Eigentums berechtigt, es sei denn, eine solche **Berechtigung** ergibt sich aus einer ausdrücklichen vertraglichen **Vereinbarung** mit den übrigen Wohnungseigentümern[114].

▶ Es ist auch nicht unüblich, den Sondernutzungsberechtigten die **Kosten** für Instandhaltung und Instandsetzung für den Teil der von ihnen genutzten Fläche oder eines Teils des Gemeinschaftseigentums aufzuerlegen, sodass zum Beispiel die Kosten für die Gartenpflege oder die Reinigung des Tiefgaragenplatzes zulässigerweise anteilsmäßig den Sondernutzungsberechtigten in der **Teilungserklärung** zugeordnet werden können.

### 2.3.9.4 Aufhebung von Sondernutzungsrechten

Die **Aufhebung** von Sondernutzungsrechten erfolgt – wie ihre Begründung – durch **Vereinbarung** aller Wohnungseigentümer untereinander. Eine einseitige „Aufkündigung", die Entziehung durch **Mehrheitsbeschluss** oder durch einseitigen **Verzicht** ist nicht möglich[115].

---

[111]OLG Frankfurt a. M., Beschl. v. 25.06.2015 – 20 W 54/15

[112]BGH, Urt. v. 22.06.2012 – V ZR 73/11

[113]LG München, Urt. v. 04.03.2013 – 1 S 8972/12 WEG; LG Hamburg, Urt. v. 10.09.2010 – 318 S 24/09

[114]LG Düsseldorf, Urt. v. 14.03.2013 – 19 S 55/12; LG Köln, Urt. v. 22.03.2012 – 29 S 170/11

[115]BGH, Beschl. v. 13.09.2000 – V ZB 14/00

Ein Sondernutzungsrecht **erlischt** auch dann, wenn es unter einer **auflösenden Bedingung** eingeräumt wurde, also beispielsweise für eine bestimmte Zeitdauer mit Ablauf des vereinbarten Zeitraums. Das Sondernutzungsrecht erlischt ebenso mit der Veräußerung des Wohnungseigentums oder mit dem Tode des Wohnungseigentümers, wenn es dem Wohnungseigentümer **höchstpersönlich** eingeräumt wurde.

## 2.3.10  Entziehung des Wohnungseigentums, §§ 18 f. WEG

Das Wohnungseigentum kann einem Wohnungseigentümer gemäß § 18 WEG entzogen werden, wenn er sich gegenüber den anderen Wohnungseigentümern einer derart **schwerwiegenden Verletzung** seiner ihm obliegenden Verpflichtungen schuldig gemacht hat, infolge dessen eine Fortsetzung der Gemeinschaft dem oder den betroffenen Wohnungseigentümern nicht mehr **zugemutet** werden kann.

### 2.3.10.1  Entziehungsrecht

Die übrigen Wohnungseigentümer können in diesem Fall verlangen, dass das Wohnungseigentum **veräußert** wird. Gemäß § 18 Abs. 1 Satz 2 WEG gilt dieses Entziehungsrecht allerdings nicht, wenn die WE-Gemeinschaft nur aus zwei Wohnungseigentümern besteht oder das Verhalten des Wohnungseigentümers durch die übrigen Wohnungseigentümer **provoziert** wurde[116].

Eine die Entziehung rechtfertigende Voraussetzung liegt nach § 18 Abs. 2 WEG insbesondere dann vor, wenn der Wohnungseigentümer trotz **Abmahnung** wiederholt gröblich gegen die ihm nach § 14 WEG obliegenden Pflichten verstoßen hat. Entsprechendes gilt, wenn der Wohnungseigentümer sich mit der Erfüllung seiner **Verpflichtungen** zur **Lasten- und Kostentragung** aus § 16 Abs. 2 WEG in Höhe eines Betrages von mehr als drei Monaten in Verzug befindet, der 3 % des Einheitswertes seines Wohnungseigentums übersteigt[117].

### 2.3.10.2  Entziehungsbeschluss

Ein Entzugsbeschluss ist mit **Stimmenmehrheit** durch die Wohnungseigentümer zu fassen. Der Beschluss bedarf allerdings einer Mehrheit von mehr als der Hälfte der stimmberechtigten Wohnungseigentümer, also der **absoluten Mehrheit,** § 18 Abs. 3 WEG[118].

Das Entziehungsrecht nach § 18 Abs. 1 WEG kann gemäß § 18 Abs. 4 WEG nicht durch Vereinbarung der Wohnungseigentümer untereinander **eingeschränkt** oder **ausgeschlossen** werden.

---

[116]BGH, Urt. v. 22.01.2010 – V ZR 75/09

[117]BGB, Urt. v. 19.01.2007 – V ZR 26/06, NJW 2007, 1353

[118]OLG Rostock, Beschl. v. 03.11.2008 – 3 W 5/08

### 2.3.10.3 Veräußerungsklage

Der **Entziehungsanspruch** nach § 18 Abs. 1 WEG ist durch eine Veräußerungsklage oder Entziehungsklage **gerichtlich** durchsetzbar.

Ein klagestattgebendes **Urteil** hat gemäß § 19 WEG die Wirkung, dass jeder Wohnungseigentümer hieraus die **Zwangsvollstreckung** betreiben kann.

Der Wohnungseigentümer verliert mit Erteilung eines wirksamen **Zuschlags** in der Zwangsversteigerung zu diesem Zeitpunkt sein Wohnungseigentum. Erst dann ist er auch nicht mehr zur **Kostentragung** gemäß § 16 WEG verpflichtet.

▶ Dem zur Veräußerung verpflichteten Wohnungseigentümer steht allerdings das Recht zu, die **Zwangsvollstreckung** durch Zahlung der Geldrückstände **abzuwenden.**

Der Zuschlag kann durch **Zahlung** bis zu dessen Erteilung in der **Bieterstunde** noch abgewendet werden. Erfolgt die Zahlung des rückständigen Betrages bereits vor Erlass des **Urteils** im Einziehungsprozess, wird die Entziehungsklage unbegründet.

Der **Ersteher** einer Eigentumswohnung ist verpflichtet, dem ehemaligen Wohnungseigentümer den **Besitz** zu entziehen, ihm die Wohnung also nicht weiter zur Nutzung zu überlassen. Hierauf haben die übrigen Wohnungseigentümer einen Anspruch, weil eine solche Nutzungsüberlassung einen **Verstoß** gegen die **Pflichten** aus § 14 WEG darstellt[119].

### 2.3.11 Aufhebung der WE-Gemeinschaft

Wie bereits dargestellt, ist die WE-Gemeinschaft grundsätzlich **unauflöslich.** Nach § 11 Abs. 1 WEG kann kein Wohnungseigentümer die Aufhebung der Gemeinschaft verlangen. Eine Auflösung ist selbst aus **wichtigem Grund** nach § 11 Abs. 1 Satz 2 WEG nicht möglich.

▶ § 11 WEG stellt eine **Ausnahme** zur allgemeinen Regelung des BGB dar, wonach gemäß § 749 BGB jeder Teilhaber einer Gemeinschaft jederzeit die Aufhebung oder nach §§ 752 ff. BGB die Teilung verlangen kann. Dieser Aufhebungsanspruch unterliegt gemäß § 758 BGB auch nicht der **Verjährung,** kann also dauerhaft geltend gemacht werden.

Ein Wohnungseigentümer kann sich insoweit nur durch **Verkauf** seines Wohnungseigentums aus einer WE-Gemeinschaft lösen.

---

[119]BGH, Urt. v. 18.11.2016 – V ZR 221/15, Rn 15

Eine Auflösung der WE-Gemeinschaft ist auch im Fall von **Zahlungsunfähig-keit** oder **Überschuldung** im Sinne von §§ 17, 19 InsO nicht vorgesehen, da nach § 11 Abs. 2, 3 WEG ein **Insolvenzverfahren** über das Verwaltungsvermögen der Gemeinschaft nicht stattfindet[120].

### 2.3.11.1 Vertragliche Vereinbarung zur Aufhebung

Eine **abweichende Vereinbarung** der Wohnungseigentümer, dass einer der Wohnungs-eigentümer die Auflösung doch verlangen kann, ist gemäß § 11 Abs. 1, S. 3 WEG nur für den Fall zulässig, dass das Gebäude ganz oder teilweise **zerstört** ist und eine Ver-pflichtung zum **Wiederaufbau** nicht besteht. Dieser Fall liegt gemäß § 22 Abs. 4 WEG vor, wenn das Gebäude mehr als zur **Hälfte** seines Wertes zerstört ist und der Schaden nicht durch eine **Versicherung** oder in anderer Weise gedeckt werden kann.

Haben die Wohnungseigentümer aber gemeinsam den Entschluss gefasst, die WE-Gemeinschaft aufzulösen, so ist der Abschluss eines **Aufhebungsvertrages** unter Beteiligung aller Wohnungseigentümer erforderlich. Der Vertrag muss gemäß § 4 Abs. 3 WEG, § 311b Abs. 1 Satz 1 BGB **notariell beurkundet** werden, da der Aufhebungs-vertrag in der Regel die Verpflichtung enthält, das Sondereigentum zu übertragen bzw. es aufzuheben. Zur Aufhebung des Sondereigentums bedarf es zudem nach § 4 Abs. 1, 2 WEG einer Einigung der Beteiligten durch **Auflassung** gemäß § 925 BGB und der Ein-tragung ins **Grundbuch**.

### 2.3.11.2 Rechtsfolgen

Die nach **Aufhebung** des Sondereigentums entstehende **Bruchteilsgemeinschaft** an Grund und Boden wird durch **Realteilung**, **Veräußerung** oder im Wege der **Ver-steigerung** vollzogen mit der Folge, dass den einzelnen Wohnungseigentümern nach § 17 WEG ein Anteil am **Veräußerungs- oder Versteigerungserlös** im Verhältnis ihrer Wohnungs- und Eigentumsrechte zur Zeit der Aufhebung der Gemeinschaft zusteht.

### 2.3.12 Konflikte innerhalb der WE-Gemeinschaft

Aufgrund der Konstruktion der WE-Gemeinschaft als **Verband** natürlicher Personen, entstehen innerhalb dieser Gemeinschaft typischerweise Konflikte, die durch **rechts-staatliche Verfahren** gelöst werden müssen.

### 2.3.12.1 Einführung

Lassen sich **Konflikte** nicht im Wege der Diskussion und eines Kompromisses lösen, so regeln §§ 43 ff. WEG das gerichtliche Verfahren zur **Streitentscheidung** innerhalb der

---

[120]a. A. zur alten Rechtslage, AG Mönchengladbach, Beschl. v. 24.02.2006 – 32 IN 26/06

WE-Gemeinschaft. Für WEG-Streitigkeiten galten bis zur Reform im Jahre 2007 die entsprechenden Verfahrensregeln der **freiwilligen Gerichtsbarkeit** (§§ 43 ff. FGG). Seit der Reform findet die **Zivilprozessordnung** (ZPO) Anwendung, sodass Konflikte innerhalb der WE-Gemeinschaft im Wege eines **Zivilprozesses,** das heißt in einem streitigen Gerichtsverfahren entschieden werden.

▶  Die tägliche Praxis zeigt, dass die WE-Gemeinschaft überproportional **streitanfällig** ist, andererseits eine Auflösung der WE-Gemeinschaft aber ausgeschlossen und ein Ausscheiden aus der Gemeinschaft nur im Wege des Verkaufs des Wohnungseigentums möglich ist. Dessen sollte sich jeder Wohnungseigentümer bewusst sein und selbst ein hohes Interesse an einem konfliktfreien Mit- und Nebeneinander haben.

Der WE-Gemeinschaft sowie den betroffenen Wohnungseigentümern ist angeraten, sich wegen der komplexen Rechtsfragen im Konfliktfall **anwaltlicher Hilfe** zu bedienen. **Anwaltszwang** herrscht im erstinstanzlichen Verfahren vor den Amtsgerichten aber nicht, sodass es sinnvoll erscheint, im Rahmen dieser Darstellung einige **prozessuale Besonderheiten** ausführlich darzustellen.

### 2.3.12.2 Streitschlichtung

Es besteht die Möglichkeit, bevor beim zuständigen Amtsgericht ein Klageverfahren anhängig gemacht wird, ein **Schiedsverfahren** durchzuführen, wenn die Wohnungseigentümer dies vereinbart haben bzw. hierauf verständigen. Eine verbindliche **Konfliktlösung** und Befriedung unter den Wohnungseigentümern kann durch ein solches Schiedsverfahren kostengünstig und ohne streitige Entscheidung herbeigeführt werden.

Eine **Klage** beim Amtsgericht kann im Falle einer Vereinbarung einer obligatorischen Schlichtung **zulässigerweise** nur dann erhoben werden, wenn zuvor das **Schiedsverfahren gescheitert** ist.

Es kann auch vereinbart werden, dass vor Einreichung einer Klage zwingend die WE-Gemeinschaft oder der Verwaltungsbeirat im Wege eines sogenannten **Vorschaltverfahrens** anzurufen ist. Eine solche Regelung zur verpflichtenden gütlichen Streitbeilegung kann die Gemeinschaftsordnung zulässig vorsehen. Eine Klage ist auch in diesem Fall solange **unzulässig,** wie ein solches Verfahren nicht durchgeführt wurde und erfolglos geblieben ist[121].

Eine **direkte Klage** kann trotz verpflichtender **Schlichtung** dennoch **zulässig** sein, wenn durch die Schlichtung die Versäumung von **Anfechtungsfristen** zu befürchten ist oder die Durchführung

---

[121]OLG Frankfurt, Beschl. v. 11.06.2007 – 20 W 108

einer Streitschlichtung von vorne herein **aussichtslos** erscheint. Dies ist beispielsweise dann anzunehmen, wenn sich die Wohnungseigentümerversammlung bereits mehrfach und über längere Zeit mit dem streitigen Problem erfolglos befasst hatte[122].

Eine **Schiedsvereinbarung** für wohnungseigentümerrechtliche Beschlussmängelstreitigkeiten kann auch nichtig sein, wenn einer Partei dadurch der notwendige Rechtsschutz entzogen wird[123], sodass in einem solchen Fall direkt Klage erhoben werden kann.

### 2.3.12.3  WEG-Klageverfahren, §§ 43 ff. WEG

Das örtlich **Amtsgericht** ist für Streitigkeiten, die sich

- aus der Gemeinschaft der Wohnungseigentümer und
- aus der Verwaltung des gemeinschaftlichen Eigentums ergeben oder
- der Rechte und Pflichten der Wohnungseigentümer untereinander, gemäß § 43 WEG

zuständig, in dessen **Bezirk** die Wohnungseigentumsanlage liegt.

Weiter ist das Amtsgericht **zuständig** für

- Streitigkeiten über **Rechte und Pflichten** zwischen der WE–Gemeinschaft und einzelnen Wohnungseigentümern sowie
- über Streitigkeiten betreffend die Rechte und Pflichten des Verwalters der WEG-Anlage.

Schließlich ist das **Amtsgericht** zuständig für eine **Anfechtungsklage** wegen der Gültigkeit von **Beschlüssen** der Wohnungseigentümer in der Wohnungseigentümerversammlung.

### 2.3.12.3.1  Streitigkeiten über Rechte und Pflichten, § 43 Nr. 1, 2 WEG

In diese Kategorie fallen Streitigkeiten, die sich aus dem **Zusammenleben** der Wohnungseigentümer untereinander ergeben, zum Beispiel wegen Lärmbelästigung, Geruchsbelästigung oder auch ehrabschneidender Äußerungen, die der betroffene Wohnungseigentümer unterbunden wissen will.

Auch Streitigkeiten über die Zulässigkeit von **baulichen Veränderungen** fallen hierunter, die die Wohnungseigentümer nur unter engen Voraussetzungen in eigener Verantwortung vornehmen dürfen (siehe Abschn. 2.3.5.2.8).

Schließlich fallen unter § 43 Nr. 1, 2 WEG auch Streitigkeiten über **Lasten- und Kostentragung** oder deren **Verteilung** innerhalb der WE-Gemeinschaft, sowie die Fragen der Befugnis zur Nutzung von Teilen der WE-Anlage durch einen oder mehrere Wohnungseigentümer.

---

[122]BayObLG, Beschl. v. 30.04.1990 – ZMR 1990, 348; BayObLG Beschl. v. 30.01.1991 – 2 Z 156/90, NJW-RR 849

[123]LG München, Urt. v. 02.09.2010 – 36 S 19072/09

### 2.3.12.3.2 Streitigkeiten über Rechte und Pflichten des Verwalters, § 43 Nr. 3 WEG

Hierunter fallen Streitigkeiten, die aus dem Rechtsverhältnis zwischen der WE-Gemeinschaft insgesamt und dem WE-Verwalter resultieren. Dies kann sowohl die **Bestellung** des WE-Verwalters und dessen **Abberufung** aus seinem Amt betreffen, als auch die Rechte und Pflichten aus seinem Anstellungsvertrag oder die Berechtigung einer **Kündigung** des Verwaltervertrages.

Die WE-Gemeinschaft kann einerseits mögliche **Schadensersatzansprüche** gegenüber dem WE-Verwalter ebenso geltend machen wie Ansprüche, die sich aus einer eventuell falschen **Rechnungslegung** des WE-Verwalters ergeben.

Der WE-Verwalter kann andererseits **seine Rechte,** auch wenn er bereits ausgeschieden ist, gegenüber der WE-Gemeinschaft gemäß § 43 Nr. 3 WEG einklagen.

### 2.3.12.3.3 Anfechtung von Beschlüssen, § 43 Nr. 4 WEG

Hierbei handelt es sich um die **wichtigste Klagemöglichkeit** eines einzelnen Wohnungseigentümers, der gegen Beschlüsse der WE-Gemeinschaft, die in einer WE-Versammlung gefasst wurden, im Wege der **Anfechtungsklage** vorgehen möchte.

Erhebt keiner der WE-Eigentümer eine solche Klage, so werden Beschlüsse der WE-Gemeinschaft binnen eines **Monats** nach Beschlussfassung **bindend** und sind nicht mehr durch eine **Anfechtungsklage** angreifbar. Eine Anfechtungsklage muss gemäß § 46 Abs. 1 WEG also innerhalb eines **Monats** nach der Beschlussfassung erhoben und innerhalb von **zwei Monaten** begründet werden. Die Verfahrensvorschriften von §§ 233–238 ZPO gelten für die Anfechtungsklage gemäß § 43 Nr. 4 WEG entsprechend.

Eine Untätigkeit hat also die rechtlich bindende Konsequenz, dass auch ein eventuell rechtswidriger Beschluss der WE-Gemeinschaft nach Ablauf der **Monatsfrist,** wenn nicht zuvor Anfechtungsklage erhoben wurde, **bestandskräftig wird,** so er nicht von vornherein nichtig ist[124]. Ein **nichtiger Beschluss** entfaltet grundsätzlich keine Rechtswirkungen für oder gegen die Wohnungseigentümer, auch wenn er nicht fristgerecht angefochten wurde. Die Voraussetzungen einer Nichtigkeit liegen allerdings nur in den seltensten Fällen vor.

Die Rechtswidrigkeit eines WE-Beschlusses kann sich beispielsweise daraus ergeben, dass die WE-Versammlung nicht **beschlussfähig** war, **Tagesordnungspunkte** nicht in hinreichender Weise aus der **Einladung** ersichtlich waren oder Beschlüsse gefasst wurden, die nicht das in der Gemeinschaftsordnung vorgeschriebene **Quorum** erreicht hatten. Mittels Anfechtungsklage können darüber hinaus auch Fehler beim **Abstimmungsverfahren** angegriffen werden[125].

---

[124]BGH, Urt. v. 16.01.2009 – V ZR 74/08

[125]zur Frage eines Stimmrechtsausschlusses vgl. BGH, Urt. v. 14.10.2011 – V ZR 56/11

### 2.3.12.3.4  Parteien des WEG-Klageverfahrens

**Klage gegen die WE-Gemeinschaft insgesamt**

Bei einer Klage ist besondere Sorgfalt auf die **Bezeichnung** der jeweiligen Prozesspartei zu legen, da **Prozessparteien** einer WE-Streitigkeit nicht immer identisch sind, seien sie nun Kläger oder Beklagte.

Wird eine Klage durch oder gegen alle Wohnungseigentümer, mit Ausnahme des Klägers selbst, erhoben, so genügt es, wenn in der **Klageschrift** das gemeinschaftliche Grundstück bezeichnet ist, § 44 Abs. 1 Satz 1 WEG. Zur hinreichenden Bezeichnung in der Klageschrift reicht die **postalische Anschrift** der WE-Anlage aus.

▶    Ist die Bezeichnung in der **Klageschrift** unklar, so ist notwendigenfalls durch
      **Auslegung** der Klageschrift zu ermitteln, wer Beklagter sein soll. Bei einer
      **Anfechtungsklage** ist grundsätzlich davon auszugehen, dass der klagende
      Wohnungseigentümer die **übrigen Wohnungseigentümer** als Beklagte
      bezeichnen will[126].

Die nur summarische Bezeichnung *„die übrigen Wohnungseigentümer"* ist zur Identifizierung des **Titelgläubigers** in der Zwangsvollstreckung aber nicht hinreichend. Zur Eintragung einer **Zwangssicherungshypothek** in das Sondereigentum eines Wohnungseigentümers müssen die Titelgläubiger, also die übrigen Wohnungseigentümer, sich im Einzelnen aus dem Titel ergeben. Titelgläubiger bei einem Streit innerhalb der WE-Gemeinschaft ist nämlich nicht die WE-Gemeinschaft insgesamt. Das **Grundbuchamt** darf ohne eine mit dem Titel verbundene **Namensliste** der Wohnungseigentümer eine **Zwangssicherungshypothek** daher nicht ins Grundbuch eintragen[127].

In der Klageschrift muss außerdem auch der Verwalter und der gemäß § 45 Abs. 2 Satz 1 bestellte **Ersatzzustellungsvertreter** bezeichnet werden, wenn **sämtliche Wohnungseigentümer** Beklagte sein sollen. Wichtig ist, dass zwar zunächst nicht sämtliche Wohnungseigentümer benannt werden müssen, allerdings gemäß § 44 Abs. 1 Satz 2 WEG bis zum Schluss der **mündlichen Verhandlung** vor dem Amtsgericht eine namentliche Bezeichnung der Wohnungseigentümer zu erfolgen hat. Dies geschieht üblicherweise durch die Vorlage einer aktuellen **Auflistung** aller Wohnungseigentümer. Wird eine solche Auflistung nicht vorgelegt, so ist die Klage als unzulässig abzuweisen[128].

**Klage gegen einzelne Wohnungseigentümer**

Sind an dem Rechtsstreit nicht alle Wohnungseigentümer als Partei beteiligt, zum Beispiel wenn ein Wohnungseigentümer gegenüber einem anderen Wohnungseigentümer

---

[126]BGH, Urt. v. 14.12.2012 – V ZR 102/12; LG Hamburg, Urt. v. 28.06.2017 – 318 S 56/16, Rn 19
[127]OLG München, Beschl. V. 28.06.2018 – 34 Wx 138/18
[128]BGH a. a. O.

**Unterlassungsansprüche** geltend macht, so sind neben dem Beklagten durch den Kläger dennoch auch die übrigen Wohnungseigentümer entsprechend § 41 Abs. 1 WEG zu
bezeichnen, damit diese gemäß § 48 Abs. 1 WEG beigeladen werden können. Eine solche **Beiladung** hat nur dann zu unterbleiben, wenn die rechtlichen Interessen der übrigen
Wohnungseigentümer erkennbar nicht betroffen sind.

**Zustellung an den Verwalter**

Eine Klage, die sich gegen die WE-Gemeinschaft insgesamt richtet, wird dem Verwalter
als Zustellungsvertreter gemäß § 45 WEG **zugestellt,** ebenso wenn die WE-Gemeinschaft gemäß § 48 Abs. 1 Satz 1 WEG beigeladen wird. Hiervon kann ausnahmsweise
abgewichen werden, wenn der Verwalter als Gegner der WE-Gemeinschaft an dem Verfahren beteiligt ist oder aufgrund des Streitgegenstandes die Gefahr besteht, dass der
Verwalter die Wohnungseigentümer nicht sachgerecht unterrichtet[129]. Diese Regelung
greift insbesondere dann, wenn der WE-Verwalter als Prozesspartei in die Situation der
**Interessenkollision** gerät.

Eine wirksame **Zustellung** an den WEG-Verwalter setzt aber voraus, dass dieser noch
im Amt ist. Eine wirksame **Ersatzzustellung** an einen ehemaligen Verwalter scheidet
mangels Bestellung ebenfalls aus[130].

### 2.3.12.3.5 Verfahrenskosten

Über die Frage, wer die Kosten des Rechtsstreits zu tragen hat, wurde vor der **Reform** des
WEG im Jahr 2007, nach *„billigem Ermessen"* entschieden. Der Richter konnte zudem
auch bestimmen, dass die außergerichtlichen Kosten, also insbesondere **Rechtsanwaltskosten**, ganz oder teilweise von der einen Partei an die andere Partei zu erstatten waren.

Seit der Reform gelten die Vorschriften §§ 91 ff. ZPO. Derjenige hat danach die
**Gerichtskosten** und die **Kosten des Gegners** zu erstatten, der im Prozess unterliegt oder
die Parteien im Verhältnis ihres Obsiegens und Unterliegens.

Hiervon abweichend kann gemäß § 49 WEG in bestimmten **Ausnahmefällen** eine
Kostenentscheidung nach wie vor „nach billigem Ermessen" erfolgen, so das Gericht eine
Entscheidung gemäß § 21 Abs. 8 WEG trifft. Eine solche Entscheidung liegt nur dann vor,
wenn das Gericht bei der Entscheidung in der Sache selbst einen **Ermessensspielraum**
hatte, also nur dann, wenn das Gesetz oder die Vereinbarung der Wohnungseigentümer
untereinander keine Regelung vorsah. Dies ist in der Regel aber nicht der Fall.

Auch dem **Verwalter** können gemäß § 49 Abs. 2 WEG die **Prozesskosten** auferlegt
werde, soweit die Tätigkeit des Gerichts durch ihn veranlasst wurde und den Verwalter
ein **grobes Verschulden** trifft[131]. Dies gilt selbst dann, wenn er nicht Partei des Rechtsstreits ist. Ein solcher Fall liegt beispielsweise dann vor, wenn der WEG-Verwalter das

---

[129]AG Karlsruhe-Durlach, Urt. v. 19.10.2011 – 4 C 19/11

[130]BGH, Urt. v. 20.04.2018 – V ZR 202/16

[131]LG München, Beschl. v. 29.03.2010 – 1 T 5340/10

**Protokoll** der Wohnungseigentümerversammlung unvollständig oder ungenau abgefasst hat oder es nicht rechtzeitig an die Wohnungseigentümer versandt wurde, sodass hieraus **Rechtsunklarheiten** entstanden sind, die zum Rechtsstreit geführt haben oder er einen erkennbar nichtigen Beschluss verkündet hat[132].

Des Weiteren kommt eine **Kostentragungspflicht** des WE-Verwalters in Betracht, wenn er **eigennützig** gehandelt und dadurch der WE-Gemeinschaft einen Schaden zugefügt hat.

Gemäß § 50 WEG sind den Wohnungseigentümern zur **zweckentsprechenden Rechtsverfolgung** oder **Rechtsverteidigung** nur die Kosten eines einzigen **Rechtsanwalts** zu erstatten. Hierdurch soll das Kostenrisiko insbesondere bei Beschlussanfechtungsverfahren begrenzt werden, da jeder einzelne Wohnungseigentümer sich (theoretisch) durch jeweils einen eigenen Rechtsanwalt im Prozess vertreten lassen könnte.

▶   Diese **Kostenverteilung** gilt allerdings nicht uneingeschränkt, da aus Gründen, die mit dem Gegenstand des Rechtsstreits zusammenhängen, gemäß § 50 2. Hs. WEG auch **Rechtsanwaltskosten mehrerer Anwälte** zu erstatten sind. § 50 2. Hs WEG ist anwendbar, zum Beispiel bei besonders aufwendigen und schwierigen Streitfällen, bei denen auch die einzelnen Wohnungseigentümer in unterschiedlicher Weise betroffen sind[133].

### 2.3.12.3.6 Streitwert

Der Streitwert in WE-Streitigkeiten wird gemäß § 49 a GKG festgesetzt. Er beträgt 50 % des **Interesses** der Parteien und aller Beteiligten an der Entscheidung. Er darf aber das Interesse des Klägers und der auf seiner Seite Beigetretenen an der Entscheidung nicht unterschreiten und das **Fünffache** des Wertes ihres Interesses nicht überschreiten. Eine übermäßige Abweichung nach oben und unten wird insoweit vermieden,

Bei einer sogenannten „**Blankettanfechtung**", also der Anfechtung sämtlicher in einer WE-Versammlung gefassten Beschlüsse, ist zu beachten, dass bei der Streitwertfestsetzung sämtliche Beschlusspunkte zusammengezählt werden, die ihrerseits jeweils mit dem vollen Streitwert anzusetzen sind[134].

Die **Streitwertfestsetzung** ist weiter dadurch begrenzt, dass in keinem Fall der **Verkehrswert** des Wohnungseigentums des Klägers und des auf seiner Seite Beigetretenen überstiegen werden darf. Richtet sich eine Klage gegen einzelne Wohnungseigentümer, so darf der Streitwert gemäß § 49 a GKG das **Fünffache** des Wertes ihres Interesses sowie des Interesses des auf ihrer Seite Beigetretenen ebenfalls nicht übersteigen.

---

[132]AG Nürtingen, Urt. v. 08.10.2012 – 19 C 972/12 WEG

[133]BGH, Beschl. v. 16.07.2009 – V ZB 11/09, NJW 2009, 3169; LG Berlin, Beschl. v. 01.12.2010 – 82 T 548/10

[134]LG Hamburg, Beschl. 19.08.2010 – 318 T 57/10

Der Streitwert einer **Verpflichtungsklage** auf Abberufung eines WE-Verwalters ist in der Regel nach dem für die **Restlaufzeit** des Vertrages noch zu zahlenden Honorars und dem Interesse des klagenden Wohnungseigentümers hieran zu berechnen[135].

## 2.4  Das Erbbaurecht

### 2.4.1  Einführung

Das Erbbaurecht als **spezielle Form** des Immobilieneigentums ist, ähnlich dem Recht des Wohnungseigentums, nicht im BGB, sondern in einem **gesonderten Gesetz** geregelt, dem **ErbbauRG** (vormals ErbbauVO[136]).

Das Erbbaurecht ist eine **dingliche Belastung** eines Grundstücks, durch die mittels vertraglicher Vereinbarung einem Dritten vom Grundstückseigentümer das **veräußerliche** und **vererbliche** Recht eingeräumt wird, auf diesem Grundstück ein **Bauwerk** gegen Zahlung eines **Erbbauzinses** zu haben oder ein solches zu errichten, § 1 ErbbauRG. Das Bauwerk soll also in Zukunft nicht im Eigentum des Grundstückseigentümers verbleiben, weil mit dem Grund und Boden fest verbunden, sondern im Eigentum des Erbbauberechtigten stehen.

#### 2.4.1.1  Praktische Bedeutung

Das Bauwerk des Dritten, des **Erbbauberechtigten,** muss nicht zwingend ein Gebäude sein. Auch Tiefgaragen, Eisenbahngleise, Golf- oder Sportplätze[137] und ähnliche Bauwerke sind erbbaurechtsfähig.

In jüngster Zeit werden zunehmend große Bauvorhaben in der Rechtsform des Erbbaurechts entwickelt. Interessante **Beispiele** hierfür sind etwa der Turmpalast-Komplex und das Flughafen Airport Center in Frankfurt, die Allianz-Arena in München, der Jade-Weser-Port in Wilhelmshafen oder das Tennisstadion Rothenbaum in Hamburg.

Das Erbbaurecht in der heutigen Form wurde **1919** gesetzlich entwickelt, um breiteren Bevölkerungsschichten mit **wenig Kapital** den Zugang zum Immobilienerwerb zu ebnen und zudem die **Wohnungsnot** nach dem 1. Weltkrieg zu bekämpfen. Auch sollte **Institutionen** wie Kirchen, Stiftungen und Kommunen, die in der Regel nur wenig Neigung zum Verkauf von Grund und Boden haben, eine Möglichkeit an die Hand gegeben werden, dennoch ihr Immobilienvermögen zur **Eigenheimbebauung** nutzbar zu machen. Dies mit dem weiteren **Vorteil,** dass zwar die Nutzung des Grundstücks für längere

---

[135]BGH, Urt. v. 10.02.2012 – V ZR 105/11

[136]geändert am 15. Dezember 2008 (BGBL I S. 2586)

[137]BGH, Urt. v. 10.01.1992 – V ZR 213/90, NJW 1992, 1681

Zeit durch den Erbbauberechtigten erfolgt, gleichwohl aber eine **Wertsteigerung** des Grundstücks dem Immobilieneigentümer zugutekommt.

Die **Klosterkammer Hannover**[138] ist mit 16.700 Grundstücken größter Ausgeber von Erbbaurechten in Deutschland, gefolgt (wohl) von der evangelischen Stiftung Pflege Schönau mit ca. 13.000 Erbbaurechten[139]. Auch die Stadt **Wolfsburg** hat nach dem Krieg in erheblichem Umfang Erbbaurechte ausgegeben. Rund ein Viertel der Fläche Wolfsburgs ist auch heute noch mit Erbbaurechten belastet, obwohl die Stadt seit Ende der 90er Jahre, wohl mangels Nachfrage, keine Erbbaurechte zu Wohnzwecken mehr ausgibt[140].

Besondere Bedeutung hat das Erbbaurecht nach der **Wiedervereinigung** in den Jahren nach 1990 erlangt. Durch die Vielzahl von Gebäuden auf fremdem Grund und Boden in der ehemaligen DDR musste ein Ausgleich der Interessen zwischen Grundstückseigentümer und berechtigtem Gebäudenutzer gefunden werden. Zudem musste eine Überführung dieser rechtlich „unklaren Situation" in ein **Rechtsinstitut des bürgerlichen Rechts** erfolgen. Nach § 15 SachRBerG wurde daher den Grundstücksnutzern das **Wahlrecht** eingeräumt, entweder vom Grundstückseigentümer das überbaute Grundstück zu erwerben oder sich an einem solchen überbauten Grundstück ein Erbbaurecht bestellen zu lassen. Auf dieser Grundlage wurden in den Jahren nach der Wiedervereinigung zahlreiche Erbbaurechte bestellt.

### 2.4.1.2 Selbstständiges Gebäudeeigentum

Das nach Bestellung des Erbbaurechts im Eigentum des Erbbauberechtigten stehende Gebäude kann bei der Bestellung des Erbbaurechts bereits **bestehen** oder erst in Zukunft durch den Erbbauberechtigten errichtet werden. In welcher Weise eine solche Bebauung erfolgt, ist der **vertraglichen Vereinbarung** der Erbbaurechtsparteien überlassen. Entsprechende Vorgaben macht das Gesetz hier nicht. Es genügt, wenn bei Bestellung des Erbbaurechts die **dingliche Bestellung** und die **Grundbucheintragung** deutlich machen, wie die Bebauung ungefähr beschaffen sein soll[141]. Selbst die Angabe, ob ein „Wohnhaus" oder „mehrere Gebäude" in Zukunft errichtet werden sollen, ist deswegen nicht notwendig, um nicht erst noch in der Planung befindliche **Bauvorhaben** zu verhindern, also die Umsetzung solcher Bauvorhaben zu erschweren[142].

Die Möglichkeit, auf fremdem Grund und Boden ein Gebäude zu haben, bedeutet die **Durchbrechung** des Grundsatzes der **Einheit** von Grundstück und Bauwerk

---

[138]FAZ v. 08.05.2018, S. 8

[139]FAZ v. 12.04.2019, S. 11

[140]FAZ v. 25.10.2018, S. 18

[141]BGH, Urt. V. 22.04.1994 – V ZR 183/93, NJW 1994, 2024

[142]BGH, Urt. v. 12.06.1987 – V ZR 91/86, BGHZ 101, 143

(siehe Abschn. 2.2.7.1). Das Erbbaurecht ist dabei ein **beschränkt dingliches Recht**, also kein Vollrecht[143], auch wenn der Erbbauberechtigte die gleichen Rechte wie ein Eigentümer erhält.

### 2.4.1.3 Doppelnatur

Das Erbbaurecht besitzt also rechtlich eine „**Doppelnatur**". Es gibt dem Erbbauberechtigten einerseits das „Recht", ein Bauwerk auf fremdem Grund und Boden zu haben, somit das Grundstück faktisch wie ein Eigentümer zu nutzen. Zum anderen verschafft es dem Erbbauberechtigen das Eigentum an dem vom Boden rechtlich getrennten Gebäude. Dieser erwirbt demzufolge eine **Eigentümerstellung** bezüglich des Bauwerks, die eigentlich dem Grundstückseigentümer zukommt, ohne dass er auch Eigentümer des Grund und Bodens wird. Das Erbbaurecht hat also einen „*eigentumsähnlichen Charakter*", wie der **BGH** zusammengefasst festgestellt hat[144].

## 2.4.2   Begründung des Erbbaurechts

Das Erbbaurecht wird im Rechtsverkehr wie ein eigenständiges Grundstück behandelt, auch bezeichnet als „*juristisches Grundstück*".

▶  Für das Erbbaurecht wird umgangssprachlich häufig der Begriff der „**Erbpacht**" verwendet. Dies ist insoweit missverständlich, als es die „Erbpacht" früher als eigenständiges Rechtsinstitut gab[145]. Dieses Rechtsinstitut gibt es heutzutage nicht mehr. Um Rechtsunklarheiten und eine Verwechselung mit sonstigen Pachtverhältnissen zu vermeiden, sollte daher ausschließlich der korrekte Begriff. „**Erbbaurecht**" verwendet werden.

### 2.4.2.1 Anwendbare Rechtsvorschriften

Die Vorschriften für Grundstücke finden auf das Erbbaurecht gemäß § 11 ErbbauRG Anwendung, soweit das ErbbauRG keine anderweitige Regelung trifft. So regelt beispielsweise § 13 ErbbauRG ausdrücklich, dass das aufgrund des Erbbaurechts errichtete oder das bereits vorhandene Bauwerk **wesentlicher Bestandteil** des Erbbaurechts ist. Das Erbbaurecht wird somit auch in dieser Hinsicht wie ein Grundstück behandelt. Daher finden nach § 12 Abs. 2 ErbbauRG **§§ 94, 95 BGB** entsprechende Anwendung. Das Erbbaurecht tritt also quasi an die Stelle des eigentlichen Grundstücks.

---

[143]BGH, Urt. v. 13.01.1960 – V ZR 139/58, BGHZ 32, 11

[144]BGH, Urt. v. 22.02.1974 – V ZR 67/72, NJW 1974, 1137

[145]Vgl. Art 63 EGBGB

Es erhält auch ein eigenes **Grundbuchblatt**, § 14 ErbbauRG. Die dingliche Belastung des Grundstücks durch das Erbbaurecht muss seinerseits an **erster Rangstelle** im Grundbuch des belasteten Grundstücks eingetragen werden, § 10 ErbbauRG.

§ 10 ErbbauRG bestimmt, dass das Erbbaurecht nur an **erster Rangstelle** bestellt werden kann[146]. Der **Rang** des Erbbaurechts kann nachträglich auch nicht geändert werden. Dadurch soll verhindert werden, dass das Erbbaurecht bei einer eventuellen **Zwangsversteigerung** des Grundstücks als nachrangige Belastung erlischt. Auch wenn es bei der Feststellung des geringsten Gebots nicht berücksichtigt ist, so regelt § 25 ErbbauRG ausdrücklich, dass bei der Zwangsversteigerung des Grundstücks das Erbbaurecht bestehen bleibt. § 25 ErbbauRG regelt also eine **Ausnahme** zu §§ 52 Abs. 1 S. 2, 91 Abs. 1, 92 ZVG, nämlich dass der Ersteigerer nachrangige Grundstücksbelastungen nicht übernimmt.

### 2.4.2.2 Bestellung des Erbbaurechts

Die Einräumung eines Erbbaurechts erfolgt durch **notariellen Erbbaurechtsvertrag**. Die **Laufzeit** des Erbbaurechts beträgt in der Regel **99 Jahren**. Die **Gegenleistung** erfolgt im Wege der Zahlung eines jährlichen Erbbauzinses (siehe Abschn. 2.4.6).

Auf die Bestellung des Erbbaurechts ist gemäß § 11 ErbbauRG **§ 311 b Abs. 1 BGB** über die **Beurkundungspflicht** anzuwenden.

Das Erbbaurecht kann auch durch den Grundstückseigentümer als **Eigentümererbbaurecht** bestellt werden, ohne dass es dazu eines Vertragspartners bedarf[147].

### 2.4.2.3 Wohnungserbbaurecht

Es besteht auch die Möglichkeit, gemäß § 30 WEG ein **Wohnungserbbaurecht** zu bilden, wenn mehreren Personen das Erbbaurecht nach Bruchteilen gemeinschaftlich zustehen soll und das Gebäude aufgrund des Erbbaurechts errichtet wurde. Auch ein Einzelner kann gemäß § 30 Abs. 2 WEG ein Erbbaurecht in entsprechender Anwendung von § 8 ErbbauRG teilen. Für jede Wohnung wird dann ein eigenes **Wohnungserbbaugrundbuch** angelegt. Damit tritt das Wohnungserbbaurecht an die Stelle des ursprünglichen Erbbaurechts. Der ursprünglich zwischen dem Erbbauberechtigten und dem Grundstückseigentümer vereinbarte Inhalt des Erbbaurechts wird auch zum Inhalt der Wohnungserbbaurechte[148].

Die Wohnungseigentümer werden aber im Unterschied zum „normalen" Wohnungseigentum nicht Miteigentümer am **Grund und Boden**, weil nur das Gebäude im Eigentum der Erbbauberechtigten steht. Im Verhältnis der Wohnungserbbauberechtigten und dem Grundstückseigentümer gilt nicht das WEG, sondern das ErbbauRG. Das Verhältnis der Wohnungserbbauberechtigten **untereinander** regelt hingegen das WEG.

---

[146]BGH, Beschl. v. 09.07.1954 – V ZB 6/54, NJW 1954, 1443

[147]BGH, Urt. v. 11.12.1981 – VZR 222/80, NJW 1982, 2381

[148]BayOblG, Beschl. v. 30.06.1089 – 2 Z 95/89, Rpfleger 89, 505

### 2.4.3   Inhalt des Erbbaurechts, §§ 1 ff. ErbbauRG

Die weitere **Ausgestaltung** des Erbbaurechts über den **gesetzlichen Inhalt** hinaus erfolgt durch **vertragliche Vereinbarung** zwischen Erbbauberechtigtem und Grundstückseigentümer entsprechend § 2 ErbbauRG. Dort sind folgende **vertragliche Vereinbarungen** vorgesehen, die zum **Inhalt** des Erbbaurechts gemacht werden können:

- Errichtung und Instandhaltung des Bauwerks § 2 Ziff. 1,
- Versicherung und gegebenenfalls Wiederaufbau § 2 Ziff. 2,
- Tragung der öffentlichen Lasten und privaten Lasten und Abgaben § 2 Ziff. 3,
- Heimfall und dessen Voraussetzungen § 2 Ziff. 4,
- Vertragsstrafen § 2 Ziff. 5,
- Anspruch auf Erneuerung des Erbbaurechts § 2 Ziff. 6,
- Verkaufsverpflichtung des Grundstückseigentümers § 2 Ziff. 7.

▶  Dieser gesetzlich zugelassene vertragliche Inhalt hat durch **Eintragung** des Erbbaurechts in das **Grundbuch** auch Geltung für den **Sonderrechtsnachfolger.** Somit ist auch derjenige, der während der Laufzeit des Erbbaurechts das Grundstück erwirbt, an den vertraglich vereinbarten Inhalt gebunden. Sonstige nicht im Grundbuch eingetragene vertragliche Vereinbarungen zwischen Grundstückseigentümer und Erbbauberechtigtem binden den neuen Grundstückseigentümer grundsätzlich nicht[149]. Auf solche dinglichen Vereinbarungen ist also unbedingt Wert zu legen.

Bei den vertraglichen Vereinbarungen gelten selbstverständlich auch die allgemeinen **Prinzipien** des **Vertragsrechts,** also zum Beispiel das Gebot der verhältnismäßigen Ausübung von vertraglichen Rechten. Eine **öffentlich-rechtliche Körperschaft** ist gleichwohl nicht daran gehindert, mit einer Privatperson eigentlich unzulässige Verwendungsbeschränkungen oder ein Heimfallrecht über die gesamte Dauer des Erbbaurechts, das zu Wohnzwecken ausgegeben wurde, zu vereinbaren. Es ist allerdings zu beachten, dass damit nicht ausnahmsweise Härten verbunden sein dürfen, die unter Beachtung des mit der Ausgabe verfolgten Zwecks anderweitig vermieden werden können[150].

### 2.4.4   Veräußerung und Vererbung des Erbbaurechts

Die Veräußerbarkeit und Vererbbarkeit gehört zum **gesetzlichen Inhalt** des Erbbaurechts. Dadurch soll gesichert werden, dass zum einen der wirtschaftliche Wert des Gebäudes auch auf die nächste Generation übertragen werden kann und zum anderen,

---

[149]OLG Hamm, Beschl. v. 11.03.2010 – I 15 Wx 220/09
[150]BGH, Urt. v. 26.06.2017 – V ZR 144/14

dass im Falle der **Zwangsversteigerung** ein Dritter das Erbbaurecht erwerben kann und die Gläubiger befriedigt werden können, denen das Erbbaurecht als **Sicherheit** dient.

### 2.4.4.1 Veräußerung

Der Erbbauberechtigte kann das Erbbaurecht wie ein Grundstück an einen Dritten durch **notariellen Kaufvertrag** veräußern.

Es ist wegen des zwingenden gesetzlichen Inhalts der Veräußerbar- und Vererbbarkeit **unzulässig** zu vereinbaren, dass das Erbbaurecht **unveräußerlich** sein soll. Dasselbe gilt für die Vereinbarung einer **Bedingung,** wonach bei einer Veräußerung das Erbbaurecht erlöschen soll, da hierdurch der gesetzliche Inhalt umgangen würde[151].

### 2.4.4.1.1 Ausschluss der Veräußerbarkeit

Zulässig ist hingegen eine nur schuldrechtliche **Vereinbarung** über den Ausschluss der Veräußerbarkeit. Ein **Verstoß** gegen diese Vereinbarung führt im Falle eines Verkaufs zwar nicht zur Unwirksamkeit der Veräußerung des Erbbaurechts, kann aber wegen des Vertragsverstoßes einen **Schadensersatzanspruch** des Grundstückseigentümers gegen den ehemaligen Erbbauberechtigten auslösen.

### 2.4.4.1.2 Zustimmungsvorbehalt

Gemäß § 5 ErbbauRG kann, ohne dadurch gegen den Grundsatz der Veräußerbarkeit zu verstoßen, als Inhalt des Erbbaurechts vereinbart werden, dass es zur **Veräußerung** des Erbbaurechts der **Zustimmung** des Grundstückseigentümers bedarf. Gleiches gilt gemäß § 5 Abs. 2 ErbbauRG für die **Beleihung** des Erbbaurechts mit Hypotheken, Grundschulden und Rentenschulden oder mit einer Reallast.

Ist eine solche inhaltliche Festlegung im Sinne von § 5 ErbbauRG erfolgt, so bedarf es nach § 6 ErbbauRG grundsätzlich der **Zustimmung** des Grundstückseigentümers zur **Wirksamkeit** der entsprechenden Verfügungen. Eine solche **Verfügungsbeschränkung** ist im Bestandsverzeichnis des **Grundbuchs** einzutragen. Das Rechtsgeschäft des Erbbauberechtigten zur Veräußerung des Erbbaurechts ist bis zur Erteilung der Zustimmung **schwebend unwirksam**[152]. Das Rechtsgeschäft ist **endgültig unwirksam,** wenn die Zustimmung, gegebenenfalls nach entsprechender Aufforderung, nicht erteilt wird[153].

Die Zustimmung zur Veräußerung des Erbbaurechts ist eine einseitige empfangsbedürftige **Willenserklärung**, deren Voraussetzungen und Wirksamkeit sich nach §§ 182 ff. BGB beurteilt. Die Zustimmung wird demnach bereits **unwiderruflich**, sobald die schuldrechtliche Vereinbarung über die Veräußerung wirksam geworden ist und nicht erst dann, wenn die **Eintragung** im Grundbuch als letzter Teilakt der Übertragung erfolgt ist[154].

---

[151]KG RJA 9, 128
[152]BGH, Urt. v. 02.06.2009 – III ZR 306/04, NJW 2005, 3495
[153]LG Köln, Urt. v. 06.10.2000 – 26 O 29/00
[154]BGH, Beschl. v. 29.06.2017 – V ZB 144/16

Gemäß § 7 **ErbbauRG** kann der Erbbauberechtigte die Zustimmung des Grundstückseigentümers zur Veräußerung verlangen, wenn durch die Veräußerung der mit der Bestellung des Erbbaurechts verfolgte **Zweck** nicht **wesentlich beeinträchtigt** oder **gefährdet** wird. Eine solche **Gefährdung** oder **Beeinträchtigung** wird beispielsweise angenommen, wenn der Erbbauberechtigte vertragliche Vereinbarungen, die er mit dem Grundstückseigentümer getroffen hat, nicht an den potenziellen Erwerber weitergibt[155]. Dies gilt auch für den Fall, dass eine Wertsicherung des **Erbbauzinses** nicht dinglich gesichert ist, sondern nur schuldrechtlich vereinbart wurde. Der Grundstückseigentümer ist auch in einem solchen Fall berechtigt, seine Zustimmung zu **verweigern,** solange der Erwerber nicht bereit oder in der Lage ist, eine solche sich aus dem Erbbaurechtsvertrag ergebende Verpflichtung zu erfüllen[156].

Zusätzlich muss auch die **Persönlichkeit** des Erwerbers des Erbbaurechts die Gewähr dafür bieten, dass die **Verpflichtungen** aus der Erbbaurechtsbestellung weiterhin erfüllt werden. Hieran kann es zum Beispiel mangeln, wenn der Erwerber nicht die notwendige **Bonität** zur Zahlung des Erbbauzinses aufweist[157].

§ 7 Abs. 2 ErbbauRG enthält für **Belastungen** im Sinne von § 5 Abs. 2 ErbbauRG eine entsprechende Regelung. Wenn die Belastung mit den Regeln einer **ordnungsgemäßen Wirtschaft** vereinbar ist, kann der Grundstückseigentümer die Zustimmung zur Belastung des Erbbaurechts nur verweigern, wenn hierdurch der Zweck **wesentlich beeinträchtigt** oder **gefährdet** wird. Diesen Schutz kann der Grundstückseigentümer auch dann für sich in Anspruch nehmen, wenn die Belastung im Weg der Zwangsvollstreckung vorgenommen werden soll, weil andernfalls die Verfügungsbeschränkung auf diesem Weg umgangen werden könnte[158].

### 2.4.4.1.3 Zustimmungsersetzung

Wird die Zustimmung zur Veräußerung oder Belastung des Erbbaurechts durch den Grundstückseigentümer ohne ausreichenden Grund **verweigert,** so kann der Erbbauberechtigte die Zustimmung gemäß § 7 Abs. 3 ErbbauRG durch **gerichtliche Entscheidung** ersetzen lassen.

▶   Der **Antrag** auf Zustimmungsersetzung ist beim zuständigen **Amtsgericht** zu
     stellen, in dessen Bezirk das Grundstück liegt. Das **Verfahren** regelt sich nach
     § 23 FamFG, also nicht nach der Zivilprozessordnung (ZPO), sondern nach den
     Vorschriften über die **freiwillige Gerichtsbarkeit.**

---

[155]OLG Hamm, Beschl. 11.03.2010 a. a. O.

[156]BGH, Beschl. V. 13.07.2017 – V ZB 186/15

[157]OLG Hamm, Beschl. V. 24.07.2013 – 15 W 199/12

[158]OLG München, Beschl. v. 31.07.2008 – 33 Wx 145/07

### 2.4.4.1.4 Zustimmungsvorbehalt bei Zwangsversteigerung und Insolvenz

Ein nach § 5 ErbbauRG vereinbartes Zustimmungserfordernis ist für den Grundstückseigentümer auch **vollstreckungs- bzw. insolvenzsicher.** Gemäß § 8 ErbbauRG sind nämlich Verfügungen im Weg der **Zwangsvollstreckung,** der **Arrestvollziehung** oder durch einen **Zwangsverwalter** insoweit unwirksam, als sie die Rechte des Grundstückseigentümers aus einer Vereinbarung nach § 5 ErbbauRG vereiteln oder beeinträchtigen können[159]. Somit kann der Grundstückeigentümer unter den Voraussetzungen des § 7 ErbbauRG auch die Zustimmung zum **Zuschlag** in der Zwangsversteigerung oder Veräußerung des Erbbaurechts durch den Insolvenzverwalter **verweigern,** die aber wiederum gemäß § 7 Abs. 3 ErbbauRG gerichtlich ersetzt werden kann.

Der Grundstückseigentümer ist auch nicht berechtigt, die Zustimmung zur Zwangsversteigerung zu verweigern, um das Erlöschen einer nachrangigen **Erbbauzinsreallast** zu verhindern. Die diesbezügliche **Rechtsprechung** des BGH ist eindeutig, trotz der damit einhergehenden wirtschaftlichen Härten für den Grundstückseigentümer, wenn die Erbbauzinsreallast nach der bis zur Reform im Jahre 1994 geltenden Rechtslage als **nachrangiges Recht** in der Zwangsversteigerung erlischt (siehe Abschn. 2.4.6.1).

Auch zu einem späteren Zeitpunkt kann der Eigentümer, dessen **Erbbauzinsreallast** im Wege der Zwangsversteigerung **erloschen** ist, die Zustimmung zur Veräußerung des Erbbaurechts nicht verweigern, um auf diesem Wege die Zahlung des Erbbauzinses „zu erzwingen".

**Rechtsprechung:** „War eine wegen Rangrücktritts nicht in das geringste Gebot fallende Erbbauzinslast infolge Zuschlags in der Zwangsversteigerung erloschen, so kann der Ersteher, der das Erbbaurecht später an einen Dritten veräußert, vom Grundstückseigentümer die Zustimmung zu dieser Veräußerung auch dann verlangen, wenn der Erwerber die schuldrechtliche Verpflichtung zur Zahlung des Erbbauzinses nicht übernimmt, es sei denn, der Ersteher hätte sich gegenüber dem Eigentümer zur Zahlung des Erbbauzinses schuldrechtlich verpflichtet und es wäre weiterhin eine Verpflichtung des Erstehers begründet worden, späteren Erwerbern des Erbbaurechts die schuldrechtliche Zinsverpflichtung „weiterzugeben"[160].

### 2.4.4.2 Vererbung

Wie die Veräußerbarkeit, so gehört auch die Vererbbarkeit zum **unabdingbaren** Inhalt des Erbbaurechts. Auch dies kann nicht wirksam vertraglich ausgeschlossen werden. Etwas anderes ist es, wenn für den Fall des Todes des Erbbauberechtigten ein **Heimfallanspruch** vereinbart wurde, da hierdurch das Erbbaurecht nicht automatisch erlischt und somit unvererblich wäre. Das Erbbaurecht wird vielmehr – belastet mit dem Heimfallanspruch des Grundstückseigentümers – vererbt, den dieser aber nicht einmal

---

[159]BGH, Urt. v. 26.02.1987 – V ZB 10/86, BGHZ 100, 107
[160]OLG Düsseldorf, Beschl. v. 20.06.2013 – 3 Wx 85/12

ausüben muss[161]. **Einschränkungen** der Vererbung sind also durchaus zulässig, nicht hingegen der **vollständige Ausschluss.**

Die Bestimmungen von §§ 5–7 ErbbauRG gelten nicht für die Vererbung. Diese kann also nicht an die Zustimmung des Grundstückseigentümers gebunden werden. Für die Vererbung gilt im Übrigen mangels anderweitiger Regelungen im ErbbauRG das **Erbrecht des BGB,** §§ 1922 ff. BGB.

### 2.4.5 Beleihung des Erbbaurechts, §§ 18 ff. ErbbauRG

Ein Erbbaurecht kann grundsätzlich wie ein Grundstück als **Sicherheit** für ein Darlehen dienen, beispielsweise für die Finanzierung der Bauwerkserrichtung. Der **Finanzierungsbedarf** wird in der Regel zwar geringer sein als bei einem „normalen" Immobilienprojekt, weil der Grundstückserwerb entfällt. Selbst ein überschaubares Bauvorhaben wird sich gleichwohl nicht ohne Finanzierung realisieren lassen, sodass die Beleihung des Erbbaurechts für dessen **wirtschaftliche Akzeptanz** von Beginn an von essenzieller Bedeutung war.

Die **Beleihungsgrenzen** sind gegenüber einem realen Grundstück aber erheblich eingeschränkt. §§ 18, 19 ErbbauRG regeln, dass das Erbbaurecht nur mit einer sogenannte **Mündelhypothek** (vgl. § 1807 Ziff. 1 BGB) belastet werden darf. Auch werden bestimmte **Höchstgrenzen** festgelegt.

Der Grund für die Regelungen in §§ 18–21 ErbbauRG ist der Schutz der **Hypothekengläubiger.** Das BGB enthielt bis zur Reform des Erbbaurechts 1919 keine Regelung über die **Beleihungsmöglichkeit** des Erbbaurechts. Dies führte zur praktischen Bedeutungslosigkeit dieses Rechtsinstituts. Besonderes Ziel der **Reform** von 1919 und auch nachfolgender Reformen im Jahre 1974[162], 1983[163] und 1988[164] war daher, die **Beleihungsfähigkeit** zu verbessern[165], was die Akzeptanz auch tatsächlich nachhaltig erhöht hat.

Die Hypothek darf die Hälfte des Wertes des Erbbaurechts nicht übersteigen, § 19 Abs. 1 S. 1 ErbbauRG. Der Wert des Erbbaurechts ist seinerseits aus der halben Summe des Bauwertes und des kapitalisierten **Mietreinertrags,** der nachhaltig erzielt werden kann, zu ermitteln, § 19 Abs. 1 S. 2 ErbbauRG. Der so ermittelte Wert darf als **Beleihungsgrenze** den Wert des kapitalisierten Mietreinertrags nicht übersteigen, § 19 Abs. 1 S. 3 ErbbauRG.

---

[161]OLG Hamm, Beschl. v. 02.02.1965 – 15 W 286, 64, NJW 1965, 1488

[162]BGBL. I S. 41

[163]BGBL. I S. 377

[164]BGBL. I S. 711

[165]Handschumacher, S. 70 ff. m. w. N.

Schließlich dürfen das **Grundpfandrecht** und der **kapitalisierte Erbbauzins,** der im Rang vorgeht, die Beleihungsgrenze nicht übersteigen. Diese Einschränkung gilt wiederum nicht, wenn entsprechend § 9 Abs. 3 S. 1 ErbbauRG eine Vereinbarung über das Bestehenbleiben der **Erbbauzinsreallast** in der Zwangsversteigerung des Erbbaurechts getroffen wurde.

### 2.4.6   Der Erbbauzins, §§ 9 f. ErbbauRG

Der Erbbauzins ist gemäß § 9 ErbbauRG das **Entgelt** für die Zurverfügungstellung des Grundstücks, das der Erbbauberechtigte an den Grundstückseigentümer zu zahlen hat, so dies zwischen den Parteien vereinbart ist. Die Zahlung eines Erbbauzinses gehört also nicht zum gesetzlichen Inhalt des Erbbaurechts, sondern muss ausdrücklich zwischen den Parteien **vertraglich** vereinbart werden. Es ist auch möglich, ein Erbbaurecht **unentgeltlich** zu bestellen, ebenso wie die Vereinbarung einer einmaligen **Ablösesumme,** die aber keinen Erbbauzins i. S. v. § 9 ErbbauRG darstellt. Der Erbbauzins gehört demzufolge nicht begriffsnotwendig zum Erbbaurecht, sondern ist rechtlich getrennt zu betrachten[166].

Wenn für den Grundstückseigentümer eher **soziale Zwecke** für die Bestellung des Erbbaurechts im Vordergrund standen denn eine wirtschaftliche Rendite, dann war es in früherer Zeit auch nicht unüblich, gegebenenfalls nur einen sogenannten **Anerkennungszins** zu vereinbaren[167].

Die **Höhe** des Erbbauzinses ist demzufolge auch nicht gesetzlich festgelegt, sondern unterliegt der **freien Vereinbarung** der Vertragsparteien.

▶   Üblicherweise bewegt sich die Höhe des Zinses je nach den aktuellen Bedingungen am **Kapitalmarkt** bei ca. 4 % für **Wohnbebauung** und für **Gewerbebebauung** bei ca. 6–10 % des Grundstückswertes[168].

Wird also für die Bestellung des Erbbaurechts eine **wiederkehrende Leistung** vereinbart, so handelt es sich um Erbbauzins im Sinne von § 9 ff. ErbbauRG. Für diesen Fall finden zur Sicherung des Anspruchs auf den Erbbauzins die Vorschriften über die **Reallast** gemäß §§ 1105 ff. BGB Anwendung. Das Erbbaurecht wird durch eine **Erbbauzinsreallast** dinglich belastet, sodass das Erbbaurecht – ähnlich einem Grundstück – als **Haftungsobjekt** für die Zahlung des Erbbauzinses über die Dauer der Laufzeit des Erbbaurechts dient. Daneben haftet der Erbbauberechtigte dem jeweiligen

---

[166]BGH, Urt. v. 29.09.1981 – V ZR 244/80, NJW 1982, 234

[167]Handschumacher S. 60 m. w. N.

[168]vgl. hierzu im Einzelnen, Götz DNotZ 1980, 3

Grundstückseigentümer gegenüber selbstverständlich auch **persönlich** für die regelmäßige Zahlung des Erbbauzinses aufgrund vertraglicher Vereinbarung.

Der Anspruch auf den Erbbauzins kann als **subjektiv-dingliches Recht** gemäß § 9 Abs. 2 S. 4 ErbbauRG nicht vom Grundstückseigentum **getrennt** werden. Mit Eigentumsübergang erwirbt der Käufer des Erbbaugrundstücks unmittelbar den **Anspruch** auf die nach **Eigentumsübergang** fällig werdenden Erbbauzinsen.

▶ Der Anspruch auf den Erbbauzins **verjährt** nach §§ 902 S. 2 BGB in Verbindung mit § 195 BGB in drei Jahren zum Jahresende, in dem der jeweilige Erbbauzinsanspruch **fällig** geworden ist. **Rückstände** müssen also im Falle des Zahlungsverzuges vor Ablauf der **Verjährungsfrist** jeweils gemäß § 204 ff. BGB verjährungshemmend oder verjährungsunterbrechend geltend gemacht werden, um keinen **Anspruchsverlust** zu erleiden.

### 2.4.6.1 Erbbauzins und Zwangsversteigerung

Der **Anspruch** auf Zahlung des Erbbauzinses wird – wie dargestellt – durch Eintragung einer **Reallast** im **Grundbuch** des Erbbaurechts dauerhaft gesichert.

Die Reallast bleibt nach neuer Rechtslage seit 1994 auch als nachrangiges Recht in der **Zwangsversteigerung** bestehen, wenn die Parteien dies gemäß § 9 Abs. 3 Ziff. 1 ErbbauRG vereinbart haben. Somit bleibt bei entsprechender Vereinbarung die Erbbauzinsreallast, abweichend von der grundsätzlichen Rechtslage, auch dann bestehen, wenn sie in der **Zwangsversteigerung** des Erbbaurechts nicht in das **geringste Gebot** fällt, also die Zwangsversteigerung des Erbbaurechts aus einem im Rang vorgehenden Recht durch einen Gläubiger betrieben wird. Diese Regelung wurde erst durch das **Sachenrechtsbereinigungsgesetz** (SachRBerG) 1994 in die ErbbauVO eingefügt.

Für **Altfälle,** bei denen das Erbbaurecht vor 1994 bestellt wurde, bleibt die Gefahr des **Anspruchsverlustes** durch **Erlöschen** der nachrangigen Reallast in der Zwangsversteigerung. Wird aus einem der Erbbauzinsreallast vorgehenden Recht die **Zwangsversteigerung** in das Erbbaurecht betrieben, so erlischt die **Erbbauzinsreallast** gemäß § 91 ZVG als nachrangiges Recht und der Ersteher erwirbt das Erbbaurecht, ohne die Verpflichtung den **Erbbauzins** an den Grundstückseigentümer zu zahlen, also **lastenfrei.** Diese besondere Härte des Anspruchsverlustes für den Grundstückseigentümer ist zwar auch von der **Rechtsprechung** erkannt worden. Gleichwohl ist die BGH-Rechtsprechung hierzu eindeutig! Für den Grundstückseigentümer kann ein vormaliger **Rangrücktritt** mit seiner erstrangigen Erbbauzinsreallast hinter eine Finanzierungsgrundschuld also

auch heute noch fatale wirtschaftliche Folgen nach sich ziehen, obwohl er möglicherweise schon Jahrzehnte zurückliegt.

**Rechtsprechung:** „Die zur Sicherheit eines Erbbauzinsanspruchs zugunsten des Grundstückseigentümers eingetragene Reallast erlischt, wie jedes andere dingliche Recht gemäß
§ 91, wenn sie nicht in das geringste Gebot fällt. Der Eigentümer ist dann nicht berechtigt,
den mit dem früheren Erbbauberechtigten vereinbarten Erbbauzins vom Ersteher zu verlangen."[169]

### 2.4.6.2 Wertsicherung des Erbbauzinses

Da das Erbbaurecht auf eine lange **Dauer** angelegt ist, muss bei der Bestellung des Erbbaurechts und der Vereinbarung des Erbbauzinses der **Anpassung** des Erbbauzinses an
die **Inflationsentwicklung** besondere Aufmerksamkeit geschenkt werden. Für eine solche Wertsicherung kommen sogenannte

- Gleit-,
- Spannungs- und
- Leistungsvorbehaltsklauseln

in Betracht.

### 2.4.6.2.1 Gleitklauseln

Der Erbbauzins wird in der Regel mittels **Gleitklausel** an den **Preisindex** für Lebens-
haltungskosten des **Statistischen Bundesamtes** gekoppelt. Damit ist gewährleistet, dass
sich der Erbbauzins an der Wertentwicklung des Erbbaugrundstücks orientiert.

Folgende oder ähnliche Klausen werden üblicherweise als **Gleitklausel** verwendet.

„Sollte sich der vom Statistischen Bundesamt festgestellte Verbraucherpreisindex für
Deutschland (VPI) oder der an seine Stelle tretende Index für den Monat Dezember eines
glatt durch fünf teilbaren Jahres (Bezugsmonat) gegenüber dem für den Monat Dezember
… geltenden Index oder dem Index des Bezugsmonats der letzten Anpassung verändern, so
erhöht oder vermindert sich der zu zahlende Erbbauzins ohne gesonderte Aufforderung zum
folgenden 1. Januar in demselben prozentualen Verhältnis."

### 2.4.6.2.2 Spannungsklauseln

Durch **Spannungsklauseln** wird die Höhe des Erbbauzinses zum Beispiel an die Höhe
der erzielten Miete des Erbbaurechtsgebäudes gekoppelt. Das Verhältnis zwischen der
erzielten Miete und dem Erbbauzins soll somit in **gleicher Relation** erhalten bleiben[170].

---

[169]BGH, Urt. v. 29.09.1981, a. a. O.; BGH, Urt. v. 26.02.1987 a. a. O.; Handschumacher S. 87 ff.
[170]BGH, Urt. v. 23.02.1979 – V ZR 106/76, NJW 1979, 1545

### 2.4.6.2.3  Leistungsvorbehalte

Durch einen **Leistungsvorbehalt** soll in der Regel bei Erreichen eines bestimmen **Schwellenwertes** ein Anspruch des Grundstückseigentümers auf **Neuvereinbarung** über die Höhe des Erbbauzinses entstehen. Damit wird der neue Erbbauzins noch nicht, wie bei Gleit- und Spannungsklausel, vorab festgelegt, sondern er ist das Ergebnis von Verhandlungen und Neuvereinbarung.

### 2.4.6.2.4  Wertsicherungsklauseln bei Wohnzwecken

Die Verwendung von Wertsicherungsklauseln wird für Erbbaurechte, die zu Wohnzwecken dienen, durch § 9a ErbbauRG **eingeschränkt.** Danach dürfen Wertsicherungsklauseln nicht zu unbilligen Verhältnissen führen. Wann von einer solchen **Unbilligkeit** auszugehen ist oder welche **Obergrenzen** einzuhalten sind und innerhalb welcher Fristen eine Erhöhung möglich ist, wird im Einzelnen in § 9a ErbbauRG geregelt[171].

### 2.4.6.2.5  Wegfall der Geschäftsgrundlage

Wurden keine entsprechenden Klauseln im Erbbaurechtsvertrag vereinbart, so kann im **Ausnahmefall** eine Anpassung des Erbbauzinses gegebenenfalls auch unter dem Gesichtspunkt des Wegfalls der **Geschäftsgrundlage** gemäß § 313 BGB gefordert[172] oder im Wege der ergänzenden **Vertragsauslegung** ermittelt werden[173]. Eine **Anpassung** des Erbbauzinses, so keine Wertsicherung vereinbart ist (vgl. Abschn. 2.4.6.2), kann daher nur für den Fall verlangt werden, dass ein **Wegfall der Geschäftsgrundlage** nach § 313 BGB festzustellen ist. Ein solcher Fall kann zum Beispiel eintreten, wenn das Grundstück durch Änderung der öffentlich-rechtlichen Bauvorschriften in einem höheren Maße bebaubar wird, als zum Zeitpunkt der Bestellung. Eine zum Zeitpunkt des Vertragsschlusses baurechtlich **zulässige Ausnutzung** kann zwar ein Umstand sein, der zur Geschäftsgrundlage geworden ist. Bestimmt sich die vertraglich tatsächlich zulässige Nutzung des Erbbaurechtsgrundstücks nach den öffentlich-rechtlichen Bauvorschriften (dynamische Verweisung), führt eine zulässige Erhöhung der Nutzung des Grundstücks aber grundsätzlich nicht zum Wegfall der Geschäftsgrundlage. Etwas anderes gilt aber ausnahmsweise dann, wenn sich das Maß der baulichen Nutzung in einem von den Parteien nicht erwarteten Maß erhöht[174]. In diesem Fall kann eine **Anpassung** des Erbbauzinses nach dem Grundsatz des Wegfalls der Geschäftsgrundlage verlangt werden. **Prozessual** ist in diesem Fall die Erhöhung der Erbbauzinsreallast geltend zu machen[175], unter Umständen verbunden mit dem **Zahlungsantrag** auf den zu erhöhenden Erbbauzins.

---

[171]Vgl. hierzu beispielsweise BGH, Urt. v. 30.04.1982 – V ZR 31/81, NJW 1982, 2382 m. w. N.

[172]BGH, Urt. v. 04.05.1990 – V ZR 21/89, NJW 1990, 2620, NJW 1993, 52

[173]BGH, Urt. v. 29.04.1982 – III 154/80, BGHZ 84, 1

[174]BGH, Urt. v. 23.05.2014 – V ZR 208/12

[175]BGH, Urt. v. 20.12.1985 – V ZR 96/84, BGHZ 96, 371

### 2.4.6.2.6 Dingliche Sicherung

Der Anspruch auf **Erhöhung** des Erbbauzinses wird durch Eintragung einer **Vormerkung** nach § 883 BGB zugunsten des jeweiligen Grundstückseigentümers im **Erbbaurechtsgrundbuch** dinglich gesichert. Die **Zulässigkeit** einer solchen Sicherung war früher umstritten, ist aber seit langem durch die Rechtsprechung anerkannt und gesetzlich auch ausdrücklich in § 9a Abs. 3 ErbbauRG seit der **Novellierung** der ErbbauRVO/ErbbauRG vorgesehen.

▶        Besonderes Augenmerk sollte auf die **Bestimmbarkeit** der Anpassungs-
         regelung gelegt werden, weil ansonsten die Eintragung ins Grundbuch schei-
         tern kann[176].

### 2.4.7    Erneuerung des Erbbaurechts, § 31 ErbbauRG

Das Erbbaurecht kann gemäß § 31 ErbbauRG auch vor seiner Beendigung **erneuert** werden, wenn dem Erbbauberechtigten gemäß § 2 Ziff. 6 ErbbauRG ein **Vorrecht** – ähnlich einem Vorkaufsrecht – eingeräumt wurde. Das Vorrecht kann ausgeübt werden, wenn der Grundstückseigentümer mit einem Dritten einen Erbbaurechtsvertrag geschlossen hat[177], in den der Erbbauberechtigte durch **Ausübung** seines Vorrechts eintritt.

### 2.4.8    Beendigung des Erbbaurechts; §§ 26 ff. ErbbauRG

Das Erbbaurecht wird beendet durch

- Aufhebung § 26,
- Zeitablauf §§ 27 ff.,
- Heimfall, §§ 32 f.

### 2.4.8.1  Aufhebung

Zur **Aufhebung** des Erbbaurechts bedarf es abweichend von der grundsätzlichen Regelung des § 928 BGB der **Zustimmung** des Grundstückseigentümers. Gemäß § 876 BGB bedarf es zudem der Zustimmung des Grundpfandgläubigers, so das Erbbaurecht mit einem **Grundpfandrecht** belastet ist. Mit der Eintragung der Löschung des Erbbaurechts im Grundbuch geht dieses nämlich unter und das Erbbaurechtsbauwerk geht ohne

---

[176]OLG Hamm, Beschl. v. 31.03.1967 – 15 W 346/66, NJW 1967, 2362

[177]Vgl. hierzu Kap. 5; Abschn. 5.2.5, § 464 Abs.2 BGB über die Ausübung des Vorkaufsrechts

weiteren Zwischenschritt gemäß § 12 Abs. 3 ErbbauRG in das **Eigentum** des Grundstückseigentümers über. Etwaige **Belastungen** des Erbbaurechts erlöschen demzufolge und setzen sich nicht am Grundstück fort.

Ein **Entschädigungsanspruch** gegen den Grundstückseigentümer, so wie bei Erlöschen durch Zeitablauf, steht dem Erbbauberechtigten bei Aufhebung des Erbbaurechts nicht zu, es sei denn, es wurde ein solcher ausdrücklich **vereinbart.**

### 2.4.8.2 Zeitablauf

Ist das Erbbaurecht für eine **bestimmte Zeit** vereinbart, so erlischt es mit **Zeitablauf** einschließlich seiner Belastungen. Auch in diesem Fall geht das **Eigentum** am Bauwerk gemäß § 12 Abs. 2 ErbbauRG unmittelbar auf den Grundstückseigentümer über. Dem Erbbauberechtigten steht für diesen Fall gegen den Grundstückseigentümer nach § 27 ErbbauRG ein **Entschädigungsanspruch** für den Verlust des Bauwerks zu.

Das Grundstück haftet gemäß § 28 ErbbauRG mit gleichem Rang für die **Entschädigungsforderung. Höhe** oder gegebenenfalls **Ausschluss** eines Entschädigungsanspruchs kann als Inhalt des Erbbaurechts vereinbart werden, § 27 Abs. 1 S. 2 ErbbauRG.

Etwaige **Grundpfandgläubiger**, deren Rechte erlöschen, haben nach § 29 ErbbauRG gegen den Grundstückseigentümer an dem Entschädigungsanspruch des Erbbauberechtigten ein pfandähnliches **Befriedigungsrecht**[178].

### 2.4.8.3 Heimfall

Heimfall bedeutet den Übergang einer Rechtsposition vom zwischenzeitlichen Inhaber auf den ursprünglichen Rechteinhaber. Der **Heimfall** des Erbbaurechts auf den Grundstückseigentümer nach §§ 32 ff. i. V. m. §§ 3, 4 ErbbauRG führt – anders als bei Aufhebung oder Zeitablauf – nicht zum Erlöschen des Erbbaurechts, sondern nur zur **Beendigung** des Rechtsverhältnisses zwischen Grundstückseigentümer und Erbbauberechtigtem. Das Erbbaurecht geht entweder auf den Grundstückseigentümer persönlich über oder auf einen vom Grundstückseigentümer benannten Dritten. Seine **dinglichen Belastungen** bleiben unverändert bestehen.

Die Voraussetzungen, unter denen der Grundstückseigentümer seinen **Heimfallanspruch** geltend machen kann, können gemäß § 2 Ziff. 4 ErbbauRG als Inhalt des Erbbaurechts vereinbart werden, beispielsweise der Eintritt der **Insolvenz** des Erbbauberechtigten[179].

Dem heimfallberechtigten Grundstückseigentümer steht für den Fall der **Insolvenz** des Erbbauberechtigten gemäß § 47 InsO ein **Aussonderungsrecht** zu[180]. Dies gilt nicht,

---

[178]OLG Hamm, Beschl. v. 15.03.2007 – 15 W 404/06, Rpfleger 2007, 541

[179]BGH, Urt. v. 12.06.2008 – IX ZB 220/07, DNotZ 2008, 838

[180]OLG Karlsruhe, Urt. v. 31.05.2000 – 19 U 232/98, NZM 2001, 1053

wenn die Vereinbarung des Heimfallanspruchs nach Vorschriften über die Insolvenzanfechtung §§ 129 ff. InsO **anfechtbar** ist, weil sie beispielsweise in den letzten drei Monaten vor **Insolvenzantrag** vereinbart wurde[181].

Der Anspruch auf Geltendmachung des Heimfallanspruchs **verjährt** gemäß § 4 ErbbauRG sechs Monate nach Kenntnis des Grundstückseigentümers von den Voraussetzungen des Heimfallanspruchs oder ohne Kenntnis nach zwei Jahren vom Eintritt der Voraussetzungen an gerechnet.

Der Erbbauberechtigte hat im Gegenzug zum Heimfallanspruch des Grundstückseigentümers nach § 32 Abs. 1 S. 1 ErbbauRG einen gesetzlichen Anspruch auf eine **angemessen Entschädigung**, der mit dinglichem Vollzug des Heimfalls zur Zahlung **fällig** wird[182], vorbehaltlich einer anderweitigen Vereinbarung.

> **Rechtsprechung:** „Der für die Höhe der Heimfallvergütung maßgebende Wert des Erbbaurechts ist nicht nur im Rahmen des § 32 Abs. 2 Satz 3 ErbbauVO, sondern generell nach den Verhältnissen im Zeitpunkt der Erfüllung des Heimfallanspruchs zu ermitteln, wenn nichts anderes vereinbart ist."[183]

Dingliche Belastungen des Erbbaurechts, wie **Hypotheken, Grundschulden, Rentenschulden** und **Reallasten**, bleiben gemäß § 33 ErbbauRG beim Heimfall **bestehen,** ebenso **subjektiv-dingliche Rechte,** die zugunsten des Erbbaurechts bestellt sind. Hingegen bleiben sonstige Belastungen, wie beispielsweise Vorkaufsrechte, Nießbrauchrechte oder ein Untererbbaurecht[184] **nicht bestehen,** sondern sie erlöschen mit dem Heimfall.

Der Erbbauberechtigte ist beim Heimfallanspruch nach § 34 ErbbauRG nicht berechtigt, das Bauwerk oder Teile dessen zu **entfernen.** Bei einem Verstoß besteht aus § 823 Abs. 2. BGB ein **Schadensersatzanspruch** des Grundstückseigentümers.

Folgende **Klausel** bietet sich zur Regelung des **Entschädigungsanspruch** an:

> „Macht der Grundstückseigentümer von seinem Heimfallanspruch Gebrauch oder erlischt das Erbbaurecht durch Zeitablauf, so hat der Grundstückseigentümer dem Erbbauberechtigten eine Entschädigung zu zahlen. Die Entschädigung beträgt…. des Verkehrswertes der Gebäude und baulichen Anlagen zum Zeitpunkt des Heimfalls bzw. bei Zeitablauf. Verkehrswert der Gebäude und baulichen Anlagen ist der Wert, um den sich der Verkehrswert des als unbebaut und unbelastet angenommenen Grundstücks durch den Bestand der Gebäude und einer etwaigen vom Erbbauberechtigten bezahlten Erschließung des Grundstücks bei Ausübung des Heimfalls bzw. bei Zeitablauf des Erbbaurechtserhöht."[185]

---

[181]BGH, Urt. v. 19.04.2007 – IX ZR 59/06, NJW 2007, 2325

[182]BGH, Urt. v. 20.04.1990 – V ZR 301/88, DNotZ 1991, 393

[183]BGH, Urt. v. 22.11.1991 – V ZR 187/90, NJW 1992, 1454

[184]BGH, Urt. v. 22.02.1974 – V ZR 67/72, BGHZ 62, 179

[185]Quelle: Mustererbbaurechtsvertrag, Deutscher Städte- und Gemeindetag

## Weiterführende Literatur

Bärman, Kommentar zum WEG, 14. Aufl. 2015, C.H. Beck Verlag

Bärman/Seuß, Praxis des Wohnungseigentums, 7. Aufl. 2017, C.H. Beck Verlag

Beck'sches Formularbuch Wohnungseigentumsrecht, 3. Aufl. 2016, C.H. Beck Verlag

Bormann/Wagner, Immobilienrecht in der Notar- und Gestaltungspraxis, 1. Aufl. 2015, C.H. Beck Verlag

Böttcher, Praktische Fragen zum Erbbaurecht, 8. Aufl. 2017, RWS Verlag

Elzer/Fritsch/Meier, Wohnungseigentumsrecht, 3. Aufl. 2019, C.H. Beck Verlag

Fran/Wachter, Handbuch Immobilienrecht Europa, 2. Aufl. 2015, CF Müller Verlag

Handschumacher, Zinssicherung in der Zwangsversteigerung des Erbbaurechts, 1991, Peter Lang Verlag

Hügel/Elzer, Kommentar zum WEG, 2. Aufl. 2018, C.H. Beck Verlag

Ingenstau/Hufstedt, Kommentar zum ErbbauRG, 11. Aufl. 2018, Carl Heymanns Verlag

Jennißen, Kommentar zum WEG, 5. Aufl. 2017, Otto Schmidt Verlag

Müller, Praktische Fragen des Wohnungseigentums, 6. Aufl. 2014, C.H. Beck Verlag

Münchner Kommentar zum BGB, Band 7, Sachenrecht, 7. Aufl. 2017, C.H. Beck Verlag

Palandt, Kommentar zum BGB, WEG, ErbbauRG, 77. Aufl. 2018, C.H. Beck Verlag

Pfennig, Das Erbbaurecht in der Insolvenz, 1. Aufl. 2010, Carl Heymanns Verlag

Riecke/Schmid, Kommentar zum WEG, 5. Aufl. 2019, Luchterhand Verlag

v. Oefele/Winkler, Handbuch des Erbbaurechts, 6. Aufl. 2016, C.H. Beck Verlag

von Staudinger, Kommentar zum BGB, Buch 3: Sachenrecht, 2016, Sellier – de Gruyter Verlag

Weirich/Ivo, Grundstücksrecht, 4. Aufl., 2015, C.H. Beck

# Immobilienerwerb

# 3

## 3.1 Einführung

Das Eigentum an einer Immobilie kann im Wege verschiedenster **Erwerbsvorgänge** vom ursprünglichen Eigentümer auf einen neuen Eigentümer übergehen. In Betracht kommt dabei grundsätzlich der Erwerb durch

- Rechtsgeschäft,
- Gesetz oder
- Hoheitsakt.

Der Erwerb durch **Rechtsgeschäft** erfolgt beispielsweise im Wege

- des Kaufvertrags, §§ 433, 832, 925 BGB,
- des Aufgebotsverfahrens, § 927 Abs. 2 BGB oder
- der Aufgabe und Aneignung durch den Fiskus, § 928 BGB.

Der Erwerb durch **Hoheitsakt** erfolgt beispielsweise im Wege

- des Zuschlags in der Zwangsversteigerung, § 90 ZVG,
- des Flurbereinigungsplans, § 61 FlubG oder
- des Umlegungsplans, § 72 BauGB.

© Springer Fachmedien Wiesbaden GmbH, ein Teil von Springer Nature 2019
J. Handschumacher, *Immobilienrecht praxisnah*,
https://doi.org/10.1007/978-3-658-26909-8_3

Der Erwerb durch **Gesetz** erfolgt beispielsweise im Wege

- des Anfalls von Vereinsvermögen an den Fiskus, § 46 BGB,
- des Anfalls von Stiftungsvermögen an den Fiskus, § 88 BGB,
- des Erbgangs, 1922 BGB oder
- der Buchersitzung, § 900 BGB.

## 3.2    Der Immobilienerwerb durch Grundstückskaufvertrag

### 3.2.1    Einführung

Der Grunderwerb mittels **Grundstückskaufvertrag** ist, neben der **Vererbung,** der in der Praxis relevanteste Erwerbsvorgang. Die Eigentumsübertragung erfolgt dabei nicht in einem einzigen rechtlichen „Akt", sondern es sind diverse **Abwicklungsschritte** notwendig, damit das Immobiliareigentum vom Verkäufer endgültig auf den Käufer übergeht.

Folgende **Abwicklungsschritte** sind in der Regel zum käuflichen Erwerb von Immobiliareigentum zu vollziehen:

- Notariell beurkundeter **Kaufvertrag,** §§ 433, 873, 311b BGB mit Angebot und Annahme
- Auflassung, § 925 BGB
- Eintragung einer **Auflassungsvormerkung** im Grundbuch, §§ 883 ff. BGB
- Einholung der erforderlichen **Genehmigungen** durch den Notar, zum Beispiel
  - Unbedenklichkeitsbescheinigung des Finanzamts und
  - Vorkaufsrechtsverzicht der Gemeinde
- unter Umständen **Messungsanerkennung** bei Verkauf einer unvermessenen Teilfläche,
- Kaufpreisfälligkeit und **Kaufpreiszahlung,** §§ 433 ff. BGB,
- Bewilligung der **Eigentumsumschreibung** durch den Verkäufer nach Kaufpreiszahlung,
- **Eintragungsantrag** beim Grundbuchamt durch den Notar und
- **Umschreibung** im Grundbuch.

### 3.2.2    Der notarielle Grundstückskaufvertrag, §§ 433 ff., § 311b BGB

Der Grundstückskaufvertrag unterscheidet sich von einem „normalen" Kaufvertrag über Mobilien insbesondere durch die Notwendigkeit der **notariellen Beurkundung** gemäß **§ 311b BGB.**

Bei der notariellen Beurkundung ist zu unterscheiden zwischen

- der Art und Weise der Beurkundung, also dem **Verfahrensrecht,** geregelt im Beurkundungsgesetz (BeurkG) und in der Dienstordnung der Notare (DONot) und
- dem Umfang der Beurkundungspflicht, also dem **materiellem Recht,** geregelt im Wesentlichen im BGB.

### 3.2.2.1 Formelle Anforderungen an die Beurkundung, §§ 5 ff. BeurkG

Die Anforderungen, die der Gesetzgeber an die **Beurkundung** von Grundstückskaufverträgen stellt, sind im Wesentlichen im **Beurkundungsgesetz** geregelt, also das Beurkundungsverfahren an sich. Das Beurkundungsgesetz gilt gemäß § 1 BeurkG für öffentliche Beurkundungen durch den **Notar.**

#### 3.2.2.1.1 Urkundeninhalt

Gemäß § 5 BeurkG sind die Urkunden in **deutscher Sprache** zu errichten. Ausnahmen sind gemäß § 5 Abs. 2 BeurkG zulässig.

Bei der Beurkundung von Willenserklärungen, also typischerweise beim Abschluss eines Grundstückskaufvertrags, muss gemäß § 8 BeurkG eine **Niederschrift** über die Verhandlung aufgenommen werden. Der Inhalt einer solchen Niederschrift muss gemäß § 9 Abs. 1 S. 1 BeurkG auch die **Beteiligten** bezeichnen sowie die abgegebenen **Erklärungen** enthalten. Wird in der Niederschrift auf ein Schriftstück verwiesen, das Erklärungen der Beteiligten enthält, und wird dieses der Niederschrift beigefügt, so gilt gemäß § 9 Abs. 1 S. 2 BeurkG dieses Schriftstück als in der Niederschrift selbst **enthalten.** Dies gilt auch für die Verwendung von Karten, Zeichnungen und Abbildungen, wenn hiermit durch die Beteiligten **Erklärungen** abgegeben werden sollen.

Schließlich ist gemäß § 9 Abs. 2 BeurkG **Ort und Tag** der Verhandlung in die Niederschrift aufzunehmen.

Gemäß §§ 10 ff. BeurkG muss sich der Notar **Gewissheit** über die Person der **Beteiligten** verschaffen, deren Geschäftsfähigkeit sowie deren Vertretungsberechtigung und dies in die Niederschrift mit aufnehmen.

#### 3.2.2.1.2 Verlesung/Genehmigung/Unterschrift

Nach § 13 BeurkG muss die Niederschrift in Gegenwart des Notars den Beteiligten **vorgelesen,** von diesen **genehmigt** und eigenhändig **unterschrieben** werden. Haben die Beteiligten die Niederschrift eigenhändig unterschrieben, so wird **vermutet,** dass sie in **Gegenwart** des Notars vorgelesen und von den Beteiligten genehmigt wurde.

Wird in der Niederschrift auf eine andere notarielle Niederschrift **verwiesen,** die nach den Vorschriften des BeurkG errichtet worden ist, so braucht diese nicht vorgelesen zu werden, wenn die Beteiligten erklären, dass ihnen der Inhalt der anderen Niederschrift **bekannt** ist und sie auf die Verlesung **verzichten,** § 13a BeurkG.

### 3.2.2.1.3 Prüfungs- und Belehrungspflichten des Notars

Darüber hinaus bestehen für den Notar gemäß § 17 BeurkG **Prüfungs- und Belehrungspflichten,** insbesondere auch im Hinblick auf evtl. **Irrtümer, Zweifel und Unerfahrenheit** der Beteiligten.

Schließlich hat der Notar nach § 18 BeurkG auch über **Genehmigungserfordernisse,** zu erteilende **Unbedenklichkeitsbescheinigungen** und das unter Umständen bestehende gesetzliche **Vorkaufsrecht** zu belehren.

Vor der Beurkundung hat sich der Notar gemäß § 21 BeurkG durch Einsicht in das **Grundbuch** über dessen Inhalt zu unterrichten. Ansonsten soll eine Beurkundung nur vorgenommen werden, wenn der Notar die Beteiligten über die damit verbundenen **Gefahren belehrt** und die Parteien trotzdem auf die sofortige Beurkundung bestehen.

§§ 22 ff. BeurkG enthalten noch Regelungen für **sprach-, seh- und hörbehinderte** Beteiligte.

### 3.2.2.2 Formbedürftigkeit, § 311b BGB

Die Formbedürftigkeit von Immobilienverträgen ist der wesentliche Unterschied zu herkömmlichen Kaufverträgen über Mobilien. Die Formbedürftigkeit hat nach dem Willen des Gesetzgebers dabei folgende Funktionen[1]:

- Warnfunktion
- Beweisfunktion
- Gültigkeitsgewähr
- Beratungsfunktion

Wird ein **formbedürftiger Kaufvertrag** insgesamt nicht beurkundet, so ist er nichtig, **§ 125 BGB.** Er entfaltet in diesem Fall keine Rechtswirkungen für oder gegen eine der Parteien des Vertrages. Ohne Beachtung dieser Form wird der so geschlossene Vertrag nur dann gültig, wenn eine Auflassung erklärt wurde und eine **Eintragung** im Grundbuch erfolgt, § 311b Abs. 1 S. 2 BGB.

Wird ein formbedürftiger Kaufvertrag nur **unvollständig** beurkundet, so kann der beurkundete Teil wirksam und der nicht beurkundete Teil **nichtig** sein. Es besteht in diesem Fall unter Umständen auch die Möglichkeit der **Heilung** gemäß § 311 Abs. 1 S. 2. BGB.

Wird ein Grundstückskaufvertrag bewusst unrichtig beurkundet, also beispielsweise ein zu niedriger Kaufpreis dem Notar angegeben, um Notariatsgebühren und Grunderwerbsteuer zu sparen, so sind der tatsächlich beurkundete Vertrag als **Scheingeschäft** gemäß § 117 Abs. 1 BGB und der tatsächlich gewollte Vertrag mit dem höheren Kaufpreis ebenfalls mangels Beurkundung gemäß § 311b BGB nichtig. Der **Umfang**

---

[1]BGH, Urt. v. 07.10.1994 – V ZR 102/93, Rn 14; BGH Urt. v. 26.03.2004 – V ZR 90/03, Rn 26

**der Beurkundungspflicht** ist daher in der Praxis von großer Bedeutung, da eine „unrichtige" Beurkundung gravierende wirtschaftliche Folgen haben kann[2].

Behauptet einer der Kaufvertragsparteien das Vorliegen eines **Scheingeschäfts** und damit die Nichtigkeit des notariellen Grundstückskaufvertrags, so trägt diejenige Partei hierfür die **Beweislast**. Grundsätzlich ist nämlich davon auszugehen, dass der beurkundete Inhalt eines notariellen Kaufvertrags ernsthaft von den Parteien auch gewollt ist, also nicht nur zum Schein vereinbart wurde.

Rechtsprechung: „Da grundsätzlich von der Ernstlichkeit rechtsgeschäftlicher Willenserklärungen auszugehen ist, trägt für das Vorliegen eines Scheingeschäfts im Sinne des § 117 BGB bei Grundstückskauf durch einen notariell beurkundeten Kaufvertrag derjenige die Beweislast, der sich darauf beruft. Den Beweis hat er nicht geführt, wenn die Behauptung einer Schwarzgeldzahlung durch den hierfür angebotenen Zeugenbeweis weder unmittelbar noch mittelbar vom Hörensagen bestätigt wird"[3].

Nicht jede „unrichtige" Beurkundung führt zur Nichtigkeit des Kaufvertrags. Wurde beispielsweise in der Kaufvertragsurkunde bestätigt, dass der Kaufpreis bereits gezahlt wurde, obwohl dies tatsächlich noch nicht der Fall war, so ist der Kaufvertrag dennoch wirksam zustande gekommen.

Rechtsprechung: „Wird in einem notariellen Grundstückskaufvertrag die Kaufpreiszahlung bestätigt, obwohl sie erst nach der Beurkundung erfolgen soll, stellt die Bestätigung eine Vorausquittung dar. Diese hat für sich genommen weder die Nichtigkeit als Scheingeschäft noch die Formnichtigkeit des Vertrags zur Folge"[4].

### 3.2.2.3 Verbraucherschutz

Durch die Änderung des **Beurkundungsgesetzes** zum 15. Juli 2013 wurde zum Zwecke des **Verbraucherschutzes** bestimmt, dass die notwendigen rechtsgeschäftlichen Erklärungen durch die Verbraucherpartei persönlich oder eine **Vertrauensperson** abgegeben werden sollen und der Grundstückskaufvertrag mindestens **zwei Wochen** vor der Beurkundung der Partei, die Verbraucher ist, vorliegen soll.

Gesetzestext: § 17 Abs. 2a BeurkG
(2a) Der Notar soll das Beurkundungsverfahren so gestalten, dass die Einhaltung der Pflichten nach den Absätzen 1 und 2 gewährleistet ist. Bei Verbraucherverträgen soll der Notar darauf hinwirken, dass
1. die rechtsgeschäftlichen Erklärungen des Verbrauchers von diesem persönlich oder durch eine Vertrauensperson vor dem Notar abgegeben werden und
2. der Verbraucher ausreichend Gelegenheit erhält, sich vorab mit dem Gegenstand der Beurkundung auseinander zu setzen; bei Verbraucherverträgen, die der Beurkundungspflicht

---

[2]BGH, Urt. 15.05.1970 – V ZR 20/68, BGHZ 54, 56
[3]OLG Koblenz, Urt. v. 27.03.2006 – 12 U 107/05
[4]BGH, Urt. v. 20.05.2011 – V ZR 221/10

nach § 311b Abs. 1 Satz 1 und Abs. 3 des Bürgerlichen Gesetzbuchs unterliegen, geschieht dies im Regelfall dadurch, dass dem Verbraucher der beabsichtigte Text des Rechtsgeschäfts zwei Wochen vor der Beurkundung zur Verfügung gestellt wird.

Da der Verbraucher den Beurkundungstermin persönlich wahrnehmen soll, soll er sich im **Verhinderungsfall** nur durch eine **Vertrauensperson** vertreten lassen. Von einer Vertrauensperson kann der Notar nur bei Ehegatten, eingetragenen Lebenspartnern, Verwandten oder Verschwägerten ausgehen[5]. Ein **Notarangestellter** stellt keine solche Vertrauensperson dar, sondern vielmehr einen geschäftsmäßigen Vertreter, weil er nicht Interessenvertreter des Vertretenen, sondern zur **Neutralität** verpflichtet ist.

▶       Zu beachten ist, dass jeder Immobilienverkäufer einem Interessenten unauf-
        gefordert nach § 16 Abs. 2 EnEV spätestens bei der Besichtigung einen
        **Energieausweis** vorlegen muss, der unverzüglich nach Abschluss des Kauf-
        vertrages zu übergeben ist. Bei einem Verstoß kann ein Bußgeld bis zu
        15.000,- € festgesetzt werden. **Ausnahme** gelten für Baudenkmäler und
        Gebäude mit einer Nutzfläche von bis zu 50 qm.

### 3.2.2.4  Umfang der Beurkundungspflicht
Beurkundungspflichtig sind grundsätzlich folgende Verträge:

- Grundstückskaufverträge,
- Kaufverträge über Bruchteilseigentum von Immobilien,
- Kaufverträge über Wohnungs- und Teileigentum,
- Erbbaurechtsverträge,
- Änderungen dieser Verträge,
- Aufhebung dieser Verträge.

### 3.2.2.4.1  Beurkundungsumfang von Verträgen
Die Beurkundung einer vertraglichen Vereinbarung und all ihrer einzelnen Vertrags-
klauseln wird in der Regel in einer **Urkunde** (nicht zwingend) vorgenommen, also **Angebot** und **Annahme,** auflösende oder aufschiebende Bedingungen und alle Ver-
pflichtungsgeschäfte, die direkt auf Veräußerung und Erwerb von Grundbesitz gerichtet sind. Zu beurkunden sind alle damit im **Zusammenhang** stehenden Vereinbarungen, zum Beispiel auch Planunterlagen, die den Grundbesitz näher bezeichnen. Grundsätzlich muss also der gesamte „**Regelungsinhalt**" eines Vertrages beurkundet werden[6], bloßer „**Identifizierungsinhalt**" hingegen nicht, zum Beispiel eine Baugenehmigung.

---

[5]BGH, Beschl. v. 20.07.2015 – NotSt (Brfg) 3/15
[6]BGH, Urt. v. 23.02.1979 – V ZR 99/77, NJW 1979, 1495; BGH, Urt. v. 20.09.1985 – V ZR 148/84, NJW 1986, 248

Der Inhalt einer Genehmigungsplanung gehört zumeist nicht mehr zum **Regelungsinhalt** eines Kaufvertrages, sondern dient nur der – entbehrlichen – Erläuterung des ansonsten hinreichend genau bezeichneten und bestimmbaren Kaufgegenstands[7].

Fallen die auf einen Grundstückskaufvertrag ausgerichteten Rechtsgeschäfte **zeitlich** auseinander, also beispielsweise das Vertragsangebot des Verkäufers und die Annahme des Angebots durch den Käufer, so ändert dies nichts an der Beurkundungspflicht, wenn die rechtsgeschäftlichen Erklärungen zwar zeitlich auseinanderfallen, aber mit „**Verknüpfungswillen**" abgegeben wurden. Gleiches gilt beim **Bauträgervertrag** nach § 650u n. F. BGB (siehe Abschn. 3.4), wenn der Erwerb von Grund und Boden und der eigentliche Bauvertrag nur gemeinsam abgeschlossen werden sollen. Verbundene rechtsgeschäftliche Vereinbarungen sind also ebenfalls insgesamt beurkundungspflichtig, wenn eine Vereinbarungen rechtlich **untrennbar** mit dem Grundstückkauf verbunden sein sollen, also nach dem vermutlichen Willen der Vertragsparteien – umgangssprachlich ausgedrückt – „*gemeinsam stehen oder fallen*" sollen, mithin der eine Vertrag nicht ohne den anderen abgeschlossen worden wäre[8].

Zur Beurkundungspflicht beim **Bauträgervertrag** hat der BGH wie folgt grundsätzlich ausgeführt:

> **Rechtsprechung:** „1. Ein Bauvertrag ist gemäß § 311b Abs. 1 Satz 1 BGB beurkundungsbedürftig, wenn er mit einem Vertrag über den Erwerb eines Grundstücks eine rechtliche Einheit bildet. Eine solche besteht, wenn die Vertragsparteien den Willen haben, beide Verträge in der Weise miteinander zu verknüpfen, dass sie miteinander stehen und fallen sollen. Sind die Verträge nicht wechselseitig voneinander abhängig, ist der Bauvertrag nur dann beurkundungsbedürftig, wenn das Grundstücksgeschäft von ihm abhängt.
> 2. Ein Bauvertrag kann auch dann beurkundungsbedürftig sein, wenn er vor einem Grundstückskaufvertrag geschlossen wird und die Parteien des Bauvertrags nicht identisch sind mit den Parteien des bevorstehenden Grundstückskaufvertrags. In diesem Fall ist ein Bauvertrag beurkundungsbedürftig, wenn die Parteien des Bauvertrags übereinstimmend davon ausgehen, dass der Grundstückserwerb nach dem Willen der Parteien des Kaufvertrags von dem Bauvertrag abhängt"[9].

Wird in einem **Hausbauvertrag** nicht auf ein konkretes Grundstück Bezug genommen und gehen die Informationen über mögliche (Kauf-) Grundstücke nicht über eine unverbindliche **Serviceleistung** hinaus, so liegt keine Verknüpfung beider Verträge im Sinne der BGH-Rechtsprechung vor, die eine Beurkundung beider Verträge notwendig macht[10].

---

[7]BGH, Urt. v. 23.02.1979 a. a. O.; BGH, Urt. v. 17.07.1998 – V ZR 191/97, NJW 1998, 3197; BGH, Urt. v. 14.03.2003 – V ZR 278/01, NJW-RR 2003, 1136

[8]OLG Koblenz, Urt. v. 25.03.2014 – 3 U 1080/13

[9]BGH, Urt. v. 22.07.2010 – VII ZR 246/08, BauR 2010, 1754

[10]OLG Naumburg, Urt. v. 20.01.2011 – 1 U 84/10; vgl. zur Abgrenzung OLG Frankfurt a. M., Urt. v. 20.06.2001 – 23 U 117/00

Bei Verkauf von **Inventar**[11] und „gleichzeitigem" Abschluss eines Bauvertrages wird ein Verknüpfungswille grundsätzlich unterstellt.

Nicht beurkundungspflichtig sind hingegen **Änderungsverträge,** die zwar nach der Auflassung, aber noch vor der Eigentumsumschreibung geschlossen werden. Der Schutz des § 311b BGB ist nach der Auflassung deswegen nicht mehr notwendig, weil der Verkäufer durch die Auflassungserklärung seine Vertragspflicht bereits erfüllt hat[12].

### 3.2.2.4.2  Beurkundung von vorvertraglichen Vereinbarungen
3.2.2.4.2.1  Einführung

In der Praxis stellt sich häufig die Frage, ob und inwieweit auch vorvertragliche Vereinbarungen beurkundet werden müssen, so sie auf eine **Bindung** zwischen den Verhandlungspartnern abzielen. Die **Anbahnung** von Immobilienverkäufen zieht sich nicht selten über Monate oder sogar Jahre hin. Die Parteien wollen in dieser Phase zumeist schon eine gewisse Bindung herbeiführen, ohne dass bereits alle Vertragsbedingungen ausgehandelt und die Finanzierung oder das Baurecht abschließend gesichert sind.

Wie zuvor ausgeführt, sind grundsätzlich alle Vereinbarungen beurkundungspflichtig, die auf eine **vertragliche Bindung** der Parteien ausgerichtet sind. „Absprachen" unterhalb dieser rechtlichen Bindung sind nicht beurkundungspflichtig, binden die Parteien aber auch nicht. Sie bieten rechtlich also **keine Sicherheit,** dass ein Grundstückkauf/-verkauf auch tatsächlich zustande kommt.

Dabei ist es für die Beurkundungspflicht irrelevant, ob die Parteien in der Vereinbarung bereits die Verpflichtung vereinbart haben, ein Grundstück zu übertragen, wenn jedenfalls die Annahme einer solchen Verpflichtung auf Seiten des Käufers naheliegt.

Da ohne Abschluss eines notariellen Kaufvertrags keine endgültige Bindung der Parteien besteht, mithin auch keine Vertragspflichten entstehen können, hat grundsätzlich keine der Parteien der anderen Partei, so der Kaufvertrag schlussendlich nicht zustande kommen sollte, etwaige **Aufwendungen** zu erstatten, die die andere Partei in der **Erwartung** des Vertragsabschlusses bereits getätigt hat. Lässt die potenzielle Käuferpartei im Vertrauen auf einen künftigen Vertragsabschluss beispielsweise ein Verkehrswertgutachten erstellen, ein Gutachten über den baulichen Zustand des Gebäudes oder eine Bauplanung, so kann sie gleichwohl die Kosten hierfür nicht vom Verkäufer erstattet verlangen, wenn es doch nicht zum Kaufvertragsabschluss kommt[13].

Unter ganz bestimmten Umständen kann jedoch eine Abstandnahme einer Partei von dem in Aussicht genommenen Grundstückkaufvertrag zu einer **Schadensersatzpflicht** führen. Nur dann,

---

[11]a. A. OLG München, Urt. v. 25.02.2009 – 20 U 4052/08

[12]BGH, Urt. v. 28.09.1984 – V ZR 43/83; BGH, Urt. v. 28.10.2011 – V ZR 212 10, Rn 34 ff. m. w. N.; a. A. OLG Stuttgart, Urt. v. 26.09.2017 – 10 U 140/16

[13]OLG Hamm, Urt. v. 04.07.2016 – 22 U 28/16

wenn der Abbruch der Verhandlungen die **Existenz** der anderen Partei gefährdet, dürfte unter engen Voraussetzungen im Einzelfall eine Schadensersatzpflicht der sich **treuwidrig** verhaltenden Partei in Betracht kommen[14].

### 3.2.2.4.2.2 Einzelne vorvertragliche Vereinbarungen

Die folgenden **Vertragstypen** im Vorfeld eines Grundstückskaufvertrags sind im Hinblick auf die Beurkundungspflicht besonders **praxisrelevant.**

### Letter of Intend

Der „Letter of Intend" ist kein eigentliches deutsches Rechtsinstitut. Er beinhaltet nur eine **Willens-, Absichts- oder Interessenbekundung** ohne eigentliche rechtliche Bindung und Leistungspflichten. Der „Letter of Intend" ist somit nicht beurkundungspflichtig, bindet die Parteien im Hinblick auf einen späteren Eigentumswechsel aber auch nicht, gibt also keine Rechtssicherheit.

> **Rechtsprechung**: „1. Jede Vertragspartei ist grundsätzlich dazu berechtigt, laufende Vertragsverhandlungen jederzeit abzubrechen. 2. Hat eine Absichtserklärung (Letter of Intent) kein unmittelbar beurkundungspflichtiges Rechtsgeschäft zum Inhalt, bedarf die Absichtserklärung zu ihrer Wirksamkeit auch dann nicht der Beurkundung, wenn der Vertrag, den die Parteien abschließen wollen, beurkundungspflichtig ist"[15].

Ein „Letter of Intend" kann in der Phase der **Anbahnung** von **Vertragsverhandlungen,** beispielsweise zur Vereinbarung von **Exklusivität** oder **Stillschweigen,** gleichwohl sinnvoll und in diesem beschränkten Umfang auch rechtlich verbindlich sein.

Haben die Parteien im Rahmen eines **gerichtlichen Vergleichs** „Einigkeit" darüber bekundet, ein Grundstück untereinander zu veräußern, so stellt selbst dies (wohl) keinen formwirksamen Vorvertrag dar, sondern „nur" eine **reine Absichtserklärung** im vorgenannten Sinne mit dem Vorbehalt, sich anschließend noch über die offenen Punkte zu einigen und erst nachfolgend den Vertrag zu schließen[16].

### Freiwillige Grundstücksauktion

Durch den **„Zuschlag"** bei einer freiwilligen Grundstücksauktion, anders als bei einer Zwangsversteigerung, kommt noch kein verbindlicher Grundstückskaufvertrag oder Eigentumsübergang zustande. Der notwendige Grundstückskaufvertrag muss im Anschluss an die Auktion, besser bezeichnet als **„Käuferauswahlverfahren",** erst noch notariell beurkundet werden. Durch den Zuschlag entsteht also noch keine verbindliche

---

[14]LG Aachen, Urt. v. 15.01.2015 – 10 O 106/14

[15]OLG München, Urt. v. 19.09.2012 – 7 U 736/12

[16]LG Bonn, Urt. v. 26.01.2017 – 13 O 109, 16

Verpflichtung, einen Kaufvertrag auch tatsächlich abzuschließen. Ein bei der Versteigerung anwesender **Notar** muss sogar ausdrücklich darüber belehren, dass mit dem Zuschlag noch kein formgültiges Rechtsgeschäft zustande gekommen ist, noch keine primärvertragliche Bindung besteht und es den Beteiligten frei steht, eine **Beurkundung** nicht unmittelbar im Anschluss an die Versteigerung durchzuführen[17]. Ein Eigentumsübergang erfolgt also erst nach Abschluss eines notariellen Kaufvertrags und dessen Abwicklung nach den allgemeinen Regelungen des BGB und nicht schon durch die Auktion an sich.

Auch bei einer solchen Immobilienauktion im Internet muss bei einer **Verbraucherbeteiligung** die 2-Wochenfrist des § 17 Abs. 2a Ziff. 2 BeurkG eingehalten werden. Eine Ausnahme von der 2-Wochenfrist ist zwar gemäß § 17 Abs. 2a Ziff. 2 S. 3 BeurkG möglich. Eine entsprechende Ausnahme hat der BGH bei einer solchen Versteigerung aber verneint, insbesondere auch im Hinblick auf die **Beratungspflichten** des Notars[18].

Das Rechtsverhältnis zwischen dem Grundstücksauktionator, der im Übrigen eine Genehmigung nach § 34 b GewO benötigt, und dem Grundstückseinlieferer und die sich möglicherweise hieraus ergebenden Ansprüche, richten sich nach §§ 675 ff. BGB. Bei der Grundstücksauktion handelt es sich also um eine entgeltliche **Geschäftsbesorgung**. Das Rechtsverhältnis von Auktionator zu Ersteigerer richtet sich nach §§ 652 ff. BGB, also dem **Maklerrecht**[19].

### Vorvertrag

Der Vorvertrag begründet das einklagbare Recht, den Abschluss eines Grundstückskaufvertrags verlangen zu können[20] und ist daher **beurkundungspflichtig**. Hierzu hat der BGH weiterführend Folgendes entschieden.

> **Rechtsprechung**: „1. Ein formnichtiger Vorvertrag wird durch die nachfolgende Beurkundung des Hauptvertrages nur insoweit geheilt, wie die formlos vereinbarten Bedingungen in der richtigen Form bestätigt worden sind. 2. Wird das zunächst formlos Vereinbarte im nachfolgenden notariellen Vertrag nur teilweise beurkundet, so ist derjenige, der sich auf die Heilung der Formnichtigkeit beruft, für die Fortdauer der Willensübereinstimmung zwischen dem im Vorvertrag Vereinbarten und dem im notariellen Vertrag Beurkundeten beweispflichtig"[21].

### Ankaufsrecht/Verkaufsrecht (Option)

Bei einer Option ist der Vollzug des Kaufvertrags zwar noch von der **Ausübungserklärung** des Berechtigten abhängig. Sowohl Ankaufsrecht als auch Verkaufsrecht sind

---

[17]OLG Celle, Beschl. v. 18.03.2010 – Not 1/10, Rn 41

[18]BGH, Urt. v. 24.11.2014 – NotSt (Brfg) 3/14

[19]KG Berlin, Urt. v. 15.01.2001 – 12 U 4687/99

[20]BGH, Urt. v. 12.05.2006 – V ZR 97/05, NJW-RR 2006, 2843

[21]BGH, Urt. v. 15.10.1992 – VII ZR 251/91. BauR 1993, 78

aber gleichwohl **beurkundungspflichtig,** weil die eine Partei den Eigentumsübergang nicht mehr **einseitig verhindern** kann. Umstritten ist allerdings, ob die **Ausübungs-erklärung** selbst beurkundet werden muss[22].

Wird zum Beispiel im Rahmen eines **Mietvertrages** mit einer Laufzeit von zwanzig Jahren für das Ende der Laufzeit ein Ankaufrecht zugunsten des Mieters vereinbart, so bedarf auch der Mietver-trag einer notariellen Beurkundung[23].

### Reservierungsvereinbarung

Beurkundungsbedürftigkeit für eine Reservierungsvereinbarung besteht immer dann, wenn hierdurch ein **unangemessener Druck** auf den Erwerber zum Kauf des reservier-ten Grundstücks ausgeübt wird. Dies ist zum Beispiel bei einer Reservierungsverein-barung zu unterstellen, die auch bei Scheitern des Vertrages nicht **zurückgezahlt** werden soll[24]. Ein solch unangemessener Druck wird auch immer dann zu unterstellen sein, wenn der Erwerber mehr als ca. 10 % Prozent der im Erfolgsfall fälligen Provision zu zahlen hat[25] oder mehr als ca. 3 % des Kaufpreises. Absolut wird eine Beurkundungs-pflicht bei einer Reservierungsgebühr ab 5.000,00 € anzusetzen sein. Der **BGH** versteht entsprechende **Obergrenzen** aber nur als Orientierung, sodass auch bei geringeren Pro-zentsätzen ein mittelbarer Erwerbszwang und damit eine Beurkundungsbedürftigkeit zu bejahen ist, jedenfalls aber wohl bei einer Reservierungsgebühr von über 1,0 %[26].

Beurkundungspflicht nimmt auch das Landgericht Frankfurt für den Fall an, dass sich der Ver-käufer eine Reservierungsgebühr von mehr als 10 % der **ortsüblichen Maklergebühr** vom Kauf-interessenten ausbedingt. Sei diese **Schwelle** überschritten, führe dies zu einer Bindung, die nicht wirksam privatschriftlich vereinbart werden können, sondern zu ihrer Wirksamkeit notariell zu beurkunden sei[27].
Das OLG Dresden nimmt eine Beurkundungspflicht bei einer Reservierungsgebühr i. H. v. mehr als 3 % des Kaufpreises mit der Begründung an, dass eine solche Höhe über der **üblichen Maklergebühr** liege[28].

---

[22]BGH, Urt. v. 12.05.2006 – V ZR 97/05, Rn 19 f.; OLG Brandenburg, Urt. 19.09.2009 – 6 U 154/08, Rn 52

[23]OLG Stuttgart, Urt. v. 14.05.2007 – 5 U 19/07

[24]BGH, Urt. v. 23.10.2010 – III ZR 21/10 m. w. N., NJW 2010, 3568

[25]BGH, Urt v. 02.07.1986 – IVa ZR 102/85; BGH, Urt. v. 06.02.1980 – IV ZR 141/78

[26]AG Dortmund, Urt. v. 21.08.2018 – 425 C 3166/18 m. w. N.

[27]LG Frankfurt, Urt. v. 12. 12. 2018 – 2-07 O 280/17; vgl. auch LG Frankfurt a. M., Urt. v. 31.07.1979 – 2/16 S 113/79; AG München, Urt. v. 01.07.2016 – 191 C 28518/15

[28]OLG Dresden, Hinwbeschl. v. 23.08.2016 – 8 U 946/16

### 3.2.2.5  Der Grundstückskaufvertrag und seine typischen Vertragsklauseln

In der notariellen Praxis haben sich über die Jahre bei der Gestaltung und **Ausformulierung** von **Kaufvertragsklauseln** bestimmte **Standards** herausgebildet, die routinemäßig in Grundstückskaufverträgen Verwendung finden. Anderseits muss ein Grundstückskaufvertrag immer auf den Einzelfall zugeschnitten sein. Insoweit dienen die nachfolgenden **Formulierungsbeispiele** für typische Vertragsklauseln zuvorderst der Orientierung und Erläuterung der dort zu regelnden Sachverhalte.

#### 3.2.2.5.1  Kaufvertragsparteien

> „Heute am … erschienen vor mir dem Notar Dr. … an meinem Amtssitz in den Amtsräumen der
> Herr … – nachfolgend Verkäufer genannt –
> und Frau … – nachfolgend Käuferin genannt –.
> Herr … wies sich durch Vorlage seines amtlichen Lichtbildausweises aus. Frau… ist mir von Person bekannt“.

Ein Grundstückskaufvertrag kann grundsätzlich nur bei **gleichzeitiger Anwesenheit** der Kaufvertragsparteien geschlossen und beurkundet werden. Über die **Identität** der erschienenen Personen verschafft sich der Notar Klarheit, so sie ihm nicht von Person bekannt sind, durch Einsicht in den jeweiligen **Personalausweis**. Auf welche Art und Weise sich der Notar Klarheit über die Identität verschafft hat, wird in die Urkunde mit aufgenommen.

#### 3.2.2.5.2  Bevollmächtigung

> „Herr …. gibt an, nicht im eigenen Namen zu handeln, sondern für …die XY-GmbH.“

Die Kaufvertragsparteien können sich beim Beurkundungstermin vertreten lassen, müssen also nicht in jedem Fall selbst vor dem Notar erscheinen. **Juristische Personen** werden natürlicherweise durch den **Vorstand** oder den **Geschäftsführer** vertreten. Deren **Vertretungsbefugnis** oder die eines Prokuristen muss sich aus einem aktuellen Handelsregisterauszug ergeben, den der Notar gegebenenfalls beizieht.

**Natürliche Personen** können sich durch eine andere Person vertreten lassen. Der Vertreter muss sich durch eine entsprechende **Vollmacht** legitimieren. Es ist dabei nicht ausreichend, eine privatschriftliche Vollmacht dem Notar vorzulegen, sondern die Vollmacht muss **notariell beglaubigt** sein. Aus der Vollmacht muss sich zudem zweifelsfrei ergeben, wozu der Vollmachtgeber den Bevollmächtigten ermächtigt hat.

Eine **Grundstücksvollmacht** sollte so umfassend sein, dass – so dies gewollt ist – der Bevollmächtigte sämtliche mit dem Kaufvertrag und dessen Abwicklung im Zusammenhang stehenden Erklärungen gegenüber sämtlichen in Betracht kommenden Dritten, also beispielsweise dem Grundbuchamt etc., abgeben, entgegennehmen und insbesondere auch Anträge stelle darf.

Es kann zudem eine **Befreiung von den Beschränkungen des 181 BGB** erteilt werden. Dadurch ist der Bevollmächtigte berechtigt, auch mit sich selbst Verträge abzuschließen, was ihm ansonsten untersagt ist. Eine Befreiung von § 181 BGB sollte daher nur in Ausnahmefällen und bei besonderen **Vertrauensverhältnissen** erteilt werden.

### 3.2.2.5.3  Vollmachtloser Vertreter

„Herr … gibt an, nicht im eigenen Namen zu handeln, sondern ausschließlich im Namen von …
   Der Notar wird beauftragt, die Genehmigung des Vertretenen … unter Beifügung eines Entwurfsexemplars einzuholen. Geht die Genehmigungserklärung ihm oder dem Grundbuchamt zu, so gilt sie allen Beteiligten gegenüber als zugegangen."

Bei der Beurkundung kann auch ein **vollmachtloser Vertreter** für eine der Vertragsparteien auftreten und rechtsgeschäftliche Erklärungen abgeben. Für diesen Fall steht die Rechtswirksamkeit und mithin der gesamte Vertrag unter der **Bedingung,** dass der so Vertretene die Erklärungen des auftretenden vollmachtlosen Vertreters im Nachhinein **genehmigt.** Dies wird ausdrücklich in die notarielle Urkunde mit aufgenommen. Bis die Genehmigung des Vertretenen dem Notar in notarieller Form vorliegt, ist der Grundstückskaufvertrag somit gemäß §§ 158 ff. BGB **schwebend unwirksam.**

### 3.2.2.5.4  Vorbefassung des Notars

„Der Notar hat vor der Beurkundung die Beteiligten gefragt, was diese verneint haben, ob er selbst oder eine Person, mit der er …."

Steht der Notar mit einer der Parteien oder deren Bevollmächtigten in einer **beruflichen „Beziehung"** oder war er bereits mit der zu beurkundenden Angelegenheit „**vorbefasst",** so kann sich hieraus ein **Verbot der Mitwirkung** gemäß § 3 BeurkG ergeben. Dies gilt auch für **Sozien** des Notars. Deswegen muss der Notar die Beteiligten vor der Beurkundung danach fragen und dies in die Urkunde mit aufnehmen.

### 3.2.2.5.5  Grundbuchstand/Kaufgegenstand

Der Kaufgegenstand wird typischerweise durch Lage, Flurstücksnummer und gegebenenfalls die postalische Adresse bezeichnet, also wie das **Grundstück im Rechtssinne.** Der Kaufgegenstand kann auch nicht nur aus einem, sondern auch aus **mehreren Flurstücken** bestehen oder auch ein **Teil eines Flurstücks** oder mehrerer Flurstücke sein (vgl. Kap. 2; Abschn. 2.2.3). Es ist aber nicht erforderlich, dass das zu verkaufende „Grundstück" vor Beurkundung des notariellen Grundstückskaufvertrags bereits rechtlich oder tatsächlich gebildet wurde.

### Grundstück

„Der Notar unterrichtet die Erschienen über den Grundbuchstand wie folgt:
   Der Verkäufer ist als Alleineigentümer im Grundbuch von Y Blatt Nr. … für folgenden Grundbesitz eingetragen:

Flst.Nr. 45/3: 8,3 a Bauplatz, Am Waldrand 4, nachfolgend Grundstück genannt.

Vorgetragene Wirtschaftsart …

Das Grundstück ist nach dem Grundbuch wie folgt belastet, wobei es sich bei den angegebenen Beträgen nur um Nennbeträge handelt und nicht um die tatsächliche Valutierung.

III. Abt.: lfd. Nr. 1: 250.000,- € Briefgrundschuld nebst 15 % Jahreszinsen zu Gunsten der C-Bank in D.

Weitere Belastungen sind in Abt. II. und III. des Grundbuchs nicht eingetragen.

Vertragsgegenstand ist das Flurstück Nr. 45/3. Der Vertragsgegenstand ist nach Angabe der Parteien nicht bebaut. Miet- oder Pachtverhältnisse bestehen nach Versicherung des Verkäufers nicht."

Vor Beurkundungen wird sich der Notar durch Beiziehung eines aktuellen **Grundbuchauszugs** einen Überblick über die rechtlichen Verhältnisse des zu veräußernden Grundstücks verschaffen und die Kaufvertragsparteien hierüber informieren. Damit der Verkäufer überhaupt wirksam verfügen kann, muss er gemäß § 39 GBO im Grundbuch als **Eigentümer** voreingetragen sein.

Ebenso muss geklärt werden, ob etwaige Verfügungsbeschränkungen, zum Beispiel durch einen **Zwangsversteigerungsvermerk oder Insolvenzvermerk** bestehen oder ob das Grundstück vermietet oder verpachtet ist. Letzteres ergibt sich nicht aus dem Grundbuch, sodass der Verkäufer sich auf Nachfrage des Notars hierzu erklären muss. Auch das Bestehen von **Baulasten,** die sich aus dem vom örtlichen Bauaufsichtsamt geführten Baulastenverzeichnis ergeben, muss geklärt werden. Bei letzterem ist aber zu beachten, dass das **Baulastenverzeichnis,** anders als das Grundbuch, keinen öffentlichen Glauben besitzt, sodass möglicherweise bei begründetem Anlass eine weitere Aufklärung notwendig sein kann, ob eine Baulast besteht.

Schließlich muss geklärt werden, ob und gegebenenfalls in welcher Weise das Grundstück belastet ist, da zumeist eine bestehende **Belastung** vor Eigentumsübertragung noch zu **löschen** ist, oder ob der Käufer eine etwa bestehende **Grundschuld** zur eigenen Finanzierung nutzen will, diese also nicht zu löschen wäre.

**Unvermessene Teilflächen**

„Kaufgegenstand dieses Vertrages ist eine noch zu vermessende, unbebaute Teilfläche von ca. …. qm des in Ziff. … dieses Vertrages näher bezeichneten Grundstücks. Die Teilfläche ist in der mit dieser Urkunde verbundenen Anlage …. (maßstabsgerechter Lageplan) schraffiert dargestellt und mit den Eckpunkten A-B-C-D gekennzeichnet."

Es ist, wie oben bereits erwähnt, nicht unüblich, ein noch nicht vermessenes Grundstück oder einen Grundstücksteil zu verkaufen, eine sogenannte **„unvermessene Teilflächen".** Im Kaufvertrag wird eine solche Fläche durch das Grundstück bezeichnet, aus dem die Teilfläche heraus vermessen wird, durch die vorgesehenen **Eckpunkte,** die in einer **Flurkarte** mit „*A B C D E* …" zudem vermerkt sind und die wiederum durch den vorgesehenen **Grenzverlauf** zeichnerisch verbunden werden. Durch eine solche dem Kaufvertrags beigefügte Flurkarte wird die Teilfläche möglichst genauer beschrieben. Nach der amtlichen Vermessung, also Vorliegen des **Veränderungsnachweises** des

Katasteramtes, haben die Kaufvertragsparteien die Vermessung durch die sogenannte **Identitätserklärung**, auch **Messungsanerkennung** genannt, förmlich anzuerkennen, das heißt zu bestätigen, dass der Grundstücksteil, der vermessen wurde, dem Kaufgrundstück auch tatsächlich entspricht. Weicht die vermessene Teilfläche von der ursprünglich bezeichneten Fläche nicht nur unerheblich ab, so muss gegebenenfalls eine **Anpassung** der vertraglichen Vereinbarung, einschließlich des **Kaufpreises** erfolgen.

Der **Lageplan, auf den in der Urkunde verwiesen wird,** muss gemäß § 13 Abs. 1 S. 1 BeurkG den Kaufvertragsparteien zur Einsicht vorgelegt werden. Die Anlage muss gemäß § 9 Abs. 1 Ziff. 1 BeurkG auch mit der **Kaufvertragsurkunde** fest verbunden werden, da ansonsten der Kaufvertrag unwirksam wäre.

Stimmt die Größe der in dem **Lageplan** ausgewiesenen Fläche nicht mit der **Größenangabe** im **Kaufvertrag** überein, so gilt im Zweifel das, was sich aus dem Lageplan ergibt[29].

### 3.2.2.5.6 Kauf, Auflassung, Auflassungsvormerkung

Durch die nachfolgenden Klauseln wird der eigentliche Verkaufsvorgang in zwei rechtlich voneinander getrennten Schritten – nämlich **Verpflichtungs- und Verfügungsgeschäft** (siehe Kap. 1, Abschn. 1.3.2.5) – vollzogen und rechtlich im Grundbuch abgesichert.

**Kauf und Auflassung**

> „Der Veräußerer verkauft hiermit den vorstehend näher beschriebenen Vertragsgegenstand an die dies annehmende Käuferin zu Alleineigentum mit allen Rechten, einschließlich aller wesentlichen Bestandteile und allem gesetzlichen Zubehör, soweit es in seinem Eigentum steht.
>
> Verkäufer und Käuferin sind sich darüber einig, dass das Eigentum am Kaufgegenstand übergehen soll.
>
> Der Verkäufe bewilligt und die Käuferin beantragt die Eintragung im Grundbuch. Die Parteien weisen den Notar jedoch unwiderruflich an, den Antrag auf Eintragung beim Grundbuchamt erst dann zu stellen, wenn sich der Verkäufer schriftlich damit einverstanden erklärt hat; der Verkäufer ist hierzu verpflichtet, sobald der Kaufpreis vollständig bezahlt ist. Die Parteien verzichten insoweit auf ihr eigenes Antragsrecht gegenüber dem Grundbuchamt, sodass der Antrag auf Eintragung nur vom Notar gestellt werden kann."

Die Auflassung gemäß § 925 BGB ist die nach § 873 BGB erforderliche **Einigung** der Kaufvertragsparteien, dass das **Eigentum** an dem Grundstück vom Verkäufer auf den Käufer übergehen soll. Beim Immobilienkauf ist die Auflassung das „Gegenstück" zur Einigung der Kaufvertragsparteien beim Kauf von Mobilien, nämlich dass mit tatsächlicher Übergabe des Kaufgegenstands das Eigentum vom Verkäufer auf den Käufer übergehen soll.

---

[29]OLG Brandenburg, Urt. v. 27.07.2005 – 4 U 7/05, BauR 2005, 1821 (Ls.)

| Grundbuchamt Zwickau<br>Grundbuch von Mülsen St. Jacob | | Blatt 1201 | Erste Abteilung Einlegeb... 1 |
|---|---|---|---|
| Lfd. Nr. der Eintragungen | Eigentümer | Lfd. Nr. der Grundstücke im Bestandsverzeichnis | Grundlage der Eintragung |
| 1 | 2 | 3 | 4 |
| 1 | BAU KG<br>Sitz: Niedermülsen | 1,2 | Auflassung vom 30. Juli 1997 -UrNr. 945/1997 Notarin Zwickau-; eingetragen am 28.08.1997. Ahnert |

**Abb. 3.1** Auflassung

Die Auflassung muss **gleichzeitig** von beiden Parteien, nicht notwendig auch **persönlich,** vor dem Notar erklärt und beurkundet werden, §§ 20 29 GBO. Die Parteien können sich also bei der Auflassung vertreten lassen.

Zur **Entgegennahme** einer Auflassung ist grundsätzlich nach § 925 Abs. 1 S. 2 BGB jeder deutsche Notar zuständig. Eine Auflassung kann nach § 925 Abs. 1 S. 2 BGB aber auch in einem gerichtlichen **Vergleich** oder einem rechtskräftig bestätigten **Insolvenzplan** erklärt werden.

Ob auch ein gerichtlicher **Beschlussvergleich** gemäß § 278 Abs. 6 ZPO den Anforderungen von § 925 BGB entspricht, ist umstritten. Der **Wortlaut** spricht eher gegen diese Annahme[30].

Die Auflassung nach § 925 BGB kann bereits in der notariellen Kaufvertragsurkunde erklärt oder später beurkundet werden, meistens durch entsprechend bevollmächtigte **Notarangestellte.** Dies geschieht in der Regel nach Eintragung der Auflassungsvormerkung im Grundbuch, Kaufpreiszahlung durch den Käufer und Vorliegen der notwendigen Genehmigungen beim Notar oder nach der Vermessung und Neubildung eines Grundstücks. Anschließend kann dann die Eigentumsumschreibung im Grundbuch vollzogen werden (Abb. 3.1).

Die Beurkundung einer Auflassung soll nach **§ 925a BGB** aber nur erfolgen, wenn die nach § 311b Abs. 1 S. 1 BGB erforderliche **Urkunde** über das Verpflichtungsgeschäft, also der schuldrechtliche Kaufvertrag, **vorgelegt** oder gleichzeitig **errichtet** wird. Einer Auflassung bedarf es nicht, wenn **kein Rechtsträgerwechsel** erfolgt.

Eine Auflassung kann nicht unter einer **Bedingung** oder **Zeitbestimmung** erklärt werden. Eine solche Auflassung wäre nach § 925 Abs. 2 BGB unwirksam. Aus diesem Grund wird die Auflassung entweder erst nach dem Eintritt einer Bedingung, zum Beispiel der vollständigen Kaufpreiszahlung erklärt oder die notwendige Sicherung für den Verkäufer

---

[30]OLG Jena, Beschl. v. 03.11.2014 – 3 W 452/14; OLG Düsseldorf, Beschl. v. 28.08.2006 – 3 Wx 137/06

wird durch die in der vorstehenden Klausel erteilte Anweisung an den Notar hergestellt, indem der Grundbuchvollzug bis nach dem Bedingungseintritt hinausgeschoben wird.

Die Bedingungsfeindlichkeit der Auflassung bezieht sich nur auf **rechtsgeschäftliche** Bedingungen i. S. v. § 158 BGB, nicht auf **Rechtsbedingungen** wie behördliche Genehmigung etwa nach dem BauGB oder private Genehmigungen. Eine solche praktisch relevante Rechtsbedingung liegt beispielsweise vor, wenn der Kaufvertrag durch einen **vollmachtlosen Vertreter** abgeschlossen wurde, vorbehaltlich der Genehmigung durch den Vertretenen.
Auch der schuldrechtliche Kaufvertrag kann selbstverständlich unter einer Bedingung geschlossen werden.

**Auflassungsvormerkung**

Die Auflassungsvormerkung dient der grundbuchlichen **Sicherung** des Anspruchs auf Eigentumsübertragung nach Abschluss des notariellen Kaufvertrages und vor Eigentumsumschreibung im Grundbuch.

> „Zur Sicherung des Anspruchs der Käuferin auf Verschaffung des Eigentums am Grundstück bewilligt der Verkäufer und beantragt die Käuferin, zugunsten der Käuferin eine Auflassungsvormerkung gemäß § 883 BGB im Grundbuch einzutragen. Die Käuferin beantragt insoweit schon heute, diese Vormerkung Zug um Zug mit Eintragung des Eigentums im Grundbuch wieder zu löschen unter der Voraussetzung, dass keine Zwischeneintragung ohne ihre Zustimmung erfolgt ist."

Verfügungen, die nach Eintragung der Auflassungsvormerkung ins Grundbuch getroffen werden, sind nach § 883 Abs. 2 BGB **unwirksam,** wenn sie den Eigentumsanspruch des Käufers vereiteln oder behindern würden. Dies gilt auch für Verfügungen im Wege der **Zwangsvollstreckung** oder der **Insolvenzverwaltung.** Entsprechendes gilt auch beim **Bauträgervertrag,** wenn zuvor der Kaufpreis gezahlt wurde[31]. Eine Vormerkung sichert zudem den Grundbuchrang des Rechts, das eingetragen werden soll.
Die Eintragung einer Auflassungsvormerkung erfolgt nur mit **Eintragungsbewilligung** des Betroffenen in der Form des § 29 GBO. Die Einwilligung zur Eintragung einer Auflassungsvormerkung gibt der Verkäufer in der notariellen Kaufvertragsurkunde ab. Mit Eintragung der Auflassungsvormerkung tritt dann in der Regel die **Kaufpreisfälligkeit** ein (Abb. 3.2).
Der Erwerber erhält mit Erklärung der Auflassung, der Bewilligung zur Eintragung der Auflassungsvormerkung und der Antragstellung zu deren Eintragung beim Grundbuchamt ein dingliches **Anwartschaftsrecht.** Es solches Anwartschaftsrecht ist eine **Rechtsposition,** die dem Käufer nicht mehr einseitig genommen werden kann. Daraus

---

[31]OLG Koblenz, Urt. v. 10.07.2006 – 12 U 711/05, BauR 2007, 930; OLG Stuttgart, Urt. v. 18.08.2003 – 5 U 62/03; BGH, Beschl. v. 25.03.2004 – VII 254/03 (Nichtzulassungsbeschwerde zurückgewiesen), BauR 2005, 111

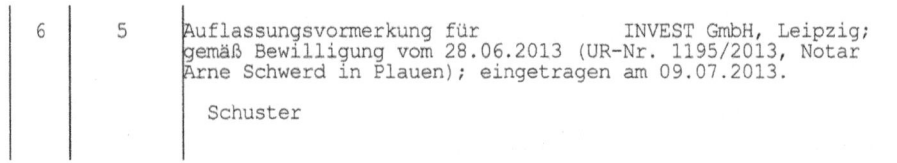

| 6 | 5 | Auflassungsvormerkung für                INVEST GmbH, Leipzig; gemäß Bewilligung vom 28.06.2013 (UR-Nr. 1195/2013, Notar Arne Schwerd in Plauen); eingetragen am 09.07.2013.<br><br>Schuster |
| --- | --- | --- |

**Abb. 3.2**  Auflassungsvormerkung

folgt auch eine **Übertragbarkeit** dieser gesicherten Rechtsposition, also auch deren **Pfändbarkeit** bzw. **Verpfändbarkeit**[32].

Nach der Eigentumsumschreibung wird die Auflassungsvormerkung wieder gelöscht. Die **Löschung** steht allerdings unter der **Bedingung,** dass der Verkäufer zwischenzeitlich keine **Verfügungen** vorgenommen hat, die im Grundbuch eingetragen sind. Erst danach ist der Verkauf vollständig abgewickelt.

### 3.2.2.5.7  Kaufpreis
Den Parteien des Kaufvertrages ist es grundsätzlich im Rahmen der **Privatautonomie** überlassen, einen Kaufpreis und dessen **Höhe** auszuhandeln und verbindlich zu vereinbaren.

„Der Kaufpreis beträgt 200.000,00 EURO (in Worten zweihunderttausend EURO).

Der Kaufpreis wird fällig wie folgt, vier Wochen nachdem der Käuferin die schriftliche Bestätigung des Notars zugegangen ist:

1. Ein Teilbetrag i. H. v. … € ist fällig, 14 Tage nachdem der beurkundende Notar den Parteien mitgeteilt hat, dass die Auflassungsvormerkung zugunsten der Käuferin im Grundbuch eingetragen ist und

die Stadt … bestätigt hat, dass etwaige Vorkaufsrechte nicht ausgeübt werden.

Der Notar wird beauftragt, die Parteien zu verständigen, sobald die vorgenannten Voraussetzungen erfüllt sind.

2. Der Kaufpreisrest i. H. v. … € ist fällig, 14 Tage nachdem das Grundbuch in Abteilung 3 lastenfrei ist und sämtliche Voraussetzungen für die Eintragung des Eigentumswechsels im Grundbuch mit Ausnahme der Unbedenklichkeitsbescheinigung des Finanzamtes und der Kostenzahlung vorliegt, jedoch

frühestens am …,

und nicht vor dem Zeitpunkt, an dem die Voraussetzungen für die Fälligkeit der ersten Kaufpreisrate erfüllt sind.

Bleibt die Käuferin mit der Zahlung des Kaufpreises oder Teilen des Kaufpreises in Rückstand, kommt sie ohne Mahnung in Verzug. Für den rückständigen Betrag sind von der Fälligkeit bis zum Eingang beim Verkäufer die gesetzlichen Verzugszinsen zu entrichten, über deren Höhe der Notar belehrt hat."

---

[32]BGH, Urt. v. 01.12.1988 – V ZB 10/00, NJW 1989, 1093; BGH, Urt. v. 10.01.1975 – V ZR 110/73, DNotZ 1976, 96

**Höhe des Kaufpreises**

Die Werthaltigkeit einer Immobilie stellt **keine Eigenschaft** dar, die durch die Höhe des Kaufpreises widergespiegelt wird. Erwirbt der Käufer „überteuert", so liegt kein Mangel oder das Fehlen einer **verkehrswesentlichen Eigenschaft** im Sinne von § 434 BGB vor. Es gibt keinen gerechten Preis, der sich rechtssicher verifizieren ließe.

Hat sich der Käufer über die Werthaltigkeit der Immobilie **getäuscht,** so kann er den Kaufvertrag auch nicht wegen **Irrtums** anfechten, da meistens nur ein unbeachtlicher Kalkulationsirrtum vorliegt. Etwas anderes gilt nur, wenn der Käufer **arglistig getäuscht** wurde oder wenn ein „**Wucher**" in Verbindung mit § 138 BGB vorliegt. Danach ist gemäß § 138 Abs. 2 BGB eine Rechtsgeschäft **nichtig,** wenn der Verkäufer unter Ausbeutung von Unerfahrenheit, Mangel an Urteilskraft oder erheblicher Willensschwäche sich vom Käufer einen Kaufpreis versprechen lässt, der in auffälligem **Missverhältnis** zum Wert der Immobilie steht. Davon ist aber erst auszugehen, wenn der Kaufpreis um 100 % über dem wahren Wert liegt.

> **Rechtsprechung**: „Ein gegenseitiger Vertrag ist als wucherähnliches Rechtsgeschäft nach § 138 Abs. 1 BGB sittenwidrig, wenn zwischen Leistung und Gegenleistung ein auffälliges Missverhältnis besteht.. Ein solches auffälliges Missverhältnis besteht bei Grundstücksgeschäften regelmäßig dann, wenn der Wert der Leistung knapp doppelt so hoch ist wie der Wert der Gegenleistung"[33].

Es steht den Parteien vor dem endgültigen Vertragsschluss frei, über den Kaufpreis bis zum Notartermin zu verhandeln, also auch von einer einmal geäußerten **Preisvorstellung** abzuweichen. Der Verkäufer handelt somit auch nicht **treuwidrig,** wenn er sich insgeheim vorbehält, den Kaufpreis noch heraufzusetzen und er den Kaufvertrag deswegen scheitern lässt. Er ist in diesem Fall nicht verpflichtet, dem Kaufinteressenten Schadensersatz zu leisten, wenn er grundsätzlich zum Vertragsschluss noch bereit war[34].

**Fälligkeit des Kaufpreises**

§ 271 BGB bestimmt, dass eine Leistung, so nicht etwas anderes vereinbart wurde, **sofort fällig** ist. Das würde wegen der zeitlich gestreckten Abwicklung eines Grundstückskaufvertrages aber bedeuten, dass der Käufer mit Abschluss des Kaufvertrages sofort zur Zahlung des Kaufpreises verpflichtet wäre, also **vorleisten** müsste, ohne wirklich sicher zu sein, dass er auch tatsächlich Eigentümer des Grundstücks wird. Der Käufer erhält eine tatsächlich gesicherte **Rechtsposition** – wie oben dargestellt – erst durch die Eintragung der **Auflassungsvormerkung** im Grundbuch. Deswegen ist es üblich, hieran die Fälligkeit des Kaufpreises zu knüpfen. Die **Fälligkeit** kann zudem von der **Lastenfreiheit** des Grundstücks abhängig gemacht werden, so etwaige Lasten nicht vom Käufer übernommen werden. Der **Nachweis** der Lastenfreistellung erfolgt üblicherweise

---

[33]KG, Urt. v. 15.06.2012 – 11 U 18/11; vgl. auch BGH, Urt. v. 20.04.1990 – V ZR 256/88, NJW-RR 1990, 950; BGH, Urt. v. 30.03.1984 – V ZR 61/83, WM 1984, 874

[34]BGH, Urt. v. 13.10.2017 – V ZR 11/17

durch Vorlage einer **Löschungsbewilligung** des berechtigten Grundpfandgläubigers oder sonstiger dinglich Berechtigter beim Notar.

**Verzug**

Zahlt der Käufer den Kaufpreis bei **Fälligkeit** nicht, so gerät er in Verzug, ohne dass er noch zusätzlich gemahnt werden müsste. In aller Regel wird der Notar damit beauftragt, den Parteien die Fälligkeit bei Vorliegen der Voraussetzung mitzuteilen. Eine **Mahnung** ist gemäß § 286 Abs. 1 BGB zwar grundsätzlich notwendig, um einen Verzug und damit den Anspruch auf die **Verzugszinsen** gemäß § 288 BGB zu begründen. Bei der vorstehenden Klausel findet hingegen § 282 Abs. 2 Ziff. 2 BGB Anwendung, bei dem der Verzug an ein Ereignis – hier die **Fälligkeitsmitteilung** – geknüpft werden kann und nach einer **angemessenen Frist,** die sich nach dem Kalender berechnen lässt, der Verzug ohne Mahnung eintritt.

Die **Höhe** der **Verzugszinsen** richtet sich, so zwischen den Parteien des Kaufvertrags nichts vereinbart wurde, nach § 288 Abs. 1 und 2 BGB. Danach beträgt der Verzugszins bei Verträgen mit **Verbrauchern** 5 %-Punkte über dem Basiszinssatz und bei Verträgen im **unternehmerischen Rechtsverkehr** 9 %-Punkte über dem Basiszinssatz.

▶     Entsprechend § 247 Abs. 2 BGB wird der aktuelle **Basiszinssatz** durch die **Bundesbank im** Bundesanzeiger veröffentlicht. Er betrug ab

01.01.2011     + 0,12 %,
01.01.2012     + 0,12 %
01.01.2013     − 0,13 %
01.01.2014     − 0,63 %
01.01.2015     − 0,83 %
01.01.2016     − 0,83 %
01.01.2017     − 0,88 %
01.01.2018     − 0,88 %
01.01.2019     − 0,88 %

Der **Verzugszins** liegt derzeit also für Verbraucher bei 4,12 % und für Unternehmer bei 8.12 %. Eine zügige Zahlung bei **Fälligkeit** ist daher dringend angeraten.

In einer **Hochzinsphase** kann der Verzugszins ohne weiteres für Unternehmer auch bei weit über 10 % liegen, so wie vor ca. 15 Jahren. Die Höhe des Verzugszinses soll nach dem Willen des Gesetzgebers ausdrücklich **generalpräventiven** Charakter haben, mithin den verpflichteten Vertragspartner zur zügigen Zahlung seiner Verbindlichkeiten anhalten.

### 3.2.2.5.8 Gesamtschuldner

**Gesamtschuldnerschaft** bedeutet nach § 421 BGB, dass der Verkäufer den gesamten Kaufpreis von einer der Käuferparteien insgesamt fordern kann.

„Sind mehrere Personen Käufer, haftet jede Person für sämtliche Verbindlichkeiten aus dem Vertrag als Gesamtschuldner."

Der als Gesamtschuldner in Anspruch genommene Käufer kann sich gegenüber dem Verkäufer nicht darauf berufen, dass der andere Käufer seinen Kaufpreisanteil selbst zu zahlen habe. Eine entsprechende Zahlungsvereinbarung der Käufer untereinander braucht der Verkäufer nicht zu berücksichtigen. Alle Kaufvertragsparteien haften also bei Vereinbarung einer Gesamtschuldnerschaft auf die volle **Gesamtsumme.** Zahlt eine der Kaufvertragsparteien den gesamten Kaufpreis oder jedenfalls mehr, als er entsprechend der Vereinbarung mit der oder den anderen Kaufvertragsparteien zahlen müsste, so hat er selbstverständlich nach § 426 BGB einen **Ausgleichsanspruch** gegen die übrigen Mitkäufer. Mit **Befriedigung** des Verkäufers **geht** die Kaufpreisforderung **von Gesetzes wegen** gemäß § 426 Abs. 2 BGB auf den zahlenden Gesamtschuldner **über.**

### 3.2.2.5.9  Zwangsvollstreckungsunterwerfung

Eine **Zwangsvollstreckungsunterwerfung** in einer notariellen Urkunde ist nach § 794 Abs. 1 Nr. 5 ZPO zulässig. Durch sie erhält der Verkäufer einen **vollstreckbaren Titel,** der es ihm ermöglicht, ohne ein langwieriges Gerichtsverfahren sofort gegen den Käufer zu vollstrecken, so dieser den vereinbarten Kaufpreis bei **Fälligkeit** nicht zahlt.

„Der Käufer unterwirft sich wegen der eingegangenen Kaufpreiszahlungsverpflichtung nebst Zinsen seit dem … dem Verkäufer gegenüber der sofortigen Zwangsvollstreckung aus dieser Urkunde in sein gesamtes Vermögen. Der Notar ist berechtigt, dem Verkäufer auf einseitigen Antrag und auf schuldnerische Kosten eine vollstreckbare Ausfertigung dieser Urkunde nach Maßgabe ihrer Fälligkeitsmitteilung, im Übrigen jedoch ohne weitere Nachweise zu erteilen. Die Beweisbelastung bleibt davon unberührt."

Die Vollstreckungsunterwerfung kann sich neben der Zahlung des Kaufpreises beispielsweise auch auf die **Räumung** der Immobilie beziehen.

Zwingend erforderlich ist, dass der Kaufpreis **betragsmäßig** genau festgelegt ist oder sich aus der Urkunde genau **berechnen** lässt[35].

▶   Trotz dieser weitreichenden Möglichkeit des Verkäufers, den Kaufpreis zwangsweise beizutreiben, ist eine Zwangsvollstreckungsunterwerfungsklausel nicht zu beanstanden und zudem im Grundstücksverkehr auch völlig **üblich.** Es ist also unbedingt notwendig, dass der Käufer seine **Finanzierung** vor Abschluss des Kaufvertrages verbindlich gesichert hat, da er sich ansonsten der sofortigen Vollstreckung durch den Verkäufer in sein **gesamtes Vermögen** aussetzt.

---

[35]BGH, Urt. v. 15.12.1994 – IX ZR 255/93

Durch eine Vollstreckungsunterwerfung ist der Käufer aber nicht rechtlos gestellt. Würde der Verkäufer die Zwangsvollstreckung zum Beispiel vor Fälligkeit betreiben, der Käufer den Kaufpreis bereits bezahlt haben oder die Zahlung aus sonstigen Gründen in Streit stehen, so kann sich der Käufer hiergegen im Wege einer **Vollstreckungsgegenklage** zur Wehr setzen. Das Gericht kann in einem solchen Fall zudem gemäß § 768 ZPO eine **einstweilige Anordnung** erlassen, die es dem Verkäufer bis zur rechtskräftigen Entscheidung gegebenenfalls untersagt, die Vollstreckung fortzusetzen[36].

Eine solche **Vollstreckungsgegenklage** ist unter Umständen nicht gegen den in der notariellen Urkunde bezeichneten Gläubiger zu richten, sondern gegen denjenigen, der in der **Vollstreckungsklausel** gegebenenfalls als **Rechtsnachfolger** des ursprünglichen Gläubigers bezeichnet ist[37].

Eine **Umschreibung** der Vollstreckungsklausel gemäß § 727 ZPO auf den **Rechtsnachfolger** kann zum Beispiel erfolgen, wenn der Verkäufer verstirbt, der Kaufpreisanspruch abgetreten wurde oder über das Vermögen der Verkäuferpartei das Insolvenzverfahren eröffnet und ein **Insolvenzverwalter** eingesetzt wurde.

### 3.2.2.5.10 Finanzierungsmitwirkung

Ohne die nachstehende **Finanzierungsvollmacht** wäre es dem Käufer in der Regel nicht möglich, eine Finanzierung zu erhalten, da die finanzierende Bank, ohne die vorherige grundbuchliche **Absicherung,** den Kaufpreis bzw. das Darlehen zur Finanzierung des Kaufpreises nicht auszahlen würde.

„Der Käufer beabsichtigt zur Kaufpreisfinanzierung am Kaufgegenstand vollstreckbare Grundpfandrechte für inländische Kreditinstitute, eventuell auch über den Kaufpreis hinaus, zu bestellen. Der Verkäufer verpflichtet sich, hierbei mitzuwirken, wenn in die Grundpfandrechtsbestellung folgende Bestimmungen aufgenommen werden:

Der Käufer tritt – soweit zulässig – alle Ansprüche auf Auszahlung vorgenannter Kredite bis zur Höhe des Kaufpreises an Verkäufer ab. Alle Darlehensbeträge sind nach Maßgabe des Vertrages bei Ablösung von Belastungen an den Berechtigten, im Übrigen an den Verkäufer auszuzahlen.

Der Gläubiger des Grundpfandrechts darf dieses nur an Sicherheit verwerten und/oder behalten, soweit er Zahlungen mit Tilgungswirkung auf die Kaufpreisschuld des Käufers geleistet hat. Ist die Grundschuld zurück zu gewähren, besteht nur ein Anspruch auf Löschung, nicht auf Abtretung oder Verzicht. Andere Sicherheitsvereinbarungen oder Zweckbestimmungen in oder außerhalb der Urkunde über die Grundpfandrechtsbestellung gelten erst ab vollständiger Kaufpreiszahlung, spätestens ab Eigentumsumschreibung und zwar ab dann für und gegen den Käufer als Sicherungsgeber.

Der Käufer trägt alle Kosten der Grundpfandrechtsbestellung. Der Verkäufer übernimmt keine Haftung und keine persönliche Verpflichtung.

Eigentümerrechte und Rückgewähransprüche werden, bedingt durch die Eigentumsumschreibung, an den Käufer abgetreten.

---

[36]OLG Brandenburg, Teilurt. v. 10.11.2011 – 5 U 59/11

[37]OLG Karlsruhe, Urt. v. 13.03.2007 – 8 U 175/06

Der Verkäufer erteilt dem Käufer unter Befreiung von § 181 BGB Vollmacht, ihn bei allen vorstehenden Rechtshandlungen, auch der dinglichen Zwangsvollstreckungsunterwerfung nach § 800 ZPO, zu vertreten. Die Vollmacht kann nur von dem amtierenden Notar oder dessen Vertreter ausgeübt werden. Sie wird unabhängig von der Wirksamkeit des Vertrages erteilt.

Der Käufer darf im Innenverhältnis die Vollmacht des Verkäufers nur ausüben, wenn die Urkunde über die Grundpfandrechtsbestellung die vorstehenden Bestimmungen enthält."

Auch wenn der Verkäufer durch eine solche **genehmigte Belastung** seines Grundstücks vor Eigentumsumschreibung dinglich haftet, ohne dass er den Kaufpreis bereits erhalten hat, so ist durch die vorstehende Klausel dieses Risiko nahezu ausgeschlossen. Der Verkäufer ist insbesondere dadurch gegen eine **unberechtigte Haftung** geschützt, da er im Zusammenhang mit der Grundschuldbestellung ausdrücklich **keine persönliche Haftung** oder sonstige Verpflichtung übernimmt.

### 3.2.2.5.11 Besitz-, Nutzungs-, Lasten- und Gefahrübergang
Der **Besitzübergang** soll in der Regel erst nach **Kaufpreiszahlung** erfolgen. Hieran knüpfen sich dann weitreichende **Folgen.**

„Der Verkäufer verpflichtet sich, dem Käufer den Kaufgegenstand nebst Schlüsseln, Versorgungs- und Versicherungsunterlagen, Einheitswertbescheiden, Grundsteuer- und Umlagebescheiden, baulichen Unterlagen usw. unverzüglich nach vollständiger Kaufpreiszahlung zu übergeben.

Mit der Übergabe des Kaufgegenstandes gehen Besitz, Nutzen, Lasten und Abgaben, Verkehrssicherungspflichten sowie alle Gefahren auf den Käufer über.

Der Besitz sowie Nutzungen, Lasten, Abgaben, Gefahr und die Verkehrssicherungspflicht sollen am … auf den Käufer übergehen, wenn der Kaufpreis bis dahin vollständig gezahlt ist. Ist dies nicht der Fall, so erfolgt der Übergang am Tag nach der vollständigen Zahlung.

Der Kaufgegenstand ist dem Käufer geräumt und frei von Nutzungsrechten Dritter sowie frei von jeder tatsächlichen Nutzung durch den Veräußerer oder durch Dritte zu übergeben.

Der Verkäufer verpflichtet sich des Weiteren, ab sofort bis zum Besitzübergang ohne Zustimmung des Käufers keine baulichen Veränderungen am Vertragsobjekt mehr vorzunehmen, keine objektbezogenen vertraglichen Verpflichtungen einzugehen, keine Bauleistung oder sonstige öffentlich-rechtliche Verpflichtung einzugehen."

Bei der **Besitzverschaffung** handelt es sich, neben der Verpflichtung zur Übertragung des Eigentums, um eine weitere **Hauptleistungspflicht,** die der Verkäufer gegenüber dem Käufer zu erfüllen hat. An den Besitzübergang knüpft § 446 BGB den Gefahr- und Lastenübergang und das Recht der Nutzungen, also beispielsweise die Vereinnahmung von **Mieten.**

Fraglich kann sein, wem die **Mieten** zustehen, wenn die Kaufvertragsparteien tatsächlich einen anderen Besitzübergang vollziehen, als im Vertrag vorgesehen. Der BGH hat entschieden, dass es in einem solchen Fall nicht mehr auf die vertragliche Regelung ankommt, sondern nur darauf, was die Parteien tatsächlich vollzogen haben. Wurde der Besitz an den Käufer übergeben, kann er tatsächlich über die Immobilie verfügen und trägt er auch schon die Lasten des Grundstücks, so kommt es für das Recht zur Vereinnahmung der Mieten nur auf diesen **tatsächlichen Besitz-übergang** an, auch wenn der Verkäufer überhaupt noch nicht verpflichtet war, den Besitz zu über-geben[38].

### 3.2.2.5.12 Mängelhaftung

Der Verkäufer einer Immobilie haftet dem Käufer gegenüber grundsätzlich nach §§ 435, 436 BGB für **Rechts- und Sachmängel.** Hierüber werden in der Regel aber folgende Vertragsklauseln mit diversen **Haftungsausschlüssen** vereinbart.

„Soweit in diesem Vertrag nichts anderes vereinbart ist, haftet der Verkäufer für die Frei-heit des Vertragsobjekts von allen im Grundbuch in Abteilung 2 und 3 eingetragenen Belastungen und privatrechtlichen Bindungen, mit Ausnahme der aufgrund § 9 GB-Berei-nigungsgesetz begründeten und zur Eintragung zu gelangenden beschränkt persönlichen Dienstbarkeiten zugunsten der Versorgungsunternehmen. Diese Belastungen übernimmt der Käufer ohne Anrechnung auf den Kaufpreis zur weiteren Duldung. Die insoweit zu leis-tende Entschädigung steht dem Käufer zu. Nicht übernommene Belastungen und Bindungen sind unverzüglich zu beseitigen.

Der Verkäufer versichert, dass der vereinbarte Kaufpreis zur Ablösung der Grundpfand-gläubiger in Abteilung 3 des Grundbuchs genügt.

Der Verkäufer hat den Kaufgegenstand genau besichtigt. Der Verkäufer schuldet weder ein bestimmtes Flächenmaß noch die Verwendbarkeit des Grundstücks zum Zwe-cke des Käufers oder dessen Eignung zur Erreichung steuerlicher Zwecke. Vereinbarte Beschaffenheit des Kaufgegenstandes ist dessen heute vorhandener, gebrauchter Zustand, die Funktionsfähigkeit der vorhandenen technischen Anlagen, wie Heizung, Strom- und Wasserversorgung sowie Abwasserbeseitigung sowie, dass für das Gebäude und baulichen Anlagen erforderliche Baugenehmigungen erteilt sind. Der Verkäufer übernimmt keine Haftung für offene oder verborgene Sachmängel. Alle Ansprüche und Rechte wegen Sach-mängeln am Gebäude und am Grundstück, insbesondere des altersbedingten Bauzustandes bestehender Gebäude werden hiermit ausgeschlossen, gleichgültig, ob die Mängel bereits vorhanden sind oder bis zum Besitzübergang entstehen.

Der Grundbesitz wird somit gekauft, wie er liegt und steht. Eventuelle Mängel sind nicht zu beseitigen. Die Gefahr von Brand-, Elementar- und Wasserschäden bleibt jedoch bis zum Besitzübergang beim Verkäufer. Bis dahin hat der Verkäufer alle erforderliche Sorgfalt und die bisherige Verwendbarkeit des Kaufgegenstandes aufrecht zu erhalten.

Der Verkäufer erklärt, dass ihm Mängel des Kaufgegenstandes, auf die der Käufer ange-sichts ihrer Bedeutung und des sonstigen Zustandes des Objektes einen Hinweis erwarten darf, nicht bekannt sind. Er hat derartige Mängel auch nicht arglistig verschwiegen. Über-nahmen oder Baulasten sind nicht bekannt.

Von der vorstehenden Rechtsbeschränkung ausgenommen ist eine Haftung für Vorsatz und Arglist.

Ist dem Käufer ein Mangel infolge grober Fahrlässigkeit unbekannt geblieben, kann er Rechte wegen eines solchen Mangels gegenüber dem Verkäufer nur geltend machen, wenn dieser den Mangel arglistig verschwiegen oder eine Garantie für die Beschaffenheit über-nommen hatte.“

---

[38]BGH, Urt. v. 26.02.2004 – VII ZR 8/03, BauR 2004, 845

**Sachmängelhaftung**

Eventuelle **Gewährleistungsansprüche** des Käufers werden mit der vorstehenden Vertragsklausel vollständig **ausgeschlossen,** es sei denn, es liegt **Vorsatz** oder **Arglist** seitens des Verkäufers vor[39]. Solche Ansprüche können gemäß § 276 Abs. 3 BGB, § 444 BGB nicht im Voraus ausgeschlossen werden. Sind Mängel der Immobilie bekannt, deren **Offenbarung** der Käufer vom Verkäufer erwarten durfte, so sollten diese im Vertrag ausdrücklich mit benannt werden, sicherheitshalber auch mit dem Hinweis, dass diese bei der **Preisbildung** mitberücksichtigt wurden.

Arglist i. S. v. § 444 BGB liegt dann vor, wenn der Verkäufer den Mangel kennt oder ihn zumindest **für möglich hält** und er davon ausgeht, dass bei **Kenntnis** des Mangels der Käufer den Kaufvertrag nicht oder zumindest nicht mit diesem Inhalt abschließen würde. Eine nur **leichtfertige** oder **grobfahrlässige Unkenntnis** des Verkäufers vom Mangel und/oder seiner Ursachen genügt für die Annahme einer Arglist im vorgenannten Sinne nicht[40].

Für die **Arglist** eines **Mitverkäufers,** so dieser bewusst falsche Angaben zu Mängeln macht, haftet der andere Mitverkäufer in der Regel nicht, muss also für dessen Arglist nicht einstehen[41].

Ungeachtet dessen, können die Parteien eine **Beschaffenheitsvereinbarung** treffen. Im Falle einer Beschaffenheitsvereinbarung greift der **Haftungsausschluss** natürlich nicht[42].

Eine Beschaffenheitsvereinbarung kann im Hinblick auf eventuelle **Altlasten** wie folgt formuliert sein.

> „Als Beschaffenheit des Grundstücks wird vereinbart, dass es frei von schädlichen Bodenverunreinigungen und sogenannten Altlasten ist."

Dem Käufer stehen im Falle des Hervortretens eines Mangels, für den die Haftung nicht ausgeschlossen wurde oder der Nichteinhaltung einer vereinbarten Beschaffenheit die gesetzlichen **Gewährleistungsansprüche** gemäß §§ 434 ff. BGB zu. Solche Ansprüche **verjähren** gemäß § 438 Abs. 1 Ziff. 2 BGB bei einem Bauwerk in fünf Jahren. Ausgeschlossen sind Gewährleistungsrechte nach § 442 BGB, wenn der Käufer den Mangel bei Vertragsschluss **kennt.**

Die Frage, was als eine vertragliche **Beschaffenheitsvereinbarung** anzusehen ist, kann trotz einer klaren vertraglichen Regelung durchaus streitig sein. Erwirbt ein Käufer beispielsweise eine Eigentumswohnung mit *„einem besonderen Blick auf die Skyline"* und wird dieser **Blick** durch den gleichen Bauträger nachfolgend durch einen weiteren **Bau verbaut,** so kann in einem solchen Fall

---

[39]BGH, Urt. v. 19.01.2018 – V ZR 256/16

[40]OLG Koblenz, Urt. v. 13.09.2017 – 5 U 363/17

[41]OLG Saarbrücken, Urt. v. 17.07.2015 – 2 U 84/13

[42]vgl. auch BGH, Urt. v. 08.07.2016 – V ZR 35/15

durchaus von einer Beschaffenheitsvereinbarung ausgegangen werden, die dem Käufer Gewährleistungsrechte gibt[43].

Auch eine ausdrückliche **Anpreisung** als *„Stadtwohnung der Spitzenklasse"* kann dahingehend als Beschaffenheitsvereinbarung ausgelegt werden, dass beispielsweise beim Schallschutz nicht nur die Mindestanforderungen geschuldet sind, sondern ein **höherwertiger Standard,** selbst wenn dies nicht ausdrücklich zum vertraglichen Inhalt gemacht wurde[44].

Die Nennung eines **Baujahrs** des Gebäudes kann ebenfalls eine Beschaffenheitsvereinbarung darstellen, weil der Käufer sich durch eine solche Angabe darauf verlassen soll, dass das Gebäude auch dem **technischen Standard** des angegebenen Baujahres entspricht. Die Angabe eines falschen Jahres, auch wenn es nur zwei bis drei Jahre abweicht, kann nach § 437 Ziff. 2 BGB eine **Rücktrittsmöglichkeit** für den Käufer eröffnen[45].

Durch Angaben eines Verkäufers zum Beispiel zur **Größe** von Wohn- und Nutzflächen im **Vorfeld** eines Kaufvertrages wird keine Beschaffenheitsvereinbarung der Parteien getroffen, wenn dies keinen Eingang in die notarielle Kaufvertragsurkunde gefunden hat. Eine Beschaffenheitsvereinbarung muss zu ihrer Wirksamkeit **mitbeurkundet** sein[46].

Bei einem **(Weiter-)Verkauf** eines Bauwerks innerhalb einer **fünfjährigen Gewährleistungsfrist** bietet es sich an, eventuelle Gewährleistungsansprüche gegenüber Bauhandwerkern oder sonstigen Beteiligten an den Käufer **abzutreten,** damit diese Ansprüche gegebenenfalls durch den neuen Eigentümer in eigenem Namen aus abgetretenem Recht geltend gemacht werden können. Folgende Klausel empfiehlt sich hierfür:

> „Der Verkäufer tritt an den Käufer, der die Abtretung hiermit annimmt, seine ihm zustehenden Gewährleistungsansprüche, die ihm im Hinblick auf die ausgeführten Bauleistungen gegen Architekten sowie Bauhandwerker oder Bauunternehmen zustehen, ab. Des Weiteren tritt der Verkäufer ihm eventuell zustehende Ansprüche auf Sicherheiten ab. Der Verkäufer haftet nicht für den Bestand und die Durchsetzbarkeit eventueller Ansprüche. Der Veräußerer verpflichtet sich, die ihm hinsichtlich der vorstehenden Ansprüche vorliegenden Unterlagen auszuhändigen."

### Rechtsmängelhaftung

Nach § 433 S. 2 BGB ist der Verkäufer verpflichtet, dem Käufer die Immobilie frei von **Rechtsmängeln** zu verschaffen. Die Immobilie ist gemäß § 435 S. 1 BGB nur frei von Rechtsmängeln, wenn Dritte keine oder nur im Kaufvertrag übernommene Rechte gegen den Käufer geltend machen können. Solche Rechte sind beispielsweise Nießbrauchrechte, Hypotheken oder Grunddienstbarkeiten, aber auch Miet- und Pachtrechte[47] oder ein Zwangsversteigerungsvermerk, der ein **Verfügungsverbot** zur Folge hat.

---

[43]OLG Frankfurt, Urt. v. 12.11.2015 – 3 U 4/14

[44]OLG München, Urt. v. 24.04.2018 – 28 U 3042/17

[45]OLG Hamm, Urt. v. 02.03.2017 – 22 U 82/16

[46]BGH, Urt. v. 06.11.2015 – V ZR 78/14

[47]BGH, Urt. v. 24.10.1997 – V ZR 187/96, NJW 1998, 534

Gemäß § 435 S. 2 BGB stellen zudem solche Rechte einen Rechtsmangel dar, die **zu Unrecht** im Grundbuch eingetragen sind. Auch diese Rechte muss der Verkäufer gegebenenfalls zur **Löschung** bringen, um seiner Verpflichtung zur **lastenfreien Übertragung** aus dem Kaufvertrag nachzukommen.

**Öffentliche Abgaben** und andere **öffentliche Lasten**, zum Beispiel Grundsteuer oder Straßenanliegerbeiträge, sind keine Rechtsmängel im Sinne von § 433 S. 2 BGB. Gemäß § 436 BGB haftet der Verkäufer nicht für die Freiheit von solchen Lasten, die zur Eintragung in das Grundbuch nicht geeignet sind[48]. Der Verkäufer muss auch nicht darüber aufklären, ob das Grundstück in einem Landschaftsschutzgebiet liegt, mithin eine **Bebaubarkeit,** anders als bei einem reinen Außenbereich nach § 35 BauGB, auf absehbare Zeit vollkommen ausgeschlossen ist. Über solche rechtlichen Umstände muss sich der Käufer selber informieren[49].

Der Umstand, dass ein Gebäude unter **Denkmalschutz** steht, ist ebenfalls kein Rechtsmangel, sondern möglicherweise ein Sachmangel, der ggf. unter den Gewährleistungsausschluss fällt[50].

▶   Grundsätzlich ist nach § 444 BGB auch ein **Haftungsausschluss** wegen Rechtsmängeln möglich. Anders als bei Sachmängeln ist dies aber **unüblich** und wegen der damit einhergehenden Risiken auch nicht angeraten.

### 3.2.2.5.13 Erschließungskosten

„Erschließungsbeiträge nach dem Baugesetzbuch und einmalige Abgaben nach dem Kommunalabgabenrecht, für die ein Bescheid bis heute zugestellt ist, bezahlt der Verkäufer, die übrigen der Käufer. Diesem ist bekannt, dass derartige Bescheide auch bislang entstandenen Aufwand betreffen können. Vorleistungen des Verkäufers sind mit der endgültigen Beitragsschuld des Käufers zu verrechnen; ein Entgelt hierfür ist nicht zu entrichten.

Der Verkäufer garantiert selbstständig vertraglich, dass Erschließungsbeiträge gemäß § 127 Abs. 2 BauGB und Anliegerbeiträge bezahlt sind, soweit hierüber bis zum heutigen Tag Bescheide zugegangen sind und keine Rückstände oder Stundungen an den öffentlichen Lasten bestehen."

Grundsätzlich ist nach § 436 Abs. 1 BGB der Verkäufer eines Grundstücks verpflichtet, **Erschließungsbeiträge** oder sonstige **Anliegerbeiträge** für diejenigen Maßnahmen zu tragen, die bis zum Tage des Kaufvertragsabschlusses bautechnisch begonnen sind, unabhängig vom **Zeitpunkt** des Entstehens der Beitragsschuld, also der Fälligkeit eines Beitragsbescheides. Diese gesetzliche Regelung bedeutet, dass der Verkäufer auch für Erschließungskosten und Anliegerbeiträge noch haftet, wenn er sein Grundstück schon lange verkauft hat und er unter Umständen bei Vertragsschluss noch nicht einmal

---

[48]BGH, Urt. v. 12.02.1988 – V ZR 8/87, NJW 1988, 2099

[49]OLG Hamm, Urt. v. 26.03.2015 – 22 U 147/14

[50]OLG Koblenz, Urt. v. 20.12.2018 – 1 U 287/18

wusste, dass solche Zahlungen in Zukunft auf ihn zukommen. Deswegen ist es in der Regel **interessengerecht,** die Verpflichtung zur Tragung dieser Beiträge davon abhängig zu machen, ob bis zum Vertragsschluss **Beitragsbescheide** ergangen sind, die vom Verkäufer zu zahlen sind und für später erlassene Bescheide der Käufer zahlungspflichtig ist. Eine solche vertragliche Vereinbarung über eine abweichende Zahlungspflicht sieht § 436 Abs. 1 BGB ausdrücklich vor[51]. Möglich ist auch eine Regelung, dass der Verkäufer die Kosten für bis zum Kaufvertragsschluss fertiggestellte Erschließungsanlagen trägt, unabhängig davon, ob hierüber schon ein Beitragsbescheid ergangen ist. Einen solchen **Fertigstellungsgrad** einer Erschließungsanlage unter Umständen im Nachhinein feststellen zu müssen, birgt aber erhebliche praktische Schwierigkeiten. Insoweit wird von der Vereinbarung einer solchen Klausel eher abgeraten.

### 3.2.2.5.14 Vollzugsauftrag

„Die Vertragschließenden beauftragen den beurkundenden Notar mit der Durchführung dieses Vertrages und weisen den amtierenden Notar unwiderruflich an, die Eigentumsumschreibung erst dann zu beantragen, wenn die Zahlung des Kaufpreises durch den Verkäufer oder dessen Gläubiger jeweils bestätigt ist oder in anderer Weise zweifelsfrei nachgewiesen wurde. Die Vertragschließenden verzichten auf ihr eigenes Antragsrecht. Vor dem genannten Zeitpunkt sollen nur beglaubigte Abschriften und Ausfertigungen ohne Auflassungen erteilt werden.

Soweit in dieser Urkunde Aufträge oder Vollmachten an den beurkundenden Notar erteilt werden, ist auch dessen Vertreter, Amtsnachfolger sowie jeder mit ihm in Sozietät verbundene beauftragt bzw. bevollmächtigt.

Der Notar wird ermächtigt, alle zur Rechtswirksamkeit dieses Vertrages erforderlichen Bestätigungen, Genehmigungen, Negativzeugnisse von Behörden oder Beteiligten einzuholen sowie Erklärungen denen gegenüber abzugeben; die Beteiligten im Grundbuchverfahren uneingeschränkt zu vertreten, auch Erklärungen, Bewilligungen und Anträge aller Art abzugeben und entgegen zu nehmen; Lastenfreistellungserklärungen sowie Negativbescheinigungen zu den Vorkaufsrechten einzuholen und entgegen zu nehmen; den betreffenden Stellen und Gläubigern auf Verlangen den Vertragsinhalt durch Übersendung der Vertragsabschrift mitzuteilen.

Der Notar ist ermächtigt, Anträge aus dieser Urkunde auch getrennt und unabhängig voneinander zu stellen, zurückzuziehen und/oder Anträge abzuändern und einzuschränken."

Durch eine übliche Vollzugsauftragsklausel wird der **Notar ermächtigt,** sämtliche **zum Vollzug** erforderlichen und auch sinnvollen **Handlungen** vorzunehmen, ohne sich zuvor mit den Parteien noch einmal abstimmen zu müssen. Wichtig ist insbesondere die **unwiderrufliche Anweisung,** die Eigentumsumschreibung erst zu beantragen, wenn ihm die Zahlung des Kaufpreises bestätigt wurde.

---

[51]Zur früheren Rechtslage und zum sog. Erschließungskostenvorteil vgl. BGH, Urt. v. 02.07.1993 – V ZR 157/92, NJW 1993, 2796; OLG Köln, Urt. v. 10.12.1997 – 5 U 126/97, NJW-RR 1998, 1167

### 3.2.2.5.15 Kosten

„Sämtliche durch diesen Vertrag und im Vollzug anfallenden Kosten, einschließlich etwaiger Kosten für Genehmigungen und die Grunderwerbsteuer, trägt der Käufer. Die Kosten der Lastenfreistellung trägt der Verkäufer.

Den Vertragschließenden ist bekannt, dass sie als Gesamtschuldner für Grunderwerbsteuerkosten haften."

Die **Kostentragungspflicht** des Käufers ergibt sich aus § 448 Abs. 2 BGB. Danach ist dieser verpflichtet, die Kosten zu tragen für

- die Beurkundung,
- die Auflassung,
- die Eintragung ins Grundbuch und
- die zur Eintragung erforderlichen Erklärungen.

Nicht zu diesen Kosten gehören diejenigen, die für die Zustimmung des WEG-Verwalters anfallen, so dieser seine Zustimmung zum Verkauf einer Eigentumswohnung erteilen muss[52].

**Anderen Kosten,** wie zum Beispiel solche

- der Lastenfreistellung,
- der Grundbuchberichtigung oder
- der Vermessung,

fallen nicht unter § 448 Abs. 2 BGB, sondern unter § 448 Abs. 1 BGB und sind – vorbehaltlich einer anderen vertraglichen Vereinbarung – vom Verkäufer zu tragen.

## 3.3   Der Erwerb durch Bauträgervertrag

### 3.3.1   Der Bauträgervertrag, §§ 650u f. BGB

Der Bauträgervertrag ist seit dem **01.01.2018** gesetzlich in **§ 650u BGB** geregelt. Damit ist der Bauträgervertrag ein normierter **Vertragstypus** des BGB geworden. Er ist gemäß § 650u BGB ein Vertrag über die **Errichtung** oder den **Umbau** eines Hauses oder eines vergleichbaren Bauwerks. Er enthält zudem die **Verpflichtung** zur **Übertragung** des Grund und Bodens, auf dem das Gebäude steht oder errichtet werden soll.

Der Bauträgervertrag ist somit eine **Kombination** aus Kaufvertrag und Bauvertrag. Für die zu erbringenden Bauleistungen gilt **Werkvertragsrecht,** für die Übereignung des Grundstücks **Kaufrecht.**

---

[52]OLG Hamm, Beschl. v. 07.04.1989 – 15 W 513/88, NJW-RR 1989, 974

Wegen des kaufvertraglichen Teils und der **Verknüpfung** mit dem werkvertraglichen Teil muss der Bauträgervertrag in all seinen Teilen **notariell** beurkundet werden. Somit sind auch Bauvertragsteil und Leistungsbeschreibung einschließlich der Planunterlagen mit zu beurkunden[53]. (siehe Abschn. 3.2.2.4.1).

Der Bauträgervertrag ist also typischerweise gerichtet

- auf die **schlüsselfertige** Herstellung einer Immobilie
- die **Übereignung** des Baugrundstücks und

besteht somit aus zwei **Leistungsteilen.**

Zusätzlich sind in der Regel noch

- Beratungsleistungen,
- Planungsleistungen oder
- ähnliche Koordinierungsleistungen zu erbringen.

Wird der Bauträgervertrag, was meistens der Fall ist, mit einem **Verbraucher** geschlossen, so muss diesem vorab nach §§ 650i BGB i. V. m. Art. 249 § 2 EGBGB eine **Baubeschreibung** in der vorgeschriebenen Form zur Verfügung gestellt werden. Geschieht dies nicht, so ist der Bauträgervertrag zwar nicht **unwirksam.** Das Unterlassen der gesetzlich vorgeschriebenen Unterrichtung über die Einzelheiten der geplanten Baumaßnahme kann aber zu Schadensersatzansprüchen des Verbrauchers führen.

Der **Schwerpunkt** des Bauträgervertrages und die juristischen Probleme liegen meistens im werkvertraglichen Teil des Bauträgervertrags begründet, also dem privaten Baurecht. Hierzu soll auf die einschlägige Literatur und Rechtsprechung verwiesen werden und muss hier außer Betracht bleiben.

Der **Unterschied** im kaufvertraglichen Teil zum normalen Grundstückskaufvertrag liegt im Wesentlichen in der Art und Weise der **Kaufpreiszahlung.**

### 3.3.2   Die Makler- und Bauträgerverordnung, MaBV

Für die **Abwicklung** des Bauträgervertrags gilt die **Makler- und Bauträgerverordnung** (MaBV), die spezielle Regelungen zum **Schutz des Käufers** enthält und auf die die neue Vorschrift des § 650v BGB für die **Abschlagszahlungen** beim Bauträgervertrag gemäß § Art 244 EGBGB i. V. m. § 1 HausbauVO verweist. Die Anwendung und der Inhalt der MaBV wurden durch die **Reform** des Bauvertragsrechts also nicht geändert.

Die Tätigkeit als Bauträger ist gem. § 34c GewO **erlaubnispflichtig.**

---

[53]BGH, Urt. v. 22.07.2010 – VII ZR 246/08, BauR 2010, 1754

Hinsichtlich des hier interessierenden Kaufvertragsteils zur Übertragung des Eigentums an der Immobilie weist der Bauträgervertrag, insbesondere bzgl. der **Kaufpreiszahlung**, im Gegensatz zum herkömmlichen Grundstückskaufvertrag, eine **Besonderheit** auf.

Der Bauträger **refinanziert,** anders als beim Verkauf einer Bestandimmobilie, seine Bau- und Planungsleistungen typischerweise entweder durch die

- **ratenweise** Begleichung des vereinbarten Kaufpreises entsprechend dem **Baufortschritt**, § 3 MaBV oder
- durch die **einmalige** Kaufpreiszahlung gegen Absicherung des Insolvenzrisikos, das der Bauherr sonst eingehen würde, mittels einer **Bürgschaft**, § 7 MaBV.

Anspruch auf **Abschlagszahlungen** hat der Bauträger gemäß § 650v BGB grundsätzlich nur, wenn dies vertraglich vereinbart wurde. Einen gesetzlichen Anspruch auf Abschlagszahlungen entsprechend dem Baufortschritt hat er nicht.

Von den Vorgaben der MaBV **abweichende Regelungen** sind gemäß § 12 MaBV **nichtig**.

Zur **Zahlungsabwicklung** werden üblicherweise also folgende oder ähnliche **Klauseln** in Übereinstimmung mit den Regelungen der MaBV verwendet.

### 3.3.2.1  Ratenzahlung nach Baufortschritt, § 3 MaBV

Die in § 3 MaBV vorgesehenen Raten und deren Höhe orientieren sich am **Baufortschritt** und dem **Wertzuwachs,** den der Bauherr durch die Bautätigkeit erhält.

Bevor die einzelnen Raten **fällig** werden, muss zuvor eine **Auflassungsvormerkung** zugunsten des Erwerbers an der vereinbarten **Rangstelle** im Grundbuch eingetragen sein, § 3 Abs. 1 S. 1 Nr. 2 MaBV und zudem die **Lastenfreistellung** erfolgt sein, § 3 Abs. 1 S. 1 S. 2-5 MaBV. Für die Zahlungspflicht des Erwerbers ist es schließlich noch Voraussetzung, dass eine **Baugenehmigung** erteilt wurde, § 3 Abs. 1 S. 1 Nr. 4 MaBV. Folgende Klausel findet üblicherweise Verwendung:

„Der Kaufpreis ist entsprechend der folgenden Regelung wie folgt zur Zahlung fällig:
   1.
   Die Höhe der von dem Käufer zu zahlenden Raten legt der Verkäufer nach seinem Ermessen entsprechend dem tatsächlichen Bauablauf fest. Diese Raten dürfen sich nur aus höchstens den nachfolgenden Prozentsätzen zusammensetzen:
   30% nach Beginn der Erdarbeiten
   28% nach Rohbaufertigstellung einschließlich Zimmererarbeiten
   11,9% für die Herstellung der Dachflächen und Dachrinnen, der Rohinstallationen der Heizungsanlagen, der Rohinstallationen der Sanitäranlagen und der Rohinstallationen der Elektroanlagen
   7% für die Fenstereinbauten, einschließlich der Verglasung
   9,1% für den Innenputz, ausgenommen Beiputzarbeiten, den Estrich und die Fliesenarbeiten im Sanitärbereich
   10,5% nach Bezugsfertigkeit und Zug-um-Zug gegen Besitzübergabe und Fassadenarbeiten

3,5% nach vollständiger Fertigstellung.

Sofern einzelne der vorgenannten Leistungen nicht anfallen, ist der jeweilige Prozentsatz auf die übrigen Raten zu verteilen.

2.

Nach Eintritt der Fälligkeitsvoraussetzungen und der Zahlungsaufforderung (auf Rechnung) durch den Verkäufer unter Vorlage einer entsprechenden Bestätigung des Bauleiters über den erreichten Bautenstand, sind die nach der vorstehenden Regelung zu zahlenden Teilbeträge zur Zahlung fällig".

Die einzelnen **Raten** können nur dann gefordert werden, wenn die **Leistung** durch den Bauträger auch tatsächlich **erbracht** wurde. Das heißt nicht, dass die Leistung auch in jeder Hinsicht **mangelfrei** sein muss[54]. Dem Bauherrn steht aber im Falle der **Mangelhaftigkeit** gemäß §§ 650 u Abs. 1, 632a Abs. 1 S. 2 BGB ein **Leistungsverweigerungsrecht** zu[55].

Häufiger Streitpunkt ist die Fälligkeit der **letzten Rate.** Dabei ist zu beachten, dass *„vollständige Fertigstellung"* nicht in jeder Hinsicht mit dem Begriff **„abnahmereif"** übereinstimmt. Die Herstellung auch der Außenanlagen gehört aber ohne jeden Zweifel zur vollständigen Fertigstellung. Haben die Parteien übereinstimmend Mängel im **Abnahmeprotokoll** festgehalten, so tritt die Fälligkeit auch erst mit Beseitigung dieser Mängel ein. Sind noch **wesentliche Mängel** vorhanden, so ist unter keinen Umständen von einer **vollständigen Fertigstellung** auszugehen, mithin die letzte Rate auch nicht fällig[56].

In einem solchen Fall kann aber fraglich sein, ob der Bauherr trotz eines **Druckeinbehalts** in Höhe der doppelten Mangelbeseitigungskosten, einen Anspruch auf **Eigentumsumschreibung** hat. Dies hat das OLG Hamburg für den Fall angenommen, dass der Bauträger auch nach acht Jahren noch keine erfolgreiche Mangelbeseitigung unternommen hatte und der Restkaufpreis nur noch in Höhe der ungefähren Mangelbeseitigungskosten zur Zahlung offen ist. Für diesen Fall würde die Verweigerung der Zustimmung des Bauträgers zur Eigentumsumschreibung mangels vollständiger Zahlung des Kaufpreises gegen den Grundsatz von **Treu und Glauben** verstoßen[57].

### 3.3.2.2  Zahlung gegen Bankbürgschaft, § 7 MaBV

Will sich der Bauträger von den starren Raten der MaBV befreien, um beispielsweise benötigte **Liquidität** bereits zu Beginn des Bauvorhabens zu generieren, so kann eine Zahlung des Kaufpreises gegen **Absicherung** durch Stellung einer den Vorgaben von § 7 MaBV genügenden **Sicherheit** vereinbart werden. Folgende Klausel findet üblicherweise Verwendung:

„Sofern die Voraussetzungen für eine ratenweise Zahlung von Teilbeträgen noch nicht vorliegen, kann der Verkäufer Kaufpreisraten dann abfordern, wenn er dem Käufer eine nach den Vorschriften des § 7 MaBV genügende selbstschuldnerische Bürgschaftserklärung eines

---

[54]BGH, Urt. v. 14.05.1992 – VII ZR 204/90

[55]BGH, Urt. v. 27.10.2011 – VII ZR 84/09; BGH, Urt. v. 10.11.1983 – VII ZR 373/82

[56]BGH, Urt. v. 27.10.2011 a. a. O., Rn 37 ff.; OLG Köln, Urt. v. 25.11.2015 – 11 U 46/15

[57]OLG Hamburg, Urt. v. 17.04.2015 – 9 U 35/14, Rn 91

Kreditinstitutes mit Sitz in der Bundesrepublik Deutschland ausgehändigt hat, wonach dieses für die Rückzahlung der angeforderten Kaufpreisraten bis zum Vorliegen der genannten Fälligkeitsvoraussetzungen die Gewähr übernimmt. Der Käufer verpflichtet sich, die Bürgschaftsurkunde bei Vorliegen der Fälligkeitsvoraussetzungen der einzelnen Raten zurückzugeben, sofern die geleisteten Zahlungen die auf den erreichten Bautenstand gemäß der vorstehenden Regelung entfallenen Zahlungen nicht übersteigen".

Durch die Sicherheit werden sowohl Ansprüche auf **Mangelbeseitigung,** auch solche am **Gemeinschaftseigentum** einer WE-Anlage, als auch alle möglichen Ansprüche des Bauherrn im Falle eines **Rücktritts** vom Bauträgervertrag, für die der Bauträger dem Bauherren haftet, abgesichert.

## 3.4 Der Immobilienerwerb in der Zwangsversteigerung

Der Erwerb einer Immobilie im Wege der **Zwangsversteigerung** kann eine wirtschaftlich interessante **Alternative** zum käuflichen Erwerb sein. Die Kenntnis des **Ablaufs** einer Zwangsversteigerung ist dabei unerlässliche Voraussetzung für einen erfolgreichen Erwerb, da diese Erwerbsform sich grundlegend von den übrigen Formen des Immobilienerwerbs unterscheidet. Die gesetzlichen Regelungen finden sich zum einen in der ZPO und zum anderen im **Zwangsversteigerungsgesetz** (ZVG).

### 3.4.1 Einleitung des Zwangsversteigerungsverfahrens, §§ 15 ff. ZVG

Ein durch die **staatliche Justiz** durchgeführtes Zwangsversteigerungsverfahren wird nicht von Amts wegen eingeleitet, sondern die Initiative muss von einem dinglich gesicherten Gläubiger ausgehen.

#### 3.4.1.1 Antrag

Auf **Antrag** eines dinglichen Gläubigers, zumeist einer finanzierenden Bank, die durch ein Grundpfandrecht gesichert ist oder des Finanzamts, das auf diese Weise rückständige Steuern beitreibt, wird das Zwangsversteigerungsverfahren eingeleitet, §§ 15 ZVG. Der Antrag ist beim **Vollstreckungsgericht** (Amtsgericht) zu stellen, nicht etwa beim Grundbuchamt. Der Antrag auf **Durchführung** der Zwangsversteigerung soll gemäß § 16 ZVG **bezeichnen,**

- das Grundstück, welches versteigert werden soll,
- den Eigentümer oder die Eigentümer des Grundstücks,
- den Anspruch, wegen dessen vollstreckt wird sowie
- den vollstreckbaren Titel aus dem vollstreckt wird.

Ein solcher Titel ist beispielsweise ein rechtskräftiges und **vollstreckbares Urteil** (§ 704 ZPO) oder eine **notarielle Urkunde** (§ 794 Ziff. 5 ZPO), in der sich der Grundstückseigentümer der sofortigen Zwangsvollstreckung unterworfen hat (siehe Abschn. 3.2.2.5.9).

Die für die Einleitung des Zwangsversteigerungsverfahrens notwendigen **Unterlagen** müssen dem Antrag beigefügt werden. Hierzu gehört das **Zeugnis** des Grundbuchamtes, dass der Schuldner im Grundbuch als **Eigentümer** eingetragen ist, wenn Vollstreckungsgericht und Grundbuchamt nicht zum gleichen Amtsgericht gehören. Ansonsten genügt die Bezugnahme auf das jeweilige Grundbuch, § 17 Abs. 2 ZVG.

### 3.4.1.2 Beschlagnahme

Die **Beschlagnahme** des Grundstücks und die **Anhängigkeit** des Zwangsversteigerungsverfahrens erfolgt durch Erlass des **Anordnungsbeschlusses** des Amtsgerichts. Der Beschluss gilt gegenüber allen Gläubigern, seien es Anordnungsgläubiger nach § 15 ZVG oder Beitrittsgläubiger gemäß § 27 ZVG. Es gibt insoweit nur ein einziges **einheitliches Zwangsversteigerungsverfahren.** Innerhalb dieses Zwangsversteigerungsverfahrens laufen die Verfahren der einzelnen Vollstreckungsgläubiger nebeneinander her[58].

Die Zwangsversteigerung darf gemäß § 17 Abs. 1 ZVG nur angeordnet werden, wenn entsprechend dem Grundsatz der **Voreintragung** der vom Gläubiger bezeichnete Schuldner auch als **Eigentümer** im Grundbuch eingetragen ist.

Hierzu gibt es gemäß § 17 Abs. 1 2. Alt. ZVG eine **Ausnahme,** nämlich wenn gegen den **Erben** des eingetragenen Grundstückseigentümers in das Grundstück vollstreckt werden soll. Dieser ist unter Umständen noch nicht als Eigentümer im Grundbuch eingetragen mit der Folge, dass das Grundbuch zwar unrichtig, der Erbe mit dem Erbfall gleichwohl gemäß **§ 1922 BGB** bereits Eigentümer geworden ist. Durch diese Ausnahme soll die Zwangsversteigerung in das Grundstück nicht dauerhaft blockiert werden, wenn der Erbe die **Umschreibung** auf sich nicht vornimmt. Auf diesem Wege kann also auch gegen den noch nicht eingetragenen Erben die Zwangsversteigerung betrieben werden[59]. Die **Erbfolge** muss vom betreibenden Gläubiger dem Vollstreckungsgericht gegenüber gemäß § 17 Abs. 3 ZVG **glaubhaft** gemacht werden, beispielsweise durch Vorlage von **Urkunden** oder durch **eidesstattliche Versicherung.**

Es können gemäß § 18 ZVG auch **mehrere Grundstücke** in ein und demselben Verfahren versteigert werden, wenn wegen einer Forderung gegen denselben Schuldner oder wegen eines an jedem Grundstück bestehenden Rechts vollstreckt wird. Gleiches gilt, wenn die Eigentümer der verschiedenen Grundstücke **gesamtschuldnerisch** dem betreibenden Gläubiger gegenüber haften.

---

[58]BGH, Beschl. V. 21.02.2008 – V ZB 123/07, NJW 2008, 1383

[59]vgl. auch § 40 GBO

```
5      1      Die Zwangsversteigerung ist angeordnet.
               (Amtsgericht Leipzig, AZ.: 468 K 738/08); eingetragen am
               31.03.2008.

               Obst
```

**Abb. 3.3** Zwangsversteigerungsvermerk

Der Antrag ist bei demjenigen Vollstreckungsgericht zu stellen, in dessen **Bezirk** das Grundstück liegt, § 12 ZVG. In das Grundbuch wird daraufhin ein **Zwangsversteigerungsvermerk** eingetragen (Beschlagnahme), §§ 19, 20 ff. ZVG. Die Beschlagnahme hat zur Folge, dass ein **Veräußerungsverbot** besteht, § 23 ZVG. Der Eigentümer kann somit ab dem Zeitpunkt der Beschlagnahme nicht mehr freihändig über sein Grundstück verfügen (Abb. 3.3).

Von der Beschlagnahme sind nach § 20 Abs. 2 ZVG auch solche Gegenstände umfasst, auf welche sich nach § 1120 BGB eine **Hypothek** erstreckt, also beispielsweise auf **Zubehör** entsprechend § 97 BGB. **Miet- und Pachtforderungen** und Forderungen auf **wiederkehrende Leistungen** aus dem Grundstück, also Reallasten, Erbbauzinsen oder Notwegerechte sind gemäß § 21 Abs. 2 ZVG nicht von der Beschlagnahme umfasst[60]. Der Schuldner behält gemäß § 24 ZVG insoweit seine **Verwaltungsbefugnis.**

Die Beschlagnahme wird erst mit der **Zustellung** des Beschlusses an den Schuldner wirksam, § 22 ZVG. Dieser Zeitpunkt wird allerdings auf den **Zeitpunkt** des Eingangs des Eintragungsersuchens beim Grundbuchamt **vorverlagert,** wenn die Eintragung des Zwangsversteigerungsvermerks *„demnächst"* im Sinne von § 167 ZPO erfolgt. Erfolgt allerdings – aus welchen Gründen auch immer – keine Eintragung des Zwangsversteigerungsvermerks im Grundbuch, so tritt auch keine **Beschlagnahmewirkung** ein.

### 3.4.1.3 Rechtsmittel

Gegen den Beschluss, mit dem die Zwangsversteigerung angeordnet wird, hat der Schuldner als Eigentümer ein **Antragsrecht** mit dem Ziel der **einstweiligen Einstellung der Zwangsversteigerung** für sechs Monate, § 30a ZVG. Dieser Antrag kann **formlos** oder zu Protokoll beim Vollstreckungsgericht erklärt werden. Der Antrag muss innerhalb einer **Notfrist** von zwei Wochen gemäß § 30b ZVG eingelegt werden. Er hat allerdings **keine aufschiebende Wirkung**, sodass der Versteigerungstermin trotz des Rechtsmittels durchgeführt werden kann.

Der Antrag ist **zurückzuweisen,** wenn die einstweilige Einstellung dem betreibenden Gläubiger **nicht zuzumuten** ist oder wegen der **sonstigen Umstände** zu einem späteren Zeitpunkt nur noch mit einem geringeren Erlös zu rechnen ist, § 30a Abs. 2 ZVG.

---

[60]anders bei der Zwangsverwaltung, § 148 ZVG

Auch für den Fall, dass ein **Wohnungseigentümer** dazu verurteilt wurde, sein Wohnungseigentum zu veräußern und die WE-Gemeinschaft diesen Anspruch im Wege der Zwangsversteigerung durchsetzen möchte, steht dem betroffenen Wohnungseigentümer grundsätzlich das **Rechtsmittel** aus § 30a ZVG zu[61].

Wird dem **Antrag** des Schuldners **stattgegeben,** so kann die Einstellung des Zwangsversteigerungsverfahrens mit bestimmten **Auflagen** verbunden werden, bei deren Nichterfüllung die Einstellung wieder **außer Kraft** tritt, § 30a Abs. 4 – 6 ZVG.

Gegen die **gerichtliche Entscheidung** nach § 30b Abs. 2 ZVG über den Einstellungsantrag ist gemäß § 30b Abs. 3 ZVG das Rechtsmittel der **sofortigen Beschwerde** binnen zwei Wochen zulässig. Das **Beschwerderecht** steht sowohl dem Schuldner bei Zurückweisung als auch dem Gläubiger bei einem stattgebenden Beschluss zu.

Der **Versteigerungstermin** soll gemäß § 30b Abs. 4 ZVG – muss aber nicht – erst nach einer rechtskräftigen Zurückweisungsentscheidung durch das Vollstreckungsgericht bekannt gegeben werden[62].

### 3.4.1.4 Verkehrswert

Zur Ermittlung des **Verkehrswertes** der Immobilie wird durch das Vollstreckungsgericht ein **Sachverständigengutachten** in Auftrag gegeben. Es ist dabei nach § 74a Abs. 5 S. 1 ZVG der Wert zu ermitteln, der bei einem **freihändigen Verkauf** des Grundstücks erzielbar wäre.

**Bauschäden** oder **Baumängel** müssen vom Sachverständigen nicht in jeder Hinsicht berücksichtigt werden, da die Wertermittlung lediglich eine **gutachterliche Schätzung** darstellt.

Das OLG Rostock hat zur Frage der Feststellung von **Baumängeln** folgendes entschieden:

> **Rechtsprechung**: „1. Verkehrswertgutachten in Zwangsversteigerungsverfahren sind lediglich als gutachterliche Schätzungen des Marktverhaltens anzusehen; eine exakte Feststellung eines bestimmten Betrags wird hier nicht gefordert.
> 2. Die Feststellung von Mängeln gehört in diesen Fällen nicht zu den Pflichten eines Sachverständigen; Mängel sind lediglich nach den Vorgaben der Wertermittlungsverordnung zu berücksichtigen." [63]

### 3.4.1.4.1 Rechtsmittel

Die **Verkehrswertfestsetzung** durch das Vollstreckungsgericht kann von allen Beteiligten mit der **sofortigen Beschwerde** gemäß § 74a Abs. 5 S. 3 ZVG angefochten

---

[61]LG Regensburg, Beschl. V. 21.08.2017 – 64 T 309/17

[62]im einzelnen BGH, Beschl. v. 19.02.2009 – V ZB 118/08, Rpfleger 2009, 403

[63]OLG Rostock, Urt. v. 27.06.2008 – 5 U 50/08, MDR 2009, 146

werden, es sei denn, der Beschwerdeführer ist durch die Wertfestsetzung überhaupt nicht berührt[64]. Der **spätere Zuschlag** im Versteigerungstermin oder die **Versagung des Zuschlags** können hingegen nicht mehr mit der Begründung angefochten werden, dass der Verkehrswert unrichtig ermittelt wurde, § 74a Abs. 5 S. 4 ZVG.

### 3.4.1.4.2 Haftung

Sollte der Verkehrswert des Grundstücks tatsächlich **gravierend falsch** ermittelt worden sein, so besteht unter ganz eingeschränkten Voraussetzungen die Möglichkeit, den Gutachter auf **Schadensersatz** in Anspruch zu nehmen. Eine **Haftung** des gerichtlich bestellten Sachverständigen kann sich aus § 839a BGB ergeben. Danach ist ein gerichtlich bestellter Sachverständiger zum Schadensersatz verpflichtet, wenn er **vorsätzlich** oder **grob fahrlässig** ein falsches Gutachten erstattet hat, auf dem eine gerichtliche Entscheidung beruht. Neben diesen Voraussetzungen muss der Ersteigerer beweisen, dass er das Grundstück bei einem richtigen Gutachten nicht oder zu einem geringeren Betrag erworben hätte[65].

Legt der Gutachter zwar die falschen **Anknüpfungstatsachen** seiner Bewertung zugrunde, beispielsweise eine falsche Wohnflächenberechnung, kommt er aber dennoch zu einem zutreffenden Verkehrswert, so scheidet ein Schadensersatzanspruch ebenfalls aus. Dies gilt insbesondere, wenn sich der Fehler nur **geringfügig** auf das Ergebnis des Gutachtens auswirkt[66].

> ▶  Die **Bietinteressenten** können sich vor der Zwangsversteigerung durch Einblick in das **Verkehrswertgutachten** über die wirtschaftlichen Rahmenbedingungen der Immobilie und den baulichen Zustand der aufstehenden Gebäude und der sonstigen baulichen Anlagen auf dem Grundstück **vorab** informieren.
>
> Für den betreibenden **Gläubiger** kann es sich sogar anbieten, an der **Grundstücksbesichtigung** durch den Gutachter teilzunehmen, um sich so ein genaues Bild vom Zustand des Grundstücks zu machen, und auf diesem Wege gegebenenfalls die notwendigen Informationen für einen unter Umständen sinnvolleren freihändigen Verkauf zu erhalten.

### 3.4.1.5 Festsetzung des Versteigerungstermins

Nach Erstellung des Verkehrswertgutachtens wird durch das Gericht gemäß § 36 ZVG innerhalb von **sechs Monaten** nach Beschlagnahme

---

[64]verneinend für den Erbbauberechtigten bei Versteigerung des Erbbaugrundstücks, BGH, Beschl. v. 05.07.2007 – V ZB 8/07

[65]BGH, Urt. v. 09.03.2006 – III ZR 143/05, NJW 2006, 1733; OLG Schleswig, Urt. V. 10.04.2012 – 11 U 18/10; OLG Koblenz, Urt. V. 14.07.2006 – 10 U 1685/05

[66]OLG Braunschweig, Urt. v. 19.01.2017 – 2 U 119/14

- der Versteigerungstermin festgesetzt,
- dieser den Beteiligten bekannt gegeben und
- öffentlich bekannt gemacht.

Die **öffentliche Bekanntmachung** erfolgt gemäß §§ 39, 40 ZVG durch

- Aushang bei Gericht,
- Veröffentlichungen in Tageszeitungen,
- dem Amtsblatt und
- im Internet.[67]

Der genaue Inhalt der **Bekanntmachung** ergibt sich aus §§ 37, 38 ZVG[68]. Die Bekanntmachung ist den Beteiligten **zuzustellen,** § 41 ZVG (Abb. 3.4).

Die **Terminsbestimmung** muss sechs Wochen vor dem Termin bekannt gemacht werden, § 43 Abs. 1 ZVG. Dabei sind die Vorgaben von § 37 ZVG zwingend zu beachten. Ist die Terminsbestimmung **unvollständig** oder **unrichtig,** so muss der Termin entweder von Amts wegen aufgehoben werden oder es liegt ein unheilbarer **Zuschlagversagungsgrund** vor, der ebenfalls von Amts wegen zu beachten ist, § 100 Abs. 3 ZVG.

▶ **Akteneinsicht** ist beim Vollstreckungsgericht nach § 42 ZVG jedem gestattet. Ein Einsichtsrecht in das **Grundbuch** des zu versteigernden Grundstücks hat ein Bieter allerdings nur, wenn er auch sein berechtigtes Interesse gemäß § 12 GBO glaubhaft machen kann[69].

### 3.4.2   Die Rangordnung der Gläubiger, §§ 10 ff. ZVG

Die Zwangsversteigerung einer Immobilie hat das Ziel, nicht nur den betreibenden Gläubiger zu befriedigen, sondern möglichst auch die übrigen Gläubiger. Da unter den Gläubigern eine bestimmte **Rangfolgenordnung** besteht, in der sie aus dem **Erlös** der Zwangsversteigerung befriedigt werden, können andere Gläubiger dem die Zwangsversteigerung betreibenden Gläubiger im Rang auch vorgehen. Die Rangordnung der Gläubiger ergibt sich aus § 10 ZVG. Der die Zwangsversteigerung betreibende Gläubiger wird also nicht vorrangig befriedigt.

Das **Rangverhältnis** der Rechte des § 10 Ziff. 4 ZVG **untereinander** richtet sich nach §§ 879 ff. BGB, also in der Regel nach der **zeitlichen Reihenfolge** ihrer Eintragung

---

[67]Zwangsversteigerungstermine könne im gemeinsamen Justizportal des Bundes und der Länder aufgerufen werden unter: www.zvg-portal.de.; BGH, Beschl. v. 16.10.2008 – V ZB 94/08

[68]BGH, Beschl. v. 17.01.2013 – V ZB 53/12

[69]OLG Düsseldorf, Beschl. v. 12.01.2012 – 3 Wx 21/12

Amtsgericht

Dresden

Zwangsversteigerungsabteilung

Geschäfts-Nr.: **K**

Dresden, den 19. September 2013

## ZWANGSVERSTEIGERUNG

Folgender Grundbesitz eingetragen im Grundbuch des Amtsgerichtes **Pirna**

von **dorf** Blatt

| |
|---|
| nähere Bezeichnung: |
| **Fist. mit 10.755 m²** |
| folgende Angaben in ( ) ohne Gewähr: |
| **(Teisaniertes, freistehendes Mehrfamilienwohnhaus mit ca. 388 m² Wohnfläche - 7 WE)** |

soll am

| Wochentag, Datum | Uhrzeit | Stock/Raum | Gerichtsgebäude |
|---|---|---|---|
| **Dienstag, dem 26.11.2013** | **10.00 Uhr** | **3. OG, C 311** | Amtsgericht Dresden, Olbrichtplatz 1, 01099 Dresden |

im Wege der Zwangsvollstreckung versteigert werden.

Der Verkehrswert wurde gemäß § 74 a Abs. 5 ZVG festgesetzt auf: **97.500,00 €**

Datum der ersten Beschlagnahme: **23.05.2012**

☐ Der Zuschlag kann nicht mehr wegen Nichterreichens der 5/10 bzw. 7/10 Wertgrenzen gemäß §§ 85 a, 74 a ZVG versagt werden.*

Rechtspflegerin

Rechtsbelehrung siehe Rückseite!

**Abb. 3.4** Zwangsversteigerungsbekanntmachung

```
  2        2     41685,21EUR Zwangssicherungshypothek   zu   einundvierzigtausend-
                             sechshundertfünfundachtzig  21/100   Euro    mit    8
                             Prozentpunkten  über   dem   jeweiligen  Basiszinssatz
                             aus  40.000  EUR  seit  dem  20.08.2008  für  Union  Tank
                             Eckstein  GmbH  &  Co.KG,  Kleinostheim.  Im  Wege   der
                             Zwangsvollstreckung  aufgrund   des   Urteils   vom
                             13.01.2009  (2HK  O  53/08,  Landgericht  Aschaffenburg)
                             eingetragen  am  23.02.2009.

                             Zöllner
```

**Abb. 3.5**  Zwangssicherungshypothek

im **Grundbuch.** Das zuerst eingetragene Recht geht in der Zwangsversteigerung dem
später eingetragenen Recht vor und bleibt von der Zwangsversteigerung unberührt;
es bleibt gemäß § 52 Abs. 1 S. 1 ZVG bestehen. Die übrigen nachrangigen Rechte
**erlöschen,** § 52 Abs. 1 S. 2 ZVG!

Es gibt gemäß § 10 ZVG **neun Rangklassen,** die zwingend vorgegeben sind, also
auch nicht durch Vereinbarung geändert werden können[70]. Den dinglich gesicherten
Grundpfandgläubigern der Rangklasse des § 10 Abs. 1 Ziff. 4 ZVG gehen folgende
Ansprüche bei der Befriedigung vor:

- Zwangsverwaltervorschüsse, § 10 Abs. 1 Ziff. 1 ZVG,
- Ansprüche auf Feststellungskosten aus einem Insolvenzverfahren, § 10 Abs. 1 Ziff. 1a
  ZVG,
- wohnungseigentümerrechtliche Ansprüche, § 10 Abs. 1 Ziff. 2 ZVG sowie
- öffentliche Grundstückslasten, beispielsweise Grundsteuer oder Erschließungskosten,
  bei der Befriedigung vor[71].

Diese vorstehend beschriebenen Ansprüche aus einer vorhergehenden Rangklasse werden zunächst aus dem Versteigerungserlös, so er hierzu ausreicht, vollständig **vorweg
befriedigt.** Erst danach erfolgt die Befriedigung der weiteren Gläubiger der nächsten
Rangklasse aus dem restlichen Versteigerungserlös.

### 3.4.3   Das geringste Gebot, §§ 44 ZVG

Unter dem geringsten Gebot versteht man im Zwangsversteigerungsverfahren die
Summe des **Bargebots**, zuzüglich der bestehenbleibenden Rechte, also derjenigen
Rechte, die dem Recht des betreibenden Gläubigers im Rang vorgehen (Abb. 3.5).

---

[70]BGH, Urt. v. 25.06.1992 – IX ZR 24/92, Rpfleger 1992, 533

[71]zu sonstigen Kommunalabgaben vgl. OLG Zweibrücken, Urt. v. 27.11.2007 – 8 U 60/07, Rpfleger
2008, 218; BGH, Urt. v. 30.06.1988 – IX ZR 141/87, Rpfleger 1988, 541

**Beispiel**

Berechnung des **geringsten Gebots:**

I.   **Grundstücksbelastungen:**
     Grundschuld Abteilung III, 1. Rang 500.000,-
     Grundschuld Abteilung III, 2. Rang 100.000,-
     Zwangssicherungshypothek Abteilung III, 3. Rang 80.000,-

II.  **Bargebot:**
     1.  Verfahrenskosten, 5400,-
     2.  Grundsteuer, 2300,-

III. **Berechnung des geringsten Gebots:**
     Betreibt nun der Gläubiger der an zweiter Rangstelle eingetragenen Grundschuld
     die Zwangsversteigerung, so beliefe sich in diesem Fall das geringste Gebot auf

$$500.000, - + 5400, - + 2300, - = \textbf{507.700}, -.$$

     Betreibt der an erster Rangstelle eingetragene Grundschuldgläubiger die Zwangs-
     versteigerung, so beliefe sich das geringste Gebot nur auf

$$5400, - + 2300, - = \textbf{7700}, -.$$

     Die jeweils nachrangig eingetragene Zwangssicherungshypothek bleibt bei der
     Berechnung des geringsten Gebots jeweils unberücksichtigt.

Diese Summe des so ermittelten geringsten Gebots muss durch die jeweiligen
**Gebote** der Bieter abgedeckt werden, um als **wirksames Gebot** bei der Versteigerung
**zugelassen** zu werden, § 44 ZVG. Diese Reglung soll zum einen davor schützen, dass
die im Rang vorgehenden Gläubiger in der Zwangsversteigerung ausfallen **(Deckungs-
grundsatz)** und zum anderen, Grundstücke im Wege der Zwangsversteigerung **unter
Wert verschleudert** werden.

Das **Bargebot** als Teil des geringsten Gebots setzt sich zusammen aus den vorrangigen
Rechten gemäß § 10 Abs. 1 Nr. 1 – 3 ZVG, inkl. laufender und gegebenenfalls noch nicht
bezahlter Zinsen für die vorgehenden Rechte. Diese Summe muss nach der Zwangsversteigerung und vor der Verteilung des Versteigerungserlöses an die **Gerichtskasse** über-
wiesen werden, einschließlich des das geringste Gebot übersteigenden Betrags, den der
Ersteigerer als **Meistgebot** geboten und auf den er den Zuschlag erhalten hat, § 49 Abs. 3
ZVG. Das Bargebot ist vom Zuschlag an zu **verzinsen**, § 49 Abs. 2 ZVG.

## 3.4.4   Der Versteigerungstermin, §§ 60 ff. ZVG

Der Versteigerungstermin ist **öffentlich.** Er wird durch den zuständigen **Rechtspfleger**
des örtlich zuständigen Amtsgerichts geleitet. Durch den Rechtspfleger werden zu
Beginn des Versteigerungstermins die **Förmlichkeiten** verlesen (Bekanntmachungsteil).

Es wird unter anderem das **geringste Gebot** festgesetzt, § 45 ZVG. Dies ist – wie oben bereits erläutert – der Wert der dem Anspruch des betreibenden Gläubigers vorgehenden Rechte, zuzgl. der Verfahrenskosten, § 44 ZVG. Es werden bei der Versteigerung nur solche Gebote zugelassen, die den Wert des geringsten Gebots **abdecken.**

Danach belehrt der Rechtspfleger über die **Versteigerungsbedingungen.** Der die Versteigerung betreibende Gläubiger – in der Regel eine Bank – wird meistens durch einen Bankangestellten oder einen Rechtsanwalt vertreten, welcher die **Gläubigerrechte** wahrnimmt.

▶ Nimmt der betreibende Gläubiger den Versteigerungstermin nicht persönlich wahr, sondern lässt sich zum Beispiel durch einen Rechtsanwalt oder Bankmitarbeiter vertreten, so muss sich der Vertreter durch **Personalausweis** legitimieren, so er dem Rechtspfleger nicht von Person bekannt ist, und er muss seine Vertretungsbefugnis durch Vorlage einer **Originalvollmacht** nachweisen. Eine Telefaxkopie reicht hierfür nicht aus.

### 3.4.4.1 Bieterstunde

Im Anschluss an diese Förmlichkeiten wird die Bieterstunde eröffnet. Sie beträgt genau **30 min,** § 73 ZVG, kann aber **ausnahmsweise** verlängert werden.

### 3.4.4.1.1 Die 7/10tel und 5/10tel Grenze

Jeder Bietinteressent kann ein **Gebot** formlos beim Rechtspfleger **abgeben,** das betragsmäßig über dem geringsten Gebot liegt. Dieser notiert sowohl das Gebot als auch nach Kontrolle dessen Personalausweises den Namen des Bieters und gibt beides bekannt.

Erreicht das beste Gebot (**Meistgebot**) im 1. Termin nicht die **7/10 Grenze** des Verkehrswertes, so kann der **Zuschlag** auf Antrag eines Berechtigten **versagt** werden, § 74a ZVG.

Erreicht das Meistgebot sogar die **5/10tel Grenze** nicht, so ist der Zuschlag am Ende der Bieterstunde **von Amts wegen** zu versagen, § 85a ZVG, womit der 1. Termin beendet ist.

In den nachfolgenden Zwangsversteigerungsterminen gelten diese Grenzen nicht mehr. „**Die Grenzen sind gefallen**", wenn im 1. Termin **die Zuschlagversagung** erfolgt ist. Gleichwohl kann der Gläubigervertreter auch in einem der weiteren Termine die **Einstellung** des Verfahrens „bewilligen" und so einen Zuschlag verhindern, wenn das Meistgebot für den Gläubiger zu niedrig ist. Der Gläubiger muss also ein aus seiner Sicht zu niedriges Meistgebot nicht akzeptieren.

### 3.4.4.1.2 Eigengebot

Ein **Eigengebot** des die Zwangsversteigerung betreibenden **Gläubigers** im 1. Termin ist **rechtsmissbräuchlich** und deshalb unwirksam, wenn es ausschließlich zu dem Zweck abgegeben wurde, dass die **Wertgrenzen** des § 85a Abs. 1 ZVG in einem neuen

Versteigerungstermin nicht mehr gelten[72]. Wird nämlich **kein Gebot** abgegeben, so wird das Zwangsversteigerungsverfahren von Amts wegen **eingestellt**, § 77 Abs. 1 ZVG, und ein **neuer Termin** festgesetzt, bei dem die 7/10tel und 5/10tel weiterhin gelten, was dem Interesse des Gläubigers an einer schnelle Verwertung unter Umständen zuwiderläuft. Bleibt dann auch im folgenden Termin ein Gebot aus, so wird das Zwangsversteigerungsverfahren **aufgehoben**, § 77 Abs. 2 ZVG.

### 3.4.4.1.3 Ausbietungsgarantie

Es ist möglich, dass der die Zwangsversteigerung betreibende Gläubiger mit einem Erwerbsinteressenten vor dem Versteigerungstermin eine sogenannte **Ausbietungsgarantie** vereinbart. Damit verpflichtet sich der Bieter gegenüber dem Gläubiger in der Zwangsversteigerung ein Gebot in einer bestimmten **Mindesthöhe** abzugeben. Eine solche Vereinbarung zwischen Gläubiger und Bieter macht unter anderem deswegen Sinn, um ein gemeinsames **taktisches Vorgehen** von Gläubiger und Bieter zu gewährleisten.

▶ Es kann sich auch empfehlen, wenn sich ein Bietinteressent und der Gläubigervertreter noch **im Versteigerungstermin** über die jeweiligen „Preisvorstellungen" austauschen. Ob hierzu Seitens des Gläubigervertreters Bereitschaft besteht, kann beispielsweise davon abhängen, ob nur ein Bieter vorhanden ist oder ob mehrere Interessenten beabsichtigen, Gebote abzugeben. Den Kontakt zum **Terminvertreter** des Gläubigers zu suchen, kann daher sinnvoll sein.

### 3.4.4.2 Sicherheitsleistung

Der **Gläubigervertreter** kann bei Abgabe eines Gebotes die Stellung einer Sicherheit verlangen, § 67 ZVG (Regelfall). Die Höhe beträgt **10 % vom Verkehrswert.** Sie ist durch bestätigten Bundesbank-, LZB-Scheck oder Verrechnungsscheck eines zugelassenen Kreditinstituts, der nicht älter als 4 Tage sein darf oder vorherige Überweisung an die Justizkasse zu leisten. Eine **Barsicherheit** – wie früher – ist nicht mehr möglich.

### 3.4.4.3 Zuschlag

Nach **30 min** schließt der Rechtspfleger die Bietzeit, in dem er *„zum Ersten– zum Zweiten– zum Dritten"* aufruft, § 73 Abs. 2 ZVG.

Im Anschluss wird über den Zuschlag gemäß § 74 ZVG **verhandelt** und der **Zuschlag** auf das Meistgebot **erteilt,** wenn keine Einwände erhoben werden oder eine Verfahrenseinstellung erfolgt ist (siehe Abschn. 3.4.4.1.1).

Mit **Verkündung** des Zuschlagbeschlusses durch den Rechtspfleger, also der Entscheidung über den Zuschlag gemäß §§ 79 ff. ZVG, erwirbt der Ersteher ohne weitere

---

[72]BGH, Urt. v. 10.05.2007 – V ZB 83/06

Zwischenschritte das **Eigentum** an der ersteigerten Immobilie. **Gefahr, Lasten** und **Nutzen** des Grundstücks gehen **unmittelbar** auf ihn über, so wie das Grundstück steht und liegt, § 56 ZVG.

**Gewährleistungsansprüche** wegen Mängeln kann der Ersteigerer nicht geltend machen. Aus diesem Grund ist es für den Ersteigerer auch nicht möglich, das Gebot wegen **Irrtums** über eine verkehrswesentliche Eigenschaft der ersteigerten Immobilie anzufechten[73].

Der Ersteigerer einer **Eigentumswohnung** haftet umgekehrt auch nicht für **Rückstände von Hausgeld** des ursprünglichen Eigentümers gegenüber der Wohnungseigentümergemeinschaft. Das Vorrecht der Gemeinschaft gemäß § 10 Abs. 1 Nr. 2 ZVG begründet nach der neuesten Rechtsprechung des BGH kein dingliches Recht[74].

Der Ersteigerer erhält mit dem Zuschlagbeschluss einen **Vollstreckungstitel,** mit dem er gegebenenfalls die **Räumung** der Immobilie ohne vorherigen Prozess betreiben kann.

Es ist zulässig, dass das Gericht die Entscheidung über den Zuschlag auf Antrag des Gläubigers erst in einem **gesonderten Verkündungstermin** gemäß § 87 Abs. 1 2. Hs. ZVG verkündet. Dieser gesonderte Verkündungstermin ist zwar sofort und nicht über eine Woche hinaus festzusetzen. Gleichwohl bleibt für den Meistbietenden die Unsicherheit, ob der Zuschlag ihm auch tatsächlich erteilt wird. Zudem bleibt für die Zeit bis zur Verkündung die von ihm gestellte Sicherheit blockiert.

Der Gläubiger will in der Regel durch den **Antrag** auf gesonderten Verkündungstermin die Zeit nutzen, um zu prüfen, ob das Meistgebot tatsächlich auskömmlich ist oder um mit dem Meistbietenden über einen höheren Preis zu verhandeln.

Die Praxis der Gerichte war in der Vergangenheit durchaus unterschiedlich, ob einem solchen Gläubigerantrag stattgegeben wird. Seit der BGH entschieden hat, dass ohne Darlegung eines Rechtsgrundes die Stattgabe eines solchen Gläubigerantrages **verfahrensfehlerhaft** ist, ist einem Antrag meistens kein Erfolg mehr beschieden. Der BGH hat hierzu **grundsätzlich** Folgendes ausgeführt.

**Rechtsprechung:** „Außerhalb des Versteigerungsverfahrens vereinbarte Zuzahlungen des Meistbietenden an den betreibenden Gläubiger, die diesen dazu veranlassen sollen, einen Einstellungsantrag zurückzunehmen oder nicht zu stellen, verletzen die Rechte des Schuldners und führen zu einer Versagung des Zuschlags. Es ist ermessensfehlerhaft, wenn das Vollstreckungsgericht von einer Entscheidung über den Zuschlag im Versteigerungstermin nur deshalb absieht, weil der betreibende Gläubiger Gelegenheit erhalten möchte, mit dem Meistbietenden über eine solche Zuzahlung zu verhandeln" [75].

---

[73]BGH, Beschl. V. 18.10.2007 – V ZB 44/76, NJW-RR 2008, 222

[74]BGH, Urt. v. 13.09.2013 – V ZR 209, 12

[75]BGH, Beschl. v. 31.05.2012 – V ZB 207/11

### 3.4.5   Miet- und Pachtverhältnisse in der Zwangsversteigerung

Grundsätzlich tritt der **Ersteigerer** nach § 566 BGB in die bestehenden **Miet- und Pachtverhältnisse** ein. Auch in der Zwangsversteigerung gilt der Grundsatz *„Kauf bricht nicht Miete"*. Gemäß § 57a ZVG steht ihm aber ein sogenanntes **Sonderkündigungsrecht** zu. Der Ersteigerer kann daher solche Miet- und Pachtverhältnisse ohne weitere Voraussetzungen mit der üblichen **gesetzlichen Kündigungsfrist** kündigen.

▶   Das **Sonderkündigungsrecht** erlischt aber, wenn es nicht nach den mietrechtlichen Vorschriften zum **erst zulässigen Zeitpunkt** ausgeübt wird. Dies ist gemäß § 573a BGB der nächste dritte Werktag des Kalendermonats zum Ablauf des übernächsten Monats, wenn das Mietverhältnis noch nicht länger als fünf Jahre bestanden hat. Danach verlängert sich die **Kündigungsfrist** um drei Monate und nach acht Jahren um weitere drei Monate, § 573a Abs. 1 S. 2 BGB. Der Ersteigerer kann also nicht abwarten, bis die Kündigung für ihn wirtschaftlich sinnvoll ist. Er kann sein Sonderkündigungsrecht nur sofort – also zum nächsten Monatsanfang – oder gar nicht ausüben[76].

Der Ersteigerer muss die vom Mieter an den Voreigentümer gezahlte **Kaution** an diesen zurückzahlen, selbst wenn der Voreigentümer diese nicht von seinem Vermögen getrennt verwahrt hatte. Die Verpflichtung zur **Kautionsrückzahlung** geht nach der Rechtsprechung des BGH Kraft Gesetz (ausnahmsweise) auf den Ersteigerer über[77].

### 3.4.6   Rettungserwerb

Der die Zwangsversteigerung betreibende Gläubiger hat selbstverständlich auch die Möglichkeit, selbst das Grundstück zu ersteigern (sog. Rettungserwerb), um eine nicht auskömmliche Versteigerung zu **verhindern.** Für diesen Fall sieht § 114a ZVG aber einen speziellen **Schuldnerschutz** vor, weil der Gläubiger nicht gezwungen ist, seine Forderung auszubieten, er also in der Regel einen besonders günstigen Eigenerwerb anstreben wird. Wurde der Zuschlag an einen aus dem Grundstück Berechtigten – also den Gläubiger – erteilt und liegt das **Meistgebot** einschließlich der bestehenbleibenden Rechte unter 7/10tel des Grundstückswerts, so gilt der Gläubiger insoweit als **befriedigt**, als das Meistgebot die 7/10 Grenze erreicht hätte. Der Gläubiger, der das Grundstück in dieser Weise ersteigert, wird also so behandelt, als habe er ein Gebot in Höhe von 7/10 des Grundstückswerts abgegeben, auch wenn er dies tatsächlich nicht getan hat[78].

---

[76]zu den Einzelheiten vgl. OLG Frankfurt, Urt. v. 19.06.2009 – 2 U 303/08, IMR 2009, 344

[77]BGH, Urt. v. 07.03.2012 – XII ZR 13/10, IMR 2012, 186

[78]BGH, Urt. v. 13.11.1986 – IX ZR 26/86, NJW 1987, 503

### 3.4.7 Verteilung des Versteigerungserlöses, §§ 105 ff. ZVG

Der **Versteigerungserlös** wird in einem gesonderten **Verteilungsverfahren** an die Gläubiger verteilt. Vom Versteigerungsgericht wird hierzu zunächst nach Erteilung des Zuschlags ein **Verteilungstermin** festgesetzt, § 105 ZVG. Zur **Vorbereitung** wird sodann gemäß § 106 ZVG ein vorläufiger **Teilungsplan** aufgestellt.

Im Verteilungstermin wird festgestellt, wie viel die zu verteilende **Masse** beträgt, § 107 ZVG. Aus dem Versteigerungserlös sind vorab die Verfahrenskosten zu tragen und danach ist der **Überschuss** auf die Rechte, die durch Zahlung zu decken sind, verteilt, allerdings nicht gleichmäßig, sondern nach ihrer **Rangordnung,** § 109 Abs. 1, Abs. 2 ZVG[79].

Im **Verteilungstermin** wird gemäß § 113 ZVG nach **Anhörung** der anwesenden Beteiligten dann durch den Rechtspfleger, falls nötig mithilfe eines Sachverständigen, der **Teilungsplan** aufgestellt. Dort werden gemäß § 113 Abs. 2 ZVG auch die nach § 91 ZVG nicht erloschenen Rechte angegeben. Die Einzelheiten ergeben sich aus §§ 114 ff. ZVG.

Über den Teilungsplan wird gemäß § 115 ZVG sofort **verhandelt.** Ist ein **Versteigerungserlös** in Geld vorhanden, wird der Teilungsplan gemäß § 117 ZVG durch **Zahlung** an die Berechtigten ausgeführt. Die Zahlung hat **unbar** zu erfolgen.

Ist der **Teilungsplan** ausgeführt und der Zuschlag rechtskräftig, so ist das **Grundbuchamt** zu ersuchen, den **Ersteher** als Eigentümer gemäß § 130 ZVG einzutragen und den **Zwangsversteigerungsvermerk** sowie die durch den Zuschlag erloschenen Rechte zu **löschen.**

Nach der Verteilung ist das Zwangsversteigerungsverfahren **beendet.**

Das zulässige **Rechtsmittel** auch gegen Entscheidungen im Verteilungsverfahren ist die **Beschwerde,** § 95 ZVG.

---

### Weiterführende Literatur

Basty, Der Bauträgervertrag, 9. Aufl. 2017, Carl Haymanns Verlag

Beck'sches Formularbuch Immobilienrecht, 3. Aufl. 2018, C.H. Beck Verlag

Beck'sches Formularbuch Zwangsvollstreckung, 3. Aufl. 2016, C.H. Beck Verlag

Bormann/Wagner, Immobilienrecht in der Notar- und Gestaltungspraxis, 1. Aufl. 2015, C.H. Beck Verlag

Böttcher, Kommentar zum ZVG, 6. Aufl. 2016, C.H. Beck Verlag

Dassler/Schiffbauer u. a., Kommentar zum ZVG, 15. Aufl. 2016, Gieseking Verlag

Grziwotz/Koeble, Handbuch Bauträgerrecht, 2. Aufl. 2019, C.H. Beck Verlag

Grziwotz, Kommentar zur Makler- und Bauträgerverordnung, 3. Aufl. 2016, RWS Verlag

Grziwotz/Everts/Heinemann/Koller, Grundstückskaufverträge, 2. Aufl. 2019, RWS Verlag

---

[79]zu den Einzelheiten vgl. §§ 110 – 145 ZVG

Hintzen, Zwangsversteigerung von Immobilien, 4. Aufl. 2018, ZAP Verlag
Kraus, Immobilienkaufverträge in der Praxis, 8. Aufl. 2017, Carl Heymanns Verlag
Marcks, Kommentar zur Makler- und Bauträgerverordnung, 9. Aufl. 2014, C.H. Beck Verlag
Stöber, Kommentar zum ZVG, 22. Aufl. 2019, C.H. Beck Verlag

# Das Grundbuch

**4**

## 4.1 Einführung

Die **Grundbuchordnung** (im folgenden GBO) ist dasjenige Gesetz, das sämtliche **Verfahrensregeln** für das Grundbuch enthält. Sie stammt bereits aus dem Jahre 1898. Durch die neuen Regelungen in der GBO sollte für das gesamte Deutsche Reich ein einheitliches Grundbuchrecht geschaffen werden. Das Grundbuch selbst wurde bereits 1872 in Deutschland eingeführt.

Das Grundbuch soll für jedermann, der ein berechtigtes Interesse hat, **Auskunft** über bestimmte privatrechtliche Verhältnisse eines Grundstücks geben[1]. Öffentlich-rechtliche Verhältnisse, also ob beispielsweise ein Baurecht besteht, werden im Grundbuch nicht vermerkt. Das Grundbuch gibt dementsprechend Auskunft über **Eigentumsverhältnisse** und **Rechte Dritter** am Grundstück und gewährleistet so in hohem Maße einen **rechtssicheren** Grundstücksverkehr.

Durch die Existenz des Grundbuchs wird vermieden, dass zum Beispiel im Falle eines Verkaufs eines Grundstücks zuvor die rechtlichen Verhältnisse erst aufwendig und rechtssicher ermittelt werden müssen. Dies spart erhebliche Zeit und insbesondere **Transaktionskosten,** von nicht zu unterschätzender volkswirtschaftlicher Bedeutung.

Aus dem Grundbuch muss also genau und nachvollziehbar der jeweilige – auch der frühere – Inhalt zu den Rechtsverhältnissen des jeweiligen Grundstücks hervorgehen, um dieser **Funktion** gerecht zu werden.

---

[1]OLG Beschl., Urt. v. 27.11.2007 – 34 Wx 107/07

© Springer Fachmedien Wiesbaden GmbH, ein Teil von Springer Nature 2019
J. Handschumacher, *Immobilienrecht praxisnah,*
https://doi.org/10.1007/978-3-658-26909-8_4

Aus diesem Grunde hat beispielsweise ein Eigentümer **keinen Anspruch** darauf, dass durch die **Neuanlage** eines Grundbuchblattes eine ehemalige Zwangssicherungshypothek, die zugunsten des Finanzamtes eingetragen war, nicht mehr sichtbar ist. Er kann sich auch nach längerer Zeit nicht darauf berufen, dass dadurch seine Bonität unbegründet in Zweifel gezogen werden könne[2].

Entsprechend diesem **Bestimmtheits-** und **Publizitätsgrundsatz** ist der rechtliche Inhalt der Eintragungen so genau zu bezeichnen, dass er gegebenenfalls im Streitfall mittels **Auslegung** durch ein **Gericht** festgestellt werden kann.

> **Rechtsprechung** „Der Rechtsinhalt muss aufgrund objektiver Umstände bestimmbar und für einen Dritten erkennbar und verständlich sein, so dass dieser in der Lage ist, die hieraus folgende höchstmögliche Belastung des Grundstückseigentums einzuschätzen und zumindest eine ungefähre Vorstellung davon zu gewinnen, welche Bedeutung die Dienstbarkeit für das Eigentum konkret haben kann. Der Bestimmtheitsgrundsatz soll nämlich auch Streitfälle vermeiden helfen, indem für alle Beteiligten und Interessenten Klarheit über den Inhalt und Umfang des Rechts geschaffen wird. Dabei können die objektiven Umstände jedoch auch außerhalb des Grundbuchs liegen, sofern sie nachprüfbar und wenigstens in der Eintragungsbewilligung angedeutet sind. Je gravierender die mit der Dienstbarkeit verbundene Einschränkung des betroffenen Eigentümers ist, desto größere Anforderungen müssen an die Wahrung des Bestimmtheitsgrundsatzes gestellt werden. Im Allgemeinen reicht es aber aus, wenn der Umfang des Rechts durch einen objektiv bestimmbaren Bedeutungsinhalt umrissen wird. Unsicherheiten im Einzelfall stehen dem Bestimmtheitserfordernis nicht entgegen. Erst wenn die Auslegung ergibt, dass der Inhalt der Grunddienstbarkeit mehrdeutig oder nicht vollständig geregelt ist, liegt eine Verletzung des Bestimmtheitsgrundsatzes vor"[3]

Aus den vorstehenden Gründen ist beispielsweise ein „Prostitutions-Verbot" zwar vom Grunde her **eintragungsfähig.** Im Einzelfall dürfte eine solche Eintragung aber an der notwendigen **Bestimmbarkeit** scheitern, da eine Eintragung für Jedermann nachvollziehbar beschrieben sein muss, was nach Auffassung des OLG Karlsruhe mit Begriffen wie „Dirnenpension" oder „Unzucht" nicht der Fall sei[4].

Andererseits sollen auch Eintragungen vermieden werden, die das Grundbuch „überfüllen", wenn sie zur **Unübersichtlichkeit** führen oder verwirrend sind und damit dem Zweck des Grundbuchs zuwiderlaufen[5].

## 4.2    Funktion und Zuständigkeiten, § 1 ff. GBO

Das Grundbuch ist ein öffentliches **Register,** das durch staatliche Gerichte (Amtsgericht) geführt wird. Im Grundbuch werden der Bestand aller Grundstücke im jeweiligen **Amtsgerichtsbezirk** und die rechtlichen Verhältnisse der Grundstücke aufgeführt.

---

[2]OLG Celle, Urt. v. 21.01.2013 – 4 W 12/12

[3]OLG München, Beschl. v. 10.03.2011 – 34 WX 55/11 m. w. N.

[4]OLG Karlsruhe, Urt. v. 20.08.2013 – 12 U 41/13

[5]OLG Naumburg, Beschl. v. 07.12.2012 – 12 Wx 31/12 m. w. N.

Aus dem Grundbuch ergibt sich, wer Eigentümer eines Grundstücks ist und wie sich in der Vergangenheit die **Eigentumslage** verändert hat. Des Weiteren sind die **dinglichen Belastungen** und deren **Rangverhältnisse** untereinander sowie etwaige **Verfügungs-beschränkungen** aufgeführt.

Durch Einblick in das Grundbuch kann sich somit jeder, der ein **berechtigtes Interesse** nachweisen kann, umfassend und rechtssicher über sämtliche rechtlich relevanten Umstände des Grundstücks informieren. Dies gilt aber nur für die **privatrechtlichen** Rechtsverhältnisse, nicht für **öffentlich-rechtliche Rechtsverhältnisse.** Baulasten oder gemeindliche Vorkaufsrechte werden zum Beispiel nicht in das Grundbuch eingetragen. Hierüber muss sich der Erwerber anderen Orts kundig machen, beispielsweise durch Auskunft aus dem beim örtlichen Bauaufsichtsamt geführten **Baulastenverzeichnis.**

Diverse Eintragungen sind gleichwohl nicht aus sich heraus erklärlich, sondern bedürfen oftmals einer eingehenden juristischen Prüfung, Einordnung und Erläuterung.

▶ Manche Informationen lassen sich auch **nur scheinbar** aus einer Eintragung ablesen, geben aber über die tatsächlichen oder wirtschaftlichen Verhältnisse des Grundstücks keine belastbare Auskunft, allenfalls Hinweise, denen ggf. nachgegangen werden sollte. So bedeutet zum Beispiel die Eintragung einer **Grundschuld** mit einem bestimmten **Nennbetrag** nicht, dass die Grundschuld auch in dieser Höhe noch valutiert, das Grundstück also noch in voller Höhe der Grundschuld haftet.

Auch die **Bebauung** des Grundstücks oder ob ein Grundstück mit schuldrechtlichen **Nutzungsrechten** „belastet" ist, wie beispielsweise durch Miet- oder Pachtverhältnisse, lässt sich aus dem Grundbuch nicht ersehen. Ungeachtet dessen ist es unerlässlich, sich als Käufer auch schon vor dem notariellen Beurkundungstermin gegebenenfalls durch den Verkäufer einen **aktuellen Grundbuchauszug** vorlegen zu lassen und sich nicht nur auf dessen persönliche und nicht weiter belegte Angaben zu etwaigen Grundstücksbelastungen zu verlassen.

Zusammengefasst erfüllt das Grundbuch somit folgende **Funktionen:**

**Konstitutivfunktion**
Ohne eine Eintragung im Grundbuch kann eine **Rechtsänderung** an einem Grundstück nicht wirksam vorgenommen werden.

**Rechtsschutzfunktion**
Durch das Grundbuch werden die Rechte der Beteiligten gewahrt, indem sie **transparent** und **nachvollziehbar** sind und somit einem Rechtsmissbrauch vorgebeugt wird.

**Vermutungsfunktion**
Für die Eintragung im Grundbuch spricht gemäß § 891 Abs. 1 BGB die **Vermutung,** dass sie der tatsächlichen Rechtslage entspricht, mithin **richtig** ist.

**Gutglaubensfunktion**

Der Erwerber eines Grundstücks kann sich darauf verlassen, dass die Eintragungen im Grundbuch der **wahren Rechtslage** entsprechen. Die Eintragungen schützen also den **gutgläubigen Erwerber.**

## 4.3   Der Öffentliche Glaube des Grundbuchs, § 892 BGB

### 4.3.1   Die gesetzliche Vermutung der Richtigkeit des Grundbuchs

Die **gesetzliche Vermutung** der Richtigkeit des Grundbuchs hat ihren Grund in der Wichtigkeit und notwendigen Transparenz im **Grundstücksrechtsverkehr.** Danach soll sich jedermann auf die Richtigkeit des Inhalts des Grundbuchs verlassen können, entsprechend dem **Grundsatz** *„quod non est in actis, non est in mundo"* (was nicht in den Akten ist, ist nicht in der Welt). Dieser **Grundsatz** hat folgende rechtliche Konsequenzen:

- Ist im Grundbuch für jemanden ein Recht eingetragen, so wird gesetzlich **vermutet,** dass ihm das Recht auch tatsächlich zusteht.
- Ist im Grundbuch ein eingetragenes Recht gelöscht, so wird **vermutet,** dass das Recht nicht (mehr) besteht.
- Ein möglicher Anspruchssteller muss daher entgegen der üblichen **Beweislastregeln** im Zivilrecht gegebenenfalls das Gegenteil beweisen, also dass die Eintragung im Grundbuch nicht der tatsächlichen Rechtslage entspricht oder eine Eintragung entgegen der tatsächlichen Rechtslage zu Unrecht gelöscht wurde.

Die **Vermutung** der Richtigkeit des Grundbuchs erstreckt sich auch auf den **Grenzverlauf** der sich aus der Eintragung in die Flurkarte ergibt und auf den sich der Grundbucheintragung zur Bezeichnung des Grundstücks durch Benennung der Flurstücksnummer bezieht. Bei **Zweifeln** an dem Grenzverlauf, muss der volle Beweis für den abweichenden Grenzverlauf erbracht werden[6]. (vgl. auch Kap. 6; Abschn. 6.3.10).

Aus der gesetzlichen Vermutung, dass der Inhalt des Grundbuchs richtig ist, ergibt sich der **öffentliche Glaube** des Grundbuchs gemäß § 892 BGB:

- Der Inhalt des Grundbuchs gilt zugunsten desjenigen als **richtig,** der ein Recht durch Rechtsgeschäft erwirbt.
- Er erwirbt gegebenenfalls **„gutgläubig lastenfrei".**
- Dies gilt **ausnahmsweise** nicht, wenn
  ein **Widerspruch** im Grundbuch eingetragen ist oder
  dem Erwerber war die **Unrichtigkeit bekannt** ist.

---

[6]OLG Hamm, Urt. v. 05.06.2014 – 5 U 207/13

Ohne diesen gesetzgeberischen „Trick" würde sich der **Grundstücksverkehr** immens erschweren. Vor jedem Immobilienverkauf müsste der Käufer zunächst umfassend prüfen und gegebenenfalls selbst ermitteln, ob der Verkäufer überhaupt Eigentümer ist, wie hoch die tatsächlichen Belastungen wirklich sind oder ob eine Verfügungsbeschränkung besteht. Die damit verbundenen **Transaktionskosten** und die Dauer einer solchen rechtssicheren Feststellung wären immens und volkswirtschaftlich in hohem Maße unerwünscht.

Eine ähnliche gesetzliche Vermutung wie im Grundbuchrecht gibt es auch im **Mobiliarsachenrecht.** Dort knüpft der gute Glaube des Käufers an das Eigentum des Verkäufers einer Sache nicht an die Eintragung in einem öffentlichen Register an, sondern an den **tatsächlichen** Besitz des Verkäufers an dem jeweiligen Kaufgegenstand.

## 4.3.2   Die Grundbuchberichtigung, § 894 BGB

Ist das Grundbuch unrichtig, so ist es zu berichtigen. Der Berechtigte hat gemäß § 894 BGB einen sogenannten **Grundbuchberichtigungsanspruch,** den er gerichtlich geltend machen und durchsetzen kann. Der häufigste Fall, bei dem das Grundbuch unrichtig wird, ist der **Erbfall.** Mit dem Tod des Grundstückseigentümers geht das Eigentum gemäß § 1922 BGB auf den oder die gesetzlichen bzw. testamentarischen Erben über. Der oder die Erben können dann die Berichtigung des Grundbuchs beantragen, also ihre Eintragung als Eigentümer des vererbten Grundstücks.

Hierzu ist es grundsätzlich erforderlich, den **Erbschein** dem Grundbuchamt vorzulegen, § 35 Abs. 1, S. 1 GBO. Bei etwaigen Verfügungen von Todes wegen, also zum Beispiel einem Testament, genügt es nach § 35 Abs. 1, S. 2 HS 1 GBO, anstelle des Erbscheins die Verfügung von Todes wegen selbst und die Niederschrift über deren Eröffnung vorzulegen, so nicht konkrete **Zweifel** an der Erbenstellung bestehen[7].

Ein **Anspruch** auf Grundbuchberichtigung besteht selbstverständlich auch dann, wenn eine Änderung im Grundbuch durch die **Fälschung** einer Unterschrift in einer notariellen Urkunde herbeigeführt wurde[8] oder das Grundbuch auf sonstige Weise unrichtig geworden ist.

Der entsprechende **Anspruch** auf **Grundbuchberichtigung** des durch die Unrichtigkeit unmittelbar **Betroffenen** richtet sich gemäß § 894 BGB auf Zustimmung zur Berichtigung durch den von der Änderung Betroffenen. Die Zustimmung kann durch ein stattgebendes **Urteil** ersetzt werden. Durch ein obsiegendes oder abweisendes Urteil wird aber (noch) nicht die **dingliche Rechtslage** verbindlich festgestellt. Gegenstand des Grundbuchberichtigungsanspruchs ist nach neuester Rechtsprechung des BGH nämlich „nur" die durch die unrichtige Eintragung eingetretene

---

[7]KG Berlin, Beschl. v. 11.11.2014 – 1 W 547/14, Rn 9 ff.

[8]OLG Hamm, Beschl. v. 15.12.2015 – I-15 W 499/15

**Buchposition**, die der eigentlich Berechtigte vom unrichtigen Buchberechtigten herausverlangen kann. Soll mit der Klage auch über die materielle Rechtslage entschieden werden, so ist durch den Kläger neben dem Grundbuchberichtigungsanspruch eine entsprechende **(Zwischen-) Feststellungsantrag** gemäß § 256 ZPO zu stellen[9].

Kann eine Berichtigung des Grundbuchs nur erfolgen, wenn das Recht des zur Berichtigung Verpflichteten im Grundbuch eingetragen ist, so muss der Verpflichtete dies gemäß § 895 BGB auf Verlangen vornehmen, also nicht nur die Zustimmung zur Eintragung erteilen, sondern auch die Änderung selbst beantragen.

Die **Kosten** für die Grundbuchberichtigung und der hierzu notwendigen Erklärungen hat gemäß § 897 BGB der Anspruchsteller zu tragen, es sei denn, aus einem zwischen ihm und dem Verpflichteten bestehenden Rechtsverhältnis ergibt sich etwas Anderes.

Die **Ansprüche** nach §§ 894 – 896 BGB unterliegen gemäß § 898 BGB keiner **Verjährung**[10].

Einmal **zwangsweise** in das Grundbuch eingetragene Belastungen können nicht im Wege einer „**Grundbuchwäsche**" wieder gänzlich getilgt werden, sodass sie nicht mehr sichtbar wären. Hierauf hat der Grundstückseigentümer nur im **Ausnahmefall** einen Anspruch, nämlich wenn die Eintragung zu Unrecht erfolgt, das Grundbuch also unrichtig war[11].

## 4.4     Das Grundbuchamt

Die Grundbuchaufgaben sind aus guten Gründen den **Gerichten** zugewiesen und werden nicht etwa durch die öffentliche Verwaltung wahrgenommen. Durch diese Zuweisung der Zuständigkeit wird deutlich, welche Wichtigkeit der Gesetzgeber seit jeher dem rechtssicheren Grundstücksverkehr beigemessen hat, indem er diese Aufgaben in die Hände der **unabhängigen Justiz** gelegt hat, mit allen Konsequenzen wie etwa dem Anspruch auf rechtliches Gehör, dem Anspruch auf ein faires und rechtstaatliches Verfahren, der richterlichen Unabhängigkeit und den Möglichkeiten von Rechtsmitteln im Instanzenzug zur Überprüfung von Entscheidungen.

### 4.4.1   Das Amtsgericht, § 1 GBO

Das **Amtsgericht,** in dessen **Bezirk** ein Grundstück liegt, ist das zuständige Grundbuchamt. Das Amtsgericht als Grundbuchamt übt in dieser Funktion keine rechtsprechende Tätigkeit aus, sondern es ist Teil der sogenannten **freiwilligen Gerichtsbarkeit.** Das Grundbuchamt ist eine Abteilung des Amtsgerichts, die zwar quasi „Verwaltungsaufgaben"

---

[9]BGH, Urt. v. 09.02.2018 – V ZR 299/14, Rn 21 ff., 29

[10]OLG Brandenburg, Urt. v. 06.05.2003 – 10 U 3/02

[11]OLG Düsseldorf, Beschl. v. 15.02.2017 – 3 Wx 297/16

wahrnimmt, aber dennoch Teil der **unabhängigen Justiz** ist. Grundbuchtätigkeit ist also **Richtertätigkeit.** Daneben werden noch diverse andere Funktionen beim Grundbuchamt nicht durch Richter, sondern durch andere dort tätige Amtspersonen ausgeführt.

Der Begriff „**freiwillige Gerichtsbarkeit**" ist insoweit irreführend, als die Beteiligten sich dieser Gerichtsbarkeit nicht freiwillig unterwerfen oder dort nicht auch Rechtsstreitigkeiten ausgetragen und rechtverbindlich entschieden werden, wie der Begriff vermuten lässt. Das Gegenteil ist der Fall.

Die grundsätzlichen Verfahrensregeln für die Verfahren im Bereich der freiwilligen Gerichtsbarkeit ergeben sich aus dem **FamFG** (früher FGG) und speziell aus der **Grundbuchordnung.** Sie weichen zum Teil erheblich von den Regelungen der ZPO ab.

So herrscht bei den Verfahren der **freiwilligen Gerichtsbarkeit,** anders als beim Zivilprozess der ordentlichen Gerichtsbarkeit, der **Untersuchungsgrundsatz.** Der **Prozessstoff** beschränkt sich also nicht nur auf den Sachverhalt, den die Prozessparteien dem Gericht vortragen, sondern er wird durch das Gericht, ähnlich wie im Verwaltungsprozess und ausgehend vom Vortrag der Parteien, weitgehend selbst ermittelt. Die freiwillige Gerichtsbarkeit, zu der auch die Verfahrensregelungen der Grundbuchordnung gehören, wurde früher auch als „**Rechtsfürsorge**" bezeichnet.

Grundbuchrecht ist zudem **zwingendes Recht,** von dem die beteiligten Parteien nicht ohne weiteres abweichen können.

## 4.4.2 Der Rechtspfleger/Grundbuchrichter

Die wesentlichen Aufgaben beim Grundbuchamt werden heute nicht mehr durch **Richter,** sondern durch **Rechtspfleger** wahrgenommen. Kompetenzen und Zuständigkeiten werden durch das **Rechtspflegergesetz** (RpflG) geregelt.

Der Rechtspfleger ist nicht an **Weisungen** gebunden, entscheidet also selbstständig. Es besteht aber bei „wichtigen" Angelegenheiten eine **Vorlagepflicht** und/oder **Vorlagerecht** an den Grundbuchrichter.

Der zuständige **Grundbuchrichter** ist auch **Rechtsmittelinstanz** über Entscheidungen der Rechtspfleger und Urkundsbeamten. Nimmt der Grundbuchrichter allerdings Aufgaben wahr, die nicht ihm zugewiesen sind, sondern in die Zuständigkeit des Rechtspflegers fallen, so wäre die entsprechende Handlung nichtig[12].

## 4.4.3 Der Urkundsbeamte der Geschäftsstelle

Der Urkundsbeamte nimmt diejenigen Aufgaben wahr, für die nicht Grundbuchrichter oder Rechtspfleger zuständig sind. Dies sind unter anderem **Beurkundungen** oder die

---

[12] BGH, Beschl. v. 04.10.2005 – VII ZB 40/05, NJW 2006, 776

**Ausfertigung** von gerichtlichen Entscheidungen. Der Urkundsbeamte ist nicht nur Verwaltungsbeamter, sondern wie Richter und Rechtspfleger auch **Organ der Rechtspflege**.

**Rechtsmittelinstanz** für Entscheidungen des Urkundsbeamten ist nicht der Grundbuchrichter, sondern gemäß § 12 GBO i. V. m. § 3 Nr. 1 RpflG der Rechtspfleger[13].

### 4.4.4   Der Präsentatsbeamte

Der Präsentatsbeamte beim Grundbuchamt ist für die **Entgegennahme** von Anträgen zuständig. Erst wenn ihm oder dem für das betroffene Grundstück zuständigen Rechtspfleger ein Antrag vorgelegt wird, ist der Antrag **rangwahrend** eingegangen und nicht schon mit Posteingang beim Grundbuchamt, § 13 Abs. 2 S. 2 GBO.

## 4.5   Das Grundbuch und seine Bestandteile

### 4.5.1   Der Aufbau des Grundbuchs, § 3 GBO

Das Grundbuch bestand früher aus festen Bänden. Bis vor kurzem wurde es dann als lose Blattsammlung und seit einiger Zeit wird es in allen Bundesländern **elektronisch** geführt.

Das **Grundbuchblatt** ist gemäß § 3 GBO diejenige Stelle, die das jeweilige Grundstück im Grundbuch hat. Es ist für das jeweilige Grundstück das *„Grundbuch"* im Sinne des BGB.

Die jeweiligen **Grundakten** beinhalten sämtliche Urkunden, die für die Eintragungen im Grundbuch notwendig waren, aus denen sich also die **Veränderungsvorgänge** betreffend das Grundstück in der Vergangenheit ergeben, einschließlich der **Verfügungen** des Grundbuchamtes selbst. Es handelt sich dabei beispielsweise um

- Grundstückskaufverträge,
- Grundschuldbestellungen,
- Löschungsbewilligungen,
- Schenkungsurkunden,
- Testamente und Erbscheine oder
- Teilungserklärungen.

---

[13]KG, Beschl. v. 28.08.2012 – 1 W 80/12; OLG München, Beschl. v. 25.01.2011 – 34 Wx 160/10

**Amtsgericht**

Gera

# Grundbuch

**von**

**Blatt** 225

Dieses Blatt ist zur Fortführung auf EDV neu gefasst worden und dabei an die Stelle des bisherigen Blattes getreten. In dem Blatt enthaltene Rötungen sind schwarz sichtbar. Freigegeben am 01.10.2002.

Becker

**Abb. 4.1** Grundbuchaufschrift

## 4.5.2 Die Bestandteile des Grundbuchs

Das einzelne **Grundbuchblatt** besteht aus insgesamt **fünf Teilen,** die die speziellen Eintragungen zu den Rechtsverhältnissen des jeweiligen Grundstücks enthalten.

### 4.5.2.1 Aufschrift
Die **Aufschrift** bezeichnet gemäß § 5 GBVerf

- das zuständige Amtsgericht,
- den Grundbuchbezirk,
- die Band-Nr. und die Blatt-Nr. (Abb. 4.1)

### 4.5.2.2 Bestandsverzeichnis
Das **Bestandsverzeichnis** enthält gemäß § 6 GBVerf.

- die Grundstücks-Nummer,
- die Gemarkung,
- die Wirtschaftsart und Lage,
- die Größe,
- den Bestand sowie
- Zuschreibungen und Abschreibungen (Abb. 4.2).

### 4.5.2.3 Grundbuchblatt
Das **Grundbuchblatt** enthält weiter folgende **drei Abteilungen:**

- **Abteilung I** mit der Bezeichnung des **Eigentümers** und des **Erwerbsgrunds**, § 9 GBVerf.

- **Abteilung II** mit der Bezeichnung aller **Belastungen,** außer Hypotheken, Grundschulden, Rentenschulden,
  zum Beispiel Wegerechte und Leitungsrechte
  gegebenenfalls Vormerkungen und
  Verfügungsbeschränkungen, zum Beispiel Insolvenzvermerke oder Zwangsversteigerungsvermerke
- **Abteilung III** mit der Eintragung von **Hypotheken, Grundschulden** und **Rentenschulden** sowie den entsprechenden Vormerkungen (Abb. 4.3, 4.4 und Abb. 4.5).

| Grundbuchamt | Dresden | | | Einlegebogen |
|---|---|---|---|---|
| Grundbuch von | B | Blatt 5 | Bestandsverzeichnis | 1 |

| Lfd. Nr. der Grundstücke | Bisherige lfd. Nr. d. Grundstücke | Bezeichnung der Grundstücke und der mit dem Eigentum verbundenen Rechte | Größe |
|---|---|---|---|
| | | Gemarkung (nur bei Abweichung vom Grundbuchbezirk angeben) Flurstück | m² |
| | | a/b | Wirtschaftsart und Lage c | |
| 1 | 2 | 3 | 4 |
| 1 | 414 b | W Str. 14, Gebäude- und Freifläche | 8 00 |

**Abb. 4.2** Bestandsverzeichnis

| Amtsgericht | | Grundbuch von | | Blatt | Erste Abteilung | Bogen |
|---|---|---|---|---|---|---|
| Gera | | Raitzhain | | 225 | | 1 |

| Laufende Nummer der Eintragungen | Eigentümer | Laufende Nummer der Grundstücke im Bestandsverzeichnis | Grundlage der Eintragung |
|---|---|---|---|
| 1 | 2 | 3 | |
| 1 | P. , M. geb. am 09.07. 07580 Ronneburg | 1 | Aufgelassen am 20.09.1999. Bei Neufassung der Abteilung ohne Eigentumswechsel eingetragen am 01.10.2002. |

**Abb. 4.3** Eigentümer, Abteilung 1

| Grundbuchamt | Plauen | | | Einlegebogen |
|---|---|---|---|---|
| Grundbuch von | Plauen | Blatt 62 | Zweite Abteilung | 1 |

| Lfd. Nr. der Eintragungen | Lfd. Nr. der betroffenen Grundstücke im Bestandsverzeichnis | Lasten und Beschränkungen |
|---|---|---|
| 1 | 2 | 3 |
| 1 | 1 5 | Schleusenrecht zugunsten des jeweiligen Eigentümers des Grundstücks Bl. 12211 - Nr. 5 im Bestandsblatt - (FlNr. 20/1); gemäß Bewilligung vom 11.02.1961; eingetragen am 03.07.1962 (Gr.Akt.Bd. II Bl. 100). Bei Neufassung der Abteilung eingetragen am 23.09.1997. |

**Abb. 4.4** Schleusenrecht, Abteilung 2

| Amtsgericht<br>Gera | | Grundbuch von<br>hain | Blatt<br>225 | Dritte Abteilung | Bogen<br>1 |
|---|---|---|---|---|---|
| Laufende Nummer der Eintragungen | Laufende Nummer der belasteten Grundstücke im Bestandsverzeichnis | Betrag | Hypotheken, Grundschulden, Rentenschulden | | |
| 1 | 2 | 3 | 4 | | |
| 1 | 1,2 | 45.500,00 EUR | Grundschuld **ohne Brief** zu fünfundvierzigtausendfünfhundert Euro für die                 Bausparkasse Aktiengesellschaft in Ludwigsburg; 15 % Zinsen jährlich; vollstreckbar nach § 800 ZPO. Gemäß der Bewilligung vom 27.07.2010 (UR-Nr. 915/2010 der Notarin Gabriele in Gera) eingetragen am 30.07.2010.<br><br>Hagner | | |

**Abb. 4.5** Grundschuld, Abteilung 3

**Eintragungsfähig** als Eigentümer ist auch eine **WE-Gemeinschaft** als solche. Es ist inzwischen anerkannt, dass diese Grundeigentum erwerben kann, mithin **Grundbuchfähigkeit** besitzt. Es bedarf also, anders als bei einer **GbR** oder eines nicht eingetragenen **Vereins**, keiner Eintragung der jeweiligen Mitglieder, § 47 Abs. 2 GBO[14].

Bei einem **Verein** kann die Eintragung als Eigentümer im Grundbuch problematisch sein, wenn er nicht im Vereinsregister eingetragen ist. Weil weder der **Mitgliederbestand** noch die **Existenz** des Vereins an sich für den Rechtsverkehr nachzuvollziehen wären, würde eine Eintragung nur unter seinem Namen wegen Verstoßes gegen das Gebot der **Bestimmtheit** und **Klarheit** jedenfalls unzulässig sein. Alle Vereinsmitglieder müssten daher in einem solchen Fall als Eigentümer ins Grundbuch eingetragen werden[15].

## 4.5.3 Der Grundbuchrang, §§ 879 ff. BGB

Grundstücksbelastungen werden in **Abt. II u. III** des Grundbuchs fortlaufend in **zeitlicher Reihenfolge** eingetragen. Der Rang dieser Grundstücksrechte bestimmt in der **Zwangsversteigerung** die **Reihenfolge** der Befriedigung der Gläubiger. Es erfolgt **keine gleichmäßige Befriedigung** aller Gläubiger.

Der **Rang** eines Rechts ist somit für seine wirtschaftliche **Werthaltigkeit** als Sicherheit außerordentlich wichtig[16]. Das vorrangige Recht wird **vorrangig** befriedigt vor den nachrangigen Rechten. Sind Rechte in verschiedenen Abteilungen eingetragen, so richtet sich das **Rangverhältnis** nach dem Datum der Eintragung. Bei **gleichem Datum** haben die Rechte den gleichen Rang.

Das **Rangverhältnis** kann von den Beteiligten bei Eintragung mit dinglicher Wirkung bestimmt werden. Ein Rangverhältnis kann auch **nachträglich** geändert werden. Die Einigung des vor- und zurücktretenden Berechtigten muss **notariell beurkundet** werden und die entsprechende

---

[14]OLG München, Beschl. v. 11.05.2016 – 34 Wx 73/15

[15]BGH, Urt. v. 21.01.2016 – V ZB 19/15

[16]Vgl. beispielsweise OLG München, Beschl. v. 25.09.1996 – 2Z BR 78/96

Eintragung ins Grundbuch erfolgen, § 880 BGB. Bei einer Hypothek oder Grundschuld ist auch die **Zustimmung** des Eigentümers des belasteten Grundstücks erforderlich.

Der Eigentümer kann sich bei der Belastung seines Grundstücks zudem den Rang eines bestimmten Rechts **vorbehalten,** § 881 Abs. 1 BGB. Der Rangvorbehalt muss ebenfalls ins Grundbuch eingetragen werden, § 881 Abs. 2 BGB[17].

### 4.5.4   Grundbucheinsicht, § 12 GBO

Das Grundbuch ist zwar ein **öffentliches Register** zur rechtssicheren Abwicklung des Grundstücksverkehrs. Einsicht kann aber, anders als zum Beispiel beim Handelsregister, nur derjenige nehmen, der ein **berechtigtes Interesse** nachweisen kann, § 12 GBO. Hierzu muss ein sachlich verständiges Interesse an der Einsicht nachgewiesen werden. Ein berechtigtes Interesse im Sinne von § 12 GBO an der Grundbucheinsicht haben **in der Regel**

- Gläubiger[18],
- Nachbarn,
- Miteigentümer,
- Wohnungseigentümer[19] (eingeschränkt),
- Erben oder Pflichtteilsberechtigte[20].

Auch ein **Rechtsanwalt** muss sein berechtigtes Interesse an der Grundbucheinsicht nachweisen, so es sich nicht direkt aus seiner anwaltlichen Tätigkeit ergibt.

Anders verhält es sich bei **Notaren.** Diese haben grundsätzlich das Recht auf Grundbucheinsicht, da sie auch öffentliche Interessen wahrnehmen[21].

**Mieter** haben in der Regel keinen Anspruch auf Grundbucheinsicht, es sei denn, es liegen besondere Umstände vor[22]. **Bauhandwerker** haben hingegen einen Anspruch auf Grundbucheinsicht, wenn sie eine Werklohnforderung durch Eintragung einer **Bauhandwerkersicherungshypothek** gemäß § 650e BGB sichern wollen. Ein Recht auf Einsicht kann im Einzelfall auch dann noch bestehen, wenn das Grundstück zwischenzeitlich veräußert wurde[23].

---

[17]OLG Celle, Beschl. v. 22.05.2012 – 4 W 75/13

[18]OLG Hamm, Beschl. v. 23.09.2015 – 15 W 293/15

[19]OLG Schleswig, Beschl. v. 12.01.2011 – 2 W 234/10, m. w. N.

[20]OLG München, Beschl. v. 10.10.2018 – 34 Wx 293/18

[21]OLG Celle, Beschl. v. 03.04.2013 – 4 W 31/13

[22]OLG München, Beschl. v. 24.07.2018 – 34 Wx 68/18

[23]OLG München, Beschl. v. 09.02.2015 – 34 Wx 43/15

Nur **Erwerbsinteresse** oder **Neugierde** genügen nicht. Ein Kaufinteressent kann allenfalls dann ein berechtigtes Interesse an der Grundbucheinsicht haben, wenn er sich mit dem Eigentümer bereits in konkreten **Verkaufsverhandlungen** befindet und dies dem Grundbuchamt gegenüber glaubhaft machen kann[24]. Auch bloße Zweifel an der Richtigkeit einer Eintragung begründen kein berechtigtes Interesse an der Einsicht[25].

▶   Ein **Immobilienmakler** hat grundsätzlich **kein Recht** auf Grundbucheinsicht,
    so er nicht eine **Vollmacht** des Grundstückseigentümers vorlegt[26] oder er
    zur Durchsetzung eines **Provisionsanspruchs** nur auf diese Weise Kenntnis
    von der Höhe eines Kaufpreises erlangen kann, aus dem sich seine Provision
    errechnet[27].

Der Gläubiger eines zukünftigen **Erben** hat vor Eintritt des Erbfalls kein berechtigtes Interesse, in das Grundbuch des Erblassers Einblick zu nehmen, sondern erst mit Eintritt des **Erbfalls**[28]. Er muss zudem geltend machen, dass der Erblasser im Grundbuch als Allein- oder Miteigentümer oder als dinglich Berechtigter aus einer Grundstücksbelastung eingetragen war, mithin das Grundstück zum **Nachlass** gehört[29].

Zur Glaubhaftmachung des berechtigten Interesses des Erben bedarf es grundsätzlich nicht der Vorlage eines **Erbscheins**, wenn sich die Erbeinsetzung aus einer **öffentlichen Urkunde**, etwa einem notariellen Testament ergibt, § 35 GBO. Es dürfen sich hieraus jedoch keine Zweifel an der Erbfolge ergeben. Hat das Grundbuchamt zum Beispiel berechtigte **Zweifel** an der Testierfähigkeit des Erblassers, so kann es die Vorlage eines Erbscheins verlangen[30].

**Wohnungseigentümer** haben kein unbeschränktes Einsichtsrecht in das Wohnungsgrundbuch eines Miteigentümers. Es **beschränkt** sich in der Regel auf das Bestandsverzeichnis und Abteilung I[31]. Ein Einsichtsrecht in Abteilung II und III besteht selbst dann nicht, wenn der Miteigentümer mit Hausgeld in Zahlungsrückstand geraten ist. In diesem Fall hat nur der **WE-Verwalter** ein berechtigtes Interesse, weil er für die WE-Gemeinschaft die entsprechenden Ansprüche geltend macht[32].

Grundbucheinsicht kann auch nicht zur Durchsetzung von Ansprüchen gegen **Dritte** verlangt werden. Ein berechtigtes Interesse besteht nur dann, wenn der Dritte, gegen den Ansprüche

---

[24]OLG Naumburg, Beschl. v. 14.09.2015 – 12 Wx 41/15

[25]OLG München, Beschl. v. 30.11.2016 – 34 Wx 439/16

[26]OLG Celle, Urt. v. 15.07.2011 – Not 7/11

[27]OLG Dresden, Beschl. v. 03.12.2009 – 3 W 1228/09, BauR 2010, 955

[28]OLG München, Beschl. v. 17.07.2013 – 34 Wx 282/13; für den Ausnahmefall vgl. OLG München, Beschl. v. 10.10.2018, a. a. O.

[29]OLG Düsseldorf, Beschl. v. 07.04.2015 – I-3 Wx 61/15

[30]OLG München, Beschl. v. 11.01.2018 – 34 Wx 408/17

[31]OLG München, Beschl. v. 11.12.2015 – 34 Wx 208/15; OLG München, Beschl. v. 09.10.2015 – 34 Wx 184/15

[32]OLG Hamm, Beschl. v. 17.07.2015 – 15 W 210/14

mittels der Informationen aus dem Grundbuch durchgesetzt werden sollen, in einer **rechtlichen Beziehung** zum Grundstück steht. Das Grundbuch dient nicht dazu, allgemeine Informationen zu liefern[33].

Auch **Rechercheinteresse** von **Journalisten** kann ein Recht auf Grundbucheinsicht begründen, wenn bestimmte Voraussetzungen gegeben sind. Der **BGH** hat hierzu unter Bezug auf die Rechtsprechung des **Bundesverfassungsgerichts** folgendes entschieden

**Rechtsprechung:** „Das Bundesverfassungsgericht hat bereits entschieden, dass – über den ursprünglichen, dem allgemeinen Rechtsverkehr mit Grundstücken dienenden Regelungszweck hinaus – auch ein schutzwürdiges Interesse der Presse daran, von den für ein bestimmtes Grundstück vorgenommenen Eintragungen Kenntnis zu erlangen, das nach § 12 Abs. 1 Satz 1 GBO für die Gestattung der Grundbucheinsicht erforderliche berechtigte Interesse zu begründen vermag (BVerfG, NJW 2001, 503, 504). Ein solches Interesse besteht hier, da das Einsichtsgesuch der Antragstellerin auf die Beschaffung journalistisch verwertbarer Informationen im Zusammenhang mit dem Kauf des Grundstücks, für das Einsicht verlangt wird, zielt und somit der von dem Schutzbereich der Pressefreiheit (Art. 5 Abs. 1 Satz 2 GG) erfassten publizistischen Vorbereitungstätigkeit (BVerfGE 50, 234, 240) zuzuordnen ist." [34]

Es ist gleichwohl erforderlich, dass der Journalist das Rechercheinteresse **konkret** darlegt, also dass die Grundbucheinsicht der Beschaffung journalistisch verwertbarer Informationen dient und daher unter die **Pressefreit** von Art. 5 GG fällt[35]. Dass Pressevertreter typischerweise auch auf Verdacht hin recherchieren, ist hierbei zu berücksichtigen und mit in die **Abwägung** gegenüber dem **Persönlichkeitsschutz** des Eigentümers einzubeziehen[36].

Hat der Journalist ein berechtigtes Interesse, so ist es dem Grundbuchamt auch verwehrt, den Grundstückseigentümer von der Einsicht der Presse in das Grundbuch zu unterrichten. Hierfür gibt es zumindest derzeit keine gesetzliche Grundlage.

Das Einsichtsrecht erstreckt sich auch auf die **Urkunden** für die Eintragungen und noch nicht erledigte Eintragungsanträge, § 12 Abs. 1, S. 2 GBO. Dem Einsichtsberechtigten werden auf Antrag (beglaubigte) **Abschriften** des Grundbuchinhalts gefertigt[37] (Abb. 4.6).

---

[33]OLG München, Beschl. v. 17.10.2016 – 34 Wx 287/16

[34]BGH, Beschl. v. 17.08.2011 – V ZB 47/11

[35]OLG München, Beschl. v. 20.04.2016 – 34 Wx 407/15; OLG München, Beschl. v. 28.07.2016 – 34 Wx 225/16; OLG Düsseldorf, Beschl. v. 07.10.2015 – I-3 Wx 179/15

[36]LG Düsseldorf, Beschl. v. 07.10.2015 – 3 Wx 179/15

[37]OLG Zweibrücken, Beschl. v. 24.01.2013 – 3 W 471/12

```
An das Amtsgericht – Grundbuchamt –                    Eingangsvermerke/Gebührenstempler

Antrag auf Erteilung
von Abschriften aus dem Grundbuch


Antragsteller

Name, Vorname                                          Geburtsdatum

PLZ, Ort, Straße


Ich beantrage die Erteilung von
Anzahl  amtlichen Ausdruck(en)/      Anzahl  einfachen Ausdruck(en)/
        beglaubigte(n) Abschrift(en)         unbeglaubigte(n) Abschrift(en)
Grundbuch von                                          Blatt

Gemarkung                                              Grundstück – Flurstück


Ich habe ein berechtigtes Interesse als  ☐ Eigentümer/   ☐ Bevollmächtigter  ☐ Gläubiger   ☐ Notar
                                           Miteigentümer     des Eigentümers/
                                                             Miteigentümers
                                         ☐

                                         ☐


Ort, Datum

                                                                           Unterschrift
```

**Abb. 4.6** Antrag Grundbucheinsicht

## 4.6 Das Verfahren zur Grundbucheintragung, §§ 13 ff. GBO

### 4.6.1 Der Eintragungsantrag, § 13 GBO

Beim Eintragungsverfahren gilt der sogenannte **Antragsgrundsatz,** § 13 GBO. Eine Eintragung erfolgt danach nur auf Antrag.

Das Grundbuchamt wird nur ausnahmsweise auch **von Amts wegen** tätig. Dies erfolgt beispielsweise bei der Eintragung einer Vormerkung oder eines Widerspruchs im Falle des § 18 Abs. 2 GBO oder zur Eintragung eines Testamentsvollstreckervermerks.

Der Beantragende hat einen **Anspruch** auf Tätigwerden des Grundbuchamtes (Justizgewährungsanspruch). Es steht somit nicht im Ermessen des Grundbuchamtes, ob es einen Antrag bearbeitet und eine Eintragung vornimmt. Es ist vielmehr verpflichtet, die Voraussetzungen für die beantragte Eintragung zu prüfen und, so alle Voraussetzungen vorliegen, die begehrte Eintragung vorzunehmen oder den Antrag förmlich zurückzuweisen. Das Grundbuchamt kann den Vollzug der Eintragung allerdings von der Einzahlung eines **Kostenvorschusses** abhängig machen[38].

**Antragsberechtigt** ist in der Regel

- der Betroffene, dessen Recht beeinträchtigt wird,
- der Begünstigte, zu dessen Gunsten ein Recht eingetragen werden soll,
- der mittelbar Betroffene, wenn seine Bewilligung erforderlich ist, zum Beispiel nach § 880 BGB und
- unter bestimmten Voraussetzungen auch ein Vollstreckungsgläubiger zur Grundbuchberichtigung gemäß § 14 GBO.

Der **Antrag** muss hinreichend **bestimmt** sein und folgendes erkennen lassen:

- den Antragsteller
- den Willen des Antragstellers (*„ersucht"*, *„beantragt"*, *„gebeten"*)
- den Inhalt der verlangten Eintragung
- welches Grundstück betroffen ist, § 28 GBO
- den Nachweis der Eintragungsunterlagen in der Form des § 29 GBO (notariell)

Wird die zu einer Eintragung erforderliche Erklärung von einem Notar beurkundet oder beglaubigt, so gilt dieser nach § 15 Abs. 2 GBO, anders als bei sonstigen **Vertretungsfällen**, nach § 15 Abs. 1 GBO als **ermächtigt,** im Namen des Antragsberechtigten die Eintragung in das Grundbuch zu beantragen.

Durch die Änderung der Grundbuchordnung zum 01.06.2017 wurde § 15 Abs. 3 GBO eingeführt, der eine **Vorprüfungspflicht** des Notars festschreibt. Danach hat der Notar die zur Eintragung erforderlichen Erklärungen vor der Einreichung beim Grundbuchamt auf ihre **Eintragungsfähigkeit** hin zu prüfen. Diese Vorprüfung, die Notare auch in der Vergangenheit ohnehin schon vorgenommen haben, soll das **Eintragungsverfahren** zügiger und effizienter gestalten und eine noch größere Gewähr für die Richtigkeit der Grundbucheintragung bieten. In welcher Weise diese Vorprüfungspflicht zu dokumentieren bzw. im Einzelfall nachzuweisen ist, ist allerdings noch umstritten[39].

## 4.6.2   Der Bewilligungsgrundsatz, § 19 GBO

Der **Bewilligungsgrundsatz** nach § 19 GBO ist von **zentraler Bedeutung** für das Grundbuchverfahren[40]. Er besagt, dass eine **rechtsändernde Eintragung** im Grundbuch

---

[38]OLG München, Beschl. v. 20.09.2015 – 34 Wx 293/15

[39]OLG Schleswig, Beschl. v. 28.07.2017 – 2 Wx 50/17

[40]OLG Dresden, Beschl. v. 10.12.1999 – 3 W 1832, 99

nur erfolgt, wenn derjenige sie **bewilligt,** dessen Recht von ihr **betroffen** ist. Zusätzlich muss die Bewilligungsberechtigung des Betroffenen gegeben sein. Betroffenheit in diesem Sinne liegt vor, wenn durch die Eintragung ein Recht des Betroffenen rechtlich (nicht bloß wirtschaftlich) beeinträchtigt wird.

Zudem prüft das **Grundbuchamt,** ob der Grundstückseigentümer überhaupt **verfügungsberechtigt** ist.

Ist beispielsweise ein **Insolvenzvermerk** ins Grundbuch eingetragen, so fehlt es an einer solchen **Verfügungsberechtigung.** Selbst wenn der Vermerk aus dem Grundbuch wieder gelöscht wurde, darf das Grundbuchamt zumindest nach Ansicht des OLG Celle nicht ohne weiteres unterstellen, dass der Eigentümer seine Verfügungsbefugnis wiedererlangt hat, sondern muss dies gesondert prüfen[41]. Dem ist der **BGH** allerdings nicht gefolgt. Nach der **Löschung** eines **Insolvenzvermerks** hat das Grundbuchamt von einer unbeschränkten Verfügungsgewalt des Eigentümers auszugehen. Einer **Freigabeerklärung** des Insolvenzverwalters in der Form von § 29 Abs. 1 S. 1 GBO bedarf es daher nicht[42].

Eine **Rechtsänderung** erfolgt im Falle der Auflassung eines Grundstücks, der Bestellung eines Erbbaurechts oder anderen dinglichen Rechtsänderung nur, wenn die **Einigung** beider Vertragsparteien erklärt wurde, § 20 GBO.

Eine **Ausnahme** gilt bei der **Grundbuchberichtigung,** wenn die Unrichtigkeit nachgewiesen ist, § 22 GBO und unter den Voraussetzungen des § 14 GBO.

Gemäß § 14 GBO kann eine **Berichtigung** des Grundbuchs auch von demjenigen beantragt werden, der aufgrund eines **vollstreckbaren Titels** eine Eintragung in das Grundbuch verlangen kann, sofern die Zulässigkeit der Eintragung von der vorherigen Berichtigung des Grundbuchs abhängt. Eine solche Fallkonstellation kann etwa bei der Nichtigkeit einer Auflassung, bei der Abtretung einer Briefhypothek eintreten oder wenn ein Gläubiger ein rechtskräftiges Urteil gegen einen Erblasser zu dessen Lebzeiten erstritten hatte und nun in ein Grundstück aus der Erbmasse vollstrecken will. Er braucht in diesem Fall nicht zuwarten, bis der oder die Erben selber die Berichtigung des Grundbuchs beantragen, wozu sie auch nicht einmal verpflichtet sind, sondern er kann selbst die Berichtigung ohne die Zustimmung der Erben durchsetzen[43].

### 4.6.3 Der Voreintragungsgrundsatz, § 39 BGO

Der **Voreintragungsgrundsatz** nach § 39 GBO ist ein weiterer tragender **(Ordnungs-) Grundsatz** im Grundbuchverfahren[44]. Eine Eintragung soll danach nur erfolgen, wenn

---

[41]OLG Celle, Beschl. v. 16.04.2015 – 4 W 57/15, a. A. Frankfurt a. M., Beschl. v. 01.03.2016 – 20 W 26/16

[42]BGH, Beschl. v. 30.08.2017 – VII ZB 23/14, Rn 19

[43]OLG Sachsen-Anhalt, Beschl. v. 21.02.2018 – 12 Wx 39/17; BGH, Urt. v. 20.01.2006 – V ZR 214/04, Rn 17

[44]OLG Frankfurt, Urt. v. 04.01.2008 – 8 U 138/07, BauR 2008, 1158

die Person, deren Recht durch die Eintragung betroffen wird, als die Berechtigte eingetragen ist.

Zweck dieses Grundsatzes ist die formelle und durchgängige **Richtigkeit** und **Nachvollziehbarkeit** des Grundbuchs[45]. Das Grundbuchamt soll von der **Legitimationsprüfung** befreit werden und der eingetragene Berechtigte davor, dass ungeachtet des § 891 BGB ein Unberechtigter verfügen kann.

**Ausnahmen** vom Grundsatz der Voreintragung gelten für das **Briefrecht**, § 39 Abs. 2 GBO[46] und die **Erbschaft**, § 40 GBO.

### 4.6.4  Die Vormerkung, §§ 883 ff. BGB

#### 4.6.4.1 Einführung

Zwischen dem schuldrechtlichen Verpflichtungsgeschäft, welches einer Änderung der dinglichen Rechtslage vorausgeht, und der eigentlichen Eintragung der **Rechtsänderung** im Grundbuch, vergeht zumeist eine gewisse Zeit, weil eine „**Zug um Zug**" **Abwicklung** eines Kaufs wie bei Mobilien bei Immobilien schwerlich möglich ist. Um eine zwischenzeitliche Rechtsänderung zum Nachteil eines Erwerbers zu verhindern, etwa durch Eintragung einer Grundstücksbelastung oder durch Weiterveräußerung, gibt es das **Sicherungsmittel** der Vormerkung gemäß § 883 BGB. Zur **Sicherung** des Anspruchs auf Einräumung oder Aufhebung eines Rechts an einem Grundstück oder an einem das Grundstück belastenden Rechts oder auf Änderung des Inhaltes oder des Ranges eines solchen Rechts, kann eine solche **Vormerkung** im Grundbuch eingetragen werden. Ohne einen wirksamen zu sichernden Anspruch kann eine Vormerkung nicht in das Grundbuch eingetragen werden. Sie ist **akzessorisch**, besteht also nur dann, wenn ein zu sichernder Anspruch besteht. Eine Vormerkung kann daher auch nicht ohne den Anspruch auf einen Dritten übertragen werden. Die wichtigste Vormerkung in der Praxis ist die sogenannte **Auflassungsvormerkung**.

#### 4.6.4.2 Bedingte und zukünftige Forderungen

Eine Vormerkung kann gemäß § 883 Abs. 1, S. 2 auch zur Sicherung eines **künftigen** oder **bedingten Anspruchs** erfolgen, zum Beispiel zur Absicherung eines bedingten **Rückauflassungsanspruchs**. Eine Vormerkung für einen bedingten Anspruch kann aber nur eingetragen werden, wenn die **Bedingung** nicht mehr einseitig durch den Verpflichteten beseitigt werden kann, die Entstehung des Anspruchs folglich nur noch von dem Willen des Berechtigten abhängt[47].

---

[45]BGH, Beschl. v. 15.07.2010 – V ZB 107/10

[46]OLG Hamm, Beschl. v. 15.11.2005 – 15 W 179/05

[47]BGH, Urt. v. 19.04.2002, V ZR 90/01

### 4.6.4.3  Sicherung durch die Vormerkung

Die Sicherung erfolgt dergestalt, dass gemäß § 883 Abs. 2 BGB **Verfügungen,** die nach der Eintragung der Vormerkung im Grundbuch bezüglich des Grundstücks oder des entsprechenden Rechts getroffen werden, insoweit **unwirksam** sind, als sie den Anspruch vereiteln oder beeinträchtigen würden. Die Vormerkung ist sogar „**vollstreckungssicher**", weil auch Verfügungen im Wege der Zwangsversteigerung, der Arrestvollziehung oder durch den Zwangsverwalter unwirksam sind, § 883 Abs. 2, S. 2 BGB. Dies gilt auch hinsichtlich später angeordneter Verfügungsbeschränkungen bzw. Verfügungsverboten.

Durch die Vormerkung kommt es aber nicht zu einer **Grundbuchsperre** oder **Verfügungsbeschränkung.** Nachfolgende Verfügungen werden auch weiterhin im Grundbuch eingetragen. Die Vormerkung hat aber **rangwahrende** Wirkung für das später einzutragende Recht, § 883 Abs. 3 BGB. Des Weiteren sind Verfügungen, die den zu sichernden Anspruch vereiteln oder beeinträchtigen, **relativ unwirksam,** d. h. dass diese Verfügungen nicht in jeder Hinsicht unwirksam sind, sondern nur gegenüber dem Anspruchsberechtigten. Auch nur er kann die Unwirksamkeit geltend machen und nicht der Schuldner des gesicherten Anspruchs. Die nachträgliche Eintragung einer solchen Verfügung macht das Grundbuch daher auch nicht unrichtig.

Der Berechtigte kann seinen Anspruch aus der **relativen Unwirksamkeit** gemäß § 888 **BGB** gegenüber dem aus der später eingetragenen Verfügung Berechtigten durchsetzen. Er hat hierfür einen Anspruch auf **Zustimmung** zu der erforderlichen Löschung oder Eintragung[48].

### 4.6.4.4  Entstehung der Vormerkung

Die Eintragung der **Vormerkung** erfolgt gemäß § 885 Abs. 1 BGB auf **Einwilligung** desjenigen, dessen Recht betroffen ist, der diese Einwilligung als Verkäufer und Eigentümer typischerweise bereits im Grundstückskaufvertrag abgibt. (vgl. Kap. 3, Abschn. 3.2.2.5.6) Eine Eintragung kann aber auch im Wege einer **einstweiligen Verfügung,** also gegen den Willen des Eigentümers ins Grundbuch eingetragen werden, um einen Anspruch zu sichern.

Um die Eintragung einer Vormerkung in das Grundbuch vornehmen zu können, müssen neben der Einwilligung diverse **Voraussetzungen** erfüllt sein.
Der Vormerkungsberechtigte und die zu sichernde Forderung müssen zur Eintragung insbesondere bestimmbar sein[49]. An einer solchen **Bestimmbarkeit** des Vormerkungsberechtigten kann es fehlen, wenn er nicht von vornherein anhand von objektiven Kriterien als natürliche oder juristische Person zu bestimmen ist[50].

---

[48]BGH, Urt. v. 02.07.2010 – V ZR 240/09

[49]BGH, Urt. v. 19.04.2002, a. a. O.

[50]OLG Hamm, Beschl. v. 31.03.2017 – 15 W 75/17

### 4.6.4.5  Bewilligung zur Löschung der Grundschuld

Zur Löschung der Vormerkung bedarf es grundsätzlich der **Bewilligung** des Berechtigten. Besteht der zu sichernde Anspruch nicht mehr oder ist er aufgrund einer Einrede dauerhaft nicht mehr durchsetzbar, beispielsweise wegen Verjährung, so kann der Grundstückseigentümer gemäß § 886 BGB vom Berechtigten die Abgabe einer Löschungsbewilligung zur **Löschung** der Vormerkung verlangen.

## 4.7    Rechtsmittel im Grundbuchverfahren, §§ 71 ff. GBO

Das Grundbuchamt kann gemäß § 18 Abs. 1 GBO einen Antrag entweder **zurückweisen** mit der Folge des **Rangverlustes** oder dem Antragsteller mittels einer **rangwahrenden Zwischenverfügung** eine Frist zur Beseitigung des Hindernisses setzen, wenn einer beantragten Eintragung ein **Hindernis** entgegensteht.

Die **Rechtsmittel** im Grundbuchverfahren sind bei der Zurückweisung von Anträgen daher von besonderer Bedeutung, weil hiermit die **Rangwahrung** des Eintragungsantrags entfällt. Wann das Grundbuchamt einen Antrag **zurückweisen** muss oder eine **Zwischenverfügung** erlassen kann, ist umstritten[51]. Bei Fehlen eines wirksamen materiellen Rechtsgeschäfts als Grundlage für die Eintragung muss das Grundbuchamt den Antrag zwingend zurückweisen[52]. Gleiches gilt bei fehlender Bewilligung des unmittelbar von der Eintragung Betroffenen[53].

Das zulässige **Rechtsmittel** gegen Entscheidungen des Grundbuchamts ist die **Beschwerde** gemäß § 71 ff. GBO.

Die Beschwerde gegen eine **Eintragung** an sich ist unzulässig, da sich deren Richtigkeit nach materiellem Recht richtet. Damit kann über ihre Beseitigung auch nur nach materiellem Recht im zivilrechtlichen **Klageverfahren** entschieden werden.

Anders verhält es sich bei der Eintragung einer **Zwangssicherungshypothek** nach § 867 ZPO, aufgrund eines vollstreckbaren Titels. Denn die Eintragung einer Hypothek als **Vollstreckungsakt** regelt sich aufgrund ihrer formellen Zuweisung zum Grundbuchverfahren ausschließlich nach den Vorschriften der GBO. Das Grundbuchamt wird deswegen als **Grundbuchbehörde** tätig. Die Eintragung der Zwangssicherungshypothek ist somit eine Entscheidung des Grundbuchamtes. Sie ist nicht als Entscheidung im Vollstreckungsverfahren zu qualifizieren[54].

Entscheidungen des **Grundbuchrichters** sind grundsätzlich immer mit der **Beschwerde** angreifbar. Bei Entscheidungen des **Rechtspflegers** ist zunächst das Rechtsmittel der

---

[51]OLG München, Beschl. v. 10.06.2008 – 34 Wx 039/08; OLG Karlsruhe, Beschl. v. 13.12.2013 – 14 Wx 16/13

[52]BGH, Beschl. v. 26.09.2013 – V ZB 152/12, Rn 6; OLG Karlsruhe, a. a. O.

[53]BGH, Beschl. v. 26.06.2014 – V ZB 1/12, Rn 5

[54]OLG Zweibrücken, Beschl. v. 16.11.2000 – 3 W 191/00

**Erinnerung** gemäß § 11 Abs. 1 RpflG einzulegen. Dies ermöglicht dem Rechtspfleger, seiner Entscheidung abzuhelfen. Tut er dies nicht, so legt er die Erinnerung dem Grundbuchrichter entsprechend § 11 Abs. 2 S. 2 RpflG zur Entscheidung vor.

Die Beschwerde kann, mit Ausnahme von § 89 GBO, **unbefristet** eingelegt werden. Als Beschwerdegericht ist nach § 72 GBO das **Oberlandesgericht** zuständig, in dessen Bezirk das Grundbuchamt seinen Sitz hat. Die Beschwerde mittels **Beschwerdeschrift** kann gemäß § 73 Abs. 1 GBO entweder dort oder beim Grundbuchamt selbst eingelegt werden.

Hält das Grundbuchamt die Beschwerde, die auch auf **neue Tatsachen** und **Beweise** gestützt werden kann, für begründet, so kann der Rechtspfleger der Beschwerde abhelfen, seine ursprüngliche Entscheidung also korrigieren, § 75 GBO.

Bloße **Ankündigungen** des Grundbuchamts, eine Eintragung oder Löschung in Zukunft vornehmen zu wollen, sind nicht mit der Beschwerde angreifbar[55].

Das Beschwerdegericht kann gemäß § 76 GBO vor seiner Entscheidung eine **einstweilige Anordnung** erlassen und dem Grundbuchamt aufgeben,

- einen Widerspruch einzutragen,
- eine Vormerkung einzutragen oder
- eine Aussetzung der Vollziehung der angefochtenen Entscheidung anordnen.

Die **Beschwerdeentscheidung** des Oberlandesgerichts wird gemäß § 77 GBO begründet. Gegen diese Entscheidung ist als weiteres Rechtsmittel die **Rechtsbeschwerde** nach § 78 GBO zulässig, wenn sie das Oberlandesgericht in seiner Entscheidung zugelassen hat. Sie wird **unzulässig,** wenn sich die Hauptsache vor ihrer Einlegung erledigt hat, etwa wenn das Eintragungshindernis unzweifelhaft behoben wurde[56].

## Weiterführende Literatur

Bauer/Schaub, Kommentar zur Grundbuchordnung, 4. Aufl. 2018, Verlag Vahlen
Demharter, Kommentar zur Grundbuchordnung, 31. Aufl. 2018, C.H. Beck Verlag
Hügel, Kommentar zur Grundbuchordnung, 4. Aufl. 2019, C.H. Beck Verlag
Meikel, Kommentar zur Grundbuchordnung, 11. Aufl. 2015, Carl Heymanns Verlag
Schöner/Stöber, Grundbuchrecht, 16. Aufl. 2019, C.H. Beck Verlag
Wilsch, Grundbuchordnung für Anfänger, 2. Aufl. 2017, C.H. Beck Verlag

---

[55]OLG München, Beschl. v. 20.04.2016 – 34 Wx 340/15
[56]BGH, Beschl. v. 08.12.2011 – V ZB 170/11, NJW-RR 2012, 651

# Grundstücksbelastungen

**5**

## 5.1 Einführung

Das Grundstück ist wegen seiner Dauerhaftigkeit und Werthaltigkeit ein geeignetes Objekt, um als Sicherheit für Gläubiger des Grundstückseigentümers zu dienen. Diese Verwendung des Grundstücks als **Sicherungsmittel** ist gesetzlich ausdrücklich vorgesehen, §§ 1018 ff., §§ 1113 ff. BGB. Die Funktion als Sicherheit für einen Gläubiger erhält das jeweilige Grundstück durch die **Eintragung** von sogenannten **Grundpfandrechten** bzw. **Dienstbarkeiten** in das Grundbuch.

Durch die Belastung dient das Grundstück dem Gläubiger insbesondere deswegen als „Sicherheit", weil es im Sicherungsfall im Wege der **Zwangsvollstreckung** verwertet, also zu Geld gemacht werden kann. Der Gläubiger kann sich im Falle der Säumigkeit durch den Schuldner, beispielsweise bei der Rückzahlung eines Darlehens, durch die Vereinnahmung des Erlöses in der Zwangsversteigerung des Grundstücks befriedigen.

Durch Grundstücksbelastungen kann auch eine bestimmte **Nutzungsberechtigung** abgesichert werden, zum Beispiel durch eine Dienstbarkeit für Wege- oder Leitungsrechte auf dem so belasteten Grundstück.

Indem solche Grundstücksbelastungen ins **Grundbuch** eingetragen werden, sind sie bei Einsicht in das Grundbuch für jedermann ersichtlich. Solche Eintragungen im Grundbuch geben also zum Zwecke der **Rechtsklarheit** im Rechtsverkehr verbindlich **Auskunft** über die rechtlichen Verhältnisse des Grundstücks und über denjenigen, dem Rechte am jeweiligen Grundstück zustehen. (vgl. Kap. 4).

Bei den möglichen Grundstücksbelastungen besteht sogenannter **Typenzwang**[1]. Durch die beteiligten Parteien können keine anderen „Belastungstypen" kreiert oder vereinbart werden, die von den gesetzlichen Vorgaben abweichen. Nur durch die gesetzlich

---

[1]BGH, Urt. v. 14.02.2003 – V ZR 54/02, NJW-RR 2003, 732

© Springer Fachmedien Wiesbaden GmbH, ein Teil von Springer Nature 2019
J. Handschumacher, *Immobilienrecht praxisnah,*
https://doi.org/10.1007/978-3-658-26909-8_5

vorgesehenen **Belastungsarten** (numerus clausus) kann ein in Deutschland gelegenes Grundstück dinglich belastet und eine solche Belastung im Grundbuch eingetragen werden. Kreative Neuschaffungen, beispielsweise eine „Hypothek light" oder ähnliche Belastungen, sind also unzulässig und können auch nicht rechtswirksam vereinbart werden. Das Bedürfnis nach Rechtsklarheit im Grundstückverkehr ist der Grund für den sachenrechtlichen Typenzwang im deutschen Rechtssystem.

## 5.2    Die beschränkt dinglichen Rechte

### 5.2.1    Einführung

Grundstücksbelastungen stellen eine „Belastung" des Grundstückseigentums im wahrsten Sinne des Wortes dar. Diese Grundstücksbelastungen werden als **„beschränkt dingliche Rechte"** bezeichnet. Beschränkt dingliche Rechte geben ihrem Inhaber nicht die vollumfängliche Nutzungs- und Verwertungsbefugnis an einer Sache, sondern ordnen ihrem Inhaber nur einzelne, näher konkretisierte Befugnisse an der Sache zu. Damit sind die beschränkt dinglichen Rechte **Teilrechte** des Vollrechts „Eigentum", die der Eigentümer zugunsten eines Anderen von dem Vollrecht abspaltet und das Eigentum so mit einem anderen Recht belastet.

Den beschränkt dinglichen Rechten ist gemeinsam, dass sie eine **absolute Wirkung** entfalten. Diese absolute Wirkung äußert sich in einem absoluten Schutz gegenüber jedermann, also nicht nur gegenüber Dritten, sondern auch gegenüber dem Eigentümer als Vollrechtsinhaber und seinen Rechtsnachfolgern. Die **verschiedenen** beschränkt dinglichen Rechte können dabei unterschieden werden in

- Nutzungs-,
- Verwertungs- und
- Erwerbsrechte.

Zu den **Nutzungsrechten** (Dienstbarkeiten) zählen

- Grunddienstbarkeiten,
- beschränkt persönliche Dienstbarkeiten sowie
- Nießbrauchrechte.

Diese Nutzungsrechte geben dem Inhaber die Möglichkeit, das Grundstück eines anderen in bestimmter Weise zu nutzen.

Zu den **Verwertungsrechten** gehören

- Reallasten und
- Grundpfandrechte.

Ein Verwertungsrecht gibt dem Inhaber die Möglichkeit, das Grundstück beim Vorliegen bestimmter Voraussetzungen im Wege der **Zwangsvollstreckung** zu verwerten.

Zu den **Erwerbsrechten** zählt insbesondere das

- dingliche Vorkaufsrecht.

Das Erwerbsrecht gibt seinem Inhaber unter bestimmten Voraussetzungen das Recht, das Eigentum an der Sache zu erwerben.

## 5.2.2   Die Grundpfandrechte (Hypothek, Grundschuld, Rentenschuld), §§ 1113 ff. BGB

### 5.2.2.1 Einführung

Die Grundpfandrechte haben für die Kreditwirtschaft eine herausragende Bedeutung als **Kreditsicherungsmittel**. Durch die dabei unterstellte Wertbeständigkeit des Grundstücks trägt der Kreditgeber ein geringeres Insolvenzrisiko des Kreditnehmers als bei Absicherung seines Kredites durch die Verwertungsmöglichkeit von Mobilien oder durch Bürgschaft. Ebenso ist die Rangwirkung der grundbuchlichen Eintragung eines Grundpfandrechts für den Kreditgeber vorteilhaft. (vgl. Kap. 4; Abschn. 4.5.3).

Zu den Grundpfandrechten zählen

- die **Hypothek** §§ 1113 ff. BGB,
- die **Grundschuld** §§ 1191 ff. BGB und
- die **Rentenschuld** §§ 1199 ff. BGB.

### 5.2.2.2 Duldung der Zwangsvollstreckung

Den Grundpfandrechten ist gemein, dass sie ihren Inhaber zur Befriedigung aus dem belasteten Grundstück berechtigen, allerdings nicht in Form eines direkten Zahlungsanspruches, sondern durch das Recht, von dem Eigentümer die **Duldung der Zwangsvollstreckung** zu verlangen, § 1147 BGB. Dadurch haftet der Eigentümer nicht nur persönlich mit seinem gesamten Vermögen, sondern der Gläubiger kann, ausgehend von der mit dem Schuldner vereinbarten **Sicherungsabrede** (siehe Abschn. 5.2.2.6.1) im Falle der Säumnis ohne Weiteres zur Tilgung seiner Forderung sich aus dem belasteten Grundstück befriedigen. Es ist dabei nicht zwingend, dass der Eigentümer des belasteten Grundstücks und der Schuldner des Grundpfandgläubigers identisch sind.

### 5.2.2.3 Entstehung und Löschung

Für das rechtswirksame **Entstehen** eines Grundpfandrechts ist grundsätzlich erforderlich

- ein **schuldrechtliches** Grundgeschäft
- eine **Einigung** gemäß § 873 BGB zwischen Grundstückseigentümer und Gläubiger, die keiner notariellen Form bedarf,

- die **Eintragungsbewilligung** in der Form des § 29 GBO
- und die **Eintragung** in das Grundbuch.

Ein Grundpfandrecht kann **gelöscht** werden,

- wenn der Gläubiger die Löschung gemäß § 19 GBO **bewilligt** und
- der Grundstückseigentümer gemäß § 27 GBO **zustimmt.**

Die gesetzlich erforderliche **Zustimmung** des Grundstückseigentümers schützt zum einen den Eigentümer, der möglicherweise ein erhebliches Interesse am Fortbestand des Rechts hat, zum anderen das **Grundbuchamt,** weil die Zustimmung verhindert, dass der mit der Löschung nicht einverstandene Eigentümer das Recht kurze Zeit später wieder eintragen lässt. Das Grundbuchamt nimmt die **Löschung** also nur dann vor, wenn neben der notwendigen Bewilligung die Zustimmung zur Löschung durch öffentliche oder öffentlich beglaubigte Urkunden nachgewiesen wird, § 29 Abs. 1 GBO.

Die Eintragungsbewilligung hat dem **Bestimmtheitsgrundsatz** zu genügen, der durchgängig im Sachenrecht gilt.

Eine Löschungsbewilligung ist, ebenso wie die Eintragungsbewilligung, eine sogenannte **Verfahrenserklärung,** die zwar ebenso wie eine Willenserklärung grundsätzlich auslegungsfähig ist. Sie muss aber **eindeutig** sein. Soll zum Beispiel im Rahmen einer Grundstücksveräußerung die Zustimmung des Eigentümers zur Löschung eines **Gesamtgrundpfandrechts** alle Grundstücke umfassen, auf denen das Recht noch lastet, so muss dies in eindeutiger Weise geschehen. Es darf kein Zweifel bleiben, dass möglicherweise nur die Löschung der Belastung an dem einzeln veräußerten Grundstück gemeint ist[2].

### 5.2.2.4 Beleihungspraxis

Die Grundschuld hat sich entgegen den Erwartungen der **Gesetzesväter** des BGB im heutigen Rechtsverkehr hinsichtlich der „Beliebtheit" gegen die Hypothek durchgesetzt. Den ursprünglichen Gedanken, dass die Hypothek das für die Praxis wichtigere **Sicherungsmittel** sein würde, erkennt man an den zahlreichen Verweisen bei der Grundschuld auf die detaillierten Regelungen betreffend die Hypothek im BGB.

Die beiden Sicherheiten unterscheiden sich in ihrer Abhängigkeit von der zu sichernden Forderung. Während sich die Hypothek **akzessorisch** zur gesicherten Forderung verhält, die Hypothek also nicht ohne eine zu sichernde Forderung bestehen kann, besteht die Grundschuld sachenrechtlich **unabhängig** von einer Forderung. Das bedeutet, dass die Grundschuld hinsichtlich Entstehung, Übertragung und Erlöschen nicht von dem Bestehen der Forderung **abhängig** ist.

---

[2]OLG München, Beschl. v. 26.11.2007, 34 Wx 119/07; OLG München, Beschl. v. 08.10.2015 – 34 Wx 289/15

Die **Rentenschuld** spielt in der Praxis nur eine sehr untergeordnete Rolle. Von weit größerer wirtschaftlicher Bedeutung sind im Gegensatz dazu die **Hypothek** und die **Grundschuld.**

### 5.2.2.5 Die Hypothek, §§ 1113 ff. BGB

#### 5.2.2.5.1 Wesen der Hypothek

Die Hypothek ist – wie bereits dargestellt – die dingliche Belastung eines Grundstücks mit dem **Verwertungsrecht** eines Gläubigers. Der Gläubiger kann bei Fälligkeit seiner Forderung nach § 1447 BGB die Duldung der Zwangsvollstreckung des mit der Hypothek belasteten Grundstücks vom Grundstückseigentümer verlangen. Die Hypothek ist danach ein **dingliches Verwertungsrecht,** welches aber keinen unmittelbaren Leistungsanspruch gegenüber dem Grundstückseigentümer gewährt. Mittels Befriedigung des Gläubigers kann die vom Gläubiger des belasteten Grundstücks betriebene Zwangsvollstreckung daher durch den Eigentümer nämlich noch **abgewendet** werden, § 1142 BGB[3].

Die Hypothek ist zudem ein **besitzloses Recht,** denn der Eigentümer muss trotz Belastung nicht den Besitz am Grundstück aufgeben. Er behält vielmehr die **Sachherrschaft** über das Grundstück insgesamt.

Die Hypothek unterliegt dem Grundsatz der **Akzessorietät**, das heißt, der Bestand der Hypothek ist vom Bestand der zu sichernden Forderung abhängig[4]. Erlischt die zu sichernde Forderung, so bleibt die dingliche Belastung durch die Hypothek zwar grundsätzlich bestehen, es entsteht aber gemäß § 1177 Abs. 1 BGB eine **Eigentümergrundschuld** oder gemäß § 1177 Abs. 2 BGB eine **Eigentümerhypothek**. Die Hypothek wird also – im Gegensatz zur Grundschuld – mit Rückzahlung des gesicherten Darlehens „aufgezehrt" oder „verbraucht".

Diese **strenge Akzessorietät** wird nur in den Fällen des § 1138 BGB (öffentlicher Glaube des Grundbuchs) und des § 1156 BGB (Rechtsverhältnis zwischen Eigentümer und neuem Gläubiger) durchbrochen. Aus dem Grundsatz der Akzessorietät resultiert, dass nie die Hypothek, sondern nur die **Forderung** übertragen werden kann. Damit stellt die Hypothek quasi ein „Anhängsel" der Forderung dar.

Zudem stellt der Grundsatz der Akzessorietät klar, dass der Gläubiger der Forderung und der Inhaber der Hypothek grundsätzlich **identisch** sein müssen. Dies gilt – wie bereits ausgeführt – nicht für den Schuldner der Forderung und den Eigentümer des belasteten Grundstücks, d. h. Schuldner der Forderung und Eigentümer des mit der Hypothek belasteten Grundstücks können **verschiedene** Personen sein.

---

[3]BGH, Urt. v. 17.07.1952 – IV ZR 28/52

[4]für die Zwangssicherungshypothek vgl. BGH, Beschl. v. 13.09.2001 – V ZR 15/01, NJW 2001, 3627

### 5.2.2.5.2  Begriffe und Arten der Hypothek

Die Hypothek kann in verschiedenster Weise rechtlich **ausgestaltet** sein. Folgende **Begriffe** finden hierbei Verwendung:

### Briefhypothek

Bei einer **Briefhypothek** wird ein Brief über die Hypothek erteilt, § 1116 Abs. 1 BGB. Der Hypothekenbrief ist eine **öffentliche Urkunde** der vom Grundbuchamt ausgestellte wird, der gemäß § 952 Abs. 2 BGB im **Eigentum** des Hypothekengläubigers steht.

### Buchhypothek

Die Buchhypothek wird zu ihrer Entstehung nur im **Grundbuch eingetragen,** wenn die Erteilung eines Hypothekenbriefs **ausgeschlossen** ist, § 1116 Abs. 2 BGB.

### Verkehrshypothek

Der im Gesetz nicht vorgesehene Begriff der Verkehrshypothek ist der **Oberbegriff** für die Brief- und Buchhypothek. Der **Gläubiger** einer Verkehrshypothek kann seine gesicherte Forderung zum Beispiel zu Refinanzierungszwecken abtreten. Die **Akzessorietät** einer Verkehrshypothek ist also in gewisser Weise „gelockert".

### Sicherungshypothek

Eine gelockert Akzessorietät besteht, anders als bei der reinen Verkehrshypothek, nicht, sondern vielmehr eine **strenge Akzessorietät,** § 1184 Abs. 1 BGB. Deswegen bestimmt sich das Recht des Gläubigers aus der Hypothek nur nach der Forderung und der Gläubiger kann sich zum **Beweis** der Forderung nicht auf die Eintragung im Grundbuch berufen. Die Sicherungshypothek ist nur als **Buchhypothek** möglich, § 1184 Abs. 2 BGB.

### Fremd- und Eigentümerhypothek

Bei der **Fremdhypothek** ist der berechtigte Gläubiger nicht auch der **Eigentümer** des Grundstücks. Geht die gesicherte Forderung auf den Eigentümer des belasteten Grundstücks über oder entsteht sie erst gar nicht, so entsteht eine **Eigentümerhypothek**, § 1163 BGB, § 1177 Abs. 2 BGB

### Gesamthypothek

Bei einer Hypothek für **mehrere Grundstücke** spricht man von einer **Gesamthypothek**.

### Höchstbetragshypothek

Bei einer Höchstbetragshypothek bleibt die Feststellung der **Höhe** der zu sichernden Forderung **vorbehalten,** d. h. es muss nur ein **Haftungsrahmen** festgelegt werden, bis zu welcher Höhe das Grundstück haftet. Der **Höchstbetrag** muss im Grundbuch eingetragen werden, § 1190 BGB. Die Höchstbetragshypothek gilt gemäß § 1199 Abs. 3

BGB als **Sicherungshypothek**, auch wenn sie nicht als solche im **Grundbuch** eingetragen ist.[5]

### 5.2.2.5.3 Bestellung der Hypothek

**Voraussetzungen** der Hypothekenbestellung sind:

- dingliche Einigung, §§ 873 Abs. 1, 1113 Abs. 1 BGB
- Eintragung, §§ 873 Abs. 1, 1115 Abs. 1 BGB
- Briefübergabe, § 1117 BGB oder Ausschluss der Briefübergabe, § 1116 BGB
- Berechtigung des Bestellers oder gutgläubiger Erwerb, § 892 BGB
- Bestand der Forderung, § 1113 Abs. 1 BGB

**Dingliche Einigung**

Der Sicherungsgeber und der Gläubiger müssen sich nach § 873 BGB dinglich über die Bestellung der Hypothek **geeinigt** haben.

Die dingliche Einigung ist zwar **formfrei** möglich. Allerdings wird meist eine notarielle Beurkundung erfolgen, da ansonsten vor Eingang des Eintragungsantrags beim Grundbuchamt ein **Widerrufsrecht** bestehen bleibt, § 873 Abs. 2 BGB.

Bei einer **Zwangsvollstreckungsunterwerfung** i. S. v. § 795 Abs. 1 Ziff. 5 ZPO (Normalfall) bedarf es in jedem Fall der **notariellen Beurkundung.**

**Eintragung**

Der **notwendige** Inhalt der Eintragung ergibt sich aus § 1115 BGB.

Die Eintragung verlangt grundbuchrechtlich einen **Antrag** des Eigentümers oder des Gläubigers oder beider sowie die formalrechtliche **Bewilligung** des Eigentümers.

Einigung und Eintragung müssen dabei inhaltlich übereinstimmen[6]. Sind die Einigung und die Eintragung nicht **übereinstimmend,** so ist gegebenenfalls durch **Auslegung** zu ermitteln[7], ob beispielsweise der mindere Wert der eingetragenen Hypothek zumindest gelten soll. Ist mehr eingetragen als vereinbart, so gilt der Wert der Einigung.

**Briefübergabe oder Ausschluss der Brieferteilung**

Die Briefhypothek stellt in der Praxis den **Regelfall** dar. Bei der Briefhypothek entsteht die Hypothek mit der **Übergabe** des Briefes, § 1117 BGB. Der Eigentümer braucht den Brief nur Zug um Zug gegen die Auszahlung der Kreditsumme zu übergeben. Im Falle des § 1117 Abs. 2 BGB entsteht die Hypothek bereits mit der **Aushändigungsabrede.** Gemäß § 1117 Abs. 3 BGB wird vermutet, so sich der Gläubiger im **Besitz** des Hypo-

---

[5]zum Problem der Zustimmung zur Löschung vgl. OLG Frankfurt, Beschl. v. 28.02.1984 – 20 W 829/83

[6]BGH, Urt. v. 26.11.1999 – V ZR 432/98, NJW 2000, 806

[7]BGH, Urt. v. 03.07.1992 – V ZR 218/91, NJW 1992, 2886

thekenbriefs befindet, dass die Übergabe erfolgt ist. Hat der Gläubiger den Brief durch verbotene Eigenmacht erlangt, so ist keine Hypothek entstanden.

Mit dem **Ausschluss** der Briefhypothek entsteht die Buchhypothek mit Eintragung des Ausschlusses. Wird statt des Briefausschlusses, der von den Parteien vereinbart wurde aber nicht eingetragen ist, dennoch ein Brief erteilt, so entsteht keine Buch- sondern eine **Briefhypothek.** Auch im umgekehrten Fall entsteht eine Briefhypothek. In diesem Fall ist wegen der fehlenden Einigung des Ausschlusses das **Grundbuch** unrichtig geworden. Es gilt § 1163 Abs. 2 BGB.

### Berechtigung des Sicherungsgebers oder gutgläubiger Erwerb

§ 873 Abs. 1 BGB setzt voraus, dass der Sicherungsgeber Eigentümer des zu belastenden Grundstücks und in seiner **Verfügungsgewalt** nicht beschränkt ist. Liegt eine der Voraussetzungen nicht vor, kann die Hypothek aber durch **gutgläubigen** Erwerb erworben werden. Der gutgläubige Erwerb des Gläubigers richtet sich dabei nach § 892 Abs. 1 BGB. Beim gutgläubigen Erwerb ist immer – wie bereits dargestellt – Voraussetzung, dass die zu sichernde Forderung entstanden ist. Fehlt die Forderung, kann keine Hypothek entstehen.

### Bestand der Forderung

Schlussendlich setzt die Hypothek zu ihrer Entstehung das Bestehen einer **Forderung** voraus. Dabei muss der Eigentümer nicht gleichzeitig Schuldner der Forderung sein, § 1143 BGB. Der Sicherungsnehmer und der Inhaber der Forderung müssen dagegen **personengleich** sein.

Die Hypothek kann zur **Sicherung** eines Zahlungsanspruchs jeglicher Art herangezogen werden. Die Hypothek kann nach dem Wortlaut des § 1113 Abs. 1 BGB auch für **mehrere Forderungen** bestellt werden.

Gemäß § 1118 BGB haftet das mit der Hypothek belastete Grundstück auch für die gesetzlichen **Zinsen** der Forderung, als auch für die **Kosten** der Kündigung und der die Befriedigung aus dem Grundstück bezweckenden **Rechtsverfolgung.** Neben dem Betrag der Forderung werden daher im Grundbuch auch der Zinssatz sowie eventuell weiter vereinbarte **Nebenleistungen** mit Geldbetrag und Zinssatz eingetragen.

Nach § 1113 Abs. 2 BGB kann die Hypothek auch für **bedingte** oder **zukünftige Forderungen** bestellt werden, soweit eine ausreichende **Bestimmbarkeit** gegeben ist[8]. Bei künftigen Forderungen entsteht bis zur Valutierung zunächst eine Eigentümergrundschuld, §§ 1163 Abs. 1 S. 1, 1177 Abs. 1 S. 1 BGB. Die Eigentümergrundschuld ist dabei auflösend bedingt[9]. Der künftige Hypothekar ist bis zur Entstehung der künftigen Forderung Inhaber eines Anwartschaftsrechts. Das **Anwartschaftsrecht** gibt dem Hypothekar bereits eine gesicherte Rechtsposition.

---

[8]OLG Hamm, Beschl. v. 25.10.2010 – 15 W 348/10
[9]BGH, Urt. v. 23.09.1973 – V ZR 10/71, BGHZ 61, 226

### 5.2.2.5.4 Übertragung der Hypothek

Allen akzessorischen Sicherheiten ist gemein, dass nie das Sicherungsmittel selbst, sondern immer die Forderung übertragen wird, was den **Übergang** der Sicherheit **automatisch** zur Folge hat, § 1153 Abs. 1 BGB. Für den Übergang der Hypothek ist somit die **Abtretung** der Forderung nach § 398 BGB erforderlich.

Die **Abtretung** darf aufgrund des **Publizitätsgedankens** nicht formlos, sondern nur **schriftlich** erfolgen. Daher wird die Hypothek nach sachenrechtlichen Grundsätzen übertragen. Die Übertragung der Buchhypothek erfordert gemäß § 1154 Abs. 3 BGB die **Eintragung** im Grundbuch. Bei der Briefhypothek ist nach § 1154 Abs. 1 BGB eine schriftliche Abtretungserklärung und die **Übergabe** des Hypothekenbriefes erforderlich.

### 5.2.2.5.5 Wirkung von Zahlungen

Besondere **praktische Relevanz** hat die Frage, wie sich Forderung und Hypothek verhalten, wenn die Forderung getilgt wird. Die Rechtsfolgen hängen maßgeblich davon ab, welcher der an dem Sicherungsgeschäft Beteiligten die **Tilgung** der Forderung tatsächlich bewirkt.

**Zahlung des persönlichen Schuldners**

Zahlt der Schuldner selbst **auf die Forderung,** so erlischt diese und die Hypothek wandelt sich in eine **Eigentümergrundschuld**, §§ 1163 Abs. 1, S. 2, 1177 Abs. 1, S. 2 BGB. Diese Rechtsfolge tritt unabhängig davon ein, ob der Schuldner auch Eigentümer des belasteten Grundstücks ist.

Zu beachten ist die **Ausnahme** des § 1164 BGB[10]. Danach wird die Hypothek keine Eigentümergrundschuld, sondern sichert den Anspruch des Schuldners gegen den Eigentümer, soweit er von diesem oder einem Rechtsvorgänger Ersatz verlangen kann (häufigster Fall ist die gescheiterte Schuldübernahme im Außenverhältnis zum Gläubiger).

**Zahlung des Eigentümers**

Der Eigentümer des belasteten Grundstücks darf die Forderung des Gläubigers begleichen, wenn die Duldung der **Zwangsvollstreckung** nach § 1147 BGB **droht.** Durch die Zahlung kann die Zwangsvollstreckung **abgewendet** werden, § 1142 Abs. 1 BGB. Folge der Zahlung ist, dass die Forderung durch **Legalzession** nach § 1143 BGB auf den Eigentümer übergeht. Auf diese Weise erlangt der Eigentümer auch die sichernde Hypothek an seinem Grundstück = **Eigentümerhypothek**. Diese wird aber gemäß § 1177 Abs. 2 BGB als Eigentümergrundschuld behandelt.

**Zahlung durch einen Ablösungsberechtigten**

Ablösungsberechtigt sind Personen, die bei einer möglichen Zwangsvollstreckung ebenfalls Verluste erleiden würden. Durch Zahlung an den Gläubiger treten sie in die Rechtsposition

---

[10]BFH, Urt. v. 05.07.1978 – II R 29/74

des Gläubigers ein, § 1150 BGB[11]. Es gelten die Vorschriften von §§ 268, 1114, 1145 BGB entsprechend.

### 5.2.2.5.6 Haftungsverband der Hypothek

Der Umfang der **Hypothekenhaftung** ist in §§ 1120 ff. BGB geregelt.

Für die Verbindlichkeiten des Hypothekenschuldners haftet nicht nur das belastete Grundstück an sich, sondern es haftet in seiner wirtschaftlichen Gesamtheit (**Haftungsverband**), also auch mit seinen **wesentlichen Bestandteilen** und unter Umständen auch **sonstigen Gegenständen,** die den Grundstückswert beeinflussen oder den wirtschaftlichen Bestand gewährleisten. Dies können zum Beispiel

- bereits getrennte Erzeugnisse § 1120 BGB,
- Mietforderungen § 1123 BGB oder
- Versicherungsleistungen § 1127 BGB sein.

Gegenstände, die grundsätzlich in den Haftungsverband fallen, können auch wieder aus dem Haftungsverband herausfallen. Die Fälle der **Enthaftung** sind in § 1121 BGB und § 1122 BGB geregelt[12].

### 5.2.2.6  Die Grundschuld, §§ 1191 ff. BGB

Die Grundschuld ist – wie die Hypothek – ein **Grundpfandrecht**, allerdings **nicht akzessorisch.** Sie besteht unabhängig von einer zu sichernden Forderung als „**abstraktes**" Sicherungsrecht[13]. Das Bestehen einer Forderung ist somit nicht Voraussetzung für das Bestehen einer Grundschuld. Sie kann auch unabhängig von einer Forderung **übertragen** werden.

Erlischt eine gesicherte Forderung, ist das für den Bestand der Grundschuld ohne Bedeutung. Die Grundschuld kann auch durch den Eigentümer selbst als **Eigentümergrundschuld** bestellt werden, als sogenannte **Vorratsgrundschuld.**

In der heutigen **Beleihungspraxis** der Banken werden zur Immobilienfinanzierung und Absicherung von Darlehensforderungen in der Regel **nur noch Grundschulden** verwandt. Grund dafür ist die größere **Flexibilität.** Forderungen können zum Beispiel bei Zinsänderungen oder Anschlussfinanzierungen ausgewechselt werden, ohne dass es einer Neubestellung bedarf.

Die **Rechtsvorschriften** über die Hypothek gelten gemäß § 1192 Abs. 1 BGB **entsprechend** für die Grundschuld, es sei denn, diese Vorschriften betreffen die Abhängigkeit der Hypothek von der zu sichernden Forderung, **§ 1192 BGB.**

---

[11]BGH, Urt. v. 15.07.1997 – XI ZR 145/96, BGHZ 136, 246

[12]BGH, Urt. v. 17.09.1979 – VIII ZR 339/78, NJW 1979, 2514

[13]OLG Düsseldorf, Urt. v. 28.07.2011 – 5 U 114/10

### 5.2.2.6.1 Wesen der Grundschuld

Die Grundschuld ist ebenso wie die Hypothek ein Recht, das den Inhaber berechtigt, eine **Geldsumme** aus dem belasteten Grundstück zu verlangen, § 1191 Abs. 1 BGB. Im Unterschied zur Hypothek fehlt der Grundschuld allerdings – wie bereits erwähnt – das Merkmal der Akzessorietät.

Neben der fehlenden Akzessorietät hat die Grundschuld den weiteren „Vorteil", dass sie bereits vor Valutierung der Forderung erworben werden kann.

Zwar ist die Grundschuld rechtlich gesehen von einer Forderung **unabhängig,** aber sie wird gleichwohl zur Sicherung langfristiger Kapitalforderungen eingesetzt, als sogenannte **Sicherungsgrundschuld.** In diesem Fall erfolgt die Verknüpfung von Grundschuld und Forderung nicht kraft Gesetz, sondern auf schuldrechtlicher Ebene durch den **Sicherungsvertrag.** Im Sicherungsvertrag wird der entsprechende **Sicherungszweck** vereinbart. Er kann formlos geschlossen werden[14] oder sogar konkludent[15]. Durch diesen Vertrag treten dieselben Rechtsfolgen ein wie bei der Hypothek, das heißt, dass wenn der Schuldner seiner Zahlungsverpflichtung aus der Forderung nicht nachkommt, der Gläubiger vom Schuldner die **Duldung der Zwangsvollstreckung** verlangen kann, §§ 1192 Abs. 1, 1147 BGB.

▶ Mittels des **Sicherungsvertrags** und der dort enthaltenen **Sicherungsab-rede,** auch bezeichnet als „Zweckerklärung" oder „Zweckbestimmung", legen Grundstückseigentümer und Grundschuldgläubiger insbesondere fest, welche Ansprüche durch die zu bestellende Grundschuld gesichert werden sollen. Zudem wird festgelegt, unter welchen **Voraussetzungen** der Gläubiger berechtigt sein soll, die Sicherheit zu verwerten[16]. Die Vereinbarung kann insbesondere auch beinhalten, dass die Grundschuld als Sicherheit für **sämtliche** bestehenden und auch zukünftigen Verbindlichkeiten aus den Geschäftsbeziehungen mit der Bank dienen soll[17]. Eine solch **weitreichende** Absicherung der Bank sollte genau bedacht und gegebenenfalls nicht akzeptiert oder zumindest eingeschränkt werden.

Nach § 1198 BGB kann eine Grundschuld auch in eine Hypothek **umgewandelt** werden. Da es sich bei einer solchen Umwandlung um eine **Inhaltsänderung** bezüglich der Grundschuld handelt, sind zur Wirksamkeit die Einigung zwischen Eigentümer und Gläubiger im Grundbuch einzutragen, §§ 873, 877 BGB.

---

[14]OLG Naumburg, Urt. v. 15.12.2005 – 2 U 84/05
[15]OLG Koblenz, Beschl. v. 14.02.2011 – 2 W 673/10; BGH, Urt. v. 28.10.2003 – XI ZR 263/02, NJW 2004, 158
[16]BGH, Urt. v. 20.04.2018 – V ZR 106/17, NJW 2018, 3441
[17]OLG Stuttgart, Urt. v. 26.06. 2018 – 6 U 76/17, m. w. N.

| Grundbuchamt | Dresden | | Einlegebogen |
|---|---|---|---|
| Grundbuch von | B | Blatt 524      Dritte Abteilung | 1 |

| Lfd. Nr. der Eintragungen | Lfd. Nr. der belasteten Grundstücke im Bestandsverzeichnis | Betrag | Hypotheken, Grundschulden, Rentenschulden |
|---|---|---|---|
| 1 | 2 | 3 | 4 |
| 1 | 1 | 1.000.000 DM | Grundschuld ohne Brief zu eine Million Deutsche Mark für die Deutsche Bank Aktiengesellschaft in Hamburg, Hamburg; 15 % Jahreszinsen; gemäß Bewilligung vom 12.09.1995 (URNr.: 2257/1995; Notar. Dr. jur.    , Dresden), eingetragen am 10.11.1995.<br><br>Bei Neufassung der Abteilung eingetragen am 02.04.1998. |

**Abb. 5.1**  Grundschuld

### 5.2.2.6.2  Bestellung der Grundschuld

**Voraussetzungen** für die Bestellung einer Grundschuld sind:

- Einigung §§ 873 Abs. 1, 1191 Abs. 1 BGB
- Eintragung §§ 873 Abs. 1, 1192 Abs. 1, 1115 Abs. 1 BGB (Abb. 5.1)
- Briefübergabe, §§ 1192 Abs. 1, 1117 BGB
- oder Ausschluss der Briefübergabe §§ 1192 Abs. 1, 1116 BGB
- Berechtigung oder gutgläubiger Erwerb, § 892 BGB.

Hinsichtlich der Voraussetzungen für die Bestellung einer Grundschuld ergeben sich ansonsten keine Unterschiede zur Hypothek. Es gelten somit die Ausführungen zur Hypothek. **Unterschiedlich** ist nur, dass für die Bestellung der Grundschuld keine bestehende Forderung erforderlich ist.

Eine Grundschuld kann ebenso wie die Hypothek vom **Nichtberechtigten** gutgläubig **einredefrei** erworben werden. Erforderlich ist nur, dass der Sicherungsgeber durch das Grundbuch als Eigentümer ausgewiesen und der Erwerber **gutgläubig** ist, § 892 BGB[18].

### Die Sicherungsgrundschuld, § 1191 Abs. 1a BGB

Seit dem Jahre 2008 ist die Sicherungsgrundschuld **gesetzlich** vorgesehen, **§ 1192 Abs. 1a BGB.** Da Grundschulden in der Regel zur Sicherung einer Forderung dienen, sind sie meist Sicherungsgrundschulden i. S. v. § 1192 Abs. 1a BGB, auch wenn

---

[18]BGH, Urt. v. 16.01.2001 – XI ZR 41/00, NJW-RR 2001, 1097

sich dies nicht aus dem Grundbuch ergibt[19]. Das Rechtsverhältnis zwischen Kreditgeber/Grundschuldgläubiger und Kreditnehmer wird durch den Kreditvertrag und den sogenannten **Sicherungsvertrag** geregelt, der auch konkludent zustande kommen kann. Hieraus kann der Kreditnehmer gegebenenfalls **Einwendungen** gegen eine Befriedigung aus der Grundschuld herleiten (siehe unten Abschn. 5.2.2.4).

**Übertragung der Forderung**
Die durch eine Grundschuld gesicherte Forderung kann der Gläubiger nach § 398 BGB auf einen Dritten übertragen. Die **Formvorschrift** des § 1154 BGB ist nicht anwendbar. Die Forderung kann **unabhängig** von der Grundschuld übertragen werden.

**Übertragung der Grundschuld**
Hinsichtlich der Übertragung der Grundschuld ist allerdings auf §§ 1191, 1154 Abs. 1 S. 1 BGB abzustellen. Dieser Zusammenhang ist bei der Grundschuld wie folgt zu verstehen:

*§ 1154 Abs. 1 BGB* Zur Übertragung der Grundschuld sind die **schriftliche** Erklärung, die Grundschuld werde abgetreten, und die **Übergabe** des Grundschuldbriefes erforderlich.

*§ 1154 Abs. 3 BGB* Ist die Erteilung des Grundschuldbriefes **ausgeschlossen,** liegt also eine **Buchgrundschuld** vor, so finden auf die Übertragung der Grundschuld die Vorschriften der §§ 873, 878 BGB entsprechende Anwendung. Das heißt, dass zur Übertragung eine **Einigung** zwischen dem alten und dem neuen Grundschuldgläubiger über die Abtretung der Grundschuld erforderlich ist sowie die **Eintragung** im Grundbuch[20].

*Gutgläubiger Zweiterwerb der Grundschuld* Ein gutgläubiger Zweiterwerb der Grundschuld kommt in Betracht, wenn die Grundschuld bestellt wurde, die Berechtigung des Ersterwerbers aber im Nachhinein beispielsweise aufgrund einer **Anfechtung** entfallen ist.
     **Voraussetzungen** des **gutgläubigen Zweiterwerbs** sind,

- das Vorliegen eines Rechtsgeschäfts im Sinne des § 892 BGB,
- die Unrichtigkeit des Grundbuchs,
- die Legitimation des Verfügenden,
- keine Kenntnis des Erwerbers vom Nichtbestehen der Grundschuldinhaberschaft des Übertragenden und
- keine Eintragung eines Widerspruchs gegen die Richtigkeit des Grundbuchs.

---

[19]BGH, Beschl. v. 06.03.2014 – V ZB 27/13
[20]BGH, Urt. v. 19.04.2018 – IX ZR 230/15

### 5.2.2.6.3 Wirkung von Zahlungen

**Zahlung des persönlichen Schuldners**

Zahlt der **persönliche Schuldner** auf die Forderung, so erlischt diese nach § 362 BGB; der Gläubiger bleibt aber Inhaber der **Fremdgrundschuld**. Dem sicherungsgebenden Schuldner steht lediglich ein schuldrechtlicher Anspruch aus der Sicherungsabrede auf **Rückübertragung** der Grundschuld zu. Sind Schuldner und Eigentümer nicht personenidentisch, so steht dieser Anspruch dem Eigentümer zu, wenn die Leistung im **Innenverhältnis** durch den Schuldner zu erbringen ist.

Kommt es durch den persönlichen Schuldner zur Befriedigung, ist aber der Eigentümer im **Innenverhältnis** eigentlich Verpflichteter, so stellt sich die Frage des Schicksals der Grundschuld. Probleme ergeben sich nämlich dadurch, dass § 1164 BGB auf die Grundschuld nicht anwendbar ist. In der Regel sieht der **Sicherungsvertrag** hierfür keine ausdrückliche Regelung vor, weshalb die vorherrschende Meinung in Rechtsprechung und Literatur den Schuldner an den Eigentümer verweist. Demnach ist der Eigentümer im Innenverhältnis verpflichtet, dem Schuldner seinen Anspruch auf **Rückübertragung** gegen den Gläubiger abzutreten oder die Grundschuld selbst zu übertragen.

**Zahlung durch den Eigentümer**

Der Eigentümer wird regelmäßig auf die Grundschuld zahlen, weil sich seine Verpflichtung aus dieser ergibt. Diese Zahlung hat die Entstehung einer **Eigentümergrundschuld** zugunsten des Eigentümers zur Folge, analog § 1143 I BGB[21]. Der zahlende Eigentümer hat nach dem Rückerwerb zudem einen Anspruch nach § 894 BGB auf **Berichtigung** des Grundbuchs gegen den Gläubiger.

Die Folgen der Zahlung für die Forderung sind davon abhängig, ob Eigentümer und Schuldner ein und dieselbe Person sind. Sind sie **personenidentisch,** so erlischt die Forderung. Liegt keine Personenidentität vor, so geht die Forderung nicht unter. Vielmehr erwirbt der Eigentümer einen Anspruch gegen den Gläubiger aus dem Sicherungsvertrag auf **Abtretung** der Forderung. Eine solche Abtretungspflicht besteht aber nur, wenn nach dem **Innenverhältnis** der Schuldner zur Begleichung der Forderung verpflichtet war.

**Zahlung durch einen Ablösungsberechtigten**

Die Rechtsfolgen der Zahlung durch den Ablöseberechtigten hängen davon ab, auf was der Ablösungsberechtigte zahlt. Zahlt er auf die Grundschuld, erwirbt er diese im Wege der **cessio legis**, §§ 1192 Abs. 1, 1150, 268 Abs. 3 BGB.

Zahlt er dagegen auf die Forderung, so **erwirbt** er nach § 268 Abs. 3 BGB auch nur diese.

---

[21]BGH, Urt. v. 17.09.2002 – VI ZR 147/01, NJW-RR 03, 11

### 5.2.2.6.4  Einreden und Einwendungen

**Einreden des Schuldners**

Der Schuldner kann nach allgemeinen Grundsätzen alle **forderungsbezogenen** Einwendungen und Einreden gegen eine Inanspruchnahme geltend machen.

Dem Schuldner steht eine besondere Einrede zu, wenn er gleichzeitig Eigentümer ist. Da der Eigentümer bei Erfüllung der Forderung einen Rückgewähranspruch besitzt, kann der Eigentümer-Schuldner bei einer Inanspruchnahme gestützt auf §§ 320, 273 BGB ein **Zurückbehaltungsrecht** geltend machen[22] und Zahlung **Zug um Zug** gegen Rückübertragung oder Aufhebung der Grundschuld und Aushändigung der dafür erforderlichen Urkunde verlangen.

**Einreden des Eigentümers**

Der Eigentümer kann sich wegen der **fehlenden Akzessorietät** grundsätzlich nicht auf die Einwendungen aus der Forderung berufen. Da der Eigentümer aber nicht schutzlos stehen soll, wird von der Rechtsprechung auf den **Sicherungsvertrag** verwiesen. Danach ergibt sich aus dem Sicherungsvertrag, dass der Eigentümer nur zu Sicherungszwecken eine Inanspruchnahme verfolgen darf. Diese setzt aber ihrerseits eine **Fälligkeit** und **Durchsetzbarkeit** der gesicherten Forderung voraus. Aufgrund dieser Verknüpfung kann der Eigentümer auch Gegenrechte aus der Forderung geltend machen. Die Norm des § 1157 BGB ist anwendbar, da sie nicht Ausdruck der Akzessorietät ist.

**Rechtsnachfolger** erwerben die **Einreden** nicht bereits kraft Gesetz. Zur Geltendmachung bedarf es vielmehr einer ausdrücklichen **Abtretung** dieser Rechte oder des **rechtsgeschäftlichen Eintritts** in den **Sicherungsvertrag**. Ansonsten besitzt der Rechtsnachfolger keine geschützte **Rechtsposition**, wenn er aus der Grundschuld in Anspruch genommen wird[23].

Neben den **Einreden,** die sich im Wege der Auslegung des Sicherungsvertrages ergeben, stehen dem Eigentümer die **pfandrechtsbezogenen** Einwendungen zu, § 1157 Abs. 1 BGB.

▶   **Problematisch** ist, dass in der Regel eine Bank als Gläubiger fungiert, die beim Abschluss des **Sicherungsvertrages** AGBs verwenden. Diese **AGB** verstoßen nicht selten gegen die §§ 305 ff. BGB. Gerade hinsichtlich des Sicherungsumfangs ist daher eine genaue Prüfung erforderlich. Insbesondere ist auf den „Überrumpelungsparagraphen" § 305c BGB hinzuweisen. Nach der BGH-Rechtsprechung ist eine AGB-Klausel überraschend und damit **unwirksam,** wenn die Grundschuld auch alle bestehenden und künftigen Forderungen gegen den persönlichen Schuldner in die Haftung mit einbezieht[24].

---

[22]BGH, Urt. v. 07.12.1989, NJW-RR 1990, 589

[23]BGH, Urt. v. 19.10.2017 – IX ZR 79/16, Rn 13

[24]BGH, Urt. v. 10.11.1989 – V ZR 201/88, BGHZ 109, 197

Zudem kann fraglich sein, ob der Zahlende auf die Grundschuld oder die Forderung zahlt. Solche **Abgrenzungsschwierigkeiten** ergeben sich aus der fehlenden Akzessorietät der Grundschuld von der gesicherten Forderung. Hinsichtlich der vorzunehmenden Auslegung, worauf Zahlung geleistet wird, ist primär der **Wille des Zahlenden** maßgebend. Ist keine einseitige **Tilgungsbestimmung** und keine Verrechnungsabrede geschlossen, so ist durch **Auslegung** unter Berücksichtigung der **Interessenlage** in der Regel wie folgt zu entscheiden. Zahlt der alleinige persönliche Schuldner, so wird er auf die Forderung leisten wollen. Zahlt der alleinige Sicherungsgeber, so ist anzunehmen, dass er auf die Grundschuld leisten will. Sind Schuldner und Eigentümer personenidentisch und wird der gesamte Betrag gezahlt, so sollen Forderung und Grundschuld getilgt werden.

Im Jahre 2008 wurde, wie oben bereits dargestellt, § 1192 Abs. 1a BGB durch das sog. **Risikobegrenzungsgesetz** (RisikoBegrG) eingeführt. Anlass hierfür war zum einen, dass Kreditinstitute aufgrund der BGH-Rechtsprechung **Darlehensforderungen nicht mehr ohne ausdrückliche Zustimmung eines Kreditnehmers weiterverkaufen** konnten sowie die Diskussion über „zweifelhafte" **Zwangsverwertungen** aus Grundschulden. Das RisikoBegrG will den redlichen **Kreditnehmer vor den Folgen eines Kreditverkaufs schützen, die für ihn nicht abschätzbar sind.**

Dem Eigentümer stehen bei einer **Sicherungsgrundschuld** gemäß § 1192 Abs. 1a BGB auch Einreden gegenüber einem **Erwerber** der Grundschuld zu, die dem Eigentümer aufgrund des Sicherungsvertrages mit dem bisherigen Gläubiger gegen die Grundschuld zustehen oder sich aus dem Sicherungsvertrag ergeben. Die Vorschrift des **§ 1157 S. 2 BGB,** die auf die Vorschriften über den **guten Glauben** verweist, finden danach keine Anwendung. Damit **scheidet** ein gutgläubig einredefreier Erwerb der Sicherungsgrundschuld **aus.**

In zeitlicher Hinsicht findet § 1192 Abs. 1a BGB nach der maßgeblichen **Übergangsbestimmung** (Art. 229 § 18 Abs. 2 EGBGB) ab 19. August 2008 Anwendung[25].

Die **Einreden** aus § 1192 Abs. 1a BGB sind insbesondere

- die Nichtvalutierung,
- das vollständige bzw. teilweise Erlöschen der gesicherten Forderung vor der Übertragung der Grundschuld,
- die fehlende Fälligkeit der gesicherten Forderung sowie
- der Einwand, die gesicherte Forderung sei nach der Übertragung der Sicherungsgrundschuld zur Gänze oder zumindest teilweise bereits getilgt worden[26].

Es handelt sich also „nur" um solche Einwendungen, die dem Eigentümer **bei der Abtretung** aus dem Sicherungsvertrag mit dem bisherigen Gläubiger zustanden oder bis zu diesem Zeitpunkt bereits angelegt waren und nur später entstanden sind. Die **Einrede,** der Erwerber der Grundschuld habe die gesicherte Forderung nicht erworben, kann der Eigentümer hingegen nicht erfolgreich erheben[27].

---

[25]BGH, Urt v. 25.10.2013 – V ZR 147/12, Rn 6, 11

[26]BGH, a. a. O.

[27]BGH, Urt. v. 20.04.2018 – IX ZR 230/15

### 5.2.2.6.5 Löschung

Zur Löschung einer Grundschuld bedarf es gemäß § 1183 BGB der **Zustimmung** des Eigentümers. Zustimmungsberechtigt ist der wirkliche **Grundstückseigentümer**, also der derjenige, der im Zeitpunkt der Löschung Eigentümer ist. Bei **Bruchteilseigentum** muss die Zustimmung sämtlicher Bruchteilseigentümer vorliegen. Das gilt auch für den Fall, dass solche in Folge eines Erbgangs (noch) nicht im Grundbuch eingetragen sind, weil eine vorherige Eintragung eines Erben vor einer Verfügung gemäß § 40 GBO ausnahmsweise nicht erforderlich ist[28].

Die **Löschungsbewilligung** wird mit Zugang beim Empfänger wirksam, also dem Grundbuchamt oder dem Gläubiger, und sie ist ab diesem Zeitpunkt **unwiderruflich.** Gegenüber dem Grundbuchamt hat sie in der Form von § 29 GBO zu erfolgen.

### 5.2.2.6.6 Grundschuldzins/Nebenleistungen

**Zusätzlich** zur der Hauptforderung schuldet der Kreditnehmer der finanzierenden Bank auch noch Grundschuldzinsen und Nebenleistungen, für die das Grundstück haftet, **§§ 1118 1192 BGB**. Auch Grundschuldzinsen und die Nebenleistungen werden wie bei der Hypothek in das Grundbuch eingetragen.

Dabei ist es nicht unüblich, Grundschuldzinsen von bis zu 18 % p. a. **eintragen** zu lassen, damit sichergestellt ist, dass auch bei hoher **Inflation** eine ausreichende Sicherung vorhanden ist, weil ein flexibler Zinssatz aufgrund des Bestimmtheitsgrundsatzes nicht in das Grundbuch eingetragen werden kann. Diese Zinsen schuldet der Kreditnehmer der Bank jedoch nicht in dieser Höhe, sondern nur in der Höhe, wie im Kreditvertrag vereinbart.

### 5.2.2.7 Die Rentenschuld, 1199 ff. BGB

Die Rentenschuld nach §§ 1199 ff. BGB ist ihrer Rechtsnatur nach eine besondere Form der Grundschuld.

Durch die **Belastung** des Grundstücks mit einer Rentenschuld, d. h. einer Belastung des Grundstücks mit einer unkündbaren Rente für den Gläubiger, wird der Eigentümer verpflichtet, in **regelmäßigen** Abständen einen bestimmten Geldbetrag aus dem Grundstück zu bezahlen.

Der Eigentümer wird dadurch gesichert, dass bei Bestellung der Rentengrundschuld eine bestimmte **Ablösesumme** vereinbart wird. Durch deren **Zahlung** kann sich der Eigentümer gemäß § 1201 BGB jederzeit, mit Ausnahme von § 1202 Abs. 2 BGB, von seiner Zahlungspflicht befreien. Durch die Zahlung geht, wie bei der Grundschuld, die Rentengrundschuld auf den Eigentümer über[29]. Die Rentenschuld hat heute **keine praktische Bedeutung** mehr, insbesondere wegen der Ablösemöglichkeit und der alternativen Möglichkeit der **Reallast** zur Absicherung wiederkehrender Leistungen.

---

[28]OLG Naumburg, Beschl. v. 04.03.2015 – 12 Wx 49/14

[29]BGH, Urt. v. 09.05.1980 – V ZR 89/79, NJW 1980, 2198

## 5.2.3 Die Dienstbarkeiten, §§ 1018 ff. BGB

### 5.2.3.1 Einführung

Der Eigentümer des mit einer Dienstbarkeit belasteten Grundstücks wird durch eine solche Belastung in seinem **Eigentumsrecht beschränkt,** indem er zugunsten eines Dritten bestimmte **Handlungen** zu dulden oder zu unterlassen hat, beispielsweise die Überfahrt seines Grundstücks in Folge eines Wegerechts. Die Eintragung einer Dienstbarkeit ist daher für den Grundstückseigentümer eine nicht unerhebliche Belastung des Grundstücks im Hinblick auf dessen Nutzbarkeit und insbesondere seiner **Verwertbarkeit** und **Werthaltigkeit** und sollte daher genauestens bedacht sein.

Zur **Entstehung** der dinglichen Dienstbarkeit bedarf es

- einer vertraglichen Vereinbarung,
- einer dinglichen Einigung,
- einer Bewilligung der Eintragung ins Grundbuch und
- einer Eintragung dort.

Die **vertragliche Vereinbarung** über die Bestellung der Dienstbarkeit kann zwar auch mündlich geschlossen werden, aber eine schriftliche **Vereinbarung** ist natürlich angeraten. Dort können beispielsweise die Frage der Unterhaltung, der Zahlung einer Gegenleistung oder Umfang und Grenzen der Ausübung vereinbart werden. Ist eine Dienstbarkeit im Grundbuch eingetragen, so kann sie in aller Regel nur mit **Zustimmung** des Berechtigten wieder gelöscht werden. Ansonsten verbleibt sie **dauerhaft** im Grundbuch eingetragen, es sei denn, sie ist „**löschungsreif**". Eine Grunddienstbarkeit ist löschungsreif, wenn für sie der **Vorteil** aus dem Recht wegen wesentlicher Veränderungen auf dem herrschenden Grundstück **endgültig weggefallen** ist[30]. Für den Fall, dass der Berechtigte seinen Verpflichtungen aus der Dienstbarkeit nicht nachkommt, besteht für den Grundstückseigentümer die Möglichkeit die **Löschung** der Dienstbarkeit durch **Rücktritt** vom Vertrag nach §§ 323, 346 BGB herbeizuführen.

Eine Dienstbarkeit kann auch **befristet** eingeräumt werden, beziehungsweise unter einer **Bedingung**, bei deren Eintritt sie wieder erlischt[31].

Hinsichtlich der beschränkt persönlichen Dienstbarkeit, des **Wohnrechts**, als auch des Nießbrauchs, gibt es einen **speziellen Löschungstatbestand**. Im Grundbuch zugunsten natürlicher Personen eingetragene, nicht vererbliche und nicht veräußerbare Rechte, insbesondere Nießbräuche, beschränkte persönliche Dienstbarkeiten und Wohnungsrechte gelten gemäß § 5 GBBerG **(Grundbuchbereinigungsgesetz)** unbeschadet anderer Erlöschenstatbestände mit dem Ablauf

---

[30]OLG Nürnberg, Urt. v. 26.10.2012 – 2 U 50/11, Rn 25; BGH, Urt. v. 24.02.1984 – V 177/82, NJW 1984, 2157

[31]OLG München, Beschl. v. 07.10.2016 – 34 Wx 256/16

von 110 Jahren von dem Geburtstag des Berechtigten an als erloschen, sofern nicht innerhalb von 4 Wochen ab diesem Zeitpunkt eine Erklärung des Berechtigten bei dem Grundbuchamt eingegangen ist, dass er auf dem Fortbestand seines Rechts bestehe; die Erklärung kann in Textform oder zur Niederschrift des Urkundsbeamten der Geschäftsstelle abgegeben werden[32].

Es besteht zudem die Möglichkeit der Eintragung einer **Eigentümerdienstbarkeit**. Hierfür lässt es der BGH, anders als zu früherer Zeit, genügen, wenn zugunsten des Eigentümers hieran ein mögliches berechtigtes Interesse unterstellt werden kann. Ein konkreter Nachweis eines solchen Interesses ist nicht mehr Voraussetzung für die Bestellung[33].

Wird eine einmal erteilte Bewilligung zur Eintragung einer Dienstbarkeit nicht im Grundbuch **vollzogen,** so wird diese nicht unwirksam. Der einmal wirksam gestellte Antrag bleibt mit seiner Einreichung bestehen, mit der Folge einer **unwiderruflichen** Bindung. Der Anspruch auf Eintragung unterliegt auch nicht der **Verjährung**, sodass er auch noch Jahre später vollzogen werden kann, auch wenn das Grundstück zwischenzeitlich verkauft wurde[34].

**Zwei Arten** von Dienstbarkeiten können an einem Grundstück bestellt und ins Grundbuch eingetragen werden, nämlich eine **Grunddienstbarkeit** oder eine **beschränkt persönliche Dienstbarkeit.** Die Vorschriften §§ 1020 bis 1024, §§ 1026 bis 1029 und § 1061 BGB für die Grunddienstbarkeit finden gemäß § 1090 Abs. 2 BGB auf die beschränkt persönliche Dienstbarkeit **entsprechende** Anwendung.

Wird eine Dienstbarkeit **beeinträchtigt,** so stehen dem Berechtigten die gleichen Rechte aus **§ 1004 BGB** auf Unterlassung, Schadensersatz usw. zu, wie einem Grundstückseigentümer. Diese Ansprüche verjähren in entsprechender Anwendung von § 197 Nr. 2 BGB in dreißig Jahren, wenn es um die Verwirklichung des Rechts selbst und nicht nur um eine Störung in der Ausübung geht[35].

### 5.2.3.2  Die Grunddienstbarkeit, §§ 1018 ff. BGB
Durch eine Grunddienstbarkeit wird das **dienende** Grundstück zugunsten des **herrschenden** Grundstücks belastet. Berechtigter aus der Grunddienstbarkeit ist der jeweilige Grundstückseigentümer des **herrschenden** Grundstücks. Die Belastung kann auch wechselseitig erfolgen, zum Beispiel bei einer gemeinsamen Tiefgarage, wenn sich zwei Grundstücksnachbarn gegenseitige Wegerechte zum Zwecke der Zufahrtsmöglichkeit einräumen.

---

[32]OLG Düsseldorf, Beschl. v. 09. 05.2018 – 3 Wx 60/17

[33]für den Nießbrauch, BGH, Beschl. V. 14.07.2011 – V ZB 271/10; anders noch BGH, Urt. v. 11.03.1064 – V ZR 78/62, BGHZ 41, 209

[34]OLG München, Beschl. v. 30.04.2015 – 34 Wx 86/15

[35]BGH, Urt. v. 18.07.2014 – V ZR 151/13

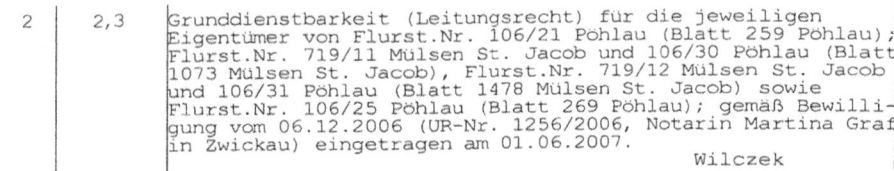

| 2 | 2,3 | Grunddienstbarkeit (Leitungsrecht) für die jeweiligen Eigentümer von Flurst.Nr. 106/21 Pöhlau (Blatt 259 Pöhlau); Flurst.Nr. 719/11 Mülsen St. Jacob und 106/30 Pöhlau (Blatt 1073 Mülsen St. Jacob), Flurst.Nr. 719/12 Mülsen St. Jacob und 106/31 Pöhlau (Blatt 1478 Mülsen St. Jacob) sowie Flurst.Nr. 106/25 Pöhlau (Blatt 269 Pöhlau); gemäß Bewilligung vom 06.12.2006 (UR-Nr. 1256/2006, Notarin Martina Graf in Zwickau) eingetragen am 01.06.2007.<br>                                                       Wilczek |

**Abb. 5.2**  Grunddienstbarkeit Leitungsrecht

Man **unterscheidet** die Grunddienstbarkeiten nach ihrem **Zweck** in

- **Nutzungsdienstbarkeit**, zum Beispiel Wege-, Leitungs- oder Notwegerecht (Abb. 5.2),
- **Unterlassungsdienstbarkeit**, zum Beispiel **Beschränkung** des Bebauungsumfangs, des Baustils oder des **Verzichts** auf Abwehransprüche gegen eine zukünftige Nachbarbebauung[36],
- **Duldungsdienstbarkeit**, zum Beispiel Unterschreitung von **Abstandsflächen** oder sonstigen Einwirkungen[37].

Eine Dienstbarkeit, die ein **unbeschränktes** Nutzungsrecht einräumt, ist unzulässig. Die Grunddienstbarkeit muss sich nach dem Wortlaut des § 1018 BGB auf **einzelne Nutzungen** beschränken[38].

### 5.2.3.2.1  Ausübungsberechtigung

Was dem Berechtigten im Einzelnen erlaubt ist, also **Umfang und Inhalt** der Grunddienstbarkeit, ergibt sich aus dem Inhalt den **Grundbuchs**, der ggf. auszulegen ist. Der Wortlaut der Eintragung und deren Sinn bzw. der der **Eintragungsbewilligung** ist dabei entscheidend. **Andere Umstände,** die sich nicht aus diesen Urkunden ergeben, dürfen nur soweit Berücksichtigung finden, als sie nach den besonderen Umständen des Einzelfalls für jedermann ohne weiteres erkennbar sind. Dies gilt selbst dann, wenn die Parteien tatsächlich etwas anderes gewollt haben[39].

Ein Wegerecht gibt dem Berechtigten beispielsweise nicht das Recht, auf dem Weg **bauliche Veränderungen** vorzunehmen oder dort Gegenstände aufzustellen[40].

---

[36]OLG Hamm, Beschl. v. 08.03.2013 – 15 W 233/12

[37]BayOblG, Beschl. v. 15.04.2004 – 2Z BR 221/03

[38]BGH, Beschl. v. 06.11.2014 – V ZB 131/13; BGH, Beschl. v. 13.09.2018 – V ZB 2/18

[39]BGH, Urt. v. 15.11.2013 – V ZR 24/13

[40]BGH, Urt. v. 13.10.2017 – V ZR 45/17, Rn 17

An dem im Grundbuch eingetragenen Inhalt ändert sich auch nichts durch **Zeitablauf** oder die veränderten **Bedürfnisse** einer der Parteien, sodass in einem solchen Fall kein **Änderungsanspruch** besteht[41].

### 5.2.3.2.2 Teilbelastung, § 7 Abs. 2 GBO

Nach § 7 Abs. 2 BGO ist es **ausnahmsweise** auch ohne Abschreibung und Bildung eines selbstständigen Grundstücks gemäß § 7 Abs. 1 GBO möglich, einen **Grundstücksteil** mit einer Dienstbarkeit zu belasten, wenn hierdurch keine *„Verwirrung"* zu besorgen ist. Die Belastung erfolgt im Falle einer solchen unechten Teilbelastung zwar auf dem gesamten Grundstück, lediglich der Ausübungsbereich wird auf den betroffenen Grundstücksteil beschränkt. Der **Umfang,** der sich nach der **rechtsgeschäftlichen Vereinbarung** gemäß § 1023 Abs. 1 BGB richtet, ist anhand einer **Flurkarte** durch Bezeichnung der entsprechenden Flurstücksnummer oder einer sonstigen Darstellung dem Grundbuchamt nachzuweisen[42].

### 5.2.3.2.3 Vorteil, § 1019 BGB

Eine Grunddienstbarkeit kann nach § 1019 BGB nur insoweit bestellt werden, als die Belastung für die Benutzung des durch die Grunddienstbarkeit **Berechtigten** einen **Vorteil** bietet. Der Vorteil kann sich aus der Lage, der Beschaffenheit und der Zweckbestimmung des **herrschenden Grundstücks** ergeben. Eine unmittelbare Nachbarschaft ist hierfür zwar nicht erforderlich. Mit zunehmender Entfernung, die zum Beispiel durch eine Grundstücksteilung eintreten kann, wird der notwendige Vorteil aber in der Regel **entfallen**[43]. Der Vorteil muss nicht unmittelbar vorherrschen, sondern es genügt auch ein mittelbarer wirtschaftlicher Vorteil, bei dessen (endgültigem) Wegfall die Grunddienstbarkeit gelöscht werden kann[44]. Es ist dabei nicht notwendig, dass der Vorteil dauerhaft und gleichbleibend vorhanden ist, sodass eine zwischenzeitliche Behinderung an der Ausübung der Grunddienstbarkeit nicht ausreicht, um die Löschung fordern zu können[45].

▶ Bei § 1019 BGB handelt es sich um eine **zwingende** gesetzliche Vorschrift, die vertraglich nicht abbedungen werden kann. Fehlt es von vorneherein an besagtem Vorteil, so ist die Bestellung der Grunddienstbarkeit **nichtig**[46].

---

[41]OLG Frankfurt, Hinwbeschl. V. 28.11.2017 – 3 U 132/16

[42]OLG Hamm, Beschl. v. 31.07.2013 – 15 W 259/12

[43]BayObLG, Beschl. v. 25.07.1996 – 2Z BR 39/96, Rn 14

[44]OLG München, Beschl. v. 28.10.2011 – 34 Wx 19/11; BGH, Urt. v. 06.02.2009 – V ZR 139/08; OLG Frankfurt a. M., Urt. v. 10.07.2015 – 1 U 246/12

[45]OLG Zweibrücken, Beschl. v. 08.09.1986 – 3 W 130/86

[46]OLG Frankfurt a. M., Beschl. v. 18.08.2009 – 20 W 143/05; BGH, Urt. v. 07.12.1984 – V ZR 189/82

#### 5.2.3.2.4  Schonende Ausübung, § 1020 S. 1 BGB

Der Berechtigte hat gemäß § 1020 BGB bei der **Ausübung** der Grunddienstbarkeit das Interesse des Grundstückseigentümers *„tunlichst zu schonen"*. Verletzt der Berechtigte diese Verpflichtung, so hat der belastete Grundstückseigentümer einen Anspruch auf Unterlassung nach § 1004 BGB, nicht hingegen auf Löschung[47]. Bei der Frage, was eine schonende Ausübung in diesem Sinne darstellt, ist eine umfassende **Interessenabwägung** vorzunehmen, die nicht nur generelle Überlegungen erfordert, sondern auf den ganz konkreten Fall zu beziehen ist[48].

#### 5.2.3.2.5  Unterhaltung der Anlage, § 1020 S. 2, § 1021 Abs. 1 BGB

Unterhält der Berechtigte auf dem belasteten Grundstück eine *„Anlage"*, beispielsweise einen Weg, so hat er ihn in einem **ordnungsgemäßen Zustand** zu erhalten, soweit es die Interessen des Eigentümers erfordern. Bei einer Mitbenutzung durch den Grundstückseigentümer bedeutet dies, dass dieser die **Kosten** für die Erhaltung im Verhältnis seiner Mitbenutzung selber zu tragen bzw. dem Berechtigten zu erstatten hat[49].

Zwischen den Parteien kann gemäß § 1021 BGB auch **vertraglich** bestimmt werden, dass der Eigentümer des belasteten Grundstücks die Anlage alleine zu unterhalten hat, soweit die Interessen des Berechtigten dies erfordern. Bei **Mitbenutzung** der Anlage durch den Eigentümer kann auch die umgekehrte Unterhaltungspflicht vereinbart werden, § 1021 Abs. 1 S. 2 BGB.

Eine über eine **Ausübungsregelung** hinausgehende freie vertragliche Ausgestaltung ist weder bei der Grunddienstbarkeit noch bei der beschränkt persönlichen Dienstbarkeit möglich, da dies dem gesetzlich vorgesehenen **Typenzwang** der dinglichen Rechte widerspräche[50].

Besteht die Grunddienstbarkeit in dem Recht, auf einer **baulichen Anlage** des belasteten Grundstücks wiederum eine bauliche Anlage zu halten, so hat, vorbehaltlich einer anderen vertraglichen Regelung, die zur dinglichen Wirkung der Eintragung ins **Grundbuch** bedarf, gemäß § 1022 BGB der Eigentümer des belasteten Grundstücks seine Anlage zu **unterhalten,** soweit das Interesse des Berechtigten dies erfordert. Eine bauliche Anlage auf einer anderen baulichen Anlage zu halten, muss dabei **Hauptzweck** der Grunddienstbarkeit sein.

Die **Teilung** des **herrschenden** Grundstücks des Berechtigten kann **u. U. problematisch** sein. Im Falle einer solchen Teilung besteht die Dienstbarkeit zwar für die jeweiligen Teile fort. Stellt die Dienstbarkeit aber nur noch für den einen Teil einen Vorteil i. S. v. § 1019 BGB dar, so **erlischt** sie für die Teile, bei denen nach der Grundstücksteilung der Vorteil **entfallen** ist.

---

[47]BGH, Urt. v. 19.09.2008 – V ZR 164/07, Rn 21

[48]BGH, Urt. v. 23.01.2015 – V ZR 184/14, Rn 12

[49]BGB, Urt. v. 12.11.2004 – V ZR 42/04

[50]OLG Köln, Urt. v. 18.05.1990 – 2 Wx 21/90

Erheblich kann auch die Rechtsfolge einer **Teilung** des mit einer Grunddienstbarkeit belasteten, also des **dienenden** Grundstücks sein. Nach Teilung eines belasteten Grundstücks bestehen die Rechte zwar grundsätzlich an den **Teilgrundstücken** weiter fort. Die Grunddienstbarkeit erlischt aber unter Umständen gemäß § 1026 BGB an dem Teilgrundstück, das weder aus tatsächlichen noch aus rechtlichen Gründen der **Ausübungsregelung** dauerhaft mehr unterliegt[51]. Hierfür genügt es nicht, wenn der Berechtigte nur tatsächlich an der Ausübung gehindert ist, sondern er muss auch aus rechtlichen Gründen nicht mehr in der Lage sein, die Dienstbarkeit auszuüben. Die Anforderungen an den **Nachweis** dieser Unmöglichkeit sind hoch. Sämtliche Möglichkeiten der Ausübung müssen nahezu ausgeschlossen sein. Erst wenn dieser Beweis gelingt, kann eine Dienstbarkeit auf Antrag des Eigentümers des dienenden Grundstücks auch ohne Zustimmung des Berechtigten gelöscht werden[52].

### 5.2.3.2.6 Verlegung der Ausübung, § 1023 BGB

Ist die Ausübung einer Grunddienstbarkeit auf einen **bestimmten Teil** des Grundstücks **beschränkt,** so kann der Grundstückseigentümer des belasteten Grundstücks nicht ohne Weiteres verlangen, dass der Berechtigte die Grunddienstbarkeit an einer anderen Stelle des Grundstücks ausübt. Voraussetzung für einen Anspruch auf Verlegung der Ausübung, der im Wege einer **Interessenabwägung** zu ermitteln ist, ist vielmehr, dass die Ausübung für den Berechtigten an der **anderen Stelle** ebenso geeignet ist und dass der Verbleib an der ursprünglichen Stelle für den Grundstückseigentümer besonders **beschwerlich** ist. Ein Anspruch auf Verlegung scheidet von vorneherein aus, wenn die Ausübungsstelle vertraglich vereinbart wurde und die Beschwerlichkeit zu diesem Zeitpunkt bereits **bekannt** war[53].

Der bloße Umstand, dass dem belasteten Grundstückeigentümer die Ausübung der Grunddienstbarkeit durch den Berechtigten „**unbequem**" ist, genügt ebenfalls nicht, jedoch genügen Umstände, die ohne eine Verlegung der Ausübung, die für den Berechtigten gleichwertig ist, eine wirtschaftliche Ausnutzung vereiteln würden[54].

Der Eigentümer hat die **Kosten** der Verlegung zu tragen oder diese dem Berechtigten, so er die notwendigen Maßnahmen vornimmt, vorzuschießen, § 1023 Abs. 1 S. 2 BGB.

§ 1023 BGB ist nicht entsprechend auf den Berechtigten anzuwenden, das heißt, der Berechtigte kann seinerseits die Verlegung der Ausübung nicht nach § 1023 BGB verlangen[55].

---

[51]BGH, Urt. v. 03.05.2002 – V ZR 17/01, NJW 2002, 3021; OLG München, Beschl. V. 03.03.2014 – 34 Wx 489/13

[52]OLG Saarbrücken, Beschl. v. 20.02.2018 – 5 W 89/17

[53]BGH, Urt. v. 12.12.2014 – V ZR 36/14, Rn 18, a. A. wohl OLG Koblenz, Urt. v. 02.07.2013 – 3 U 1442/12; vgl. auch BGH, Urt. 04.12.2015 – V ZR 22/15

[54]OLG Düsseldorf, Urt. v. 17.04.2000 – 9 U 176/99

[55]BGH, a. a. O.

```
 2       1     Beschränkte    persönliche Dienstbarkeit ( Versorgungsdienst-
               barkeit  -  Versorgung  mit  Wärme  -  )  für Techem Energy
               Contracting  GmbH  (TEC),  Eschborn;  gemäß Bewilligung vom
               11.03.2002;  Notarin  Doberenz,Leipzig  ;  Urk.-Nr. 280/02;
               eingetragen am 25.04.2002.

                                  Taucher
```

**Abb. 5.3**  beschränkt persönliche Dienstbarkeit

### 5.2.3.3 Die beschränkt persönliche Dienstbarkeit, §§ 1090 ff. BGB

Die Belastung in Form einer beschränkt persönlichen Dienstbarkeit erfolgt zu Gunsten einer **individuellen natürlichen** oder **juristischen Person**. Inhalt der Dienstbarkeit ist die **Duldung**, die **Unterlassung** oder die **Nutzung** bezüglich eines Grundstücks, also zum Beispiel des Betriebs von technischen Anlagen eines Energieversorgers, des Vertriebs bestimmter Waren oder der Abnahmeverpflichtung von Wärme oder Energie[56] (Abb. 5.3).

Zulässigerweise kann in einem **Bauträgervertrag** eine solche beschränkt persönliche Dienstbarkeit zugunsten eines **Energieversorgungsunternehmens** zur Energieversorgung auf 15 Jahre vereinbart und in das Grundbuch einer Eigentumswohnung eingetragen werden. Der Käufer einer Eigentumswohnung kann sich in diesem Fall nicht gegen den Eintritt in einen solchen Wärmeservicevertrag begründet zur Wehr setzen und die Eintragung der Dienstbarkeit demzufolge auch nicht verweigern[57].

#### 5.2.3.3.1 Umfang der Ausübung, § 1091 BGB

Der **Umfang** der Ausübung der beschränkt persönlichen Dienstbarkeit bestimmt sich, so die Parteien nichts anderes vertraglich vereinbart haben, gemäß § 1091 BGB nach dem **„persönlichen Bedürfnis"** des Berechtigten. Es handelt sich hierbei um eine **Auslegungsregel**, die aber nicht ausschließt, dass eine Dienstbarkeit auch den Bedürfnissen eines Dritten entsprechen soll[58].

#### 5.2.3.3.2 Unübertragbarkeit, § 1092 BGB

Eine beschränkt persönliche Dienstbarkeit ist nach § 1092 Abs. 1 BGB **nicht übertragbar**. Sie ist also an die Person oder die Gesellschaft **gebunden,** zu deren Gunsten sie bestellt wurde. Sie kann allerdings einem Dritten gemäß § 1092 Abs. 1, S. 2 BGB zur

---

[56]zur Abgrenzung vom Nießbrauch vgl. BGH, Urt. v. 14.03.2003 – V ZR 304/02, NJW-RR 2003, 733

[57]OLG Düsseldorf, Urt. v. 23.04.2007 – 9 U 73/06, BauR 2008, 722; BGH, Beschl. v. 10.01.2008 – VII ZR 88/07 (Nichtzulassungsbeschwerde zurückgewiesen), BauR 2008, 1319

[58]BGH, Urt. v. 11.03.1964 – V ZR 78/62

**Ausübung** überlassen werden, wenn die Überlassung vertraglich zwischen den Parteien vereinbart wird. Durch die Überlassung erwirbt der Begünstigte aber kein dingliches Recht oder einen Anspruch auf Ausübung gegenüber dem Grundstückseigentümer. Gegen eine etwaige Klage des Eigentümers aus **§ 1004 BGB,** der die Ausübung durch einen Dritten verhindern will, steht diesem bei berechtigter Überlassung der Ausübung der Dienstbarkeit diese Berechtigung aber als **Einwendung** zu[59].

Steht einer **juristischen Person** oder einer **rechtsfähigen Personengesellschaft** eine beschränkt persönliche Dienstbarkeit zu, die dazu berechtigt, ein Grundstück für **Anlagen zur Fortleitung** von Elektrizität, Gas, Fernwärme, Wasser, Abwasser, Öl oder Rohstoffen einschließlich aller dazugehörigen Anlagen, die der Fortleitung unmittelbar dienen, für Telekommunikationsanlagen, für Anlagen zum Transport von Produkten zwischen Betriebsstätten eines oder mehrerer privater oder öffentlicher Unternehmen oder für Straßenbahn- oder Eisenbahnanlagen zu benutzen, so ist die Dienstbarkeit **ausnahmsweise** gemäß § 1092 Abs. 3 BGB **übertragbar.** Die Übertragbarkeit umfasst allerdings nicht das Recht, die Dienstbarkeit nach ihren Befugnissen zu teilen, also die **Aufspaltung** der Befugnisse oder die Abspaltung einzelner Befugnisse. Steht ein Anspruch auf Einräumung einer solchen beschränkt persönlichen Dienstbarkeit einer der oben genannten Personen zu, so ist auch dieser Anspruch übertragbar. Die Vorschriften der §§ 1059b bis 1059d BGB über den **Nießbrauch** gelten entsprechend.

Im Falle der **Insolvenz** des Berechtigten kann es zweifelhaft sein, ob die beschränkt persönliche Dienstbarkeit in die Insolvenzmasse fällt, der **Insolvenzverwalter** also zur Ausübung und gegebenenfalls zur Abgabe einer Löschungsbewilligung berechtigt ist. **Massezugehörig** ist eine beschränkt persönliche Dienstbarkeit nur für den Fall, dass sie einem Dritten nach § 1092 Abs. 1 S. 2 BGB zur Ausübung überlassen wurde. Anderenfalls bedarf es zur Löschung im Grundbuch der Löschungsbewilligung des berechtigten **Insolvenzschuldners**, weil der Insolvenzverwalter gemäß § 80 InsO nicht verfügungsberechtigt ist[60].

### 5.2.3.3.3 Wohnrecht, § 1093 BGB

Das Recht, ein Gebäude oder einen **Teil eines Gebäudes** unter Ausschluss des Eigentümers als Wohnung zu benutzen, kann ebenfalls als beschränkt persönliche Dienstbarkeit eingeräumt werden, § 1093 Abs. 1 S. 1 BGB. Für diesen Fall finden gemäß § 1093 Abs. 1 S 2 BGB die meisten Vorschriften über den Nießbrauch entsprechende Anwendung. Familienangehörige sowie Personal sind nach § 1093 Abs. 2 BGB vom Wohnrecht mit umfasst.

Ist das Wohnrecht auf einen Teil des Gebäudes beschränkt, so kann der Berechtige gemäß § 1093 Abs. 3 BGB die zum gemeinschaftlichen Gebrauch der Bewohner bestimmten Anlagen und Einrichtungen, vorbehaltlich einer anderweitigen Regelung, mitbenutzen.

---

[59]BGH, Urt. v. 21.12.2012 – V ZR 221/11

[60]OLG Schleswig, Beschl. v. 20.04.2010 – 2 W 34/10

| Grundbuchamt **Dresden** | | | | | Einlegebogen |
|---|---|---|---|---|---|
| Grundbuch von **B** | | | **Blatt** 524 | **Zweite Abteilung** | 1 |
| Lfd. Nr. der Eintragungen | Lfd. Nr. der betroffenen Grundstücke im Bestandsverzeichnis | Lasten und Beschränkungen | | | |
| 1 | 2 | 3 | | | |
| 1 | 1 | Nießbrauch für Gisela              geb.        , geb. am 02.03.19  , wohnhaft in        ; löschbar bei Todesnachweis; gem. Bewilligung vom 19.11.2002 (URNr.: 3525/2002 Notar Dr. H        ) eingetragen am 24.04.2003. Herricht | | | |

**Abb. 5.4** Nießbrauch

## 5.2.4   Der Nießbrauch, §§ 1030 ff. BGB

Der Nießbrauch, der gesetzlich sehr detailliert geregelt ist, gewährt dem Nießbrauchsberechtigten das **Recht,** die **Früchte** oder den **Nutzen** im Sinne von § 100 BGB aus dem belasteten Grundstück zu ziehen, zum Beispiel die Vereinnahmung von **Mietzahlungen** (Abb. 5.4).

Nießbrauchberechtigter kann eine natürliche oder eine juristische Person sein.

Der Nießbrauch kann bei einem bebauten Grundstück **nicht** nur auf einen Teil des Gebäudes, beispielsweise eine **Mietwohnung,** beschränkt werden. Dies wäre erst dann möglich, wenn das Gebäude in **Wohnungseigentum** aufgeteilt ist[61].

Für den Nießrauch ist es wesentlich, dass **sämtliche Nutzungen** dem Berechtigten zustehen sollen. Der Nießbrauch kann zwar durch den **Ausschluss** bestimmter Nutzungen eingeschränkt oder beschränkt werden, § 1030 Abs. 2 BGB. Dadurch darf aber der Charakter des Nießbrauchs nicht beseitigt werden. Nur die **Beschränkung** auf eine Nutzungsart oder nur auf eine Wohnung in einem Gebäude wäre daher unzulässig[62].

Der Nießbraucher ist gemäß § 1036 Abs. 1 BGB gegenüber **jedermann** zum **Besitz** berechtigt. Er hat nach § 1036 Abs. 2 BGB bei der Ausübung des Nutzungsrechts die bisherige wirtschaftliche Bestimmung des Grundstücks **aufrechtzuerhalten** und nach den Regeln einer **ordnungsgemäßen Wirtschaft** zu verfahren. Nach § 1037 BGB ist der Nießbrauchsberechtigte aber nicht berechtigt, das Grundstück umzugestalten[63]. Er ist gemäß § 1041 BGB verpflichtet, für die Erhaltung des Grundstücks und für seinen wirtschaftlichen Bestand zu sorgen und gemäß § 1045 BGB gegen Brand oder sonstige

---

[61]BGH, Urt. v. 27.01.2006 – V ZR 243/04, NJW 2006, 1881

[62]OLG Köln, Beschl. v. 17.08.2016 – 2 Wx 188/16; BGH, Urt. v. 27.01.2006 – V ZR 243/04

[63]BGH, Urt. v. 20.12.1982 – II ZR 13/82, NJW 1983, 932

Unfälle auf seine Kosten zu **versichern** oder die Versicherungsprämien zu tragen. Gleiches gilt gemäß § 1047 BGB für die Tragung **öffentlicher Lasten.**

Er übt entsprechend § 1066 BGB, so der Nießbrauch an einem Miteigentumsanteil bestellt ist, diejenigen Rechte aus, die sich aus der Gemeinschaft der Miteigentümer in Ansehung der **Verwaltung** der Gesamtanlage und der Art ihrer Benutzung ergeben.

**Veräußert** ein Grundstückseigentümer eine vermietete Immobilie unter dem „Vorbehalt des Nießbrauchs", so findet kein **Vermieterwechsel** gemäß § 566 Abs. 1 BGB statt. Somit bleibt der ehemalige Eigentümer und jetzige Nießbrauchsberechtigte weiterhin Vermieter und ist berechtigt, die Miete vom Mieter einzufordern[64].

### 5.2.5   Das Vorkaufsrecht, §§ 1094 ff. BGB

Beim Vorkaufsrecht unterscheidet das BGB zunächst in **schuldrechtliches und dingliches Vorkaufsrecht,** d. h. dass ein Vorkaufsrecht nicht zwingend dinglichen Charakter haben muss. Für ein dingliches Vorkaufsrecht, also die Belastung eines Grundstücks, gelten neben den Vorschriften über das schuldrechtliche Vorkaufsrecht, §§ 463 ff. BGB, die Vorschriften von §§ 1094 ff. BGB. Das **dingliche** Vorkaufsrecht als Grundstücksbelastung ist somit ein eigenständiges **Sachenrecht.**

Ein solches Vorkaufsrecht ist die dingliche **Belastung** eines Grundstücks, die dem **Vorkaufsberechtigten** das Recht einräumt, im Falle des Verkaufs des belasteten Grundstücks an einen Dritten zu den **gleichen Konditionen** in diesen **Kaufvertrag „einzutreten".**

#### 5.2.5.1 Entstehung
Die Vorkaufsberechtigung (-abrede) **entsteht** durch

- vertragliche Vereinbarung,
- Einigung und Eintragung im Grundbuch gemäß § 873 BGB,
- Erbgang oder
- Gesetz.

Beispiel für letzteres ist das **gemeindliche Vorkaufsrecht,** das einer Kommune gemäß §§ 24 ff. BauGB unter bestimmten Voraussetzungen von Gesetzes wegen das Recht einräumt, ein Vorkaufsrecht auszuüben.

Die für die **Bestellung** des dinglichen Vorkaufsrechts erforderliche Einigung gemäß § 873 BGB bedarf, anders als das Verpflichtungsgeschäft, nicht der **notariellen Beurkundung**[65].

---

[64]OLG Düsseldorf, Beschl. v. 30.10.2008 – 24 U 84/08, WuM 2009, 844

[65]BGH, Urt. v. 08.04.2016 – V ZR 73/15; a. A. noch BGH, Urt. v. 07.11.1990 – XII ZR 11/89

```
***************************************************************************************
Grundbuch von          Bezirk 6                                   Blatt 6172
***************************************************************************************
---------------------------------------------------------------------------------------
Zweite Abteilung (Spalten 1 bis 3)
LNrE      LNrG      Lasten und Beschränkungen
---------------------------------------------------------------------------------------

 23        643      Vorkaufsrecht für den ersten Verkaufsfall für die      Grundstücksgesell-
                    schaft mbH, in M      . Gemäß Bewilligung vom 11.04.2000/16.05.2001 (UR-Nr.
                    209/2000, 300/2001, Notar Georg von Rosenthal, Frankfurt am Main) eingetragen am
                    11.12.2001.
```

**Abb. 5.5**  Vorkaufsrecht

Das Vorkaufsrecht kann gemäß § 1094 Abs. 2 BGB auch zugunsten des jeweiligen Eigentümers eines anderen Grundstücks bestellt und gemäß § 1096 auch auf **Zubehör** erstreckt werden, das mit dem Grundstück verkauft wird, was im Zweifel anzunehmen ist.

Das Vorkaufsrecht kann für den „**ersten Fall**" bestellt werden oder für mehrere oder sämtliche Verkaufsfälle in der Zukunft, § 1097 BGB. Es ist beschränkt auf den Verkauf durch den Eigentümer, welchem das Grundstück zur Zeit der Bestellung gehört, oder auf dessen Erben. Wurde das Vorkaufsrecht nur für den ersten Vorkaufsfall eingeräumt, so **erlischt** es, wenn es nach Mitteilung des Vorkaufsfalls an den Vorkaufsberechtigten nicht innerhalb der **Frist** des § 462 Abs. 2 BGB durch diesen ausgeübt wurde.

Ein Vorkaufsverpflichteter kann unter Umständen auch dann einen **Anspruch auf Löschung** haben, wenn sich **zwei Miteigentümer** eines Grundstücks gegenseitig ein Vorkaufsrecht an ihrem Miteigentumsanteil eingeräumt haben und der eine seinen Anteil an einen anderen Miteigentümer veräußert hat. Das Kammergericht Berlin geht in einem solchen Fall davon aus, dass die Vereinbarung des Vorkaufsrechts nur solange Bestand haben soll, wie beide Berechtigte noch Miteigentümer sind, weil durch eine solche Vereinbarung die Gemeinschaft typischerweise vor unerwünschtem Eindringen von Dritten geschützt werden soll. Dieser **Schutzweck** sei entfallen, sodass das Vorkaufsrecht wegen Unrichtigkeit des Grundbuchs zu löschen war[66].

Das Vorkaufsrecht wird in **Abt. II des Grundbuchs** eingetragen (Abb. 5.5). Die Vereinbarung eines „limitierten" Kaufpreises ist nicht eintragungsfähig[67].

▶   Durch die Bestellung eines Vorkaufsrechts wird die **Vermarktbarkeit** des
    Grundstücks ganz erheblich eingeschränkt, weil jeder Kaufinteressent damit
    rechnen muss, dass nach Kaufvertragsabschluss der Vorkaufsberechtigte
    sein Vorkaufsrecht ausüben wird. Eventuelle Aufwendungen, beispiels-
    weise für eine Planung, wären in diesem Fall vergebens. Ohne dass der Vor-
    kaufsberechtigte vor Abschluss eines Kaufvertrages auf sein Vorkaufsrecht
    verzichtet, wird daher ein Kaufinteressent in aller Regel Abstand vom Kauf
    nehmen.

---

[66]KG Berlin, Beschl. v. 19.04.2016 – 1 W 1006/15
[67]OLG München, Beschl. v. 29.10.2007 – 34 Wx 105/07

### 5.2.5.2 Rechtsstellung des Vorkaufsberechtigten

Das im Grundbuch eingetragene Vorkaufsrecht gibt dem Vorkaufsberechtigten zwar eine dingliche Berechtigung am Grundstück. Gleichwohl kann der Vorkaufsberechtigte vor Eintritt des Vorkaufsfalls nachbarliche **Abwehransprüche** nicht aus eigenem Recht geltend machen[68].

Das Vorkaufsrecht ist gemäß § 473 S. 1 BGB **nicht übertragbar** und geht auch nicht durch Vererbung auf den Erben des Berechtigten über, wenn die Parteien nicht etwas anderen vertraglich vereinbart haben. Ist das Vorkaufsrecht auf eine **bestimmte Zeit** beschränkt, so ist es entgegen der Regelung aus § 473 S. 1 BGB nach § 473 S. 2 BGB im Zweifel doch **vererblich.** Wurde ein Vorkaufsrecht durch den Erblasser zu Lebzeiten bereits wirksam ausgeübt, so gehen die hieraus erwachsenden Rechte mit dem Erbfall des berechtigten Erblassers auf dessen Erben über.

Steht ein Vorkaufsrecht mehreren Berechtigten **gemeinschaftlich** zu, so können diese nach § 472 BGB das Vorkaufsrecht nur gemeinschaftlich ausüben.

Zwar handelt es sich bei der Bestellung eines Vorkaufsrechts zugunsten mehrerer Berechtigter unter Umständen um eine **Gesamtgläubigerschaft** i. S. v. § 428 BGB. Gleichwohl kann nicht einer der Berechtigten zulasten der übrigen Berechtigten das Vorkaufsrecht einseitig nur für sich ausüben. Eine Eintragung einer Gesamtberechtigung nach § 428 BGB im Grundbuch ist daher auch unzulässig[69].

Ist das Vorkaufsrecht jedoch für einen der Berechtigten erloschen oder übt einer der Berechtigten das Vorkaufsrecht nicht aus, so sind die übrigen berechtigt, das Vorkaufsrecht im Ganzen auszuüben.

### 5.2.5.3 Eintritt des Vorkaufsfalls

Tritt durch **Abschluss eines Kaufvertrages** zwischen dem Grundstückseigentümer und einem Dritten der **Vorkaufsfall** ein, so ist dies dem Vorkaufsberechtigten gemäß § 469 Abs. 1 BGB **mitzuteilen,** der seinerseits innerhalb einer **Frist** von 2 Monaten sein Vorkaufsrecht durch Erklärung gegenüber dem Verkäufer ausüben muss, § 469 Abs. 2. BGB, wenn er in den Kaufvertrag eintreten möchte. Diese **Erklärung** muss nicht beurkundet werden. Bei der Erklärung handelt es sich um ein **einseitiges Rechtsgeschäft.**

Der Verkauf des mit dem Vorkaufsrecht belasteten Grundstücks an einen **gesetzlichen Erben** löst gemäß § 470 BGB im Zweifel keinen Vorkaufsfall aus. Diese gesetzliche **Auslegungsregel** gilt aber nicht für den testamentarischen Erben oder Vertragserben.

---

[68]VGH-BW, Beschl. v. 12.08.1994 – 8 S 1198/94

[69]BGH, Urt. v. 13.10.2017 – V ZB 98/15; a. A. OLG Stuttgart, Urt. v. 11.12.2008, 7 U 155/08; OLG Frankfurt, Beschl. v. 22.11.1984 – 20 W 209/84.

▶  Bei der **Ausübung** des Vorkaufsrechts durch einen **Bevollmächtigten**, zum
Beispiel durch einen Rechtsanwalt oder einen sonstigen Vertrauten des Vorkaufsberechtigten, ist wegen dieser Einseitigkeit zu berücksichtigen, dass eine
**Originalvollmacht** des Vorkaufsberechtigten der Ausübungserklärung beigefügt wird, da ansonsten eine Zurückweisung nach §§ 174, 180 BGB durch
den Vorkaufsverpflichteten mit der Folge einer **Verfristung** erfolgen kann[70].

Mit Ausübung des Vorkaufsrechts kommt der Grundstückskaufvertrag **unmittelbar**
zwischen dem Vorkaufsberechtigten und dem Verkäufer zu denjenigen **Konditionen**
zustande, wie mit dem Dritten vereinbart, § 464 Abs. 2 BGB. Der Dritte scheidet, ohne
weiteres und ohne dies verhindern zu können, aus dem Kaufvertrag als Partei aus.

Werden mehrere mit einem Vorkaufsrecht belastete Grundstücke zu einem **Gesamt-
preis** verkauft, so kann der Vorkaufsberechtigte die Ausübung des Vorkaufsrechts auf ein
Grundstück oder auch mehrere Grundstück beschränken[71].

Der Verkauf muss an einen **Dritten** erfolgen, um den Vorkaufsfall auszulösen. Bruchteilseigentümer oder Gesamthandseigentümer zählen nicht dazu.

Der Vorkaufsfall tritt auch dann ein, wenn ein **Insolvenzverwalter** das mit dem Vorkaufsrecht belastete Grundstück freihändig verkauft, § 1098 Abs. 1 S. 2 BGB.

Die **Schenkung** eines Grundstücks löst grundsätzlich keinen Vorkaufsfall aus. Voraussetzung ist vielmehr die **entgeltliche** Veräußerung des mit dem Vorkaufsrecht belasteten
Grundstücks. Ob es sich bei dem Vertrag um einen entgeltlichen Kaufvertrag handelt
oder eine unentgeltliche Schenkung, richtet sich nicht nach der Bezeichnung des Vertrags, sondern nach dem, was die Parteien tatsächlich gewollt haben[72].

### 5.2.5.4 Bedingungen/Rücktritt

Das Recht zur Ausübung des Vorkaufsrechts setzt einen voll **wirksamen** Kaufvertrag
voraus. Kommt der Kaufvertrag unter einer **Bedingung** zustande, so tritt der Vorkaufsfall auch erst mit Eintritt der Bedingung ein. Wird der Kaufvertrag hingegen nach seiner Rechtswirksamkeit **aufgehoben,** so wird dadurch der Vorkaufsfall nicht nachträglich
wieder beseitigt[73].

Ebenso ist gemäß § 465 BGB eine Vereinbarung gegenüber dem Vorkaufsberechtigten
**unwirksam,** wonach der ursprünglich gewollte Kauf von der Nichtausübung des Vorkaufsrechts abhängig gemacht wird oder dem Verpflichteten für den Fall der Ausübung des
Vorkaufsrechts der Rücktritt vom Kaufvertrag vorbehalten wird[74]. Die Parteien des Kaufvertrags können also nicht „testen", ob der Berechtigte sein Vorkaufsrecht ausüben wird.

---

[70]BGB, Beschl. v. 25.10.2012 – V ZB 5/12

[71]BGH, Urt. v. 23.06.2006 – V ZR 17/06, BGHZ 168, 152

[72]OLG Brandenburg, Urt. v. 15.12.2016 – 5 U 44/14

[73]BGH, Urt. v. 01.10.2010 – V ZR 173/09, NJW 2010, 3774

[74]BGH, Urt. v. 09.02.1990 – V ZR 274/88, BGHZ 110, 230

### 5.2.5.5 Nebenleistungen

Hat sich der Käufer im Kaufvertrag zu **Nebenleistungen** gegenüber dem Verkäufer **ver-pflichtet,** zum Beispiel der Übernahme einer Altenpflege, die der Vorkaufsberechtigte nicht leisten kann, so muss der Vorkaufsberechtigte bei Ausübung des Vorkaufsrechts den **geschätzten Wert** dieser Nebenleistung an den Verkäufer bezahlen, § 466 S. 1 BGB.

Lässt sich die Nebenleistung **nicht schätzen,** so ist nach § 466 S. 2 BGB die Aus-übung des Vorkaufsrechts ausgeschlossen. Dies gilt allerdings nicht, wenn die Neben-leistung so **unbedeutend** ist, dass der Kaufvertrag auch ohne sie abgeschlossen worden wäre, sodass in diesem Fall eine **Umgehung** unterstellt werden kann[75].

### 5.2.5.6 Übertragung von Geschäftsanteilen

Einem freihändigen Verkauf eines Grundstücks, der den Vorkaufsfall auslöst, steht es gleich, wenn der Vorkaufsverpflichtete das mit dem Vorkaufsrecht belastete Grundstück in eine von ihm beherrschte **Gesellschaft** einbringt und anschließend die **Geschäfts-anteile** entgeltlich an einen Dritten veräußert[76].

### 5.2.5.7 Umgehung des Vorkaufsrechts

Häufiges Problem beim Vorkaufsrecht sind seit jeher solche oder ähnliche Versuche, das Vorkaufsrecht durch **Vertragsgestaltungen** zwischen dem Verkäufer und dem Kaufinteressenten zu **umgehen** oder durch **ungünstige Konditionen** dem Vorkaufs-berechtigten die Ausübung seines Vorkaufsrechts zu „**verleiden**"[77]. In einem solchen Umgehungsfall kann der Vorkaufsberechtigte sein Vorkaufsrecht gerichtlich einklagen und so den Eintritt in den Kaufvertrag zu angemessenen Konditionen **erzwingen.**

Haben die Vertragsparteien des Erstvertrages beispielsweise eine **unüblich hohe Maklerprovision** vereinbart, so muss der Vorkaufsberechtigte, so er sein Vorkaufsrecht ausübt, eine solche Makler-provision nicht zahlen, auch keine Provision in üblicher Höhe. Eine solche Provisionsvereinbarung wird nämlich nicht Vertragsbestandteil des Erstkaufvertrages. Da der Vorkaufsberechtigte nur die wesentlichen Vertragspflichten erfüllen muss, ist er von der Pflicht zur Zahlung einer Provision **befreit**[78].

Ist nicht auszuschließen, dass es sich bei einer nicht durch Kaufvertrag erfolgten Über-tragung tatsächlich um einen Teil eines **zeitlich gestreckten Umgehungsgeschäfts**

---

[75]VGH München, Urt. v. 26.09.1995, B 93.2828, NJW 1996, 2321; BVerwG, Beschl. v. 07.03.1996 – 4 B 18/96, BauR 1996, 541

[76]BGH, Urt. v. 27.01.2012 – V ZR 272/10

[77]BGH, Urt. v. 14.11.1969 – V ZR 115/66, BauR 1971, 36; BGH, Urt. v. 11.10.1991 – V ZR 127/90, NJW 1992, 236; BGH, Urt. v. 11.12.1963 – V ZR 41/62, NJW 1964, 540

[78]BGH, Urt. v. 12.05.2016 – I ZR 5/15

handelt, so hat eine Löschung eines für den ersten Fall eingetragenen Vorkaufsrechts zu unterbleiben, kann also nur mit Zustimmung des Vorkaufsberechtigten erfolgen[79].

## 5.2.6   Die Reallast, §§ 1105 ff. BGB

Das Grundstück wird durch die Reallast gemäß §§ 1105 ff. BGB in der Weise belastet, dass *„aus"* dem Grundstück **wiederkehrende Leistungen** zu entrichten sind. Die Leistungen sind gemäß § 1100 BGB entweder an den Eigentümer eines anderen Grundstücks oder an eine bestimmte Person zu entrichten, § 1101 BGB. Hierbei kann es sich um Geld-, Sach- oder Dienstleistungen handeln[80] ; dabei haftet das Grundstück für die Erbringung der Leistung, § 1107 BGB in Verbindung mit § 1147 BGB.

Die Leistungen müssen nicht regelmäßig, gleichartig oder gleich groß sein, sondern nur aufgrund eines **Schuldverhältnisses** geleistet werden und auch nicht im Vorneherein genau bestimmt, sondern nur **bestimmbar** sein[81].

Die Leistung ist entgegen des **missverständlichen** Wortlauts nicht vom Grundstück selbst zu entrichten. Dieses dient vielmehr auf der Grundlage einer **Sicherungs- oder Zweckbestimmungsabrede** „nur" zur **Sicherheit** für den Berechtigten[82]. Die Befriedigung des Gläubigers erfolgt durch Duldung der Zwangsvollstreckung in das belastete Grundstück oder Erbbaurecht, das ebenfalls mit einer Reallast belastet werden kann (siehe Kap. 2; Abschn. 2.4.6 zur Erbbauzinsreallast).

Die **Bestellung** einer Reallast erfolgt gemäß § 873 Abs. 1 BGB durch Einigung mit dem Berechtigten und Eintragung ins Grundbuch.

Die **Rechtsnatur** der Reallast ist umstritten. Dies ergibt sich aus ihrer eigentümlichen Verknüpfung von dinglichem Verwertungsrecht und schuldrechtlichen Einzelansprüchen. Nach einer Ansicht wird die Reallast sowohl als Nutzungs- als auch als Sicherungsrecht aufgefasst. Die herrschende Meinung in Rechtsprechung und Literatur sieht die Reallast aber als besonderes **Verwertungsrecht** an, da gerade kein Einwirkungsrecht auf das Grundstück gewährt wird, wie bei sonstige Nutzungsrechten.

Nach **§ 1108 BGB** haftet der Eigentümer des mit der Reallast belasteten Grundstücks auch weiterhin **persönlich** für die während der **Dauer** seines Eigentums fällig werdenden Leistungen, es sei denn, es wurde etwas anderes vereinbart.

Wird das Grundstück geteilt, so haften die Eigentümer beider Teile als **Gesamtschuldner**, § 1108 Abs. 2 BGB.

---

[79]OLG München, Beschl. v. 25.09.2015 – 34 Wx 121/15

[80]BGH, Beschl. v. 13.07.1995 – V ZB 43/94, NJW 1995, 2780

[81]BGH, Urt. v. 24.10.1956 – V ZR 127/55, BGHZ 22, 54

[82]BGH, Urt. v. 08.11.2013 – V ZR 95/12

Die Reallast ist auch **übertragbar.** Dabei ist zunächst zu differenzieren, ob die Reallast als Ganzes oder nur die dinglichen Einzelansprüche auf die wiederkehrende Leistung übertragen werden. Die dinglichen Einzelansprüche werden durch Abtretung nach § 398 BGB übertragen. Hinsichtlich der Übertragung als Ganzes ist zu unterscheiden, ob die Reallast als subjektiv-persönliches oder subjektiv-dingliches Recht bestellt wurde. Bei einer **subjektiv-persönlichen** Bestellung ist Berechtigter eine bestimmte Person. In diesem Fall ist eine Übertragung nur möglich, wenn sie von den Parteien zugelassen wurde. Ist Berechtigter aus der Reallast der jeweilige Eigentümer eines herrschenden Grundstücks (**subjektiv-dingliche Reallast**), so ist die Reallast wesentlicher Bestandteil des Grundstücks und damit untrennbar mit diesem verbunden und nicht unabhängig übertragbar, § 1110 BGB.

## 5.3    Die Baulast

Eine **Baulast** ist, im Gegensatz zu den vorstehend dargestellten Grundstückbelastungen, keine privatrechtliche Last bzw. ein beschränkt dingliches Recht, sondern eine **öffentlich-rechtliche Last.** Die Baulast als Rechtsinstitut ist – mit wenigen Ausnahmen – durch die **Landesbauordnungen** der Bundesländer gesetzlich zugelassen. Sie verpflichtet den Grundstückseigentümer zu einem **Tun, Unterlassen oder Dulden,** das über die sonstigen Verpflichtungen der öffentlich-rechtlichen Bauvorschriften hinausgeht[83]. Sie kann beispielsweise dazu dienen, den **Zugang** eines Grundstücks zu einer **öffentlichen** Straße rechtlich zu sichern (vgl. z. B. § 4 Abs. 1 SächsBO) oder Dispens von der einzuhaltenden Abstandsfläche zur Grundstücksgrenze zu erteilen.
Folgende Baulasten sind **üblich:**

**Abstandsflächenbaulast**
Wird bei einem Bauvorhaben die erforderliche **Abstandsfläche** zur Grundstücksgrenze nicht eingehalten, so kann der Nachbar die fehlende Abstandsfläche durch Begebung einer Baulast auf seinem Grundstück übernehmen[84]. Durch diese Baulast wird so ein **baurechtskonformer Zustand** hergestellt. Aufgrund welcher Umstände der Nachbar die Baulast übernimmt, zum Beispiel gegen Geldzahlung oder weil ihm beide Grundstücke gehören, ist für die Bestellung der Baulast irrelevant.

**Erschließungsbaulast**
Hat ein Grundstück keinen direkten **Zugang** zum öffentlichen Straßenraum, so wäre ein Bauvorhaben mangels Erschließung nicht genehmigungsfähig. Durch die Erschließungs-

---

[83]vgl. z. B. § 83 Abs. 1 SächsBO
[84]VGH BW, Urt. v. 30.11.2018 – 5 S 854/17

baulast wird die notwendige Erschließung des Baugrundstücks über ein fremdes Grundstück bauordnungsrechtlich **dauerhaft** gesichert[85].

## Vereinigungsbaulast

Ein Gebäude kann nicht zulässigerweise auf **zwei Grundstücken** errichtet werden. Mittels der Vereinigungsbaulast wird vermieden, dass die beiden Grundstücke zivilrechtlich verbunden werden müssten, um einen baurechtlich genehmigungsfähigen Zustand herzustellen. Durch die Vereinigungsbaulast wird die zulässige **Überbauung** der **Grundstücksgrenze** dauerhaft gesichert[86].

## Stellplatzbaulast

Durch eine Stellplatzbaulast kann die Verpflichtung zur Schaffung von **Stellplätzen** auf einem anderen Grundstück in der **näheren Umgebung** zum Bauvorhaben abgesichert werden[87].

Die Baulast entsteht durch (freiwillige) Erklärung gegenüber der **Bauaufsichtsbehörde**. Hierfür ist **Schriftform** und öffentliche **Beglaubigung** der Unterschrift erforderlich.

Eine Baulast wird mit Eintragung in das sogenannte **Baulastenverzeichnis** wirksam, unbeschadet von Rechten Dritter und wirkt auch gegenüber **Rechtsnachfolgern**, bleibt also auch in der **Zwangsversteigerung** bestehen. Das Baulastenverzeichnis wird durch die unteren Bauaufsichtsbehörden geführt. Eine **Löschung** der Baulast kann nur mit deren Zustimmung erfolgen.

Auch wenn die Baulast „nur" eine öffentlich-rechtliche Verpflichtung enthält, kann sie dennoch nach den Grundsätzen von Treu und Glauben **zugunsten** eines **Dritten** wirken, wenn sie für diesen ausdrücklich ein Recht begründet. In diesem Fall kann die Ausübung zum Beispiel eines Wegerechts nur in Ausnahmefällen durch den Eigentümer des belasteten Grundstücks untersagt werden, insbesondere wenn sich der Dritte selbst **treuwidrig** verhält. Ansonsten handelt der aus der Baulast verpflichtete **rechtsmissbräuchlich,** wenn er die Nutzung verhindert[88]. Wegen der Nutzung seines Grundstücks im Wege der Baulast hat der belastete Grundstückseigentümer gegen den Nutzer i.d.R. einen Geldanspruch nach den Grundsätzen der **ungerechtfertigten Bereicherung** nach §§ 812 ff. BGB[89]. Ein unentgeltlicher Nutzungsanspruch steht dem Dritten grundsätzlich nicht zu.

Die Eintragung der Baulast erfolgt nicht im **Grundbuch,** sodass sich hieraus auch nicht ergeben kann, ob das Grundstück tatsächlich mit einer Baulast belastet ist. Nur der Blick

---

[85]OVG NRW, Urt. v. 06.12.2018 – 7 A 991/16

[86]OVG Bln-Brb, Beschl. v. 11.07.2018 – OVG 2 S 50.17, Rn 17 ff.

[87]OVG Sachsen, Beschl. v. 13.03.2015 – 1 B 321/14, Rn 8

[88]OLG Hamm, Urt. v. 06.07.2017 – 5 U 152/16

[89]BGH, Urt. v. 19.04.1985 – V ZR 152/83

in das **Baulastenverzeichnis** gibt hierüber Aufschluss. Das Baulastenverzeichnis genießt aber **keinen öffentlichen Glauben.** Ist keine Baulast im Baulastenverzeichnis eingetragen, so bedeutet dies also nicht, dass eine solche Baulast nicht existiert.

Da die Baulast kein Recht eines Dritten i. S. v. § 435 darstellt, stellt ihr Vorhandensein auch keinen **Rechtsmangel** dar[90]. Eine Haftung als **Sachmangel** kommt aber unter den Voraussetzungen von § 434 BGB bzw. § 444 BGB in Betracht[91].

Dass keine oder gegebenenfalls welche Baulast besteht, sollte daher in den notariellen **Kaufvertrag** ausdrücklich mit aufgenommen werden.

## Weiterführende Literatur

Clemente, Recht der Sicherungsgrundschuld, 5. Aufl. 2017, RWS Verlag
Götz/Hülsmann, Der Nießbrauch im Zivil- und Steuerrecht, 12. Aufl. 2019, NBW Verlag
Jessen, Einfluss von Eintragungen in Abteilung II des Grundbuches auf den Marktwert von Immobilien, 1. Aufl. 2013, Logos Verlag
Lange, Die Ausübung der Grunddienstbarkeit nach der Teilung des herrschenden Grundstücks, 2018, Peter Lang GmbH
Lwowski/Fischer/Langenbuch, Das Recht der Kreditsicherung, 10. Aufl. 2017, ESV Verlag
Nobbe, Kommentar zum Kreditrecht, 3. Aufl. 2018, FinanzColloquium
Reinicke/Tiedke, Kreditsicherungsrecht, 6. Aufl. 2019, Verlag Vahlen
Rimmelspacher/Stürner, Kreditsicherungsrecht, 3. Aufl. 2017, C.H. Beck Verlag
Schurig, Das Vorkaufsrecht im Privatrecht, 1975, Dunker & Humbold
Staab/Staab, Kreditvertrags – und Kreditsicherungsrecht, 1. Aufl. 2014, Springer Gabler Verlag
Weber, Kreditsicherungsrecht, 10. Aufl. 2018, C.H. Beck Verlag
Wenzel, Baulasten in der Praxis, 3. Aufl. 2016, Bundesanzeiger Verlag

---

[90]BGH, Urt. v. 10.03.1978, V ZR 69/76; BGH, Urt. v. 08.07.1983 – V ZR 204/82
[91]OLG Düsseldorf, Urt. v. 17.04.1991 – 9 U 226/90, Rn 19

# Nachbarrecht

**6**

## 6.1 Einführung

Ein Grundstückseigentümer kann nach dem Grundsatz der **Baufreiheit**, der seine Grundlage in Art 14 GG findet, nach seinem Belieben mit dem in seinem Eigentum stehenden Grund und Boden verfahren. Will er sein Grundstück bebauen, so benötigt er in der Regel zwar eine **Baugenehmigung**. Der Grundstückseigentümer hat aber einen **Anspruch** darauf, dass ihm diese Baugenehmigung erteilt wird, so die hierfür erforderlichen Voraussetzungen vorliegen. Die Baugenehmigungsbehörde hat hierbei keinen Ermessensspielraum (siehe Abschn. 11.2). Das Ermessen ist in einem solchen Fall auf Null reduziert. Die tatsächlichen und rechtlichen Verhältnisse des Grundstücks können also durch die zulässige Bebauung nachhaltig verändert werden.

Durch die genehmigte Bebauung eines Grundstücks wird aber nicht nur das Baugrundstück selbst verändert, sondern die Bebauung wirkt sich nachvollziehbar, und sei es auch nur optisch, auf seine Umgebung aus, insbesondere auf die direkten **Nachbargrundstücke**. Jedes Grundstück hat, von ganz speziellen Ausnahmefällen abgesehen, immer ein oder mehrere Nachbargrundstücke, die von einer Bebauung jenseits der **Grundstücksgrenze** betroffen sind. Das Eigentumsrecht jedes Grundstückseigentümers ist daher durch die **nachbarschaftliche** Situation von vornherein betroffen.

Das öffentliche Recht, als auch das Privatrecht, beinhaltet zahlreiche Rechtsvorschriften, um eine übermäßige **Beeinträchtigung** des Nachbarn durch eine Bebauung zu vermeiden. Die gesetzlichen Regelungen dienen nicht nur dem Interesse der Öffentlichkeit, sondern auch und vor allem dem **Schutz** des Nachbarn. Diese Vorschriften sind wegen des **nachbarlichen Gemeinschaftsverhältnisses** auf einen **Interessenausgleich** zwischen den Nachbarn ausgelegt, wie es die Rechtsprechung

© Springer Fachmedien Wiesbaden GmbH, ein Teil von Springer Nature 2019
J. Handschumacher, *Immobilienrecht praxisnah*,
https://doi.org/10.1007/978-3-658-26909-8_6

bezeichnet[1], und für eine konfliktfreies Neben- und Miteinander auch zwingend erforderlich.

Dies gilt umso mehr, als zwischen den Nachbarn bei einer Bebauung in der Regel keine schuldrechtlichen Rechtsbeziehungen aufgrund von vertraglichen Absprachen bestehen. Solche vertraglichen Vereinbarungen zur **Konfliktvermeidung** oder Konfliktbeseitigung zu schließen, ist selbstverständlich möglich und häufig auch dringend angeraten.

Neben den der Konfliktvermeidung dienenden **öffentlich-rechtlichen Bauvorschriften,** gibt es – wie bereits erwähnt – noch weitere Regelungen sowohl im **BGB** als auch in den **Nachbarrechtsgesetzen** der **Länder**, die die privatrechtlichen Verhältnisse der Nachbarn untereinander regeln und zuvorderst auf eine **Konfliktvermeidung** durch einen dauerhaften **Interessenausgleich** ausgerichtet sind. Auch zur Regelung dieser privatrechtlichen Nachbarverhältnisse können die Nachbarn weitreichende vertragliche Vereinbarungen schließen und erforderlichenfalls die sich hieraus ergebenden Ansprüche grundbuchlich **absichern.**

Treffen Nachbarn solche **vertraglichen Vereinbarungen** zur Regelung nachbarschaftlicher Verhältnisse, so gelten diese nur zwischen den Vertragspartnern. Ein neuer Nachbar ist im Falle der Veräußerung eines der Grundstücke an eine solche Vereinbarung in der Regel nicht gebunden, es sei denn, er ist ausdrücklich in die Vereinbarung eingetreten[2].

**Rechtssicherheit** besteht nur dann, wenn hinsichtlich der aufgrund der vertraglichen Vereinbarung übernommenen Rechte und Pflichten eine **Dienstbarkeit** in das Grundbuch eingetragen wurde. Nur dann gilt die nachbarschaftliche Vereinbarung auch zwingend gegenüber dem jeweiligen **Rechtsnachfolger**[3].

## 6.2    Öffentliches Nachbarrecht

### 6.2.1    Einführung

Ein Privatmann kann grundsätzlich die Verletzung von bauordnungsrechtlichen Vorschriften nur dann rügen, wenn er durch die behauptete Rechtsverletzung **subjektiv (persönlich) betroffen** ist[4]. Der Einzelne hat also prinzipiell keinen eigenen Anspruch darauf, dass die baurechtlichen Regelungen von anderen Grundstückseigentümern in jeder Hinsicht eingehalten werden. Dies zu überwachen ist ausschließlich Aufgabe der zuständigen **staatlichen Stellen.** Insoweit kann ein durch eine Bebauung betroffener Nachbar nur unter engen Voraussetzungen das **Einschreiten** der Bauaufsichtsbehörden

---

[1]OVG Sachsen, Beschl. v. 02.07.2013 – 1 A 776/12; BGH, Urt. v. 24.01.2008 – IX ZR 216/06, NJW-RR 2008, 610

[2]vgl. beispielsweise § 3 SächsNRG

[3]BGH, Urt. v. 08.02.2013 – V ZR 56/12

[4]BVerwG, Urt. v. 22.10.1982 – 7 C 50/78, NJW 1983, 1507

aus eigenem Recht verlangen und gerichtlich durchsetzen, selbst dann, wenn objektiv und ohne jeden Zweifel ein **bauordnungswidriger Zustand** auf dem **Nachbargrundstück** festzustellen ist.

Der Nachbar muss zur erfolgreichen Geltendmachung eigener Ansprüche in seinen **eigenen Rechten** verletzt sei. Dies ist nur dann der Fall, wenn eine sogenannte **drittschützende Norm** durch die Bautätigkeit eines anderen verletzt wurde, also eine Norm, die auch dem **subjektiven Schutz** des Nachbarn dient und nicht nur dem Schutz der Öffentlichkeit.

Daneben gilt das **Gebot der Rücksichtnahme,** das vor unzumutbaren Beeinträchtigungen durch eine Nachbarbebauung schützen soll und daher unter bestimmten Umständen dem Nachbarn ein zusätzliches **Abwehrrecht** gegen eine beeinträchtigende Bebauung zubilligt[5] (vgl. unten Abschn. 6.2.5).

Baurechtliche Vorschriften dienen zumeist zwar „nur" dem Schutz öffentlicher und nicht dem Schutz privater, also nachbarlicher Interessen. Sie können aber im Einzelfall **nachbarschützend** sein, sodass sich der Nachbar auf deren Einhaltung unter den nachfolgend dargestellten Bedingungen aus eigenem Recht berufen kann.

Für eine nachbarschaftliche **Betroffenheit** ist in der Regel die **grundstücksbezogene Nachbarschaft** ausschlaggebend und nicht die persönliche. Die nachbarlichen Grundstücke werden dabei durch ihre jeweiligen Eigentümer repräsentiert.

## 6.2.2 Der Nachbar im Sinne des öffentlichen Baurechts

Wer **Nachbar** im Sinne des öffentlichen Baurechts ist, kann nicht abstrakt definiert werden, sondern ergibt sich aus den konkreten Umständen des **Einzelfalls** vor Ort.

### 6.2.2.1 Räumlich

„Nachbargrundstück" ist nicht nur das **unmittelbar** angrenzende Grundstück, sondern gegebenenfalls auch weiter **entfernte Grundstücke,** die in sonstiger Weise durch ein Bauvorhaben betroffen sind und unter den Schutzzweck der (verletzten) Norm fallen, zum Beispiel bei Unterschreitung der gesetzlich vorgesehenen Abstandsflächen oder bei Beeinträchtigungen durch **Emissionen**. Der räumliche Bereich der Nachbarschaft greift also bei bestimmten Auswirkungen des Bauvorhabens über die unmittelbare Nachbarschaft hinaus.

### 6.2.2.2 Personell

Auch sonstige **dinglich Berechtigte** sind neben dem Grundstückseigentümer des betroffenen Grundstücks „Nachbarn", zum Beispiel Nießbrauchberechtigte[6] oder

---

[5]BayVGH, Beschl. v. 13.03.2014 – 15 ZB 13.1017

[6]BGH, Urt. v. 26.02.1993 – V ZR 74/92, NJW 1993, 1580

Erbberechtigte etc. Wohnungseigentümer können ebenfalls „Nachbarn" in diesem Sinne sein, aber wohl nur bei konkreter Betroffenheit des Wohnungseigentums[7]. Schließlich können auch Mieter und Pächter des betroffenen Grundstücks unter Umständen „Nachbarn" im Sinne des öffentlichen Baurechts sein und somit die entsprechenden Schutzrechte geltend machen[8]. Dies wird von der **Rechtsprechung** aber zum Teil unterschiedlich beurteilt[9].

### 6.2.3  Vorbeugender Nachbarschutz

Ein betroffener Nachbar muss nicht erst **zuwarten,** bis sich eine **Rechtsverletzung** durch eine Bebauung des Nachbargrundstücks tatsächlich realisiert hat. Er kann seine **Rechtsschutzmöglichkeiten** im Wege des vorbeugenden Nachbarschutzes auch schon gegen eine Bebauung geltend machen, die noch nicht ausgeführt wurde, aber sich bereits in Vorbereitung befinden. Hierzu muss er, wie bereits dargestellt, **subjektiv** betroffen sein und sich auf eine **drittschützende** Norm berufen können bzw. auf die Verletzung des **Rücksichtnahmegebots**[10].

Dabei ist zu unterscheiden, ob der Nachbar durch seine Bebauung gegen **bauordnungs-** oder **bauplanungsrechtliche** Vorschriften verstößt. **Rechtsschutzmöglichkeiten** wegen Verstößen gegen die Vorschriften der Landesbauordnungen als auch bei Rechtsverstößen gegen das BauGB stehen dem Nachbarn aber grundsätzlich sowohl in dem einen wie dem anderen Fall zu.

### 6.2.3.1 Bauordnungsrechtlicher Nachbarschutz

Nachbarschutz gewähren vor allem die Vorschriften über die **Einhaltung von Abstandsflächen** (vgl. zum Beispiel § 6 SächsBO). Das Gebot, dass bauliche Anlagen eine bestimmte Abstandsfläche zur **Grundstücksgrenze** einzuhalten haben, dient insbesondere der ausreichenden Belichtung und dem effektivem Brandschutz des Nachbargrundstücks, so dass sich der betroffene Nachbar auf die Einhaltung dieser drittschützenden Norm berufen kann, weil sie auch seinem Schutz und nicht nur dem Schutz der Allgemeinheit dient (Abb. 6.1).

Der Nachbar muss seine **Einwendungen** grob **darlegen können,** also welche Beeinträchtigungen durch das Nachbarvorhaben zu befürchten sind, um Berücksichtigung zu finden. Bloße **Mutmaßungen** genügen nicht[11].

---

[7]OVG-NRW, Beschl. v. 15.07.2015 – 7 B 478/15

[8]OVG Sachsen, Beschl. v. 19.08.2009 – 1 B 247/09, BauR 2009, 1781

[9]OVG Bln-Bbg, Beschl. v. 09.07.2012 – 2 N 16/12; VGH BW, Beschl. v. 27.06.2006 – 8 997/06, BauR 2006, 1794; BVerwG, Beschl. v. 20.04.1998 – 4 C 22/98, BauR 1998, 994

[10]OVG Saarland, Beschl. v. 12.02.2015 – 2 B 48/14; OVG Sachsen, Beschl. 12.02.2015 – 1 B 297/14

[11]VGH-BW, Beschl. v. 31.11.2017 – 3 S 1933/17

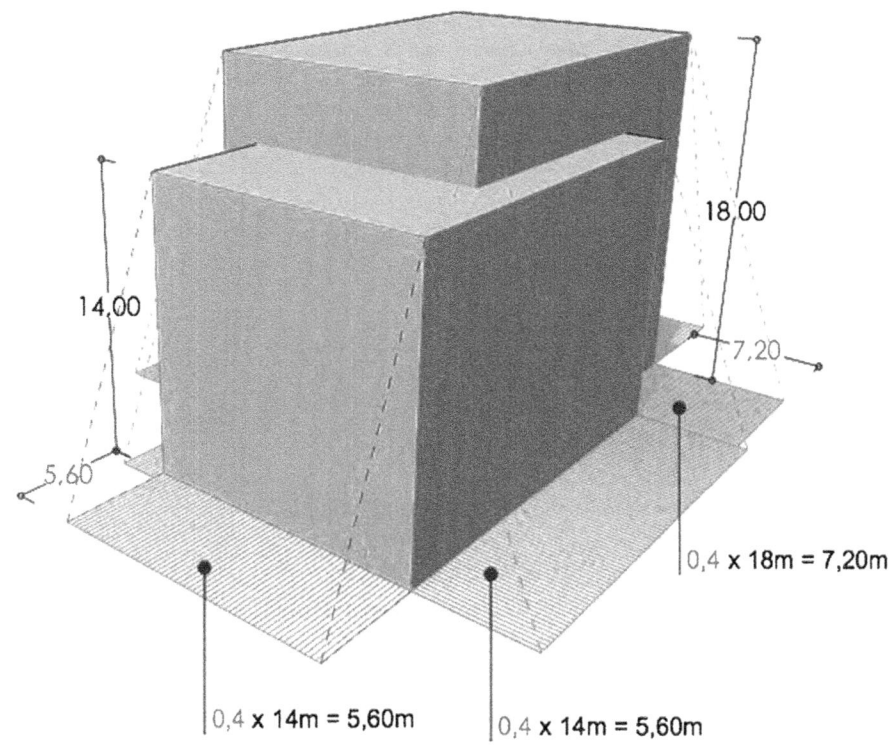

**Abb. 6.1** Abstandsflächen

Der hiervon betroffene Grundstücksnachbar kann also aus **eigenem Recht** vorgehen, wenn die gesetzlich festgeschriebenen **Abstandsflächen** durch den bauenden Nachbarn nicht eingehalten werden[12]. In diesem Fall steht der Bauaufsichtsbehörde auch **kein Ermessen** zu, sondern der betroffene Nachbar hat grundsätzlich einen Anspruch auf Tätigwerden der Bauaufsichtsbehörde im Wege der **Baueinstellung**[13]. Ein Anspruch auf **Einschreiten** der Behörde entfällt allerdings dann, wenn der Nachbar zuvor ausdrücklich seine Zustimmung zum dem Bauvorhaben erklärt[14], bzw. der betroffene Nachbar seinerseits einen Abstandsflächenverstoß begangen hatte[15].

---

[12]OVG Sachsen, Beschl. v. 12.10.2010 – 1 B 249/10
[13]OVG Saarland, Beschl. 10.05.2012 – 2 B 48/12
[14]OVG NRW, Urt. v. 05.09.2017 – 7 A 1069/14
[15]OVG Bln-Bbg, Urt. v. 04.04.2017 – 2 B 4.16

Der Nachbar ist aber nicht lediglich auf das Einschreiten der Bauaufsichtsbehörde angewiesen. Er kann auch zivilrechtlich einen **Unterlassungs- und Beseitigungsanspruch** gemäß § 1004 BGB gegenüber dem Bauherrn geltend machen. In einem solchen Fall kann es auch sinnvoll sein, diesen Unterlassungsanspruch im Wege einer **einstweiligen Verfügung** gerichtlich ganz frühzeitig durchzusetzen, damit sich der baurechtswidrige Zustand durch Baufortschritt nicht verfestigt und eine spätere Geltendmachung nicht unter Umständen als **rechtsmissbräuchlich** angesehen wird[16].

Keinen **nachbarschützenden** Charakter haben zum Beispiel die Vorschriften der **Landesbauordnungen** betreffend

- die Erschließung von Grundstücken[17],
- die Gestaltung von baulichen Anlagen,
- die Verkehrssicherheit oder
- die Zulassung von Bauprodukten,

sodass sich der Nachbar nicht auf deren Einhaltung berufen kann.

### 6.2.3.2 Bauplanungsrechtlicher Nachbarschutz

Der Nachbar kann die Verletzung **bauplanungsrechtlicher** Vorschriften des **BauGB** nur sehr eingeschränkt aus eigenem Recht rügen[18]. Ob sich beispielsweise ein Bauvorhaben nach § 34 BauGB in die örtliche Umgebung *„einfügt"*, ist nur insoweit für den betroffenen Nachbar relevant und kann von ihm gegebenenfalls gerügt werden, wenn die in § 34 BauGB aufgezählten Kriterien verletzt sind, nämlich Art und Maß der baulichen Nutzung, die Bauweise sowie die überbaubare Grundstücksfläche (siehe hierzu Abschn. 11.2 und 11.3.2). Das in einem Bebauungsplan festgesetzte **Maß der baulichen Nutzung** kann nachbarschützend sein. Dies gilt auch für Festsetzungen von **Grundflächenzahl** (GRZ) oder **Geschossflächenzahl** (GFZ) in einem Bebauungsplan. Diese Festsetzungen sind zwar grundsätzlich nicht nachbarschützend. Dies kann aber im speziellen **Einzelfall** auch anders zu beurteilen sein[19].

Wird bei einer Baugenehmigung von den Grundzügen dieser **Planung** abgewichen, so kann dies der Nachbar aus eigenem Recht rügen[20]. Der Nachbar kann hingegen die Beeinträchtigung des **Ortbildes** durch das Bauvorhaben nicht erfolgreich mit einem Rechtsbehelf geltend machen[21].

---

[16]OLG Bamberg, Urt. v. 04.12.2012 – 5 U 29/12; OLG Jena, Urt. 12.04.2007 – 1 U 911/06, BauR 2008, 408

[17]OVG Bln-Bbg, Beschl. v. 03.08.2009 – 2 S 33/09, BauR 2009, 1782

[18]VGH Hessen, Urt. 24.08.2012 – 3 A 565/12; zum Gebietserhaltungsanspruch des Nachbarn BVerwG, Beschl. v. 27.08.2013 – 4 B39.13; BayVGH, Beschl. v. 21.08.2015 – 9 CE 15.1318

[19]OVG Bln-Bbg, Beschl. v. 09.06.2017 – OVG 10 S 34.17

[20]BVerwG, Urt. v. 09.08.2018 – 4 C 7.17

[21]OVG Sachsen, Beschl. v. 10.07.2012 – 1 B 158/12; OVG Sachsen, Beschl. v. 22.01.2013 – 1 B 374/12

Zur Frage, ob und unter welchen Voraussetzungen Nachbarn von Grundstücken, die in einem **Baubauungsplangebiet** liegen, sich gegen eine gebietswidrige Nachbarbebauung zur Wehr setzen können, hat das **Bundesverwaltungsgericht** grundsätzlich folgendes ausgeführt:

> **Rechtsprechung**: „1. Der Grundsatz, dass sich ein Nachbar im Plangebiet auch dann gegen die Zulassung einer gebietswidrigen Nutzung wenden kann, wenn er durch sie selbst nicht unzumutbar beeinträchtigt wird, lässt sich auf den Nachbarschutz in einem faktischen Baugebiet übertragen.
>
> 2. Dieser bauplanungsrechtliche Nachbarschutz beruht auf dem Gedanken des wechselseitigen Austauschverhältnisses. Im Rahmen dieses nachbarlichen Gemeinschaftsverhältnisses kann daher das Eindringen einer gebietsfremden Nutzung und damit die schleichende Umwandlung des (faktischen) Baugebiets unabhängig von einer konkreten Beeinträchtigung verhindert werden.
>
> 3. Sind die Eigentümer der betroffenen Grundstücke nicht denselben rechtlichen Bindungen unterworfen, weil das eine Grundstück in einem allgemeinen Wohngebiet und das andere Grundstück in einem faktischen Mischgebiet liegt, können sie auch nicht vom jeweils anderen Eigentümer deren Einhaltung verlangen.“[22]

## 6.2.4   Nachträglicher Nachbarschutz

Es ist selbstverständlich auch möglich, Rechtsschutzmöglichkeit gegen eine Bebauung zu ergreifen, mit der bereits **begonnen** oder die bereits **ausgeführt** wurde.

Ergreift der betroffene Nachbar aber nicht **rechtzeitig** die ihm zur Verfügung stehenden Rechtsbehelfe, so kann sein **Rechtsschutzbedürfnis** unter Umständen entfallen, wenn ein Gebäude bereits fertig gestellt wurde und er beispielsweise vorher die Möglichkeit hatte, die Unterschreitung von Abstandsflächen zu erkennen[23]. In einem solchen Fall kann der Anspruch des betroffenen Nachbarn durch seine **Untätigkeit** verwirkt sein[24].

Hat ein Nachbar sein Recht, gegen eine Nachbarbebauung vorzugehen, **verwirkt,** weil er die Bebauung **widerspruchslos** hingenommen hat, so muss sich auch ein späterer **Käufer** seines Grundstücks diese Einwendung durch den Bauherrn entgegenhalten lassen. Nachbarliche Abwehransprüche sind nämlich **grundstücksbezogen,** bestehen also unabhängig vom jeweiligen Eigentümer des Grundstücks und gehen somit auf den neuen Eigentümer über bzw. sind bereits erloschen und entstehen durch einen Verkauf nicht neu[25].

---

[22]BVerwG, Beschl. v. 22.12.2011 – 4 B 32.11

[23]vgl. zum vorläufigen Rechtsschutz OVG Sachsen, Beschl. v. 03.03.2010 – 1 B 23/10

[24]BVerwG, Urt. v. 16.05.1991 – 4 C 4.89

[25]OVG Schleswig, Beschl. v. 25.05.2018 – 1 LA 44/17

Für den nachträglichen Nachbarschutz gilt aber auch der **Grundsatz,** dass ein betroffener Nachbar die Baubehörde grundsätzlich nur dann zum **Einschreiten** zwingen kann, wenn eine nachbarschützende Norm verletzt wurde oder eine Verletzung des allgemeinen Rücksichtnahmegebots ihm gegenüber festzustellen ist.

Der Nachbar kann

- Unterlassung,
- Beseitigung oder
- Rückbau

verlangen, wenn diese Voraussetzungen vorliegen[26].

## 6.2.5   Gebot der Rücksichtnahme

Die **Interessen** der Bauherren sind bei der Frage der **Zulässigkeit** eines Bauvorhabens grundsätzlich gegen die Interessen der Nachbarn abzuwägen. Der Grad der „rücksichtslosen" **Betroffenheit** des Nachbarn bestimmt sich dabei nicht nur nach der Intensität der Beeinträchtigung, sondern im konkreten Einzelfall auch nach der Bewertung der rechtlichen **Schutzwürdigkeit** und Schutzbedürftigkeit von Bauherrn und Nachbarn[27].

Ein Bauvorhaben kann daher bei ganz **schwerwiegenden Beeinträchtigungen,** auch wenn es bauplanungs- und bauordnungsrechtlich rechtmäßig wäre, dennoch wegen eines Verstoßes gegen das Rücksichtnahmegebot ganz oder zum Teil unzulässig sein. Eigentlich nicht drittschützende Normen können unter diesem Gesichtspunkt im **Einzelfall** partiell oder mittelbar und im konkreten Einzelfall doch nachbarschützende Wirkung entfalten, was durch den Bauherrn oder die Genehmigungsbehörde zu berücksichtigen ist.

Die Verletzung des **Gebots der Rücksichtnahme** ist zum Beispiel dann gegeben, wenn durch die Errichtung eines genehmigten Gebäudes an der Grundstücksgrenze ein in unmittelbarer Nachbarschaft befindliches Wohngebäude quasi „eingemauert" oder „erdrückt" würde[28]. Dieser Fall der heranrückenden und damit erdrückenden Nachbarbebauung ist wohl der häufigste Fall der Verletzung des Rücksichtnahmegebots.

Die Errichtung einer **Parkplatzfläche** mit zwölf PKW-Stellplätzen in einem Wohngebiet stellt trotz der damit einhergehenden Lärm- und Abgasbeeinträchtigung gegenüber den unmittelbaren Nachbargrundstücken zum Beispiel noch keine Verletzung des Rücksichtnahmegebots dar[29].

---

[26]OLG Bamberg, Urt. v. 04.12.2012 – 5 U 29/12

[27]VGH BW, Beschl. v. 08.11.207 – 3 S 1923/07, BauR 2008, 403

[28]OVG Sachsen, Beschl. v. 22.12.2010 – 1 B 231/10

[29]OVG Sachsen, Urt. v. 28.01.2010 – 1 A 498/08, BauR 2010, 948

Das Gebot der Rücksichtnahme gilt nicht nur gegenüber privaten Nachbarn, sondern auch in **Gewerbegebieten**, wenn auch in reduziertem Umfang[30].

Ein Nachbar, der sein Gebäude selbst **nicht in rechtmäßiger Weise** errichtet hat, kann sich gegenüber einer erdrückenden Nachbarbebauung hingegen nicht auf das Gebot der Rücksichtnahme berufen und eigene Rechte geltend machen[31].

## 6.3   Das private Nachbarrecht

Der Eigentümer eines Grundstücks kann sich grundsätzlich gegen die Beeinträchtigung seines Eigentums durch Einwirkung von außen auch **zivilrechtlich** zur Wehr setzen. Diese **Abwehrbefugnis** ist verfassungsrechtlich garantiert und kann gemäß §§ 895, 1004, 906 ff. und §§ 823 ff. BGB gegenüber dem Störer durchgesetzt werden. **Anspruchsberechtigter** ist nicht nur der unmittelbare Nachbar, sondern auch ein **entfernt** liegender Grundstückseigentümer, der etwa durch Erschütterungen aufgrund von Baumaßnahmen Schäden an seinem Gebäude erleidet[32].

Das BGB normiert in **§§ 906 ff. BGB** hinsichtlich der verschiedenen **Formen der Störungen** unterschiedliche Anspruchsgrundlagen, je nach Art und Intensität der Störung.

Die **Ansprüche** aus §§ 907 bis 909 BGB unterliegen nach § 924 BGB neben diversen anderen Ansprüchen aus §§ 917 ff. BGB nicht der **Verjährung**.

### 6.3.1   Eigentumsbeeinträchtigungen, § 1004 BGB

**§ 1004 BGB** ist diejenige Norm, die sämtliche **Eigentumsbeeinträchtigungen** erfasst. Ein Eigentümer hat danach bei einer zu besorgenden oder bereits eingetretenen Eigentumsbeeinträchtigung, die nicht durch Entziehung oder Vorenthaltung des Besitzes erfolgt, einen **Beseitigungs-** und **Unterlassungsanspruch** gegen den sogenannten **Störer**, es sei denn, er ist zur Duldung verpflichtet. Ein Verschulden ist für die Haftung des Störers nicht erforderlich.

Werden zum Beispiel durch eine fehlerhafte Drainage **Oberflächenwässer** auf ein Nachbargrundstück geleitet oder durch einen Gebäudeabriss Schäden an einem Nachbargebäude verursacht, so kommt ein Anspruch aus § 1004 in Betracht[33].

---

[30]OVG Sachsen, Beschl. v. 16.06.2015 – 1 A 556/14; BayVGH, Beschl. v. 20.12.2016 – 9 CS 16.2088

[31]VGH Hessen, Beschl. v. 25.10.2016 – 3 B 2377/16; Beschl. v. 11.06.2019 – 3 B 731/18, zur wechselseitigen Unterschreitung von Abstandsflächen

[32]OLG Düsseldorf, Urt. v. 09.07.2012 – 9 U 138/11

[33]OLG Koblenz, Urt. v. 18.06.2014 – 5 U 399/14; OLG Frankfurt a. M., Urt. v. 29.03.2010 – 4 U 29/10

Eine **Duldungspflicht** i. S. v. § 1004 Abs. 2 BGB kann sich für den Grundstückseigentümer sowohl aus öffentlichem Recht ergeben als auch aus dem Privatrecht, also vertraglichen Vereinbarungen oder einer Einwilligung bzw. Rechtsvorschriften wie den nachfolgend dargestellten §§ 906 ff. BGB.

Wird hingegen ein Gebäude rechtmäßig errichtet und es kommt trotzdem infolge dessen zu Absenkungen auf dem Nachbargrundstück, so haftet der Erbauer des Gebäudes nicht für die **Setzungsschäden** am Nachbargebäude. In einem solchen Fall kann nämlich der Bauherr die Schäden gar nicht verhindern, da der Bau entsprechend der Baugenehmigung errichtet wurde[34].

   § 1004 BGG gibt dem betroffenen Grundstückseigentümer auch einen Abwehranspruch gegen eine **Videoüberwachung** vom Nachbargrundstück aus. Das gilt auch für den Zugang zu seinem Grundstück. Nur bei einem berechtigten Persönlichkeitsrecht des Betreibers der Kameraanlage kann eine Duldungspflicht bestehen. Die nur abstrakte Möglichkeit der Überwachung genügt hingegen nicht für einen Abwehranspruch aus § 1004 BGB[35].

Der Anspruch nach § 1004 BGB unterliegt, anders als andere nachfolgend dargestellten Ansprüche aus §§ 907 ff. BGB, der regelmäßigen **Verjährung** gemäß §§ 195, 199 Abs. 1 S. 1 BGB. Der Lauf der Verjährungsfrist beginnt mit dem Zeitpunkt der Beeinträchtigung des Grundstücks, auch wenn diese zum Beispiel im Falle von Baumaßnahme länger andauert, und der Grundstückseigentümer von der Beeinträchtigung **Kenntnis erlangt**[36].

Sehen die **Nachbarrechtsgesetze der Länder** für ähnliche (konkurrierende) Abwehransprüche andere **Verjährungsregelungen** vor, so bleibt die Verjährungsregelung für Ansprüche nach § 1004 BGB hiervon unberührt, da den Ländern hierfür die **Gesetzgebungskompetenz** fehlt.
   Der BGH hat hierzu grundsätzlich wie folgt ausgeführt[37]:

**Rechtsprechung**: Bestimmungen über die Verjährung eines für den Nachbarn vorteilhaften landesrechtlichen Anspruchs bleiben deshalb auf ihren Anwendungsfall beschränkt und lassen konkurrierende Ansprüche nach dem Bürgerlichen Gesetzbuch unberührt. Insbesondere führt die erfolgreiche Erhebung der auf eine landesrechtliche Bestimmung gestützten Verjährungseinrede nicht dazu, dass deshalb eine von der bundesrechtlichen Vorschrift des § 1004 Abs. 1 Satz 1 BGB unmittelbar erfasste Eigentumsbeeinträchtigung hingenommen werden müsste (vgl. Senat, Beschluss vom 4. März 2010 – V ZB 130/09, NJW-RR 2010, 807 Rn. 24 zu Art. 52 Abs. 1 BayAGBGB; zur Ausschlussfrist des § 43 Abs. 1 HNRG vgl. Urteil vom 12. Dezember 2003 – V ZR 98/03, NJW 2004, 1035; zur Ausschlussfrist des § 55 NachbRG SL vgl. Senat, Urteil vom 10. Juni 2005 – V ZR 251/04, ZMR 2013, 395 Rn. 11).

---

[34]OLG Karlsruhe, Urt. v. 10.02.2016 – 9 U 118/14

[35]BGH, Urt. v. 16.03.2010 – VI ZR 176/09

[36]BGH, Urt. v. 04.07.2014 – V ZR 183/13, Rn 26

[37]BGH, Urt. v. 22.02.2019 – V ZR 136/18

## 6.3.2 Zuführung unwägbarer Stoffe (Immissionsschutz), § 906 BGB

§ 906 BGB legt zunächst fest, dass der Eigentümer eines Grundstücks, je nach Art der **Beeinträchtigung**, die Zuführung von Gasen, Dämpfen, Gerüchen, Rauch, Ruß, Wärme, Geräuschen, Erschütterungen[38] oder Ähnlichem und die dadurch von einem anderen Grundstück ausgehenden Auswirkungen dann nicht unterbinden kann, wenn die Einwirkung die Nutzung seines Grundstücks nicht oder nur **unwesentlich** beeinträchtigt. Die Beeinträchtigung muss also eine **gewisse Schwere** aufweisen.

Eine **Verschattung** des Grundstücks, etwa durch nachbarliche Anpflanzungen[39], fällt unabhängig von der Erheblichkeit nicht unter § 906 BGB,

### 6.3.2.1 Duldungspflicht

Ein Grundstückseigentümer muss also in einem gewissen Umfang Einwirkungen von außen auf sein Grundstück hinnehmen. Grund hierfür ist, dass das **nachbarschaftliche Gemeinschaftsverhältnis** diese **Duldungspflicht** zwingend erfordert. Ansonsten käme es regelmäßig zu einer dauerhaft nicht auflösbaren **Konfliktsituation** im Nachbarschaftsverhältnis[40].

Ein Nachbar ist auch nicht verpflichtet, alle erforderlichen Maßnahmen zum **Schutz** eines Nachbarhauses vor Beeinträchtigungen zu unternehmen. Kommt es etwa durch Abriss seines Hauses beim Nachbarhaus durch Witterungseinflüsse zu Feuchtigkeitsschäden, muss er keine baulichen Maßnahmen ergreifen, um solche Schäden auszuschließen[41].

### 6.3.2.2 Unwesentliche Beeinträchtigungen

Eine unwesentliche Beeinträchtigung liegt nach § 906 Abs. 1 S. 2 BGB in der Regel dann vor, wenn die in Gesetzen oder Rechtsverordnungen festgelegten **Grenz- oder Richtwerte**, von den nach diesen Vorschriften ermittelten und bewerteten Einwirkungen nicht überschritten, also eingehalten werden[42]. Gleiches gilt für Werte in allgemeinen **Verwaltungsvorschriften**, die nach § 48 BImSchG erlassen wurden und den Stand der Technik wiedergeben.

Eine schematische Betrachtung mit Blick auf solche **Grenzwerte** verbietet sich aber, weil sich zum Beispiel eine **Geräuschbeeinträchtigung** nicht allein an Richtwerten festmachen lässt. Es ist vielmehr in jedem Einzelfall eine **wertende Betrachtung** unter Berücksichtigung aller Umstände

---

[38]KG Berlin, Urt. v. 18.10.2012 – 22 U 226/09; BGH, Beschl. v. 07.01.2015 – VII ZR 325/12, Nichtzulassungsbeschwerde zurückgewiesen

[39]BGH, Urt. v. 10. 07.2015 – V ZR 229/14

[40]OLG Düsseldorf, Urt. v. 10.10.1995 – 34 U 25/95; BGH, Urt. v. 02.03.1984 – V ZR 54/83; BayVGH, Urt. v. 13.01.2005 – 22 ZB 04.2931, NJW 2005, 1882; OLG Dresden, Urt. v. 07.04.2005 – 9 U 263/05, NJW 2005, 1871

[41]OLG Hamburg, Urt. v. 05.09.2014 – 9 U 121/13

[42]OLG Naumburg, Urt. v. 15.03.2012 – 4 U 68/11

wie Dauer, Intensität, Frequenz, Häufigkeit, Vorbelastung und sonstiger Geräuschkulisse vorzunehmen[43].

Eine **Duldungspflicht** besteht beispielsweise im Falle der Montage einer **Photovoltaikanlage**, von der **Blendeinwirkungen** auf das Nachbargrundstück ausgehen, weil solche Anlagen inzwischen als ortsüblich angesehen werden. Erhebliche **Blendeinwirkungen** muss der Nachbar hingegen nicht dulden, auch wenn solche Anlagen in dem betreffenden Gebiet **ortsüblich** sind. Entscheidend ist vielmehr die Wesentlichkeit der Beeinträchtigung, die zum Beispiel dann anzunehmen ist, wenn an einem 1/3 der Tage im Jahr die Blendeinwirkungen bis zu zwei Stunden wahrnehmbar sind[44].

### 6.3.2.3 Entschädigungsanspruch

Der Eigentümer muss unter bestimmten Voraussetzungen auch eine **wesentliche Beeinträchtigung dulden,** nämlich wenn diese durch eine **ortsübliche Benutzung** des anderen Grundstücks herbeigeführt wird und nicht durch Maßnahmen verhindert werden kann, die Benutzern in dieser Art **wirtschaftlich zumutbar** ist. In einem solchen Fall steht dem duldungsverpflichteten Eigentümer gemäß § 906 Abs. 2 S. 2 BGB ein angemessener **Entschädigungsanspruch** zu, wenn die Einwirkung eine ortsübliche Benutzung seines Grundstücks und dessen Ertrag über das **zumutbare Maß** hinaus beeinträchtigt[45]. Dies kann zum Beispiel der Kostenersatz für den erhöhten Reinigungsaufwand für Laub, Zapfen, Nadeln usw. sein[46].

Bei der **Haftung** nach § 906 Abs. 2 S. 2 BGB handelt es sich um eine **verschuldensunabhängige** Haftung, sodass sich der Nachbar auch nicht damit entlasten kann, dass er beispielsweise Handwerker, die den Schaden verursacht haben, sorgfältig ausgesucht hat[47]. Der Anspruch unterliegt der regelmäßigen Verjährung gemäß § 195 BGB.

▶ Was alles zu entschädigen ist, also die **Höhe** der Entschädigungsleistungen, kann im Einzelnen höchst streitig sein. Bevor der geschädigte Nachbar eigene Kosten aufwendet, sollte beispielsweise mit der gegebenenfalls einstandspflichtigen **Gebäudehaftpflichtversicherung** des Nachbarn hierüber eine Klärung herbeigeführt werden. Der geschädigte Nachbar muss damit rechnen, dass zum Beispiel bei Wasserschäden an älteren Möbeln und Tapeten oder ähnlichen Einrichtungsgegenständen ein Abzug von **„Sowieso-Kosten"** vorzunehmen ist[48].

---

[43]OLG Hamm, Urt. v. 28.08.2014 – I-24 U 71/13
[44]OLG Düsseldorf, Urt. v. 21.07.2017 – I-9 U 35/17
[45]BGH, Urt. v. 15.07.2011 – V ZR 277/10
[46]BGH, Urt. v. 27.10.2017 – V ZR 8/17, NJW 2018, 1010
[47]BGH, Urt. v. 09.02.2018 – V ZR 311/16
[48]OLG Koblenz, Beschl. v. 24.01.2011 – 2 U 209/10

Ein privat-rechtlicher Ausgleichsanspruch nach § 906 Abs. 2 Satz 2 BGB ist bei Bauvorhaben, zu denen ein **Planfeststellungsbeschluss** ergangen ist, grundsätzlich **ausgeschlossen**. Gegen Immissionen müssen Nachbarn in diesem Fall die speziellen öffentlich-rechtlichen Rechtsschutzmöglichkeiten gemäß § 74 Abs. 2 und § 75 Abs. 2 VwVfG ergreifen, die es dem Betroffenen ermöglichen, Schutzmaßnahmen, nachträgliche Schutzanordnungen oder Entschädigung in Geld durchzusetzen[49].

### 6.3.2.4  Wesentliche Beeinträchtigungen

Unzulässig sind – zusammengefasst – solche Immissionen, die eine wesentliche Beeinträchtigung zur Folge haben und durch eine **ortsunübliche Benutzung** des einwirkenden Grundstücks hervorgerufen werden sowie eine wesentliche Beeinträchtigung durch eine **ortsübliche Benutzung** des einwirkenden Grundstücks, die **verhinderbar** ist, aber nicht verhindert wird.

Zudem sind auch solche Immissionen nach § 906 Abs. 3 BGB unzulässig, die durch eine **gesonderte Leitung** dem Nachbargrundstück zugeleitet werden.

Der so geschädigte **Nachbar** kann auf § 906 BGB aber keinen **Schmerzensgeldanspruch** stützen, selbst dann nicht, wenn die körperliche Beeinträchtigung nachweislich auf die unzulässige Immission zurückzuführen ist. Dem Grundstückseigentümer steht anstelle des durch die Duldungspflicht ausgeschlossenen Abwehranspruchs vielmehr ein Ausgleichsanspruch in Geld zu. Mit diesem Anspruch sind aber ausschließlich **vermögenswerte Nachteile** auszugleichen und nicht sonstige Beeinträchtigungen[50].

## 6.3.3   Gefahr drohende Anlagen, § 907 BGB

Der Eigentümer eines Grundstücks kann nach § 907 BGB verlangen, dass auf den Nachbargrundstücken keine **Anlagen** hergestellt oder gehalten werden, von denen mit Sicherheit vorauszusehen ist, dass ihr Bestand oder ihre Benutzung eine **unzulässige Einwirkung** auf sein Grundstück zur Folge haben wird[51]. Hierbei handelt es sich um einen **vorbeugenden Unterlassungs-** und **Beseitigungsanspruch**, der durch eine vorbeugende **Unterlassungsklage** gerichtlich geltend gemacht werden kann.

Bei der Sicherheit, mit der der Eintritt der unzulässigen Einwirkung feststehen muss, handelt es sich um ein **Höchstmaß an Wahrscheinlichkeit** auf der Basis einer allgemeinen Lebenserfahrung. Eine abschließende **Gewissheit** muss nicht festgestellt werden.

---

[49]BGH, Urt. v. 30.10.2009 – V ZR 17/09, BauR 2010, 263

[50]BGH, Urt. v. 23.07.2010 – V ZR 142/09, NJW 2010, 3160

[51]BGH, Urt. v. 22.02.1991 – V ZR 308/89, BauR 1991, 374

Genügt eine Anlage den **landesrechtlichen Vorschriften,** die eine bestimmte Abstandsfläche von der Grenze oder sonstige Schutzregelungen vorschreiben, so kann die **Beseitigung** einer gleichwohl hiermit eingehenden unzulässigen Beeinträchtigung erst dann verlangt werden, wenn diese auch tatsächlich eingetreten ist. Hierbei handelt es sich insbesondere um Vorschriften, die die **Abstandsflächen** nach den Landesbauordnungen betreffen. In diesem Fall gibt es keinen vorbeugenden Unterlassungsanspruch gemäß § 907 Abs. 1 S. 1 BGB.

**Bäume** und **Sträucher** gehören nach § 907 Abs. 2 BGB nicht zu Anlagen im Sinne von § 907 Abs. 1 BGB, deren Beseitigung nach dieser Vorschrift verlangt werden kann. Dies gilt selbst dann, wenn hiervon tatsächlich eine Beeinträchtigung ausgehen sollte. In diesen Fällen sind die Vorschriften der **Nachbarrechtsgesetze der Länder** einschlägig (siehe unten Abschn. 6.3.11).

### 6.3.4   Drohender Gebäudeeinsturz, § 908 BGB

Droht einem Grundstück die **Gefahr,** dass es durch den **Einsturz** eines Gebäudes oder einer sonstigen künstlich errichteten Anlage, wie zum Beispiel Zäune, Gartenmauern oder Versorgungsanlagen oder durch die Ablösung von Teilen des Gebäudes oder der zuvor beschriebenen Anlagen beschädigt wird, so kann der Eigentümer von dem Nachbareigentümer verlangen, dass er zur **Abwendung der Gefahr** die erforderlichen **Vorkehrungen** trifft. Diese Verpflichtung zur Vorkehr und gegen einen drohenden Gebäudeeinsturz obliegt beispielsweise auch dem dinglich berechtigten Nießbraucher, demjenigen, zu dessen Gunsten eine Dienstbarkeit besteht oder dem Erbbauberechtigten. Zudem kommen als Anspruchsverpflichtete auch Mieter und Pächter in Betracht, allerdings nur dann, wenn sie aufgrund vertraglicher Vereinbarung für die Sicherung des Gebäudes oder der baulichen Anlage gegen Einsturz oder Ablösung von Teilen verantwortlich sind.

Auch der **WEG-Verwalter** ist Anspruchsverpflichteter, der gemäß § 27 Abs. 1 Nr. 2 WEG für die ordnungsgemäße **Instandhaltung** und **Instandsetzung** des gemeinschaftlichen Eigentums verantwortlich ist. Auch dieser muss im Rahmen seines **Pflichtenkreises** gegebenenfalls die erforderlichen Vorkehrungen zur Abwendung einer Gefahr auf dem Nachbargrundstück ergreifen, um sich nicht seinerseits zivilrechtlichen Ansprüchen auszusetzen.

Erforderliche **Vorkehrungen** im Sinne von § 908 BGB sind zum Beispiel Reparaturmaßnahmen oder Beseitigungsmaßnahmen.

Ein Nachbar kann solche **Maßnahmen** hingegen nicht **verlangen,** wenn er die Gefahr etwa durch eigene Baumaßnahmen auf seinem Grundstück **selber geschaffen** hat[52].

Da dem Verpflichteten überlassen ist, die geeigneten Maßnahmen zu ergreifen, kann **prozessual** auch keine bestimmte Maßnahme geltend gemacht werden. Ergreift der

---

[52]OLG Düsseldorf, Urt. v. 19.02.1999 – 22 U 208/98, BauR 1999, 790 (Ls.); BauR 2000, 941 (Ls.)

Verpflichtete trotz einer Verurteilung gleichwohl nicht die erforderlichen Vorkehrungen, so kann dann aber im Wege der **Vollstreckung** durch den Gläubiger eine bestimmte Maßnahme ergriffen werden, die nach **§ 887 ZPO** auf Kosten des Verpflichteten durchgeführt werden kann.

## 6.3.5   Vertiefung, § 909 BGB

Ein Grundstück darf nicht in der Weise vertieft werden, dass dadurch eine **Abrutschungs-** oder **Absenkungsgefahr** des Nachbargrundstücks geschaffen wird. Diese Gefahr kann zum Beispiel auch durch die Senkung des Grundwasserspiegels erfolgen oder den Abbruch einer Mauer[53]. Ein **Stützverlust** im Sinne von § 909 BGB liegt auch bereits dann vor, wenn die Gefahr einer **Bodenbewegung** besteht, die auf die Lockerung der **Bodenbestandteile** zurückzuführen ist.

Bei der Frage, was die **erforderliche Stütze** für ein Grundstück ist, muss immer auf den konkreten Einzelfall abgestellt werden. Insoweit sind auch Vertiefungen unzulässig, die andernorts unproblematisch wären, aber im konkreten Einzelfall, zum Beispiel wegen des schlechten Baugrundes, ein Nachbargebäude gefährden können.

Für das Vorliegen einer Vertiefung im Sinne von § 909 BGB ist die Herausnahme einer **Bodensubstanz** nicht erforderlich. Entscheidend ist nur, ob auf das Nachbargrundstück derart eingewirkt wird, dass hierdurch der Boden des Nachbargrundstücks in der Senkrechten den **Halt verliert** oder dass die unteren **Bodenschichten** im waagerechten Verlauf beeinträchtigt werden.

Die Veränderung des **Bodenniveaus** auf dem Nachbargrundstück durch Pressungen des Untergrundes infolge des Eigengewichts eines Neubaus reicht für eine Vertiefung i. S. v. von § 909 BGB ebenfalls aus[54]. Hingegen fallen **Erschütterungen,** denen das Nachbargrundstück ausgesetzt ist, nicht unter § 909 BGB[55].

Die **Höhe** des **Ersatzanspruchs** richtet sich nach den Kosten die erforderlich sind, um die Standfestigkeit wieder herzustellen[56].

Das Verbot der unzulässigen Vertiefung nach § 909 BGB richtet sich nicht nur gegen den Eigentümer oder den Nutzer des vertieften Nachbargrundstücks, sondern auch gegen denjenigen, der das Grundstück tatsächlich vertieft oder daran mitwirkt, also zum Beispiel auch gegen den mit der Bauplanung und Bauleitung beauftragten **Architekten oder Bauingenieur.** Dieser ist also ebenfalls möglichen Schadensersatzansprüchen ausgesetzt, so er gegen die Verpflichtung aus § 909 BGB verstößt[57]. Gegebenenfalls haften Bauherr und sonstige Verpflichtete dem Nachbarn **gesamtschuldnerisch.**

---

[53]BGH, Urt. v 29.06.2012 – V ZR 97/11

[54]BGH, Urt. v. 10.07.1987 – V ZR 285/85, BGHZ 101, 290

[55]BGH, Urt. v. 27.05.1987 – V ZR 59/86, BGHZ 101, 106

[56]BGH, Urt. v. 15.02.2008 – V ZR 17/07, BauR 2008, 881; BauR 2008, 1016

[57]BGH, Urt. v. 10.07.1987, a. a. O.; BGH Urt. v. 26.11.1982 – V ZR 314/81, BGHZ 85, 375

## 6.3.6    Überhang, § 910 BGB

Der Eigentümer eines Grundstücks hat nach § 910 BGB das Recht, **Wurzeln** eines Bau-
mes oder Strauches, welche von einem Nachbargrundstück auf sein Grundstück ein-
gedrungen sind, selbst abzuschneiden und zu behalten. Bei überhängenden **Zweigen**
besteht das **Beseitigungsrecht** nur, wenn der Eigentümer den Nachbarn, von dessen
Bäumen der Überhang ausgeht, eine angemessene **Frist** zur Beseitigung gesetzt hat und
dieser nicht innerhalb dieser Frist der Aufforderung nachkommt. Bei der Fristsetzung
sind selbstverständlich die **Wachstumszeiten** und die Zeiten der **Obsternte** zu berücksichtigen, ebenso eventuelle **Ortssatzungen** zum Schutz von Gehölzen.

Das **Beseitigungsrecht** reicht grundsätzlich nur **bis zur Grundstücksgrenze**. Ein
Recht, den Überhang auf das Nachbargrundstück zurückzuwerfen, besteht nicht.

Das Beseitigungsrecht wegen Überhang besteht nach § 910 Abs. 2 BGB aber nicht,
wenn die Wurzeln und Zweige die **Benutzung** des Nachbargrundstücks nicht beeinträchtigen. Die **Beeinträchtigung** muss zudem gerade von dem Überhang als solchem
ausgehen und nicht bloß von den Bäumen des Nachbarn an sich[58].

## 6.3.7    Überfall, § 911 BGB

Nach §§ 953 ff. BGB verbleiben **Erzeugnisse,** dazu gehören insbesondere alle Boden-
produkte i. S. v. § 99 BGB (Früchte), auch nach ihrer **Trennung** grundsätzlich im Eigentum desjenigen Eigentümers, dem auch die Pflanzen gehören. Abweichend hiervon regelt
§ 911 BGB, dass Früchte, die von einem Baum oder Strauch auf ein Nachbargrundstück
hinüberfallen, als **Früchte** dieses Grundstücks gelten. Der Nachbar hat aber nicht das
Recht, die Früchte selbst **abzutrennen** bzw. **abzuschütteln.** Gemäß § 911 S. 2 BGB
findet die Vorschrift keine Anwendung, wenn das Nachbargrundstück dem **öffentlichen
Gebrauch** dient.

Aus § 911 BGB erfolgt **keine Duldungspflicht** des Nachbarn, den Überfall von
Früchten von Nachbarbäumen entschädigungslos hinzunehmen. Daran ändert auch die
gesetzliche Regelung nichts, dass er Eigentümer der Früchte wird. § 911 BGB soll nämlich nur Streitigkeiten über die Abholung von Fallobst vermeiden, indem das Ausschlie-
ßungsinteresse des Grundstückseigentümers gegenüber dem Verfolgungsinteresse des
Baumeigentümers **bevorrechtigt** wird[59].

---

[58]OLG Karlsruhe, Urt. v. 27.05.2014 – 12 U 168/13
[59]AG Backnang, Urt. v. 31.03.1989 – 3 C 35/89, Rn 16, NJW-RR 1989, 785

## 6.3.8 Überbau, § 912 BGB

### 6.3.8.1 Einführung

§ 912 BGB bestimmt, dass ein Grundstückseigentümer unter bestimmten Voraussetzungen eine **Überbauung** der Grenze zwischen seinem und dem Nachbargrundstück **dulden** muss, also keine Beseitigung der dadurch verursachten Eigentumsbeeinträchtigung verlangen kann.

Aufgrund historischer Entwicklungen und der Situation in der Örtlichkeit kann es vorkommen, dass ein Nachbar (unbewusst) über die **Grundstücksgrenze** baut, sodass **Teile eines Gebäudes** auf fremden Grund und Boden stehen, mithin ein Überbau entsteht. Ein Überbau im Sinne von § 912 BGB liegt vor, wenn die Bebauung entweder unter, auf oder über der Erde liegt.

Erforderlich ist aber auf jeden Fall, dass eine **Grenzüberschreitung** durch den Überbauenden vorliegt. Wird das Gebäude zur Gänze auf dem Nachbargrundstück errichtet, so liegt kein Überbau vor, sodass auch keine Überbaurente verlangt werden kann[60] (vgl. unten Abschn. 6.3.8.5).

Unter welchen Voraussetzungen der Nachbar im Einzelnen Beseitigung verlangen kann, beziehungsweise der Überbau geduldet werden muss, ist in § 912 Abs. 1 BGB geregelt.

Anwendbar ist § 912 BGB auf denjenigen Überbau mit **Gebäudeteilen**, bei denen die Beseitigung des Überbaus die **Gebäudeeinheit** beeinträchtigen würde und es so zu einem **Wertverlust** auf dem Nachbargrundstück der innerhalb der **Grundstücksgrenzen** befindlichen Gebäudeteile käme. Ein Überbau durch einen **Öltank** lässt sich beispielsweise von dem Grundstück entfernen, ohne dass das **Wohngebäude** ganz oder teilweise zerstört wird, also einen **Wertverlust** erleiden würde. Es handelt sich in einem solchen Fall daher nicht um einen Überbau nach § 912 BGB[61]. Entscheidend für die Anwendung von § 912 BGB ist demzufolge nicht die Art oder der Umfang, mit dem der Überbau auf dem Nachbargrundstück steht, sondern die **Folgen,** die ein Abbruch für das auf dem Grundstück des Überbauenden stehende Gebäude hat[62].

### 6.3.8.2 Duldungspflicht

Im Falle eines **Wertverlustes** des gesamten Gebäudes muss der durch den Überbau belastete Nachbar den Überbau dulden, allerdings nur, wenn demjenigen, der das Gebäude errichtet hat, **kein Vorsatz oder grobe Fahrlässigkeit** zur Last fällt[63]. Die **Duldungspflicht** besteht gemäß § 912 Abs. 1 S. 2 BGB auch nur dann, wenn der

---

[60]OLG Rostock, Urt. v. 30.07.2015 – 3 U 82/15

[61]BGH, Urt. v. 19.10.2012 – V ZR 263/11

[62]BGH, Urt. v. 15.07.2016 – V ZR 195/15

[63]OLG Brandenburg, Urt. v. 31.03.2011 – 5 U 45/09; LG Berlin, Urt. v. 03.09.2014 – 8 O 258/12

belastete Grundstückseigentümer nicht vor oder sofort nach der Grenzüberschreitung **Widerspruch** erhoben hat.

Die **Duldungspflicht** erstreckt sich auch nicht auf eine **Zuwegung** zum Überbau, selbst wenn dies vormals geduldet wurde. Eine solche Zuwegung über ein fremdes Grundstück ist nur unter den Voraussetzungen des **Notwegerechts** nach § 917 BGB zu dulden (vgl. unten Abschn. 6.3.9). Hat das Grundstück des überbauenden Nachbarn eine Zuwegung zum öffentlichen Straßenraum, so besteht ein solches Notwegerecht nicht[64].

Ein Überbau, der durch eine nachträgliche **Fassadendämmung** nach der Energieeinsparverordnung entsteht, muss durch den Grundstücksnachbarn nur dann geduldet werden, wenn zum Zeitpunkt der Errichtung des Gebäudes die Verordnung noch nicht galt. Wurde die notwendige Fassade bei der Planung lediglich vergessen und müsste sie deswegen nachgerüstet werden, so besteht keine Duldungspflicht[65].

### 6.3.8.3  Beseitigungsanspruch

War der Überbau **nicht entschuldigt,** der Nachbar also nicht zur Duldung verpflichtet, so kann der Nachbar gemäß § 1004 BGB die Beseitigung des Überbaus verlangen. Der Anspruch auf Beseitigung **verjährt** in der regelmäßigen Frist von drei Jahren zum Jahresende gemäß § 195 BGB. Die Frist beginnt in dem Jahr zu laufen, in dem der anspruchsberechtigte Grundstückseigentümer von der Beeinträchtigung **Kenntnis** erlangt. Dies kann auch aufgrund einer dem Überbau vorangehenden **Planung** bereits der Fall sein und nicht erst mit der tatsächlich Errichtung des Überbaus[66].

### 6.3.8.4  Eigentum am Überbau

Eigentumsrechtlich fällt derjenige Gebäudeteil, der unberechtigt über die Grenze errichtet wurde, gemäß § 94 Abs. 1 S. 1 BGB zwar grundsätzlich in das **Eigentum** des mit dem Überbau belasteten Grundstückseigentümers. In den meisten Fällen dürfte allein wegen der **Unteilbarkeit** eines Gebäudes das Eigentum aber beim Eigentümer des Gebäudes verbleiben, dessen Teil über die Grenze gebaut ist[67]. Bei der Beurteilung dieser Frage kommt es unter Umständen auch auf die Absichten und Interessen des Erbauers an[68].

Zwar hat der **BGH** in mehreren Entscheidungen dem Gebot der **Rechtseinheit** zwischen den einzelnen Gebäudeteilen grundsätzlich den Vorzug gegeben. Er hat aber auch entschieden, dass bei rechtswidrigem, nicht entschuldigtem Überbau das Eigentum am Gebäude auf der Grenzlinie real (vertikal) zu teilen ist, weil die eigentumsmäßige Zusammenfassung **wirtschaftlicher Einheiten**

---

[64]BGH Urt. v. 15.11.2013 – V ZR 24/13

[65]BGH, Urt. v. 02.06.2017 – V ZR 196/16

[66]OLG Koblenz, Beschl. v. 09.09.2013 – 3 U 222/13

[67]LG Dresden, Urt. v. 12.06.2012 – 1 O 2775/11

[68]OLG Hamm, Urt. v. 20.08.2015 – 5 U 2/15

dort ihre Grenze findet, wo bei Schaffung solcher wirtschaftlichen Einheiten fremdes Eigentum verletzt wird. Der BGH räumt insoweit entsprechend § 94 BGB dem betroffenen Grundstückseigentümer und nicht dem unberechtigt überbauenden Nachbarn den **weitergehenden Schutz** ein[69].

Wird der Überbau nicht von einem Grundstückseigentümer ausgeführt, sondern von einem **Pächter** des Grundstücks, so findet § 912 BGB keine Anwendung, weil der Grundstückseigentümer in der Regel nicht Eigentümer des Überbaus wird, **§ 95 BGB**[70]. (vgl. Kap. 2; Abschn. 2.2.7.2).

### 6.3.8.5 Überbaurente

Bei einem **berechtigten Überbau**, also im Falle der Duldungspflicht des betroffenen Grundstückseigentümers, hat der jeweilige Eigentümer des Nachbargrundstücks, von dem der Überbau ausgeht, dem betroffenen Grundstückseigentümer gemäß § 913 BGB eine **Überbaurente** zu zahlen. Bei der Rente handelt es sich nicht um einen Schadensersatzanspruch für eine etwaige Nutzungseinschränkung, sondern vielmehr um einen **Wertausgleichsanspruch** im Hinblick auf die mit der Duldungspflicht einhergehende Eigentumsbeeinträchtigung[71]. Demzufolge ist bei der **Höhe** der Überbaurente nicht darauf abzustellen, in welcher Art und in welchem Ausmaß eine Nutzungseinschränkung für den betroffenen Grundstückseigentümer durch den zu duldenden Überbau vorliegt, sondern ausschließlich auf den **Verkehrswert** des überbauten Grundstücks zum Zeitpunkt des Überbaus[72].

Die Überbaurente ist entsprechend § 913 Abs. 2 BGB jährlich im **Voraus** zu entrichten. Nach § 914 BGB geht das Recht auf die Rente allen anderen Rechten an dem belasteten Grundstück vor, auch den älteren. Es erlischt mit **Beseitigung** des Überbaus.

Der Anspruch auf die Überbaurente an sich unterliegt nicht der **Verjährung**, sondern nur der Anspruch auf die einzelnen Rentenleistungen gemäß §§ 924, 197 Abs. 2 BGB.

### 6.3.8.6 Abkauf

Gemäß § 915 BGB kann der Rentenberechtigte jederzeit **verlangen,** dass ihm der Rentenverpflichtete den überbauten Grundstücksteil **abkauft.** Das Recht auf Abkauf kann durch einseitige formlose Erklärung des Rentenberechtigten geltend gemacht werden. Die Erfüllung erfolgt durch **Auflassung** gemäß § 925 BGB.

Das Recht auf Abkauf unterliegt nach § 924 BGB nicht der **Verjährung**. Im Übrigen gelten gemäß § 915 Abs. 1 S. 2 BGB die Regelungen des **Kaufrechts**, §§ 433 ff. BGB.

---

[69]BGH, Urt. v. 12.07 1984 – IX 124/83, NJW 1985, 789

[70]OLG Schleswig, Urt. v. 01.07.2016 – 1 U 173/13

[71]BGH, Urt. v. 12.10.2018 – V ZR 81/18, Rn 8; OLG Köln, Urt. v. 15.11.2002 – 19 U 75/02

[72]BGH, a. a. O., Rn 9 ff.

```
   4        Grunddienstbarkeit (Überbaurecht) an Grundstück
  zu 1      Flst. 2040/6, eingetragen im Grundbuch von Dresden-
            Altstadt I Blatt 657 in Abteilung II Nr. 1.
```

**Abb. 6.2** Überbaurecht

### 6.3.8.7 Grunddienstbarkeit

Die Grundstücksnachbarn können zur verbindlichen Ordnung der **dauerhaften** Duldung des Überbaus auch die Eintragung einer Grunddienstbarkeit vereinbaren. Auf diesem Wege lässt sich eine auch für die **Rechtsnachfolger** verbindliche Regelung treffen (Abb. 6.2).

## 6.3.9   Notweg, § 917 BGB

### 6.3.9.1 Einführung

Fehlt einem Grundstück eine zur ordnungsgemäßen Benutzung notwendige **Verbindung** zum **öffentlichen Straßennetz**, so besteht gegenüber dem Nachbarn, dessen Grundstück zur Erreichung des „isolierten" Grundstücks überquert werden muss, ein Anspruch auf einen sogenannten **Notweg.** Dadurch soll sichergestellt werden, dass ein Grundstück auch ohne direkte **Verbindung** zum öffentlichen Straßennetz zu dessen Benutzung erreichbar ist.

Kann ein Wohngrundstück mit einem **PKW** angefahren werden, so ist die zur ordnungsgemäßen Benutzung notwendige **Verbindung** mit einem öffentlichen Weg im Sinne von § 917 BGB vorhanden. Lediglich die Erleichterung zur Erreichung des Hauseingangs genügt nicht für einen Anspruch auf den Notweg[73]. Es ist auch nicht erforderlich, dass der Hauseingang mit dem PKW überhaupt erreicht werden kann. Auch muss der PKW nicht auf dem Grundstück geparkt werden können[74].

Eine **langjährige Duldung** der Überfahrung durch den Grundstückseigentümer begründet noch kein Notwegerecht für Grundstücksnachbarn, also die Berechtigung, in dieser Art und in dieser Weise das Grundstück zu überfahren, so nicht die Voraussetzungen von § 917 BGB auch tatsächlich vorliegen. Ein entsprechender **Unterlassungsanspruch** des Grundstückseigentümers, der die Überfahrung nicht mehr weiter hinnehmen will, ist auch nach Jahrzehnten noch nicht verwirkt[75].

### 6.3.9.2 Anspruchsinhaber des Notwegerechts

Anspruchsinhaber sind der **Grundstückseigentümer** und gegebenenfalls der **Erbbauberechtigte** des verbindungslosen Grundstücks. Gibt es mehrere **Miteigentümer**, so

---

[73]BGH, Urt. v. 22.01.2016 – V ZR 116/15

[74]BGH, Urt. v. 18.10.2013 – V 278/12

[75]OLG Karlsruhe, Urt. v. 25.04.2013 – 9 U 173/10; BGH, Urt. v. 24.04.2015 – V ZR 138/1; OLG Saarbrücken, Urt. v. 09.05.2017 – 1 U 81/16

| 2 | 1 | Wegerecht am Flurstück 5/2 Gemarkung Naundorf für den je-weiligen Eigentümer des Flurstücks 5/3 Gemarkung Naundorf gem. Vertrag vom 04.01.1979 eingetragen am 09.03.1979. |

**Abb. 6.3**  Wegerecht

kann der Anspruch auf einen Notweg nur gemeinsam von allen Miteigentümern geltend gemacht werden, weil alle Miteigentümer auch die Notwegrente schulden.

### 6.3.9.3  Umfang des Notwegerechts

Der Eigentümer des **verbindungslosen** Grundstücks ist nicht befugt, das Nachbar-grundstück nach seinem Belieben zu überqueren. Ihm steht „nur" ein Anspruch auf Duldung der Benutzung des Nachbargrundstücks zu. Die **Richtung** und der **Umfang** des Benutzungsrechts sind nach § 917 Abs. 1 S. 2 BGB gegebenenfalls durch **Urteil** genau zu bestimmen und ins Grundbuch einzutragen. In welcher Weise und in welchem Umfang das Notwegerecht einzuräumen ist, richtet sich nicht nach den persönlichen Bedürfnissen des Anspruchstellers, sondern nach **objektiven** Gesichtspunkten.

Der Anspruch auf den Notweg kann sich gegebenenfalls auch **zeitlich beschränken,** wenn der Notweg zum Beispiel nur für die Dauer von **Baumaßnahmen** notwendig ist.

Die ordnungsgemäße Benutzung des mit dem Notweg zu erreichenden Grundstücks muss privatrechtlich und **öffentlich-rechtlich** zulässig sein, darf also nicht gegen bau-ordnungsrechtliche oder straßenrechtliche Vorschriften verstoßen.

Insgesamt sind somit **strenge Voraussetzungen** an den Anspruch zu stellen, da mit dem Notweg und dessen Eintragung im Grundbuch die Rechte des betroffenen Eigen-tümers auf Dauer **erheblich eingeschränkt** werden (Abb. 6.3). Die Einräumung eines Notwegerechts, zum Beispiel nur zur Schaffung einer Parkmöglichkeit, ist daher in der Regel nicht durchsetzbar[76].

Analog § 917 BGH kann ein Nachbar auch ein **Leitungsrecht** durch das Nachbargrundstück geltend machen. Dies kann sogar so weit gehen, dass die Leitung durch den Keller des Nachbar-hauses geduldet werden muss, wenn keine andere Möglichkeit des Anschlusses an das öffentliche Leitungsnetz besteht[77]. Ansonsten besteht ein solches **Notleitungsrecht** nur in Ausnahmefällen. Allein der Umstand, dass zwei Doppelhaushälften mit einer Leitung verbunden sind, verpflichtet den einen Hauseigentümer nicht, den anderen Hauseigentümer dauerhaft mit Wasser zu versorgen, wenn eine anderweitige Möglichkeit besteht, dass dieser sein Haus an die **öffentliche Wasserver-sorgung** anschließen kann[78].

---

[76]BGH, Urt. v. 18.10.2013 – V ZR 278/12; OLG Karlsruhe, Urt. v. 25.04.2013 – 9 U 173/10

[77]BGH, Urt. v. 26.01.2018 – V ZR 47/17

[78]BGH, Urt. v. 13.07.2018 – V ZR 308/17

### 6.3.9.4 Erstellungs- und Unterhaltskosten

Die **notwendigen Maßnahmen** zur Schaffung und Unterhaltung des Notwegs hat der anspruchsberechtigte Grundstückseigentümer selbst auf seine **Kosten** herzustellen bzw. vorzunehmen[79]. Je nach Notwendigkeit und Festlegung durch **Vertrag** oder **Urteil** hat er gegebenenfalls auch eine notwendige Straßenverbindung auf seine Kosten herzustellen und zu unterhalten.

Benutzt auch der duldungsverpflichtete Grundstückseigentümer den Notweg, so haben sich beide die Kosten der Unterhaltung des Notwegs, vorbehaltlich einer abweichenden vertraglichen Vereinbarung, zu **teilen**[80].

### 6.3.9.5 Notwegrente

Der mit dem Notweg belastete Nachbar hat zum **Ausgleich** für den Notweg nach § 917 Abs. 2 BGB einen Anspruch auf eine **Geldrente**. Hierfür gelten die Vorschriften zur **Überbaurente** gemäß § 912 ff. BGB entsprechend.

Wird ein Weg über ein Privatgrundstück (nur) aufgrund eines „**Gewohnheitsrechts**" genutzt, so besteht kein Anspruch auf eine Notwegrente[81].

### 6.3.9.6 Ausschluss des Notwegerechts

Ein **Anspruch** auf das Notwegerecht ist gemäß § 918 BGB **ausgeschlossen,** wenn eine bisher bestehende Verbindung des Grundstücks mit einem öffentlichen Weg durch eine **willkürliche Handlung** des Eigentümers aufgehoben wurde. Willkürlich im Sinne von § 918 BGB ist jede freiwillige und nicht zum Zwecke der **ordnungsgemäßen Grundstücksnutzung** notwendige Maßnahme, die die Interessen des Nachbarn außer Acht lässt[82]. Es müssen also **zwingende Gründe** vorhanden sein, die den Eigentümer des nun **verbindungslosen Grundstücks** veranlasst haben, die ursprüngliche Verbindung aufzugeben oder zu beseitigen[83]. Nicht willkürlich sind Maßnahmen aufgrund **öffentlich-rechtlicher Verpflichtungen** oder einer objektiv ordnungsgemäßen Änderung der **Nutzungsart** des jeweiligen Grundstücks[84].

### 6.3.10  Grenzangelegenheiten, §§ 919 ff. BGB

Auch die Grenze zwischen zwei oder mehreren Grundstücken an sich kann allein durch ihr Vorhandensein zu erheblichen **Konflikten** führen. Die **gegenseitigen** Rechte und

---

[79]OLG Hamm, Urt. v. 31.03.2014 – 5 U 168/13

[80]BGH, Urt. v. 12.12.2008 – V ZR 106/07, BauR 2009, 704; BGH, Urt. v. 07.07.2006 – V ZR 156/05

[81]OLG Schleswig, Urt. v. 10.10.2006 – 3 U 41/06

[82]OLG Karlsruhe, Urt. v. 28.07.2010 – 6 U 105/08

[83]OLG Celle, Urt. v. 11.02.2009 – 4 U 36/08, Rn 24

[84]BGH, Urt. v. 24.04.2015 – V ZR 138/14, Rn 17

Pflichten der Nachbarn sind in §§ 919 ff. BGB geregelt. Die sich aus §§ 919, 920 und 923 BGB ergebenden Ansprüche unterliegen ebenfalls gemäß **§ 924 BGB** nicht der Verjährung, können also **jederzeit** geltend gemacht werden.

### 6.3.10.1   Grenzabmarkung, § 919 BGB

Der Eigentümer hat gemäß § 919 BGB gegen seinen Nachbarn einen Anspruch darauf, dass dieser bei der Errichtung noch nicht vorhandener fester **Grenzzeichen** oder Wiederherstellung von verrückten oder unkenntlich gewordenen Grenzzeichen mitwirkt. Dieser **Mitwirkungsanspruch** soll einen unstreitigen Grenzverlauf sicherstellen. Das Verfahren der Abmarkung richtet sich gemäß § 919 Abs. 2 BGB nach den einschlägigen **Landesgesetzen**. Die **Kosten** des Abmarkungsverfahrens werden grundsätzlich zu gleichen Teilen von den Grundstücksnachbarn getragen, § 919 Abs. 3 BGB, es sei denn, es ist etwas Anderes vereinbart.

### 6.3.10.2   Grenzverwirrung, § 920 BGB

Lässt sich der genaue **Verlauf** und die **Lage** der richtigen Grenze nicht ermitteln, so liegt eine „Grenzverwirrung" vor. Für die Frage, in wessen Eigentum der betroffen Grundstücksteil letztlich steht, kommt es nach § 920 BGB auf den tatsächlichen Besitzstand an. Ist auch dieser nicht zu ermitteln, so wird die streitige Grundstücksfläche in gleich große Stücke geteilt.

Soweit eine in dieser Art und Weise ermittelte Grenze zu einem **Ergebnis** führt, das mit den ermittelten Umständen nicht übereinstimmt, insbesondere bezüglich der Größe der Grundstücke, so ist gemäß § 920 Abs. 2 BGB die Grenze so zu ziehen, wie es unter Berücksichtigung der ermittelten Umstände der **Billigkeit** entspricht[85].

Über einen solchen Anspruch wird im Wege der sogenannten „**Grenzscheidungsklage**" entschieden, so keine Einigung zwischen den Nachbarn zustande kommt. Das **Urteil** in einem solchen Klageverfahren legt den **Grenzverlauf** mit konstitutiver Wirkung fest[86].

### 6.3.10.3   Gemeinschaftliche Benutzung von Grenzzeichen, § 921 BGB

Werden zwei Grundstücke durch einen Zwischenraum, Graben, eine Maueroder Hecke und dergleichen, die zum Vorteil beider Grundstücke dienen, **voneinander geschieden,** so wird nach § 921 BGB **vermutet,** dass beide Eigentümer zur **gemeinschaftlichen Benutzung** der Einrichtung berechtigt sind. Dies gilt nicht, wenn äußere Merkmale darauf hindeuten, dass die Einrichtung einem Nachbarn alleine gehören soll. Bei einer schon länger bestehenden Einrichtung, die objektiv für beide Grundstücke von **Vorteil** ist, ist diese als **Grenzeinrichtung** anzusehen und es spricht die Vermutung dafür,

---

[85]OLG Hamm, Urt. v. 24.11.2011 – I-5 U 132/10, Rn 72 ff.
[86]OLG Hamm, Urt. v. 24.11.2011, 5 U 132/10, Rn 65

dass sie mit dem Willen beider Nachbarn errichtet wurde[87]. Wie die Nutzung genau zu erfolgen hat und wie die Kosten zu tragen sind, regelt sich nach § 922 BGB und den Vorschriften über die **Gemeinschaft** gemäß §§ 749 ff. BGB. Eine **Veränderung** einer Grenzeinrichtung, auch des äußere Erscheinungsbilds, ist ohne die **Zustimmung** des anderen Nachbarn grundsätzlich unzulässig[88].

### 6.3.11 Landesrechtliche Regelungen (Nachbarrechtsgesetze der Länder)

Neben den BGB enthalten auch die **Nachbarrechtsgesetze** der Länder ergänzende Vorschriften zur Regelung nachbarlicher Verhältnisse. Die Vorschriften der Nachbarrechtsgesetze kommen dann zur Anwendung, wenn die Nachbarn untereinander keine **vertraglichen Vereinbarungen** zur Regelung bestimmter Fragen getroffen haben. Solche Vereinbarungen gehen den Vorschriften der Nachbarrechtsgesetze grundsätzlich vor.

Zudem können auch **kommunale Satzungen** Sachverhalte regeln, die von den Vorschriften der Nachbarrechtsgesetze abweichen und daher vorrangig zu beachten sind, beispielsweise gemeindliche **Baumschutz**- oder ähnliche **Satzungen**.

Beispielhaft sei auf den Inhalt des **Sächsischen Nachbarrechtsgesetzes** verwiesen. Ähnliche Regelungen für spezielle nachbarliche Sachverhalte finden sich auch in den Nachbarrechtsgesetzen der übrigen Bundesländer. Es handelt sich zum Beispiel um folgende **Regelungen:**

- Einfriedungen, §§ 4 ff. SächsNRG
- Anpflanzungen, §§ 9 ff. SächsNRG
- Bodenerhöhungen, § 17 SächsNRG
- Ver- und Entsorgungsleitungen, § 19 ff. SächsNRG
- Hammerschlags-, Leiter- und Schaufelrecht, § 24 SächsNRG
- Niederschlagswasser, § 25 SächsNRG
- Schornsteine, Lüftungsschächte, Antennen, § 26 SächsNRG
- Anzeigepflichten, § 27
- Schadensersatz und Entschädigung, §§ 28, 29 SächsNRG
- Verjährung, § 31 SächsNRG

---

[87]BGH, Urt. v. 20.10.2017 – V ZR 42/17

[88]BGH a. a. O., Rn 15; BGH, Urt. v. 23.11.1984 – V ZR 176/83, NJW 1985, 112

**Streitfälle,** die nach den Regelungen der Nachbarrechtsgesetze zu entscheiden sind, betreffen sehr häufig **Anpflanzungen** an der Grundstücksgrenze[89] oder das **Hammerschlags- und Leiterrecht**[90].

## Weiterführende Literatur

Griwotz/Lüke/Sailer, Praxishandbuch des Nachbarrechts, 2. Aufl. 2013, C.H. Beck Verlag
Höfle, Immissionsschutz bei Sportanlagen, 1. Aufl. 2013, VDM Verlag
Karrenberg/Kahl/Kaiser, Nachbarrecht Baden-Württemberg, 19. Aufl. 2019, Kohlhammer Verlag
Postier, Nachbarrecht in Berlin, 2. Aufl. 2012, Boorberg Verlag
Schäfer/Fink-Jamann/Peter, Nachbarschaftsgesetz NRW, 18. Aufl. 2018, C.H. Beck Verlag
Schäfer/Schäfer, Niedersächsisches Nachbargesetz: NNachbG, 2. Aufl. 2014, C.H. Beck Verlag
Stadler/Stadler, Das Nachbarrecht in Bayern, 8. Aufl. 2016, Boorberg Verlag
Stollenwerk, Nachbarschaftsgesetz NRW, 4 Aufl. 2017, Kommunal- und Schul-Verlag

---

[89] vgl. beispielsweise OLG Dresden, Urt. v. 30.8.2011 – 14 U 367/11; BGH, Urt. v. 02.06.2017 – V ZR 230/16, NJW-RR 2017, 1427

[90] vgl. beispielsweise BGH, Urt. v. 14.12.2012 – V ZR 49/12; OLG Saarbrücken, Urt. v. 05.09.2018 – 5 U 24/18

# Gebrauchsüberlassung von Immobilien

## 7.1 Einführung

Der Grundstückseigentümer kann **Dritten** sein Grundstück **einschließlich aufstehender** Gebäude oder Gebäudeteilen zur **Nutzung** überlassen. Anders als beim Erbbaurecht oder bei den Dienstbarkeiten, bei denen der Grundstücksnutzer eine dingliche Rechtsstellung erhält, regelt sich das Verhältnis bei der Gebrauchsüberlassung rein **schuldrechtlich** auf der Basis **vertraglicher Vereinbarungen.**

Der Grundstückseigentümer bleibt ohne dingliche **Einschränkungen** trotz der Gebrauchsüberlassung alleiniger Eigentümer von Grund und Boden nebst aufstehenden Gebäuden. Er überlässt vielmehr für eine bestimmt **Zeitspanne** im Wege der **Miete** oder **Pacht** einem Dritten eine Wohnung, ein Haus, eine Gewerbeimmobilie oder eine landwirtschaftliche Fläche zu einem bestimmten **Zweck.** Der nutzungsberechtigte Dritte wird durch die Überlassung nicht dinglich Berechtigter, sondern lediglich **Besitzer.** Der Eigentümer ist hierdurch aber grundsätzlich von einer Nutzungsmöglichkeit der Mietsache **ausgeschlossen.**

Das **Wohnungsmietrecht** hat in den vergangenen Jahrzehnten eine überbordende und im Wesentlichen von sozialpolitischen Erwägungen geprägte **Regulierung** erfahren, durch die der Wohnungseigentümer eines nicht unerheblichen Teils seiner Eigentumsrechte „beraubt" ist.

Die Bemühungen, steigenden Wohnungsmieten in den Ballungszentren zum Beispiel mit einer „**Mietpreisbremse**" Herr zu werden, sind, wie nicht anderes zu erwarten, ohne Erfolg geblieben. Auch die gegen die Meinung aller Experten in Aussicht genommenen weiteren gesetzlichen Verschärfungen werden das Problem von steigenden Mieten mit Sicherheit nicht beseitigen. Im **Gegenteil,** es ist zu befürchten, dass sich solche staatlichen Eingriffe in den Mietmarkt, erst Recht die Drohung mit Enteignung oder Mietendeckel, als erhebliches **Investitionshemmnis** beim Wohnungsneubau erweisen, mithin

© Springer Fachmedien Wiesbaden GmbH, ein Teil von Springer Nature 2019     211
J. Handschumacher, *Immobilienrecht praxisnah*,
https://doi.org/10.1007/978-3-658-26909-8_7

wie so oft das genaue Gegenteil bewirken werden, als was sich von Gesetzgeberseite von solcherlei **Regulierungen** versprochen wird. Investitionsentscheidungen im Wohnungsbereich sollten daher auch vor dem Hintergrund sich rasch ändernder und verschärfender Regelungen genau bedacht und kalkuliert werden.

Das **gewerbliche Mietrecht** regelt sich demgegenüber in weit höherem Maße nach den vertraglichen, zwischen den Parteien im Rahmen der **Privatautonomie** ausgehandelten Vereinbarungen, als nach zwingenden gesetzlichen Vorschriften, von denen häufig nicht einmal durch Individualvereinbarungen der Mietvertragsparteien abgewichen werden darf.

Es würde den Rahmen dieses Buches sprengen, alle Einzelheiten des Mietrechts, insbesondere des Wohnungsmietrechts, darzustellen. Es soll sich daher nachfolgend darauf beschränkt werden, die wesentlichen Grundzüge des Mietrechts vor allem für **Gewerbemietverträge** zu erläutern und gelegentlich Hinweise zur Situation beim Wohnungsmietrecht zu geben. Die Besonderheiten der **Pacht** werden am Ende des Kapitels dann noch kurz gesondert dargestellt.

Dass das Mietrecht nicht nur für den jeweiligen Mieter von besonderer Bedeutung ist, sondern auch für eine große und auch wachsende Zahl von Vermietern, soll an nur einer einzigen **Zahl** verdeutlicht werden. In Deutschland gab es im Jahre 2018 insgesamt 3,9 Mio. private Vermieter. Die Zahl der Vermieter ist seit dem Jahre 2000 um ca. 750.000 gestiegen.

## 7.2    Die Miete, §§ 535 ff. BGB

### 7.2.1    Einführung

Der **Mietvertrag** regelt die entgeltliche Gebrauchsüberlassung einer Sache vom Vermieter an den Mieter **auf Zeit,** §§ 535 ff. BGB. Der Mieter ist zur **Mietzinszahlung** verpflichtet, der Vermieter muss den **Gebrauch** des Mietgegenstandes einräumen. Wird die Sache **unentgeltlich** zum Gebrauch überlassen, liegt **Leihe** vor, §§ 598 ff. BGB.

Eine Gebrauchsüberlassung mit dem Recht der **Fruchtziehung** ist **Pacht,** §§ 581 ff. BGB (siehe Abschn. 7.3). Unter Fruchtziehung wird das Recht verstanden, die **Erträge** des gepachteten Objekts zu nutzen. Die mietrechtlichen Vorschriften sind auf die Pacht im Wesentlichen **entsprechend** anwendbar, § 581 Abs. 2 BGB. Dem Mieter steht, anders als dem Pächter, das Recht der Fruchtziehung aus dem Mietgegenstand nicht zu.

### 7.2.2    Der Mietvertrag

Bewegliche und unbewegliche Sachen können **Gegenstand** des Mietvertrages sein sowie Sachgesamtheiten, also insbesondere Immobilien und Räume in Gebäuden. Die Vorschriften §§ 549 ff. BGB gelten für Mietverhältnisse über **Wohnraum** ergänzend.

Ob es sich bei einem Vertragsverhältnis über Miete um **Wohnungs- oder Gewerberaummiete** handelt, kann in bestimmten Fälle **zweifelhaft** sein. Die **Zweckbestimmung** der vermieteten Räume ist entscheidend bei der Beurteilung. Wohnraummiete liegt vor, wenn die Räumlichkeiten der Befriedigung des **Wohnbedürfnisses** des Mieters bzw. seiner Familie dienen. Gewerberaummiete liegt hingegen vor, wenn die Wohnung der Nutzung nicht durch den Mieter selbst[1], sondern der Nutzung durch **Mitarbeiter** des Mieters dienen soll.

Wird eine Wohnung zu dem Zweck vermietet, dass dort **Mitarbeiter** des Mieters wohnen, so handelt es sich also um einen **Gewerbemietvertrag**[2].

### 7.2.2.1 Schriftform

Der **Abschluss** eines Mietvertrags ist grundsätzlich **formlos** möglich, muss also nicht schriftlich erfolgen. Mietverträge über **Wohnraum** für länger als **ein Jahr,** die nicht in schriftlicher Form geschlossen werden, gelten für unbestimmte Zeit geschlossen, § 550 BGB, können also vorfristig gekündigt werden. Für Mietverträge über **Grundstücke** und **Gewerberäume** gilt dies nach § 578 BGB entsprechend.

Welche Räume genau vermietet werden, muss sich aus der **Mietvertragsurkunde** mit ausreichender Klarheit ergeben, um nicht gegen das **Schriftformerfordernis** aus §§ 550, 578 BGB zu verstoßen. Nach Auffassung des **BGH** genügt es dem Schriftformerfordernis nur, wenn die vermieteten Räume genau beschrieben sind. Der zukünftige Mieter muss an Hand des Mietvertrags, gegebenenfalls auch mit beigefügtem **Lageplan**, erkennen können, welche Räume er mietet, wenn die Vermietung **„vom Reißbrett",** also vor Errichtung der Mieträume erfolgt[3].

Dem **Schriftformerfordernis** des § 550 Satz 1 BGB kann auch gemäß § 126 Abs. 2 Satz 2 BGB entsprochen werden. Danach genügt es, wenn über den Vertrag mehrere **gleichlautende Urkunden** aufgenommen werden und jede Partei die für die andere Partei bestimmte Urkunde unterzeichnet. Für die Einhaltung der Schriftform ist es also **ausreichend,** wenn die Vertragsparteien **gleichlautende** Vertragsurkunden unterzeichnen. Eines **Zugangs** dieser Urkunden beim jeweiligen Vertragspartner bedarf es insoweit nicht. Somit genügt es, wenn beide Parteien die Vertragsexemplare wechselseitig unterzeichnen und sich gegenseitig per **Telefax** übermitteln[4].

Das **Schriftformerfordernis** gilt auch für eine Vereinbarung über den **Wechsel** der Vertragsparteien, da die Angabe der Mietvertragsparteien zu den **wesentlichen Vertragsbedingungen** zählt, die von dem Schriftformerfordernis des § 550 S. 1 BGB umfasst werden. Die vertragliche Auswechslung eines Mieters in einem Mietvertrag, der wegen seiner **Laufzeit** der Schriftform des § 550 BGB bedarf, erfordert daher ebenfalls die Einhaltung der Schriftform, wenn die Laufzeit erhalten bleiben soll. Der **Mieterwechsel** muss zur Wahrung der Schriftform so schriftlich verein-

---

[1]KG Berlin, Beschl. v. 17.07.2017 – 8 U 216/16; BGH, Urt. v. 11.02.1981 – VIII ZR 323/79

[2]KG Berlin, a. a. O.

[3]OLG Nürnberg, Urt. v. 10.02.2010 – 12 U 1306/09; OLG München, Urt. v. 10.12.2008 – 7 U 4433/08

[4]BGH, Urt. v. 07.03.2018 – XII ZR 129/16

bart werden, dass sich die **vertragliche Stellung** des neuen Mieters im Zusammenhang mit dem zwischen dem vorherigen Mieter und dem Vermieter geschlossenen Mietvertrag eindeutig ergibt[5].

Werden ansonsten **wesentliche Bestandteile** des Mietvertrages, zum Beispiel die Mieträume oder die Miethöhe, nicht schriftlich zwischen den Mietparteien vereinbart oder im Laufe der Mietzeit geändert, sondern nur eine **mündliche** Vereinbarung getroffen, so eröffnet dies ebenfalls die Möglichkeit einer ordentlichen Kündigung vor Ablauf der vereinbarten **Mietzeit**[6].

Probleme mit der Schriftform lassen sich unter Umständen mit einer sogenannten **Schriftformheilungsklausel** beseitigen. Die Parteien eines gewerblichen Mietvertrags können mittels einer solchen Klausel vereinbaren, dass im Falle der **Nichteinhaltung** der Schriftform, diese nachträglich herbeizuführen ist und der Mietvertrag nicht vorher unter Berufung auf die mangelnde Schriftform gekündigt werden darf.

Einige Oberlandesgerichte haben jüngst allerdings entschieden, dass solche Schriftformheilungsklauseln nicht gegenüber **Rechtsnachfolgern** – hier dem Rechtsnachfolger des Vermieters – gelten, da ansonsten der **Schutzzweck** des § 550 BGB ausgehebelt werde[7]. Diese Auffassung wurde zum Teil in der juristischen Literatur geteilt.

Der **Bundesgerichtshof** hat sich dieser Auffassung angeschlossen und zudem festgestellt, dass eine **Schriftformheilungsklausel**, die eine generelle Verpflichtung der Mietvertragsparteien enthält, Schriftformverstöße jedweder Art nachträglich zu beseitigen, um auf diese Weise eine „vorzeitige" Vertragsbeendigung durch ordentliche Kündigung zu unterbinden, gegen § 550 BGB verstößt und daher **unwirksam** ist. Es verstößt aber nach § 240 BGB gegen den Grundsatz von **Treu und Glauben**, wenn eine Mietvertragspartei eine nachträglich getroffene Abrede, die lediglich ihr **vorteilhaft** ist, allein deshalb, weil sie nicht die schriftliche Form wahrt, zum Anlass nimmt, sich von einem ihr inzwischen lästig gewordenen langfristigen Mietvertrag mittels vorfristiger Kündigung zu lösen[8].

### 7.2.2.2 Eigentum/Besitz

Der Vermieter bleibt auch nach Abschluss des Mietvertrags und Übergabe der Mieträume **Eigentümer** der Mietsache. Der Mieter erlangt aber unmittelbaren **Besitz**. Der Eigentümer hat kein Recht, die Mietsache gegen den **Willen** des Mieters vor Rückgabe durch

---

[5]BGH, Urt. v. 11.12.2013 – XII ZR 137/17

[6]OLG Frankfurt a. M., Urt. v. 27.04.2016 – 2 U 9/16; OLG Dresden, Hinw.beschl. v. 25.08.2015 – 5 U 1057/15; BGH, Urt. v. 25.11.2015 – XII ZR 114/14

[7]vgl. z. B. OLG Düsseldorf, Urt. v. 29.11.2012 – I 10 U 34/12; OLG Frankfurt a. M., Urt. v. 27.02.2015 – 2 U 144/14

[8]BGH, Urt. v. 27.09.2017 – XII ZR 114/16; BGH, Urt. v. 11.04. 2018 – XII ZR 43/17

diesen „eigenmächtig" wieder in Besitz zu nehmen, auch wenn das Mietverhältnis wirksam gekündigt war[9].

▶ Der Vermieter benötigt zur Räumung der Mieträumlichkeiten vielmehr einen **Räumungstitel**, der durch **Räumungsklage** gerichtlich erwirkt werden kann[10]. Dem Mieter wird bei Verurteilung zur Räumung zumeist noch eine angemessene **Räumungsfrist** zugebilligt. Der Vermieter kann erst nach Ablauf dieser **Frist** die Wohnung im Wege der Zwangsvollstreckung mithilfe des **Gerichtsvollziehers** räumen lassen und wieder in Besitz nehmen.

### 7.2.2.3 Beginn des Mietverhältnisses

Der **Beginn** des Mietverhältnisses ergibt sich in der Regel aus dem im Mietvertrag vereinbarten Datum. Existiert ein solches nicht, so kann dies im Hinblick auf das **Schriftformerfordernis** problematisch sein.

Ob der Beginn der Mietzeit mit der Formulierung *„mit Übergabe"* genau genug bestimmt ist, war lange umstritten, also ob durch diese Formulierung das **Schriftformerfordernis** gemäß §§ 550, 578 BGB im Mietvertrag eingehalten wird. Alle Mietvertragsbedingungen müssen sich nämlich grundsätzlich aus einer **Urkunde** ergeben. Nach der ständigen Rechtsprechung des **BGH** genügt es aber, wenn sich der **Übergabezeitpunkt** aus einem **Übergabeprotokoll** ergibt, das bei tatsächlicher Übergabe ausgefertigt werden soll[11].

> **Rechtsprechung:** „Der Senat hat bereits entschieden, dass für die Bestimmbarkeit des Mietbeginns eine abstrakte Beschreibung genügt, die es ermöglicht, den Mietbeginn zu ermitteln (vgl. Senatsurteile vom 2. November 2005 – XII ZR 212/03 NJW 2006, 139, 140 und vom 29. April 2009 – XII ZR 142/07 NJW 2009, 2195 Rn. 28). Ausreichend, aber auch erforderlich ist, dass der Sachverhalt, an den die Vertragsparteien den Vertragsbeginn knüpfen, so genau bestimmt wird, dass bei seiner Verwirklichung kein Zweifel am Vertragsbeginn verbleibt. Der Senat hat deshalb in der Vereinbarung, dass das Mietverhältnis „mit der Übergabe der Mieträume" beginnen solle, einen hinreichend bestimmbaren Beginn des Mietverhältnisses gesehen (Senatsurteil vom 2. November 2005 – XII ZR 212/03 NJW 2006, 139, 140)". Pflichten des Vermieters

Der Vermieter muss dem Mieter die Mietsache ab Mietbeginn zum **Gebrauch** überlassen, ihm also den ungestörten Sachgebrauch verschaffen und während der Mietzeit gewähren. Vermietet der Vermieter die Räumlichkeiten gleichzeitig an zwei unterschiedliche Mieter **(Doppelvermietung),** so sind beide Mietverträge voll wirksam. Kann der Vermieter infolge dessen einem der Mieter die Räumlichkeiten dann nicht mehr zur Verfügung stellen, so ist er ihm zum **Schadensersatz** verpflichtet[12].

---

[9]BGH, Urt. v. 14.07.2010 – VIII ZR 45/09; OLG Dresden, Urt. v. 14.06.2017 – 5 U 1426/16 (2)

[10]BGH, a. a. O.

[11]BGH, Urt. v. 24.07.2013 – XII ZR 104/12

[12]KG Berlin, Urt. v. 23.02.2015 – 8 U 52/14; BGH, a. a. O.

### 7.2.2.3.1 Instandhaltung

Die Mietsache ist dem Mieter in vertragsgemäßem und in gebrauchsfähigem **Zustand** zu übergeben und in diesem Zustand zu erhalten. Grundsätzlich muss somit der Vermieter sämtliche während der Mietzeit erforderlichen **Instandhaltungsarbeiten** oder **Reparaturen** auf seine Kosten durchführen.

Diese Verpflichtung des Vermieters besteht unabhängig davon, ob der Mieter die Mietfläche auch **tatsächlich** selber nutzt. Die persönlichen Umstände des Mieters spielen für die Instandhaltungspflicht als eine vertragliche **Hauptleistungspflicht** des Vermieters keine Rolle[13].

Die **Verpflichtung** zur Instandhaltung wird bei gewerblichen Mietverhältnissen aber in der Regel vertraglich auf den Mieter übertragen, mit **Ausnahme** von Aufwendungen für „**Dach und Fach**".

▶ Eine **Dach- und Fachklausel** ist gleichwohl zulässig, wenn sie nicht durch AGB, sondern als **Individualvereinbarung** getroffen wurde[14].

### 7.2.2.3.2 Lastentragung

Die **Lasten** der Mietsache i. S. v. § 535 Abs. 1 S. 3 BGB i. V. m. § 103 BGB, zum Beispiel Steuern, Anliegerbeiträge etc., sind ebenfalls durch den Vermieter zu tragen. Die Vorschrift ist aber **abdingbar**.

### 7.2.2.3.3 Verkehrssicherungspflichten

Den Vermieter trifft für die vermietete Immobilie auch die **Verkehrssicherungspflicht**[15]. Diese erstreckt sich über die eigentlichen Mieträume hinaus auch auf Zugänge, Treppen, Hausflure, Lifte usw. Ausreichende Beleuchtung oder die Sorge für einwandfreies Trinkwasser gehören auch zu den Verkehrssicherungspflichten[16]. Die Verkehrssicherungspflicht im Hinblick auf den **Winterräumdienst** kann auf den Mieter übertragen werden. Gleichwohl bleibt der Vermieter zur **Kontrolle** und **Überwachung** des Mieters verpflichtet[17].

Da es sich beim Mietvertrag um einen Vertrag mit **Schutzwirkung zugunsten Dritter** handelt, können auch Dritte, also solche Personen, die nicht Mieter sind, sondern nur zu dem Mieter in einer Beziehung stehen, bei Verletzung der Verkehrssicherungspflicht **Schadensersatz** verlangen.

---

[13]BGH, Urt. v. 22.08.2018 – VIII ZR 99/17

[14]OLG Brandenburg, Urt. v. 18.03.2009 – 3 U 37/08, ZMR 2009, 841

[15]OLG Düsseldorf, Urt. v. 10.09.1999 – 22 U 53/99, NJW-RR 2000, 696; OLG Karlsruhe, Urt. v. 18.04.2012 – 7 U 254/10

[16]BGH, Urt. v. 06.05.2015 – VIII ZR 161/14

[17]OLG Nürnberg, Urt. v. 18.11.2002 – 5 U 2703/2

### 7.2.2.3.4 Konkurrenzschutz

Von der **Rechtsprechung** ist seit langem anerkannt, dass der Vermieter, so keine anderweitige vertragliche Vereinbarung getroffen wurde, dem Mieter einen **vertragsimmanenten** Konkurrenzschutz schuldet[18]. Dieser Konkurrenzschutz bezieht sich nicht nur auf das eigentliche Mietgrundstück, sondern erstreckt sich auch auf ein eventuelles **Nachbargrundstück** des Vermieters[19]. Der Konkurrenzschutz gilt auch bei der Vermietung von Gewerberäumen in einem **Einkaufszentrum**[20].

### 7.2.2.3.5 Duldung der Wegnahme eingebrachter Sachen

Der Vermieter muss grundsätzlich **dulden,** dass der Mieter die von ihm eingebrachten Sachen zum **Mietende wegnimmt,** § 539 Abs. 2, § 552 BGB. Eingebrachte Sachen im Sinne dieser Vorschrift sind solche, die mit den Mieträumen **verbunden** und diesen zu **dienen** bestimmt sind[21]. Dies sind zum Beispiel Waschbecken, Rollläden, Einbauküchen usw.

Es kommt nicht darauf an, ob der **Vermieter** durch den Einbau **Eigentümer** der Gegenstände geworden ist, weil es sich bei den Mietereinbauten um **wesentliche Bestandteile** i. S. v. §§ 93, 94 BGB handelt[22] oder der **Mieter** sein Eigentum an den Einbauten behält.

Einrichtungen, die **erforderlich** waren, die Mietsache überhaupt erst in einen **vertragsgemäßen** Zustand zu versetzen, sind in der Regel keine solchen **Mietereinbauten** i. S. v. § 535 Abs. 2 BGB. Dem Vermieter steht gemäß § 552 BGB ein **Abwendungsrecht** gegen die Wegnahme durch Zahlung einer angemessenen **Entschädigung** zu, wenn nicht der Mieter seinerseits ein **berechtigtes Interesse** an der Wegnahme der Gegenstände hat.

### 7.2.2.4 Pflichten des Mieters
### 7.2.2.4.1 Mietzahlung

Der Mieter hat an den Vermieter die vereinbarte **Miete** zu zahlen, § 535 Abs. 2 BGB. Wenn nichts anderes vereinbart ist, ist die Miete für ein Grundstück und bewegliche Sachen **nachträglich** fällig, § 549 BGB. Bei **Wohnraum** ist die Miete grundsätzlich zu **Beginn** oder spätestens bis zum dritten Werktag der einzelnen **Zeitabschnitte** zu entrichten, §§ 597 Abs. 2, 556 a Abs. 1 BGB.

---

[18]BGH, Urt. v. 24.01.1979 – VIII ZR 56/78; OLG Brandenburg, Urt. v. 25.11.2014 – 6 U 117/13

[19]OLG Rostock, Beschl. v. 10.01.2005 – 3 W 130/04, Rn 9 m. w. N.

[20]KG Berlin, Beschl. v. 05.09.2005 – 12 U 95/05, Rn 16 ff.

[21]BGH, Urt. v. 13.05.1987 – VIII ZR 136/86 Rn 17

[22]BGH, Urt. v. 12.06.1991 – XII ZR 17/90; OLG Düsseldorf, Beschl. v. 04.08.2011 – 24 U 48/11

### 7.2.2.4.2 Miethöhe

Die Höhe der zu zahlenden Miete orientiert sich in aller Regel an der vermieteten **Quadratmeterzahl,** es sei denn, es wird ein **fester Mietzins** vereinbart, ohne Bezug auf die Größe der Mieteinheit. Es ist aber auch möglich, dass die Mietvertragsparteien **konkludent,** also ohne ausdrückliche Erwähnung im Mietvertrag, eine bestimmte, von beiden angenommene Größe als Grundlage für die Höhe der Miete vereinbart haben[23]. Um **Unklarheiten** zu vermeiden, sollte aber die Art der **Berechnung** der Mietfläche vereinbart werden.

Hierfür gibt es verschiedene **Berechnungsmethoden.** Üblicher- und auch zulässigerweise[24] wird **DIN 277** vereinbart. Folgende **Flächentypen** werden dabei unterschieden:

- NF = **Nutzfläche:** Summe der Grundflächen zur Nutzung, beispielsweise Wohnen, Aufenthalt, Büroarbeit
- NGF = **Nettogrundfläche** = NF + technische          Funktionsfläche + Verkehrsfläche: Summe der Grundflächen aller Grundrissebenen eines Bauwerks ohne die Konstruktionsflächen
- BGF = **Bruttogrundfläche** = NGF + Konstruktionsfläche: Summe der Grundflächen aller Grundrissebenen eines Bauwerks

Es ist aber auch möglich, einen hiervon abweichenden **Berechnungsmodus** zu vereinbaren, zum Beispiel, dass ein Teil der **Gemeinschaftsflächen** in die zugrunde gelegte Mietfläche mit einberechnet wird. Nach Auffassung des Landgerichts Düsseldorf kann im Gewerbemietrecht eine solche Mitberücksichtigung durchaus seine Berechtigung haben, weil die Benutzung von Gemeinschaftsflächen für die Attraktivität der Mietfläche von besonderer Bedeutung sein kann[25].

Haben die Parteien eines gewerblichen Mietvertrags vereinbart, dass zur Mietfläche alles gehört, was sich innerhalb der *„Außenhaut"* des Gebäudes befindet, so gehören hierzu auch die Konstruktionsflächen der Außenwände, obwohl diese Gebäudeteile für den Mieter im eigentlichen Sinne des Wortes nicht nutzbar sind[26].

### 7.2.2.4.3 Mieterhöhung

Die Möglichkeiten der **Mieterhöhung** und ihre Modalitäten sind in §§ 557 ff. BGB geregelt.

Die **vereinbarte Miete** gilt nach § 557 BGB grundsätzlich für die gesamte **Laufzeit** des Mietvertrags, wenn die Parteien nichts anderes vereinbaren oder bei Wohnraummietverhältnissen die Voraussetzungen von §§ 558 – 560 BGB vorliegen.

---

[23]BGH, Urt. v. 23.06.2010 – VIII ZR 256/09, NJW 2010, 2648

[24]vgl. z. B. OLG Düsseldorf, Beschl. v. 17.11.2011, I-24 U 56/11; OLG Brandenburg, Urt. v. 06.01.2015 – 6 U 134/13

[25]LG Düsseldorf, Urt. v. 14.06.2013 – 15 O 323/05, Rn 151 ff.

[26]OLG Hamm, Urt. v. 09.05.2014 – 30 U 58/12

Folgende **Wertsicherungsklauseln** werden wegen der langen **Laufzeit** gewerblicher Mietverträge üblicherweise vereinbart, um zum Beispiel einen **Inflationsausgleich** herbeizuführen oder den Vermieter an dem wirtschaftlichen Risiko des in den Mieträumen ausgeübten Gewerbes zu beteiligen:

- **Indexmiete** § 557 b: Mieterhöhung ist gekoppelt an den Lebenshaltungskostenindex (Regelfall)
- **Staffelmiete** § 557 a: Mieterhöhung erfolgt nach bestimmten Zeitabständen
- **Umsatzmiete**: Miete orientiert sich (zum Teil) am Umsatz des Gewerbes in den Mieträumen

Ist in einem gewerblichen Mietvertrag lediglich vereinbart, dass bei **Veränderung** des Indexes eine **Neufestsetzung** verlangt werden kann, so tritt die **Erhöhungswirkung** nicht schon mit dem entsprechenden Verlangen gegenüber dem Mieter ein. Die Mietanpassung muss vielmehr **schriftlich** zwischen den Parteien vereinbart werden. Geschieht dies bei einem auf Zeit geschlossenen Mietvertrag nicht, so ist die **Schriftform** des § 550 BGB nicht eingehalten mit der Folge, dass sich das ursprünglich befristete Mietverhältnis in ein **unbefristetes** Mietverhältnis umwandelt. Damit besteht die Möglichkeit der vorzeitigen ordentlichen **Kündigung**[27].

▶  Bei der Vereinbarung einer gewerblichen **Umsatzmiete** ist in der Regel problematisch, wie der genaue Umsatz, an dem sich die Miete jedenfalls zum Teil orientiert, berechnet und gegebenenfalls auch überprüft werden kann. Der Vermieter sollte sich zu diesem Zwecke im Mietvertrag **Informations- und Einsichtsrechte** in die Geschäftsunterlagen des Mieters vorbehalten, die auch durch einen fachkundigen Dritte wie Wirtschaftsprüfer oder Steuerberater ausgeübt werden können, um die **Umsatzhöhe** zu verifizieren.

### 7.2.2.5 Betriebspflicht

Der Mieter ist grundsätzlich **berechtigt,** die Mieträume zu nutzen. Er ist gleichwohl nicht dazu **verpflichtet,** die Räume auch tatsächlich zu nutzen. Aus den Umständen des Mietverhältnisses und der räumlichen Situation kann sich zwar eine solche **Betriebspflicht** ergeben (konkludente Vereinbarung), zum Beispiel die Betriebspflicht eines großen Lebensmittel-Supermarkts in einer Einkaufspassage, typischerweise als sog. **Ankermieter** bezeichnet. Eine solche Betriebspflicht sollte bei besonders wichtigen Mietern vertraglich vereinbart werden. Eine **formularmäßige** Vereinbarung der Betriebspflicht durch **AGB** verstößt nicht gegen § 307 BGB[28]. Dies gilt sogar für eine Klausel, die dem Mieter Branchen-/Betriebs- und **Sortimentsbindung** auferlegt. Eine solche Klausel benachteiligt den gewerblichen Mieter in der Regel **nicht unangemessen**[29].

---

[27]BGH, Urt. v. 11.04.2018 – XII ZR 43/17

[28]BGH, Urt. v. 03.03.2010 – XII ZR 131/08

[29]LG Kassel, Urt. v. 20.08.2015, 11 O 4173/15

Von der reinen Betriebspflicht ist eine **Offenhaltungspflicht** zu unterscheiden, die zusätzlich vereinbart werden kann. Damit soll der Mieter verpflichtet werden, sein Ladenlokal zu bestimmten Zeiten geöffnet zu halten. Solche Betriebs- und Offenhaltungsklauseln unterliegen unter Umständen einer separaten **AGB-rechtlichen Kontrolle**[30].

Es ist auch zulässig, eine **Betriebs- bzw. Offenhaltungspflicht** dergestalt zu vereinbaren, dass der Mieter sein Ladenlokal so lange geöffnet haben muss, wie die *„überwiegende Anzahl der Mieter"* in dem Einkaufszentrum. Nach Auffassung des OLG Hamm gilt das jedenfalls für ein **Einkaufszentrum,** das schon länger betrieben wird, weil sich der Mieter in einem solchen Fall vorab informieren könne, in welchem **Umfang** die Betriebs- und Offenhaltungspflicht besteht[31].

**Verletzt** der Mieter seine Betriebspflicht und steht infolge dessen das Mietobjekt mehrere Monate leer, so kann dies einen **Schadensersatzanspruch** wegen Verschlechterung durch **Wertverlust** der Mietsache auslösen, auch ohne dass die Substanz der Räumlichkeiten durch den Leerstand beeinträchtigt ist[32]. Hängt die Betriebsaufnahme von einer **behördlichen Erlaubnis** ab, so muss der Mieter darlegen, dass die Erlaubnis unzweifelhaft nicht zu erlangen ist[33], um von der Betriebspflicht frei zu werden.

Die **Betriebsfortführung** kann **gerichtlich** durchgesetzt werden. Die **Vollstreckung** erfolgt, da es sich um eine unvertretbare Handlung handelt, also eine solche, die nur von dem Schuldner selbst vorgenommen werden kann, durch **Zwangsgeld,** § 888 ZPO[34].

### 7.2.2.6 Betriebs- und Nebenkosten

Die Kosten für den Betrieb einer Immobilie bzw. Nebenkosten sind nach § 535 Abs. 1 S. 3 BGB grundsätzlich vom **Vermieter** zu tragen. Es ist aber **üblich** und auch zulässig, vertraglich diese Kosten auf den **Mieter** zu überwälzen. Welche Nebenkosten durch den Mieter zu tragen sind, sollte durch eine genaue **Auflistung** der einzelnen Kostenarten im Vertrag geschehen oder durch Bezug auf die **Anlage 3 zu § 27 der II. BV** bzw. die **BetriebskostenVO.** Welche der im Einzelnen aufgelisteten Betriebs- und Nebenkosten tatsächlich umlagefähig sind, ist vielfach höchst streitig.

Es bedarf daher einer **inhaltlich bestimmten Regelung** im Mietvertrag, aus der sich ergibt, dass und welche Betriebs- und Nebenkosten durch den Mieter zu tragen sind. Diese Kosten müssen jeweils im **Einzelnen** aufgeführt werden und so **konkret** benannt sein, dass es dem Mieter möglich ist, sich zumindest ein grobes Bild davon zu machen, was er zusätzlich zur Miete noch an Kosten zu tragen hat. Enthält der Vertrag keinen Verweis auf die BetriebskostenVO und werden die zu tragenden Kosten nur **beispielhaft** aufgeführt, so genügt dies dem Erfordernis der inhaltlichen

---

[30]OLG Dresden, Beschl. v. 15.07.2015 – 5 U 597/15

[31]OLG Hamm, Urt. v. 09.08.2017 – 30 U 53/17

[32]OLG Frankfurt a. M., Urt. v. 17.10.2014 – 2 U 43/14

[33]OLG Hamburg, Beschl. v. 21.08.2013 – 8 W 72/13

[34]OLG Rostock, Beschl. v. 22.08.2016 – 3 W 53/16

**Bestimmtheit** nicht mit der Folge, dass der Vermieter nur die **ausdrücklich** im Mietvertrag aufgeführten Kosten verlangen kann[35].

Der Mieter hat zusammen mit der Miete auf die Betriebs-und Nebenkosten eine monatliche **Abschlagszahlung** in Form einer Betriebs- und Nebenkostenvorauszahlung zu leisten, **deren Höhe** auskömmlich berechnet sein sollte. Zwar besteht für den Vermieter nach Abrechnung der jährlichen Betriebs- und Nebenkosten ein **Nachforderungsanspruch** für die zu wenig gezahlten Betriebs- und Nebenkosten. Etwas Anderes kann aber dann gelten, wenn der Vermieter die Höhe der Betriebs- und Nebenkosten **bewusst zu niedrig** angesetzt hat, um dem Mieter ein besonders günstiges Mietangebot vorzuspiegeln. Eine besondere **Aufklärungspflicht** des Vermieters über die tatsächliche Höhe der zu erwartenden Betriebs- und Nebenkosten besteht in der Regel aber nicht[36].

Dass dem Mieter ein **Rückzahlungsanspruch** für zu viel vorausbezahlte Betriebs- und Nebenkosten hat, versteht sich von selbst.

Eine **Erhöhung** der Vorauszahlungen kann der Vermieter bei **Wohnungsmiete** gemäß § 560 Abs. 4 BGB nur verlangen, wenn er sich dies im Vertrag **ausdrücklich vorbehalten** hat, es sei denn, der Mieter hat die erhöhten Betriebskosten widerspruchslos gezahlt und damit die Erhöhung **konkludent** akzeptiert[37]. Von dieser Regelung des § 560 Abs. 4 BGB kann nach § 560 Abs. 6 BGB **nicht zum Nachteil** des Mieters abgewichen werden.

### 7.2.2.7 Weitere gegenseitige Pflichten
#### 7.2.2.7.1 Sorgfaltspflichten
Der Mieter muss die Mietsache **sorgfältig** behandeln. Bei **vertragswidrigem** Gebrauch besteht die Möglichkeit der **fristlosen Kündigung** seitens des Vermieters, § 543 Abs. 3 BGB. Die **Abnutzung** durch vertragsgemäßen Gebrauch ist unbeachtlich und kann keine fristlose Kündigung oder sonstige Zahlungsansprüche des Vermieters begründen, § 538 BGB[38].

Was einen **vertragsgemäßen Gebrauch** darstellt, ist der vertraglichen Vereinbarung und der vereinbarten Entgelte zu entnehmen. Hat der Vermieter dem Mieter beispielsweise ein Grundstück zur Abladung von Schlamm und Müll überlassen und wird hierfür auch ein Entgelt vereinbart, so haftet der Mieter, anders als bei einer „normalen" Gebrauchsüberlassung, nicht für die durch die Ablagerung eingetretenen **Bodenkontaminationen**[39].

---

[35]OLG Celle, Urt. v. 09.11.2018 – 2 U 81/18, Rn 20; BGH, Urt. v. 02.05.2012 – XII ZR 88/10, Rn 14; OLG Frankfurt, Beschl. v. 19.04.2018 – 2 U 142/17

[36]BGH, Urt. v. 28.04.2004 – XII ZR 21/02, NJW 2004, 2674

[37]BGH, Urt. v. 21.01.2004 – VIII ZR 101/03

[38]OLG Düsseldorf, Beschl. v. 08.02.2011 – 24 U 170/10

[39]OLG Hamm, Urt. v. 04.02.2016 – 12 U 101/15

### 7.2.2.7.2 Anzeigepflichten

Der Mieter muss bei **Mangelhaftigkeit** der Mietsache den Mangel dem Vermieter **unverzüglich** anzeigen, § 536 c BGB, ansonsten droht der **Verlust** des Rechts auf **Mietminderung** sowie eine **fristlose Kündigung** durch den Vermieter. Auch kann dem Vermieter unter Umständen ein **Schadensersatzanspruch** wegen verspäteter Mitteilung zustehen. Die **Beweislast** für die mangelnde Anzeige trägt allerdings der Vermieter[40].

### 7.2.2.7.3 Schönheitsreparaturen

Die Frage, ob und in welchem Umfang im gewerblichen Mietrecht auch die ausdifferenzierte **Rechtsprechung** des BGH zu Schönheitsreparaturen[41] und der entsprechen **AGB-Klauseln** im Wohnungsmietrecht anwendbar ist, ist umstritten[42].

Zur grundsätzlichen **Zulässigkeit** von Klausel über Schönheitsreparaturen führt der BGH insoweit wie folgt aus:

> **Rechtsprechung**: Nach der Rechtsprechung des Bundesgerichtshofs, auch des Senats, bestehen keine Bedenken, in einem Formularmietvertrag die Verpflichtung zur Durchführung von Schönheitsreparaturen auf den Mieter zu übertragen. Zwar obliegt nach der gesetzlichen Regelung des § 535 Abs. 1 Satz 2 BGB dem Vermieter die Verpflichtung, das Mietobjekt während der gesamten Vertragszeit in einem vertragsgemäßen Zustand zu erhalten. Allerdings weicht die mietvertragliche Praxis, insbesondere in Formularverträgen, seit langem von diesem gesetzlichen Leitbild ab. Wegen dieser langjährigen Übung, die bereits allgemeine Verkehrssitte geworden ist, hat es der Bundesgerichtshof gebilligt, dass in Formularverträgen Schönheitsreparaturen regelmäßig auf den Mieter verlagert werden, obwohl nach § 307 BGB Bestimmungen, die vom wesentlichen Grundgedanken der gesetzlichen Regelung abweichen, in der Regel als unangemessen und damit unwirksam anzusehen sind (vgl. BGHZ 92, 363 = NJW 1985, 480, 481; Senatsurteile vom 6. April 2005 – XII ZR 308/02 – NJW 2005, 2006, 2007 und BGHZ 178, 158 = NJW 2008, 3772 Rn. 12).

▶    Der Vermieter sollte gleichwohl den sichersten Weg einer **Individualvereinbarung** über die Verpflichtung zur Vornahme von Schönheitsreparaturen durch den **gewerblichen Mieter** beschreiten, um nicht das Risiko einer **Unwirksamkeit** einer AGB-Klausel einzugehen. Die Verpflichtung des Mieters in allgemeinen Geschäftsbedingungen zu Schönheitsreparaturen nach einem **starren Fristplan** hält der **BGH** beispielsweise seit langem für unwirksam[43].

---

[40]BGH, Urt. v. 05.12.2012 – VIII ZR 74/12

[41]vgl. z. B. BGH, Urt. v. 18.03. 2015, VIII ZR 185/14

[42]vgl. z. B. OLG Celle, Beschl. v. 13. 07 2016 – 2 U 45/16, Rn 70

[43]BGH, Urt. v. 23.06.2004 – VIII ZR 361/03; OLG München, Urt. v. 22.09.2006 – 19 U 2964/06

### 7.2.3   Mietsicherheiten

Bei Wohnungsmietverträgen als auch bei gewerblichen Mietverträgen ist es **üblich,** Mietsicherheiten zugunsten des Vermieters zu vereinbaren. Dem Vermieter steht neben einer solchen vertraglich vereinbarten Sicherheit in Form einer **Mietkaution** die gesetzlich vorgesehene Sicherheit in Form des **Vermieterpfandrechts** zu.

Anders als bei der Wohnungsmiete gibt es für gewerbliche Mietverhältnisse keine gesetzliche Regelung zur **Höhe** einer Sicherheit.

Eine Mietsicherheit dient nicht nur zur **Absicherung** vor säumigen **Mietzahlungen,** sondern auch zur Absicherung von **Kosten,** wie beispielsweise für Renovierungsarbeiten, die nach **Beendigung** des Mietverhältnisses durch den Mieter zu erbringen sind. Im Falle der **Säumnis** durch den Mieter kann der Vermieter auf die Sicherheit zugreifen und sich aus der Sicherheit **befriedigen.**

#### 7.2.3.1   Vermieterpfandrecht

Dem Vermieter steht gemäß § 562 BGB an den vom Mieter **eingebrachten Sachen,** die im Eigentum des Mieters stehen, ein **gesetzliches Pfandrecht** zu. Dieses Pfandrecht dient zur Absicherung seiner Mietforderungen. Der Vermieter kann zur Sicherung seines Pfandrechts die **Entfernung** von Sachen durch den Mieter verhindern und gegebenenfalls **Rückführung** verlangen. In eilbedürftigen Fällen kann er dies mittels Antrag auf **einstweilige Verfügung** bei Gericht erreichen.

Das Pfandrecht gilt nicht für nur **vorübergehend** in die Mieträume verschaffte Gegenstände. Eine Ausnahme gilt für den **PKW,** wenn er regelmäßig auf dem Grundstück geparkt wird[44].

In **§ 562a BGB** ist geregelt, unter welchen Voraussetzungen das Vermieterpfandrecht **erlischt.**

Das Pfandrecht an einem PKW **erlischt** nach der neuesten Rechtsprechung des BGH gemäß § 562a BGB dann, wenn ein **Fahrzeug** für die Durchführung einer Fahrt von dem Mietgrundstück, sei es auch nur **vorübergehend,** entfernt wird. Es entsteht aber **neu,** wenn das Fahrzeug später wieder auf dem Grundstück **abgestellt** wird[45].

Für den Fall der **Insolvenz** des Mieters gelten hinsichtlich des Vermieterpfandrechts einige **Besonderheiten.** Der Insolvenzverwalter darf gemäß § 160 Abs. 1 InsO solche dem Vermieterpfandrecht unterliegenden Gegenstände **verwerten.** Nach § 50 Abs. 1 InsO kann der Vermieter bei rückständigen Mieten aber **abgesonderte Befriedigung** an dem Erlös der von dem Vermieterpfandrecht unterliegenden Gegenständen vom Insolvenzverwalter verlangen. Von dem Erlös sind nach § 170 Abs. 1 InsO lediglich die sogenannten **Feststellung- und Verwertungskosten** nach § 171 InsO i. H. v. 4 % bzw. 5 % des Erlöses in Abzug zu bringen.

---

[44]OLG Frankfurt, Urt. v. 19.05.2006 – 24 U 11/06, ZMR 2006, 609; BGH Urt. v. Urt. v. 06.12.2017 – XII ZR 95/16 Rn 11

[45]BGH, a. a. O., Rn 20

### 7.2.3.2 Mietkaution

Der Vermieter kann zu **Beginn** des Mietverhältnisses eine Mietkaution als **Sicherheit** verlangen.

Bei **Wohnraum** darf diese Kaution nach § 551 BGB nicht mehr als das **3-fache** der monatlichen Miete betragen. Sie kann in **bar** oder durch **Bürgschaft** erbracht werden. Wird sie in bar erbracht, so muss sie vom **Vermögen** des Vermieters getrennt bleiben und gemäß § 551 Abs. 3 BGB **verzinslich** bei einer Bank als **Spareinlage** angelegt werden. Diese Regelung, die nur für Wohnungsmiete gilt, ist auf gewerbliche Mietverhältnisse meist **entsprechend** anzuwenden, selbst wenn keine diesbezügliche Regelung im Mietvertrag enthalten ist[46].

▶   Der gewerbliche Vermieter kann anstatt einer **Barkaution** vom Mieter formularmäßig eine **Bürgschaft auf erstes Anfordern** als Sicherheit verlangen[47].

Die **Kaution** ist in der Regel sechs Monate nach **Beendigung** des Mietverhältnisses **zurückzuzahlen**[48]. Die **Fälligkeit** des Rückforderungsanspruchs tritt aber erst ein, wenn dem Vermieter aus dem Mietverhältnis keine Ansprüche mehr zustehen. Der Vermieter kann grundsätzlich mit ihm zustehenden, auch bereits **verjährten** Forderungen gegenüber dem Anspruch auf Rückzahlung der Kaution **aufrechnen,** § 215 BGB.

Bei **Betriebskostennachforderungen** aus Jahresabrechnungen gilt dies allerdings nicht, weil es sich bei solchen Ansprüchen des Vermieters um **wiederkehrende** Leistungen im Sinne des § 216 Abs. 3 BGB handelt. Dem Vermieter ist es deshalb nach **§ 216 Abs. 3 BGB** verwehrt, sich wegen bereits **verjährter** Betriebskostennachforderungen aus der Mietsicherheit zu befriedigen[49].

▶   Wurde eine **Betriebskostenabrechnung** noch nicht vorgenommen, so kann eine **Fälligkeit** des Rückzahlungsanspruchs auch noch nicht eintreten[50], zumindest nicht für einen angemessenen Teil der Kaution[51]. Die **Sechsmonatsfrist** kann in bestimmten Einzelfällen unter-, aber auch überschritten werden, je nach **Zumutbarkeit** für Vermieter oder Mieter[52].

---

[46]BGH, Urt. v. 21.09.1994 – XII ZR 77/93, BGHZ 127, 138; OLG Nürnberg, Urt. v. 23.02.2006 – 13 U 2489/05, Rn 32 m. w. N.

[47]OLG Karlsruhe, Urt. v. 02.07.2004 – 1 U 12/04

[48]BGH, Urt. v. 18.01.2006 – VIII ZR 71/05

[49]BGH, Urt. v. 20.07.2016 – VIII 263/14

[50]AG Dortmund, Urt. v. 13.03.2018 – 425 C 5350/17

[51]vgl. auch BGH, Urt. v. 20.07.2016 – 263/14

[52]KG Berlin, Urt. v. 09.09.2013 – 8 U 254/12

Die Sechsmonatsfrist entspricht der **Verjährungsfrist** für Ansprüche des Vermieters gemäß § 548 BGB, innerhalb derer der Vermieter eventuelle Ansprüche gegenüber dem Mieter geltend machen muss. Der **Rückzahlungsanspruch** auf die Kaution **verjährt** seinerseits nach §§ 195, 199 Abs. 1 BGB innerhalb von drei Jahren zum **Jahresende** des Jahres, in dem der Rückzahlungsanspruch der Kaution fällig geworden ist[53].

## 7.2.4   Mängelhaftung, §§ 536 ff. BGB

Dem Mieter stehen **Mängelansprüche** zu, wenn die Mietsache mit **Fehlern** behaftet ist, die den **vertragsgemäßen Gebrauch** der Mietsache erheblich mindern oder aufheben, § 536 Abs. 1 BGB oder den Mieträume eine **zugesicherte Eigenschaft** fehlt, § 536 Abs. 2 1. Alt. BGB. Der Mangel kann in der Sache selbst liegen oder in äußeren Einwirkungen bestehen, beispielsweise durch Bau- oder Nutzungsbeschränkungen[54], Unbenutzbarkeit eines Gewerberaums, Lärm[55] oder Luftverschmutzung usw. Auf ein **Verschulden** des Vermieters kommt es nicht an. Dies gilt allerdings nicht, wenn der Mieter zum Beispiel mit Baulärm rechnen musste[56].

Der Mieter kann die **Beseitigung** des Mangels verlangen, § 535 Abs. 1 Satz 2 BGB oder die Miete **mindern,** wenn die **Tauglichkeit** zum vertragsgemäßen Gebrauch gemindert ist. Dies gilt auch, wenn eine **zugesicherte Eigenschaft** des Mietobjekts später wegfällt, § 536 Abs. 2 2. Alt. BGB.

Ist die **Flächenangabe** im Mietvertrag mit dem Zusatz *„ca."* versehen, stellt dies zwar keine zugesicherte Eigenschaft des Mietobjekts i. S. d. § 536 Abs. 2 BGB dar. Eine **Unterschreitung** der im Vertrag bezeichneten Fläche kann gleichwohl auch bei der Miete von Gewerberäumen einen zur **Minderung** berechtigenden **Mangel** begründen. Bei einer Abweichung von mehr als 10 % ist von einer erheblichen **Abweichung** auszugehen, die eine Mietminderung rechtfertigt[57].

Es genügt zur wirksamen Geltendmachung der Ansprüche seitens des Mieters, wenn dieser nur die **Mangelsyptome** beschreibt. Es ist weder erforderlich, dass die **Mangelursache**, der Grund der Gebrauchsbeeinträchtigung oder die Höhe eines Minderungsbetrages benannt wird [58].

---

[53]LG Oldenburg, Beschl. v. 11.02.2013 – 4 T 93/13

[54]KG Berlin, Urt. v. 23.05.2016 – 8 U 10/15

[55]BGH, Urt. v. 29.02.2012 – VIII ZR 155/11

[56]KG Berlin, Urt. v. 03.06.2002 – 8 U 74/01

[57]BGH, Urt. v. 24.03.2004, VIII ZR 295/03, Rn 66; OLG Düsseldorf, Beschl. v. 17.11.2011, I-24 U 56/11; OLG Brandenburg, Urt. v. 06.01.2015 – 6 U 134/13

[58]BGH, Beschl. v. 27.07.2016 – XII ZR 59/14

Der Vermieter kann von der **Instandsetzungspflicht** unter bestimmten Umständen **befreit** sein, wenn eine sogenannte „**Opfergrenze**" überschritten wird, die Instandsetzung der Mieträumlichkeiten dem Vermieter also unter rein wirtschaftlichen Gesichtspunkten schlechterdings nicht **zugemutet** werden kann[59].

Eine Mängelhaftung des Vermieters **scheidet** grundsätzlich dann **aus,** wenn dem Mieter der Mangel der Mieträume **bei Vertragsschluss positiv bekannt** war, § 536b BGB[60]. Ist ihm der Mangel durch **grober Fahrlässigkeit** unbekannt geblieben, so stehen ihm Mängelrechte nur zu, wenn der Vermieter den Mangel **arglistig** verschwiegen hat.

**Verhindert** der Mieter allerdings die Mangelbeseitigung unberechtigterweise, indem er Erhaltungsmaßnahmen **pflichtwidrig** nicht duldet oder ihre Duldung von ungerechtfertigten Forderungen abhängig macht, kann er sich nach den Grundsätzen von **Treu und Glauben** gemäß § 240 BGB nicht mehr auf die **Minderung** berufen. Dies gilt von dem **Zeitpunkt** an, ab dem die Mangelbeseitigung ohne sein verhinderndes Verhalten nach dem gewöhnlichen Lauf der Dinge voraussichtlich abgeschlossen gewesen wäre und der Vermieter wieder die ungeminderte Miete hätte verlangen dürfen[61].

Dem Mieter steht kein Recht zur **Mietminderung** wegen **Wegfalls der Geschäftsgrundlage** nach §§ 313 BGB zu, wenn er als Mieter eines Ladenlokals sein Geschäft nicht wirtschaftlich betreiben kann. Erfüllen sich die **Gewinnerwartungen** des Mieters nicht, verwirklicht sich nämlich nur das typische Risiko des gewerblichen Mieters, was keinen Einfluss auf die Miete hat. Dieses Risiko würde anderenfalls auf den Vermieter verlagert[62].

Das Recht des Mieters, wegen Mängeln die Miete zu mindern oder mit Gegenforderungen aufzurechnen bzw. zum Zurückbehalt berechtigt zu sein, kann durch **allgemeine Geschäftsbedingungen** auf **rechtskräftig festgestellte oder unbestrittene Mängel** beschränkt werden. Eine solche Klausel ist in gewerblichen Mietverträgen durchaus **üblich** und ist daher für einen gewerblichen Mieter auch nicht überraschend[63].

Eine Mietminderung kommt auch dann nicht in Betracht, wenn ein Gewerberaummieter ohne Vorbehalt eine **Verlängerungsoption** wahrnimmt und ihm Mängel des Mietobjektes vor der Ausübung der Option **bekannt** oder aufgrund grober Fahrlässigkeit unbekannt waren. Der Mieter muss sich also so behandeln lassen, als wäre ein neues Mietverhältnis abgeschlossen worden[64].

---

[59]OLG Karlsruhe, Urt. v. 05.07.2017 – 7 U 110/16, Rn 32; BGH, Urt. v. 21.04.2010 – VIII ZR 131/09; BGH, Urt. v. 20.07.2005 – VIII ZR 342/03

[60]OLG Dresden, Urt. v. 14.10.2015 – 5 U 1724/14, Rn 44 ff.

[61]BGH, Urt. v. 13.05.2015 – XII ZR 65/14

[62]LG Düsseldorf, Urt. v. 19.07.2017 – 23 O 372/16; BGH, Urt. v. 21.09.2005 – XII ZR 66/03

[63]OLG Dresden, Urt. v. 25.07.2013 – 10 U 114/12; OLG Düsseldorf, Urt. v. 29.04.2014 – I-10 U 159/13

[64]OLG Koblenz, Beschl. v. 21.07.2014 – 2 U 901/13

### 7.2.5 Schadensersatz

Der Mieter kann unter bestimmten **Voraussetzungen** auch Schadensersatz bei **Verschulden** und **Verzug** des Vermieters verlangen. Der Anspruch auf Schadensersatz wegen Nichterfüllung nach § 536 a BGB umfasst sowohl **Mangelschäden** als auch sogenannte **Mangelfolgeschäden,** wie beispielsweise Makler- und Umzugskosten im Falle einer Kündigung und gegebenenfalls auch Ersatzvornahmekosten des Mieters, wenn er den unter **Fristsetzung** gerügten Mangel selber auf eigene Kosten beheben lässt[65].

Mängelhaftung und Schadensersatz kann **vertraglich ausgeschlossen** werden, § 536 d BGB, allerdings nicht bei **arglistigem** Verschweigen des Vermieters.

### 7.2.6 Beendigung des Mietverhältnisses

Das Mietverhältnis endet mit

- Ablauf der **Vertragslaufzeit,**
- mittels **Aufhebungsvertrag** oder
- durch **Kündigung**, §§ 542, 549 Abs. 2, Abs. 3, 568 BGB.

Die **Kündigung** eines Mietverhältnisses über **Wohnraum** bedarf der **Schriftform.** Es ist üblich und sinnvoll, auch bei gewerblichen Mietverträgen für eine Kündigung die **Schriftform** vertraglich zu vereinbaren. Eine unter **Verstoß** gegen die Schriftform ausgesprochene Kündigung wäre dann ebenfalls **unwirksam.**

▶ Auf einen **fristgerechten Zugang** der Kündigung sollte besonderes Augenmerk gelegt werden, da sich bei nicht fristgerechtem Zugang die **Kündigungsfrist** erheblich verlängern kann. Der Kündigende sollte sich daher den Zugang der Kündigung entweder **quittieren** lassen oder so vornehmen, dass sich ihr Zugang und der entsprechende Zeitpunkt auch im Falle eines Rechtsstreits **beweisen** lassen. Der Nachweis des fristgerechten Zugangs eines **Einwurf-Einschreibens** durch Vorlage der entsprechenden **Postbescheinigung** ist hierfür in der Regel ausreichend[66].

Der **Nachweis** des Zugangs des Benachrichtigungsscheins eines **Einschreibens mit Rückschein**, das zur Abholung hinterlegt wird, beweist hingegen nicht den Zugang des Einschreibens selbst. Der Empfänger der Benachrichtigung ist nämlich nicht verpflichtet, das Einschreiben auch

---

[65]BGH, Urt. v. 03.07.2013 – VIII ZR 191/12
[66]OLG Saarbrücken, Urt. v. 20.03.2007 – 4 U 83/06

abzuholen[67]. Insoweit fehlt es an einem Zugangsnachweis. Das Einschreiben mit Rückschein ist somit als **Zugangsnachweis ungeeignet.**

In besonders problematischen Fällen kann sich auch die Zustellung durch einen **Gerichtsvollzieher** empfehlen, der den Zeitpunkt der Zustellung des Kündigungsschreibens gerichtsfest **bescheinigt.**

### 7.2.6.1 Kündigungsfristen

Bei einem auf **unbestimmte Zeit** geschlossenen **gewerblichen Mietvertrag** gelten für eine ordentliche Kündigung die vertraglich vereinbarten Kündigungsfristen. Ansonsten sind die Kündigungsfristen für Grundstücke und über Räume, die keine Geschäftsräume sind, in § 580a Abs. 1 BGB geregelt, für Mietverhältnisse über Geschäftsräume in § 580a Abs. 2 BGB.

Beim Mietvertrag über **Wohnraum** sind die Fristen für eine ordentliche Kündigung in § 573c BGB geregelt. Die Kündigung ist gemäß § 573c Abs. 1 S. 1 BGB spätestens am **dritten Werktag** eines Kalendermonats zum Ablauf des **übernächsten Monats** zulässig. Für beide Vertragsparteien beträgt die Kündigungsfrist also drei Monate. Für den **Vermieter verlängert** sich die Kündigungsfrist nach fünf und nach acht Jahren nach der Überlassung der Wohnung jeweils um drei Monate.

Von den gesetzlichen Kündigungsfristen kann gemäß § 573c Abs. 4 BGB nicht zum Nachteil des Mieters **abgewichen** werden. Sie sind also zwingendes Recht.

### 7.2.6.2 Kündigungsgründe bei Wohnraum

**Wohnraum** kann vom Vermieter nur gekündigt werden, wenn ein **berechtigtes Interesse** an der Beendigung des Mietverhältnisses vorliegt, § 573 BGB, nämlich bei

- erheblicher **Pflichtverletzung** des Mieters,
- **Eigenbedarf** des Vermieters, (Achtung! Bei **vorgetäuschtem** Eigenbedarf besteht die Gefahr von Schadensersatz[68]),
- der Hinderung einer anderen wirtschaftlichen **Verwertung.**

Diese **Kündigungsgründe** müssen in der Kündigung angegeben werden.

Der Umstand, dass der Mietvertrag nur Regelungen über eine außerordentliche Kündigungsmöglichkeit enthält, bedeutet nicht, dass eine ordentliche Kündigungsmöglichkeit nach § 580a Abs. 2 BGB ausgeschlossen sein soll. Es gelten vielmehr die allgemeinen gesetzlichen Vorschriften[69].

---

[67]KG Berlin, Beschl. v. 10.06.2010 – 8 U 11/10

[68]BGH, Beschl. v. 11.10.2016 – VIII ZR 300/15; BGH, Urt. v. 15.03.2017 – VIII ZR 270/15; BGH, Urt. v. 23.09.2015 – VIII ZR 297/14

[69]LG Berlin, Urt. v. 24.09.2014 – 32 O 59/14

Ist das Mietverhältnis auf eine **bestimmte Zeit** geschlossen, so ist eine **vorzeitige Kündigung** vor Ablauf der vertraglich vereinbarten Mietlaufzeit **ausgeschlossen**[70], es sei denn, es liegt ein Grund für eine fristlose Kündigung vor.

### 7.2.6.3 Fristlose Kündigung

#### 7.2.6.3.1 Wichtiger Grund

Ein Mietverhältnis kann selbstverständlich auch fristlos aus **wichtigem Grund** sowohl vom Mieter als auch vom Vermieter nach § 543 BGB gekündigt werden. Ein solcher wichtiger Grund liegt gemäß § 543 Abs. 2 BGB beispielsweise vor,

- wenn dem Mieter der **vertragsgemäße Gebrauch** der Mieträumlichkeiten entzogen oder nicht rechtzeitig gewährt wird,
- der Mieter die Mieträumlichkeiten **vernachlässigt** oder **ungenehmigt** Dritten überlässt oder
- der Mieter mit der Miete länger als **zwei Monate** oder in Höhe von zwei Monatsmieten im **Rückstand** ist oder
- der Rückstand **nicht unerheblich** ist, § 543 Abs. 2 Ziff. 3 a) b) BGB.

Ein **Mietrückstand** von über einer Monatsmiete ist bei gewerblichen Mietverhältnissen **erheblich** im Sinn des § 543 Abs. 2 Satz 1 Nr. 3 lit. a Alt. 2 BGB. Beträgt der Rückstand **eine Monatsmiete** oder **weniger,** kann auch Erheblichkeit im Sinn des § 543 Abs. 2 Satz 1 Nr. 3 lit. a Alt. 2 BGB vorliegen, wenn besondere **Einzelfallumstände** hinzutreten. Als solche kommen bei der Gewerberaummiete neben der Kreditwürdigkeit des Mieters insbesondere die finanzielle Situation des Vermieters und die Auswirkungen des konkreten Zahlungsrückstands auf dessen Situation in Betracht[71].

Ein wichtiger Grund zur Kündigung durch den Vermieter kann zum Beispiel auch darin liegen, dass der Mieter die Räumlichkeiten nicht zu dem **vertraglich vereinbarten Zweck** nutzt. Hierbei kommt es auf die vertragliche Vereinbarung des **Nutzungszwecks** an, die unter Umständen auszulegen ist. Sind gewerbliche Räume zum Betrieb einer *„Gaststätte mit Alkoholausschank"* vermietet, so ist dort zum Beispiel auch der Betrieb einer Shisha-Bar zulässig, weil dies keine **unerlaubte Abweichung** vom vertraglich vereinbarten Nutzungszweck darstellt[72].

Besteht für die Mieträume beispielsweise eine nicht fernliegende **Einsturzgefahr** durch Wind- oder Schneelasten, so kann dies eine fristlose Kündigung des Mieters rechtfertigen[73].

#### 7.2.6.3.2 Zahlungsverzug

**Häufigster Grund** für eine fristlose Kündigung dürfte der **Zahlungsverzug** des Mieters, also der Rückstand i. S. v. § 543 Abs. 2 Ziff. 3 BGB sein. Der Rückstand betrifft nicht nur die Miete an sich, sondern auch die Betriebs- und Nebenkostenvorauszahlungen, also

---

[70]BGH, Beschl. v. 20.06.2007 – VIII ZR 257/06, NJW 2007, 2760

[71]BGH, Urt. v. 13.05.2015 – XII ZR 65/14 Rn 54

[72]OLG Köln, Urt. v. 19.05.2017 – 1 U 25/16

[73]OLG Düsseldorf, Beschl. v. 16.02.2016 – I-10 U 202/15

die **regelmäßig wiederkehrenden Leistungen** ingesamt[74]. Das gleiche gilt auch für die **Pacht**[75]. Ist der Anspruch auf die Miete bereits **verjährt**, so kann kein Rückstand eintreten, der zur fristlosen Kündigung berechtigt.

Es kann für eine fristlose Kündigung auch genügen, wenn der Mieter nur mit **einer Miete im Rückstand** ist, gleichzeitig aber erklärt, in Zukunft nicht mehr zu zahlen[76]. In einem solchen Fall braucht der Vermieter den weiteren Zahlungsrückstand **nicht abzuwarten,** da es sich hierbei nur um eine bloße **Förmelei** handeln würde.

Durch **Zahlung** oder **Aufrechnung** vor Zugang der Kündigung kann der Mieter zwar die **Unwirksamkeit** der Kündigung wegen Zahlungsverzug nach § 543 Abs. 2 S. 2 BGB herbeiführen. Allerdings vermag eine permanente und über einen längeren Zeitraum andauernde **Säumnis** des Mieters gleichwohl eine fristlose Kündigung rechtfertigen, weil hierin eine erhebliche **Pflichtverletzung** gesehen werden kann[77].

Bei **Wohnraummiete** kann der Mieter nach § 569 Abs. 3 BGB die Unwirksamkeit der Kündigung sogar noch durch Zahlung bis spätestens **zwei Monate** nach Rechtshängigkeit des **Räumungsrechtsstreits** herbeiführen, also ab dem Zeitpunkt gerechnet, zu welchem dem Mieter die Klage des Vermieters vom Gericht zugestellt wurde. Dieses Recht steht dem Mieter **nicht mehr** zu, wenn ihm in den **letzten zwei Jahren** vorher eine solche **Kündigung** bereits ausgesprochen worden war.

Zahlt der Mieter die Miete wegen **Mietmängeln** nur unter **Vorbehalt** der Rückforderung, so liegt gleichwohl, auch wenn die Vorbehaltszahlungen über einen längeren Zeitraum erfolgen, in der Zahlung eine **Erfüllung** der Mietzahlungsverpflichtung gemäß § 362 Abs. 1 BGB. Mit der Vorbehaltszahlung wird lediglich die Wirkung des **§ 814 BGB** ausgeschlossen. Der Mieter kann also später **Rückzahlungsansprüche** wegen zu viel gezahlter Miete aufgrund einer eventuellen Mietminderung gegenüber dem Vermieter weiter geltend machen, obwohl er wusste, was einen Rückzahlungsanspruch eigentlich ausschließt, dass er zur Zahlung der vollen Miete nicht verpflichtet war[78].

### 7.2.6.4  Außerordentliche Kündigung nach 30 Jahren

Den Mietvertragsparteien steht zudem ein **außerordentliches Kündigungsrecht** gemäß § 544 Abs. 1 BGB zu, wenn der Mietvertrag für länger als **dreißig Jahre** geschlossen wurde. Sowohl Vermieter als auch Mieter können nach Ablauf von dreißig Jahren nach der Überlassung der Mietsache den Vertrag außerordentlich mit der **gesetzlichen Frist** kündigen. Eine solche Kündigung ist allerdings, selbst bei Überschreitung der Laufzeit von dreißig Jahren, gemäß § 544 Abs. 2 BGB **ausgeschlossen,** wenn der Mietvertrag für die **Lebenszeit** einer der beiden Mietvertragsparteien geschlossen wurde.

---

[74]BGH, Urt. v. 23.07.2008 – XII ZR 134/06

[75]BGH, Urt. v. 13.11.2013 – XII ZR 142/12, Rn 22

[76]OLG Düsseldorf, Urt. v. 23.05 1991 – 10 U 119/90

[77]LG Berlin, Hinw.beschl. v. 05.06.2013 – 18 S 104/13

[78]für alle AG München, Urt. v. 30.03.2015 – 425 C 731/15, Rn 31 f.

### 7.2.6.5 Rückgabe der Räumlichkeiten

Der Mieter ist verpflichtet, **nach Beendigung** des Mietverhältnisses die Mietsache in **vertragsgemäßem** Zustand zurückzugeben, § 546 BGB. Der Anspruch des Vermieters auf Rückgabe der Mietsache nach Beendigung des Mietverhältnisses richtet sich auch gegen den **Untermieter,** dem der Mieter seinerseits die Mietsache zum Gebrauch überlassen hat.

Kommt der Mieter oder der Untermieter seiner **Rückgabeverpflichtung** nicht nach, also der **Besitzverschaffung** an den Vermieter, so kann der Vermieter gemäß § 546a Abs. 1 BGB zum einen **Entschädigung** in Höhe der ursprünglichen Miete für die Dauer der Vorenthaltung verlangen oder sogar die **ortsübliche Miete,** die auch über der ursprünglichen Miete liegen kann[79]. Zum anderen kann er gemäß § 546a Abs. 2 BGB gegebenenfalls noch weiteren Schadensersatz verlangen.

Eine **Räumung** liegt erst dann vor, wenn der Mieter auch sämtliche **Schlüssel** zurückgegeben hat. Alleine die **vollständige Beräumung** von Einrichtungsgegenständen genügt nicht[80].

Die Mietfläche ist grundsätzlich an den **Vermieter in Person** zurückzugeben. Dieser kann aber auch einen **Dritten** mit der Entgegennahme **bevollmächtigen,** beispielsweise den **Nachmieter.** Allein die Schlüsselübergabe an einen mit der Nachmietersuche beauftragten **Makler** genügt nicht, wenn dieser nicht auch zur Inbesitznahme der Mietflächen bevollmächtigt ist[81].

Der Anspruch aus § 546a BGB ist **verschuldensunabhängig.** Dem Mieter steht gegenüber einem Zahlungsanspruch des Vermieters unter Umständen die Einrede des **Zurückbehaltungsrechts** zu, nicht hingegen gegen den Rückgabeanspruch selbst, § 570 BGB[82].

## 7.2.7  Fortbestand des Mietverhältnisses

Unter bestimmten **Voraussetzungen** besteht ein Mietverhältnis fort, obwohl es nach allgemeinen zivilrechtlichen Grundsätzen eigentlich beendet wäre. Dies ist in **drei** gesetzlich vorgesehenen Situationen der Fall.

### 7.2.7.1 Wechsel des Vermieters

Beim Vermieterwechsel, zum Beispiel aufgrund des Verkaufs des Mietobjektes, gilt der Grundsatz **„Kauf bricht nicht Miete",** §§ 566, 578 BGB. Danach besteht der Mietvertrag über Wohn- oder Gewerberaum einschließlich aller **Konditionen** mit dem neuen Eigentümer fort, ohne dass mit diesem ein neuer Mietvertrag abgeschlossen werden

---

[79]LG Berlin, Urt. v. 02.07.2013 – 63 S 467/12

[80]OLG Koblenz, Urt. v. 25.04.2018 – 5 U 1161/17

[81]OLG Hamm, Urt. v. 26.06.2002 – 30 U 29/02, Rn 37

[82]OLG Düsseldorf, Urt. v. 23.11.2007 – 24 U 92/07

müsste. Der neue Eigentümer tritt mit allen **Rechten und Pflichten** in das bestehende
Mietverhältnis mit dem Mieter ein. Das Mietverhältnis wird also nicht beendet.

Der Erwerber eines gewerblich vermieteten Grundstücks tritt aber nicht kraft Gesetz zum Beispiel
in ein zwischen dem Veräußerer und dem Mieter vereinbartes **Ankaufsrecht** ein. Der Grundsatz
„Kauf bricht nicht Miete" bezieht sich nur auf mietvertragliche Vereinbarungen zwischen Vermieter
und Mieter. Bei einem Ankaufsrecht handelt es sich demgegenüber um eine **kaufvertragliche** Vereinbarung[83], sodass das Ankaufsrecht des Mieters nicht gegenüber dem neuen Vermieter gilt.

Weitere nach der Veräußerung vom Erwerber zu beachtende Rechte des Mieters sind in
§§ 566a – 566e BGB geregelt, zum Beispiel die **Haftung** für eine vom Mieter dem Vermieter gestellte **Sicherheit,** § 566a BGB. Der ehemalige Vermieter haftet dem Mieter
wie ein **Bürge,** wenn der Erwerber seine übernommenen Verpflichtungen nicht erfüllt,
§ 566 Abs. 2 BGB.
    Die §§ 566 – 566e BGB sind bei der Bestellung eines **Erbbaurechts,** eines **Nieß-
brauchs** oder eines **Wohnrechts** entsprechend anwendbar, §§ 567, 578 Abs. 2 BGB.
    Vorstehendes gilt auch, wenn noch kein Mietverhältnis bestand, sondern nur eine
**Mietoption.** Der Erwerber der Mietimmobilie tritt auch in diese Mietoptionsverein-
barung mit einem potenziellen Mieter ein[84].

Sind Verkäufer und Vermieter **nicht personenidentisch,** so erfolgt eine Übernahme des Mietvertrages durch den Käufer des Mietobjekts ausnahmsweise dann, wenn der Vermieter den
Mietvertrag mit **Zustimmung** des Eigentümers zu dessen alleinigem **wirtschaftlichen Vorteil**
abgeschlossen hatte und selbst kein Interesse an dem Fortbestand des Mietverhältnisses hat. Zwar
setzt § 566 BGB grundsätzlich voraus, dass Verkäufer und Vermieter personenidentisch sein müssen. Auf die vorstehende Fallkonstellation wendet der BGH **§ 566 BGB** zum Schutz des Mieters
aber **analog** an[85].

### 7.2.7.2  Tod des Mieters

Durch den Tod des Mieters fällt zwar eine der Mietvertragsparteien weg, was eigentlich zur Beendigung des Mietverhältnisses führen würde. **Ehegatte** und **Lebenspartner**
haben bei Tod des Mieters aber nach § 563 BGB ein **Eintrittsrecht** in den Wohnungs-
mietvertrag[86], auch wenn sie nicht Mieter des ursprünglichen Mietvertrags sind. Das
Mietverhältnis wird also mit den eintretenden Partnern des verstorbenen Mieters fort-
gesetzt. Eine **Verpflichtung** zur **Fortsetzung** des Mietverhältnisses besteht für die
Partner des verstorbenen Mieters selbstverständlich **nicht.** Machen diese von ihrem
Eintrittsrecht keinen Gebrauch, so ist das Mietverhältnis mit den Eintrittsberechtigten

---

[83]BGH, Urt. 12.10.2016 – XII ZR 9/15

[84]OLG Saarbrücken, Urt. v. 27.01.2016 – 2 U 71/14

[85]BGH, Urt. v. 12.07.2017 – XII ZR 26/16; Abgrenzung zu BGH, Urt. v. 22.10.2003 – XII ZR
119/02

[86]BGH, Urt. v. 13.01.1993 – VIII ZR 6/92

endgültig beendet. Es setzt sich in diesem Fall aber gemäß § 564 BGB mit dem oder den **Erben** fort. Dann ist sowohl der Vermieter als auch der Erbe nach § 564 BGB berechtigt, das Mietverhältnis innerhalb eines Monats **außerordentlich** mit der gesetzlichen **Kündigungsfrist** zu kündigen, nachdem Sie vom Tode des Mieters und davon, dass ein Eintritt nicht erfolgt, **Kenntnis** erlangt haben.

**Verstirbt** einer von mehreren **Mitmietern,** so setzt sich das Mietverhältnis gemäß § 563a BGB mit dem **überlebenden** Mitmieter fort. Für diesen besteht auch die Möglichkeit, das Mietverhältnis innerhalb eines Monats **außerordentlich** zu kündigen. Ein Kündigungsrecht für den Vermieter besteht hingegen nicht. Das außerordentliche Kündigungsrecht wird dann relevant, wenn das Mietverhältnis auf **bestimmte Zeit** geschlossen wurde. Ansonsten gelten die **Fristen** von § 573c BGB.

### 7.2.7.3  Weitergebrauch trotz Kündigung
Zieht der Mieter zum Beendigungszeitpunkt nicht aus dem Mietobjekt aus oder nutzt er die Gewerbeimmobilie weiter, so **verlängert** sich das Mietverhältnis auf unbestimmte Zeit, wenn nicht der Vermieter innerhalb von 2 Wochen der Fortsetzung **widerspricht,** § 545 BGB.

Der die **stillschweigende** Verlängerung eines Mietverhältnisses nach Ablauf der Mietzeit hindernde **Widerspruch** kann konkludent schon vor Beendigung des Mietverhältnisses und auch mit der Kündigung selbst erklärt werden. Eine **konkludente,** also nicht ausdrückliche **Widerspruchserklärung** muss den Willen, die Fortsetzung des Vertrags abzulehnen, eindeutig zum Ausdruck bringen. In einem **Räumungsverlangen** kann eine solche konkludente Widerspruchserklärung gesehen werden[87].

▶     Will der Vermieter nicht riskieren, dass das Mietverhältnis auf diese Art
      und Weise eine Fortsetzung gegen seinen Willen erfährt, schließlich ist der
      2-Wochenzeitraum sehr knapp bemessen, so sollte der **Widerspruch** gegen
      die Weiternutzung bereits in der **Kündigung** ausdrücklich **erklärt** werden. Damit ist auch ein nachweislicher **Zugang** der Widerspruchserklärung
      gewährleistet. Diesen Widerspruch mit der Kündigungserklärung zu verbinden ist zulässig[88].

      Es ist auch zulässig, die Verlängerung des Mietvertrages im Wege der
      Weiterbenutzung durch **allgemeine Geschäftsbedingung** im Mietvertrag
      **von vorneherein** auszuschließen. Eine solche Klausel benachteiligt den Mieter weder unangemessen, noch ist sie überraschend[89].

---

[87]BGH, Urt. v. 24.01.2018 – XII ZR 120/16

[88]BGH, Beschl. v. 21.04.2010 – VIII ZR 184/09

[89]KG Berlin, Hinw.Beschl. v. 20.01.2014 – 8 U 168/13; OLG Dresden, Urt. v. 13.10.2016 – 5 U 993/16, Rn 25

## 7.3     Die Pacht, §§ 581 ff. BGB

Auf Pachtverhältnisse sind gemäß § 581 Abs. 2 BGB die Vorschriften über den **Mietvertrag** anzuwenden, so nicht in §§ 582–548b BGB etwas **Abweichendes** geregelt ist[90].

### 7.3.1     Der Pachtvertrag

Durch den Pachtvertrag wird der **Verpächter** nach § 581 Abs. 1 BGB verpflichtet, dem **Pächter** nicht nur den **Gebrauch** des Pachtgegenstandes zu gewähren, sondern auch den Genuss der „**Früchte**", so sie nach den Regeln einer **ordnungsgemäßen Wirtschaft** als Ertrag anzusehen sind.

Das **Schriftformerfordernis** des § 550 BGB gilt gemäß § 581 Abs. 2 BGB auch für den Pachtvertrag[91].

Grundsätzlich ist der Pächter nach § 582 BGB verpflichtet, so ihm **Inventar** mit verpachtet wurde, auch dieses zu erhalten. Eine weitergehende Überwälzung von **Pflichten** durch **AGB** auf den Pächter ist in der Regel zulässig[92].

### 7.3.2     Beendigung des Pachtvertrages

Ist bei einem Pachtverhältnis über ein Grundstück eine **Pachtzeit** nicht vereinbart, so ist gemäß § 584 BGB eine Kündigung nur zum Schluss eines **Pachtjahrs** zulässig. Die **Kündigung** hat in diesem Fall spätestens am dritten Werktag des halben Jahres zu erfolgen, mit dessen Ablauf die Pacht endet. Dies gilt auch für den Fall, dass das Pachtverhältnis außerordentlich mit der gesetzlichen **Kündigungsfrist** gekündigt werden kann.

Ein unter auflösender **Bedingung** geschlossener Pachtvertrag ist als unbefristeter Vertrag ordentlich kündbar, wenn die Pachtvertragsparteien die Möglichkeit einer ordentlichen Kündigung nicht ausgeschlossen habe. Gegenteiliges muss derjenige beweisen, der sich auf die Unwirksamkeit der Kündigung beruft[93].

Für die **verspätete Rückgabe** der Pachtsache enthält § 584b BGB eine spezielle Regelung für den **Entschädigungsanspruch** des Verpächters[94].

Das **Landpachtrecht** regelt in §§ 585 – 597 BGB die Verpachtung von **landwirtschaftlichen** Flächen.

---

[90]zum notwendigen Schriftformerfordernis beim Pachtvertrag gem. §§ 581 Abs. 2 i. V. m. § 550 BGB siehe OLG Hamm, Urt. v. 24.05.2013 – 30 U 4/11

[91]OLG Hamm, Urt. v. 24.05.2013 – 30 4 U/11

[92]OLG Celle, Urt. v. 22.03.2012 – 2 U 127/11

[93]BGH, Urt. v. 01.04.2009 – XII ZR 95/07, NJW-RR 2009, 927

[94]OLG Brandenburg, Urt. v. 09.09.2009 – 3 U 84/05

## Weiterführende Literatur

Bieber/Eupen, Mietrecht in Einkaufszentren und anderen Spezialimmobilien, 1. Aufl. 2010, C.H. Beck Verlag

Blank/Börstinghaus, Kommentar zum Mietrecht, 5. Aufl. 2017, C.H. Beck Verlag

Bub/Treier, Handbuch der Geschäfts- und Wohnungsmiete, 4. Aufl. 2014, C.H. Beck Verlag, 5. Aufl. in Vorbereitung

Burbulla, Aktuelles Gewerberaummietrecht, 3. Aufl. 2017, ESV Verlag

Fritz, Gewerberaummietrecht, 4. Aufl. 2014, C.H. Beck Verlag, 5. Aufl. in Vorbereitung

Gerber/Eckert/Günter, Gewerbliches Miet- und Pachtrecht, 8. Aufl. 2012, RWS Verlag

Harz/Riecke/Schmid, Handbuch des Fachanwalts Miet- und Wohnungseigentumsrecht, 6. Aufl. 2018, Luchterhand Verlag

Kern, Kommentar zum Pachtrecht, 1. Aufl. 2012, ESV Verlag

Lüdtke-Handjery, Kommentar zum Landpachtrecht, 5. Aufl. vorauss. 2019, C.H. Beck Verlag

Lützenkirchen, Anwaltshandbuch Mietrecht, 6. Aufl. 2018, Dr. Otto Schmidt Verlag

Lützenkirchen, Kommentar zum Mietrecht, 2. Aufl. 2015, Dr. Otto Schmidt Verlag

Münchener Anwaltshandbuch Mietrecht, 4. Aufl. 2014, C.H. Beck Verlag

Schmidt- Futterer, Kommentar zum Mietrecht, 13. Aufl. 2017, C.H. Beck Verlag, 14. Auflage in Vorbereitung

Schmid/Harz, Fachanwaltskommentar Mietrecht, 5. Aufl. 2017, Luchterhand Verlag

Sielbauer/Schneider, Berliner Kommentar Mietrecht, 2. Aufl. 2018, ESV Verlag

# Maklerrecht

8

## 8.1 Einführung

Das Maklerrecht gehört – wie das Mietrecht – nicht zum unmittelbaren Kernbereich des Immobilienrechts. Da bei der Übertragung oder der Gebrauchsüberlassung von Immobilien sehr häufig Makler eingeschaltet werden, sollten auch die Grundzüge des Maklerrechts vor allem Käufer und Verkäufer einer Immobilie bekannt sein.

In welchem Umfang das Maklerrecht in dieser oder der **kommenden Legislaturperiode** geändert wird, bleibt abzuwarten. Es wird zum Beispiel vonseiten dem eher linken politischen Spektrum zuzuordnenden Parteien gefordert, das bereits bei der Wohnraumvermittlung geltende „**Bestellerprinzip**" – ein völlig unzutreffender Ausdruck – auch auf **Immobilienkaufverträge** auszudehnen.

Im Wirtschaftsleben besteht die **Aufgabe** des Maklers darin, zwei potenzielle **Vertragsparteien** zusammenzuführen, die ohne einen Makler oder auch mehrere Makler nicht zueinander gefunden hätten.

Ein Makler kennt die **Interessen** seines **Kunden** und ist daher in der Regel geeignet, so er über die notwendig **Qualifikation** und **Fachkenntnis** verfügt, geeignete Vertragspartner zu finden. Ob es letztlich zum Vertragsschluss kommt, liegt in der Regel aber nicht im direkten Einflussbereich des Maklers. Er kann jedenfalls einen Vertragsschluss nicht unmittelbar selbst herbeiführen. Dies ist den Vertragsparteien vorbehalten.

Wird aufgrund der Tätigkeit des beauftragten Maklers tatsächlich ein Vertrag geschlossen, so hat der Makler in der Regel seine **Provision** mit Abschluss des **Hauptvertrages** verdient, aber auch erst dann.

Makler werden in den verschiedensten Wirtschaftsbereichen vermittelnd tätig, sei es als Börsenmakler, Kredit- oder Finanzmakler, Ehemakler oder **Immobilienmakler**. Die Gruppe der Immobilienmakler dürfte dabei wohl die größte Gruppe der Makler stellen.

© Springer Fachmedien Wiesbaden GmbH, ein Teil von Springer Nature 2019
J. Handschumacher, *Immobilienrecht praxisnah*,
https://doi.org/10.1007/978-3-658-26909-8_8

Die wesentlichen Regelungen des Maklerrechts sind die der **§§ 652 ff. BGB.** Das Maklerrecht ist im BGB allerdings nur sehr **unvollkommen** geregelt. Dies hat historische Gründe und wurde auch mit der Reform des BGB im Jahre 2000 nicht grundlegend geändert.

Für einen Teil der gewerblichen Makler gelten neben dem BGB die Vorschriften über den **Handelsmakler** nach **§§ 3 ff. HGB.** Der **Immobilienmakler** ist kein Handelsmakler im Sinne des HGB, sodass für die hier interessierende Gruppe der Immobilienmakler § 93 Abs. 2 HGB nicht einschlägig ist.

Die Maklertätigkeit ist unter anderem dann gemäß § 34c GewO **erlaubnispflichtig,** wenn der Makler als Immobilienmakler **gewerbsmäßig** Grundstücke und Räume vermittelt. Die Erlaubnispflicht nach § 34c GewO ist insoweit zum 1. August 2018 verschärft worden, als der **Immobilienmakler** seither einer **Fortbildungspflicht** unterliegt.

Eine **Maklererlaubnis** nach § 34c GewO kann widerrufen werden, wenn ohne den **Widerruf** das öffentliche Interesse gefährdet wäre. Hat ein Makler Steuerrückstände von mehr als 10.000 EUR und auch eine mit dem Finanzamt abgeschlossene Ratenzahlungsvereinbarung nicht eingehalten, ist zum Beispiel das öffentliche Interesse gefährdet und die Maklererlaubnis kann widerrufen werden. Die Tätigkeit eines Maklers mit Bezug zum **Vermögen** der Kunden gehört nämlich zu den sogenannten „**Vertrauensgewerben**", bei denen in besonderem Maß auf die Einhaltung gesetzlicher Verpflichtungen geachtet werden muss[1].

Für einen Immobilienmakler sind auch die Vorschriften der **Makler- und Bauträgerverordnung (MaBV)** einschlägig.

Bei der Vermittlung von Wohnungen ist neben den Regelungen des BGB das **Wohnraumvermittlungsgesetz** (WoVermG) zu berücksichtigen.

## 8.2    Der Maklervertrag, §§ 652 ff. BGB

Der Makler kann einen Maklervertrag sowohl mit dem **Kaufinteressenten** als auch mit dem potenziellen **Verkäufer** schließen. Der Makler kann also die **Interessen** der einen oder der anderen Partei eines Grundstückskaufvertrags vertreten.

Der Maklervertrag kann **formlos** geschlossen werden, bedarf also nicht der Schriftform. Ein Maklervertrag kann aber auch durch **konkludentes** Handeln zustande kommen, indem der potenzielle Kunde Maklerleistungen entgegennimmt, die **üblicherweise** nur gegen Provision erbracht werden[2].

---

[1]BayVGH, Beschl. v. 08.02.2017 – 22 C 16.1107
[2]BGH, Urt. v. 07.07.2016 – I ZR 68/15, Rn 8

Wird in einen notariellen Grundstückskaufvertrag eine **Maklerklausel** aufgenommen, mit der festgelegt wird, welche der Vertragsparteien die **Maklerprovision** zu zahlen hat, so kommt auf diese Weise grundsätzlich kein Maklervertrag zustande, da der Makler am Vertragsschluss nicht beteiligt ist. Dies auch dann nicht, wenn in der Klausel von einer *„vereinbarten Provision"* die Rede ist[3]. In einer solchen Maklerklausel kann aber ein **„Vertrag zugunsten Dritter"** – also des Maklers – nach § 328 BGB gesehen werden, sodass dem Makler in einem solchen Fall doch ein Provisionsanspruch zustehen kann[4].

Der **Maklervertrag** hat grundsätzlich keine bestimmte **Laufzeit**. Ein Maklervertrag kann somit **jederzeit** von einer der Parteien **gekündigt** werden.

Welche Pflichten der Makler zu erfüllen hat, ob er also als **Vermittlungsmakler** (siehe Abschn. 8.2.4) oder **Nachweismakler** (siehe Abschn. 8.2.3) tätig wird, ergibt sich aus der vertraglichen Vereinbarung zwischen Kunde und Makler. Die **Voraussetzungen,** unter denen der Makler seine **Provision** verdient, sind bei den beiden Maklertypen sehr unterschiedlich (siehe Abschn. 8.3).

Der Makler ist nicht rechtsgeschäftlicher Vertreter seines Auftraggebers. Dies ist nur dann der Fall, wenn er hierzu aufgrund eines Maklervertrages beauftragt und **bevollmächtigt** ist, und im Namen seines Auftraggebers die Verhandlungen mit dem Käufer führt oder, wenn er vom dem Kaufinteressenten bevollmächtigt ist, mit dem Verkäufer zu verhandeln. Nur eine solche **Bevollmächtigung** hat zur Folge, dass sich der Auftraggeber **Erklärungen** des Maklers als eigene zurechnen lassen muss[5].

Der Makler darf sich bei der Ausführung seines Auftrags in der Regel auf die **Angaben** seines Auftraggebers zu den Eigenschaften des Verkaufsobjekts verlassen. Unter bestimmten Voraussetzungen kann gleichwohl eine **Erkundigungspflicht** des Maklers angenommen werden[6]. Kommt der Makler dieser Erkundigungspflicht nicht nach oder verschweigt er Umstände, die Ihm positiv bekannt sind, so kann dies zur **Schadensersatzpflicht** führen.

## 8.2.1   Leistungspflichten

Eine **Hauptleistungspflicht** des Maklers besteht grundsätzlich nicht, da der Maklervertrag **kein Dienstvertrag** i. S. v. § 611 BGB ist. Der Makler schuldet auch keinen vertraglichen Erfolg, wie beim Werkvertrag, den der Auftraggeber gerichtlich durchsetzen könnte.

---

[3]OLG Karlsruhe, Beschl. v. 10.11.2009 – 15 U 15/09, BauR 2010, 511

[4]BGH, Urt. v. 22.09.2009 – III ZR 295/04

[5]BGH, Urt. v. 14.05.2004 – V ZR 120/03, NJW-RR 2004, 1196

[6]BGH, Urt. v. 31.01.2003 V – ZR 389/01

Etwas anderes gilt nur dann, wenn dem Makler ein **Alleinauftrag** erteilt wurde oder eine vertragliche Regelung vereinbart wurde, die den Makler zur Vornahme von bestimmten Handlungen verpflichtet[7]. (siehe Abschn. 8.2.5).

## 8.2.2  Nebenpflichten

Auch wenn dem Makler grundsätzlich keine bestimmten Leistungspflichten obliegen, so bestehen gleichwohl vertragliche Nebenpflichten, die der Makler zu beachten hat, insbesondere weil der Makler **Interessenvertreter** seines Kunden ist und somit in einem besonderen **Treueverhältnis** zu diesem steht[8]. Solche **Nebenpflichten,** um den Kunden vor Schaden zu bewahren, können beispielsweise sein,

- Verschwiegenheitspflichten,
- Offenbarungspflichten,
- Auskunftspflichten oder
- Mitteilungs- oder Hinweispflichten[9].

So muss der Makler seinen Verkäuferauftraggeber vor Abschluss des Hauptvertrages ungefragt darüber **aufklären,** dass der Käufer gravierende finanzielle Schwierigkeiten hat, so ihm dies bekannt geworden sein sollte[10].

Den Makler treffen andererseits auch **Aufklärungspflichten** gegenüber einem Käufer. Der Makler darf keine Angaben zu einer Immobilie machen, die er nicht auf **Richtigkeit** hin **überprüft** hat. Stellen sich die Angaben des Maklers im Nachhinein als nicht zutreffend heraus, so ist der Makler dem Käufer zum **Schadensersatz** verpflichtet, wenn der Käufer sich auf die **Richtigkeit** der Angaben des Makler verlassen durfte und ihm dadurch ein Schaden entstanden ist[11]. Dies gilt allerdings nicht, wenn der Makler beispielsweise nur Angaben des Verkäufers zur **Bewohnbarkeit** in sein Exposé übernommen hat. In einem solchen Fall treffen den Makler keine **Nachforschungspflichten,** weil er sich auf die Angaben des Verkäufers verlassen durfte[12].

Eine Verpflichtung des Maklers, über **steuerrechtliche** Fragen **aufzuklären,** besteht grundsätzlich nicht. Etwas anderes gilt nur dann, wenn entweder aufgrund der Besonderheit des Geschäfts im speziellen **Einzelfall** es hierzu Anlass gibt, weil zum Beispiel der Kunde ersichtlich die

---

[7]BGH, Urt. v. 22.07.1999 – III ZR 304/98, NJW-RR 1999, 1499

[8]BGH, Beschl. v. 10.11.2016 – I ZR 235/15, Rn 20

[9]LG Heidelberg, Urt. v. 14.02.2006 – 2 S 46/05, MDR 2006, 85,9 m. w. N.

[10]OLG Dresden, Beschl. v. 14.02.2007 – 8 U 1994, 06

[11]BGH, Beschl. v. 10.11.2016 – I ZR 235/15

[12]AG Altenkirchen, Urt. v. 14.08.2014 – 71 C 104/14

steuerrechtlichen Konsequenzen nicht erkannt hat, sich der Makler als **„Steuerfachmann"** mit langer Erfahrung geriert oder er den Kunden zu einem riskanten, überstürzten oder unvorteilhaften Geschäft veranlasst[13].

Der Makler haftet bei **Verstoß** gegen solche Nebenpflichten seinem Auftraggeber auf **Schadensersatz**, wenn dieser den Hauptvertrag bei Kenntnis der dem Makler bekannten Umstände nicht abgeschlossen hätten und dies für den Makler auch **erkennbar** war[14]. Dies gilt aber nur, wenn der Makler die Pflichtverletzung zu vertreten hatte[15]. Zudem **verliert** der Makler in einem solchen Fall seinen **Provisionsanspruch** oder der Auftraggeber kann mit Schadensersatzansprüchen gegenüber dem Provisionsanspruch wirksam **aufrechnen**[16].

Den Makler trifft **keine** eigenständige Verpflichtung zu Angabe gemäß § **16a EnEV**, weil er nicht Adressat der Bestimmung ist. Diese **Informationspflichten** treffen vielmehr den **Verkäufer** oder den Vermieter persönlich[17].

### 8.2.3 Nachweismakler

Für seinen **Provisionsanspruch** muss der Nachweismakler seinen Kunden (nur) in die Lage versetzen, konkrete **Verkaufsverhandlungen** über den in Aussicht genommenen **Hauptvertrag** zu führen, der daraufhin geschlossen wird[18]. Erforderlich – aber auch ausreichend – sind daher die eindeutige Bezeichnung des **Objektes** und der **Name** des am Verkauf bereits interessierten Dritten/Eigentümers[19]. Nennt der Makler seinem Auftraggeber den Namen des Verkäufers nicht oder nicht in ausreichendem Maße, um mit dem oder den Eigentümern Verkaufsverhandlungen aufnehmen zu können, so fehlt es an einem erforderlichen Nachweis[20]. Für den Anspruch auf Provision genügt es ebenfalls nicht, wenn sich die Tätigkeit des Maklers lediglich in **Hilfeleistungen** bei Terminen oder Beratungen erschöpft.

**Verhandlungen** im eigentlichen Sinne des Wortes muss der Nachweismakler nicht führen, um die Provision zu verdienen.

---

[13]BGH, Urt. v. 12.07.2018 – I ZR 152/17

[14]BGH, Urt. v. 18.12.1981 – V ZR 207/80

[15]BGH, Urt. v. 30.11.2017 – I ZR 143/16

[16]OLG Düsseldorf, Urt. v. 04.12.1998 – 7 U 59/98

[17]BGH, Urt. v. 05.10.2017 – I ZR 229/16

[18]BGH. Urt. v. 06.02.2014 – III ZR 131/13

[19]BGH, Urt. v. 14.01.1987 – IVa ZR 206/85; BGH, Urt. v. 04.06.2009 – III ZR 82/08, Rn 8, m. w. N.

[20]OLG Koblenz, Urt. v. 07.01.2014 – 3 U 539/13; OLG Düsseldorf, Urt. v. 19.05.2017 – 7 U 158/16

### 8.2.4   Vermittlungsmakler

Der Vermittlungsmakler muss für seine Provision bewusst und zweckgerichtet auf die **Willensbildung,** also den **Verkaufsentschluss** des Vertragspartners **einwirken,** der dann den Hauptvertrag mit dem **Kauf- bzw. Verkaufsinteressenten** abschließt. In der Regel genügt hierfür die **Förderung** des **Entschlusses** zum Vertragsschluss beim Vertragspartner[21]. Erforderlich ist also, dass der Makler auf denjenigen **einwirkt,** der später den Hauptvertrag auch abschließt. Kauft ein **Dritter,** mit dem der Vermittlungsmakler nicht verhandelt hat, so entsteht grundsätzlich kein Provisionsanspruch des Vermittlungsmaklers, allenfalls ausnahmsweise bei einer engen Beziehung zwischen Maklerkunde und Drittem, zum Beispiel wenn dieser **Erbe** des Maklerkunden ist[22].

Der Makler darf nicht für **beide Vertragsparteien** verhandeln[23]. Dadurch würde er sich in einen **Interessenkonflikt** begeben, der zum **Verlust** seines Provisionsanspruchs führen kann (siehe Abschn. 8.3.4.1).

Kommt durch die erfolgreiche **Vermittlungstätigkeit** des Maklers ein **Hauptvertrag** seines Auftraggebers mit einem Vertragspartner zustande, so entsteht hierdurch der Provisionsanspruch des Vermittlungsmaklers. Eine bloße Nachweistätigkeit des Vermittlungsmaklers genügt hingegen nicht, um die Provision zu verdienen.

▶ Bei der Formulierung eines Maklervertrages sollte darauf geachtet werden, dass die Begriffe *„Vermittlung"* oder *„vermitteln"* tatsächlich auch nur dann verwendet werden, wenn ein Vermittlungsmaklervertrag geschlossen werden soll. Soll – wie in aller Regel üblich – ein Nachweismaklervertrag geschlossen werden, so sollte dies deutlich zum Ausdruck gebracht und nicht durch Verwendung **unpräziser** Begriffe verunklart werden.

### 8.2.5   Alleinauftrag

Erteilt ein **Grundstückseigentümer** einem Makler einen sogenannten Alleinauftrag, so darf er während der **Laufzeit** des Maklervertrages, die bei einem Alleinauftrag typischer Weise vereinbart wird, keinen weiteren Makler beauftragen.

Er kann seine Immobilie allerdings ohne die Einschaltung eines weiteren Maklers an einen von ihm selbst gefundenen Käufer veräußern, ohne gegen die Pflichten aus dem Alleinauftrag zu verstoßen und so dem Makler zum Schadensersatz verpflichtet zu sein[24].

---

[21]BGH, Urt. v. 28.02.1973 – IV ZR 34/71, BGHZ 60, 243; BGH Urt. v. 11.10.2016 – XI ZR 448/15

[22]OLG Düsseldorf, Urt. v. 20.03.2015 – 7 U 39/14

[23]OLG Koblenz, Urt. v. 19.09.1991 – 5 U 1867/90

[24]OLG Dresden, Urt. v. 13.02.1998 – 8 U 2836/97, NZM 1998, 446

Hat hingegen der Makler einen **qualifizierten** Alleinauftrag erhalten, so kann der Verkäufer einen Verkauf in dieser Weise nicht ohne einen Schadensersatzanspruch des Maklers vollziehen[25]. Streitig ist allerdings, ob ein solcher qualifizierter Alleinauftrag durch **allgemeine Geschäftsbedingungen** des Maklers zustande kommen kann[26].

Der Makler hat bei einem Alleinauftrag – entgegen der grundsätzlichen Rechtslage – auch eine **Verpflichtung** für den Auftraggeber tätig zu werden. Der Auftraggeber kann seinen entsprechenden **Erfüllungsanspruch** unter Umständen auch gerichtlich durchsetzen[27].

## 8.3   Die Provision

### 8.3.1   Einführung

Die Vorschriften zum Maklerrecht enthalten nur rudimentäre Regelung zur Provision, also dem *„Mäklerlohn"*, wie es im Gesetz heißt. Für einen Provisionsanspruch eines Maklers ist immer grundlegende **Voraussetzung,** dass es zum Abschluss eines **Hauptvertrages** kommt, § 652 Abs. 1 BGB. Der Makler wird also nur im **Erfolgsfall** durch seinen Auftraggeber „belohnt". Zum Umfang des Anspruchs auf Provision legt das Gesetz lediglich fest, dass ein Mäklerlohn als stillschweigend vereinbart gilt, wenn die dem Makler übertragene Leistung den Umständen nach nur gegen eine Vergütung zu erwarten ist, § 653 Abs. 1 BGB.

Für einen Anspruch auf Provision muss, auch wenn dies das Gesetz nicht ausdrücklich so vorsieht, grundsätzlich auch ein **Maklervertrag** geschlossen gewesen sein (ausdrücklich oder konkludent), um einen späteren Provisionsanspruch des Maklers gegenüber seinem Auftraggeber zu begründen. **Schriftlichkeit** ist für den Abschluss eines Maklervertrages zwar nicht erforderlich, sollte aber allein zu **Beweiszwecken** erfolgen. Wird mit einer **Körperschaft des öffentlichen Rechts** ein Maklervertrag abgeschlossen, für deren Verträge, die nicht der laufenden Verwaltung unterfallen, **Schriftform** vorgeschrieben ist, so bedarf es zu dessen Abschluss der Einhaltung dieser Form[28].

Für den **Abschluss** des Maklervertrags, als Grundvoraussetzung für einen Provisionsanspruch, trägt im Falle eines Rechtsstreits der Makler die **Darlegungs- und Beweislast.** Hieran werden durch die Rechtsprechung meistens hohe Anforderungen gestellt, so ein schriftlicher Vertrag nicht vorliegt[29]. Der Makler muss, um einen

---

[25]BGH, Urt. v. 08.05.1973 – IV ZR 158/71, BGHZ 60, 377

[26]vgl. beispielsweise OLG Frankfurt, Urt. v. 02.11.2000 – 15 U 179/99, NJW 2002, 181

[27]BGH, Urt. v. 20.03.1985 – IVa ZR 223/83, NJW 1985, 2477

[28]OLG Frankfurt, Urt. v. 30.09.2015 – 19 U 19/15

[29]BGH, Urt. v. 03.05.2012 – III ZR 62/11, Rn 10

Maklervertrag unterstellen zu können, nach der **ständigen Rechtsprechung** des **BGH** zumindest zum Ausdruck bringen, dass er Makler des **Kunden** sein will, um auszuschließen, dass ihn der Kaufinteressent für den Makler des Verkäufers halten könnte, wenn ihm von dem Makler eine Immobilie zum Kauf angeboten wird[30]. Diese Anforderung wird typischerweise durch den im **Exposé** enthaltenen **Hinweis** auf eine Provision erfüllt[31]. Der Makler bietet mit der **Übergabe** des Exposés in der Regel den Abschluss eines Maklervertrages an. Der Kunde nimmt dieses Angebot bereits an, wenn er den Makler um die Vereinbarung eines **Besichtigungstermins** bittet, nicht erst, wenn der **Besichtigungstermin** stattfindet[32]. Ein die Provisionspflicht auslösender Maklervertrag kann auch noch nach der Erbringung der Maklerleistung abgeschlossen werden[33].

Zu der Frage, wer die Provision des Maklers zahlt, gibt es „**Üblichkeiten**", die von Region zu Region unterschiedlich sind. Es gibt **Regionen,** wo es üblich ist, dass entweder der Käufer oder der Verkäufer die Provision zahlt oder die Provision von beiden Vertragsparteien je zur **Hälfte** getragen wird. Zwingend ist das aber nicht, schon gar nicht gesetzlich vorgeschrieben. Der Makler kann hieraus jedenfalls keine Ansprüche gegenüber einer Partei herleiten, wenn keine entsprechende Vereinbarung, sei es ausdrücklich oder konkludent, zwischen Makler und Maklerkunde getroffen wurde.

In **Großbritannien** wird die Provision in der Regel durch den Verkäufer übernommen, ebenso in **Frankreich** und **Spanien**.

### 8.3.2  Höhe der Provision

Die **Provisionshöhe** berechnet sich in den meisten Fällen als **Prozentsatz** vom Kaufpreis. Seltener wird eine **Pauschale** vereinbart. Entscheidend ist aber die vertragliche **Vereinbarung**.

Wird über die Höhe der Provision **keine Vereinbarung** getroffen, so ist **im Zweifel** nach § 653 Abs. 2 BGB die **übliche Provision** geschuldet Die Höhe der üblichen Provision kann **regional** unterschiedlich sein. Sie schwankt zwischen ca. 3–7 %. In **Süddeutschland** dürfte die Höhe der üblichen Provision eher bei ca. 3 % liegen[34], in **Hamburg** eher bei 6,25 %[35].

Es kann auch ein **Festbetrag**, ein **Höchstbetrag** oder eine **Übererlösklausel** vereinbart werden.

---

[30]BGH, Urt. v. 12.01.2017 – I ZR 198/15, Rn 25

[31]BGH, Urt. v. 03.05.2012 – III ZR 62/11

[32]BGH, Urt. v. 07.07.2016 – I ZR 30/15

[33]BGH, Urt. V. 07.07.2016, a. a. O.

[34]OLG Stuttgart, Urt. v. 23.12 2009 – 3 U 126/09

[35]BGH, Urt. v. 07.07.2016 – I ZR 30/15; OLG Schleswig, Urt. v. 22.01.2015 – 16 U 89/14, Rn 39

Wird neben dem Grundstück auch noch **Zubehör** i. S. v. § 97 BGB mitverkauft, also zum Beispiel Maschinen oder Werkzeuge, so ist der hierfür im Kaufvertrag ausgewiesene Preis **im Zweifel** mit zum Kaufpreis zu zählen und daher Grundlage für die Berechnung der Provisionshöhe[36].

Durch die Einführung des „Bestellerprinzips" in das **Wohnraumvermittlungsgesetz** hat sich hinsichtlich des Provisionsanspruchs beim Immobilienverkauf nichts geändert, sondern es verbleibt bei den allgemeinen Regelungen.

### 8.3.3  Stillschweigende Vereinbarung einer Provision

Eine Provision gilt als **stillschweigend** vereinbart, wenn durch den Makler eine Maklerleistung tatsächlich erbracht wurde, die den **Umständen** nach nur gegen Vergütung **zu erwarten** war, § 653 BGB.

Auch die Übergabe eines **Exposés mit Hinweis** auf eine Provisionspflicht reicht meistens aus, um einen Provisionsanspruch des Maklers zu begründen[37]. Gleiches gilt, wenn der Kaufinteressent dem Makler einen sogenannten **Suchauftrag** erteilt[38]. Es genügt aber nicht, wenn der Interessent nach Objekten aus dem **Bestand** des Maklers fragt, weil er in einem solchen Fall davon ausgehen darf, dass dem Makler die Objekte von potenziellen Verkäufern zur Verfügung gestellt wurden und der Makler für diese seine Leistung anbietet[39].

Unter Umständen genügt eine bloße **Annonce im Internet,** um einen vertraglichen Anspruch auf Maklerprovision zu begründen[40]. Aus der Internetannonce muss sich gleichwohl **widerspruchsfrei** ein Provisionsverlangen des Maklers ergeben. Will sich der Interessent allerdings zunächst auf die Internetannonce hin nur **informieren,** so genügt dies alleine nicht um einen späteren Provisionsanspruch zu begründen[41].

**Unklarheiten** bei der Vereinbarung einer Provision gehen grundsätzlich **zulasten** des Maklers, der sich auf eine vertragliche Vereinbarung beruft, weil er im Falle einer streitigen Auseinandersetzung für die Voraussetzungen des Provisionsanspruchs letztlich die **Darlegungs- und Beweislast** hat[42].

---

[36]AG Charlottenburg, Urt. v. 02.07.2014

[37]BGH, Urt. v. 25.09.1985 – IVa ZR 22/84, BGHZ 95, 393

[38]OLG Koblenz, Urt. v. 14.05.1996 – 5 U 1099/95

[39]OLG München, Urt. v. 12.12.2016 – 21 U 3086/15; BGH, Urt. v. 22.09.2005 – III ZR 393/04, Rn 19

[40]BGH, Urt. v. 03.05.2012 – III ZR 62/11; OLG Hamm, Urt. v. 21.06.2012 – 18 U 17/12, Rn 43; BGH, Urt. v. 12.01.2018, a. a. O.

[41]BGH, Urt. v. 07.07.2016 – I ZR 68/15, Rn 15

[42]BGH, Urt. v. 21.02.1990 – IV ZR 333/88, NJW-RR 1990, 628

Beauftragt ein Grundstückseigentümer einen Makler mit der **Suche** nach einem Käufer, so bedeutet dies nicht, dass der Käufer keine Provision an den Makler zu zahlen hat, nur weil der Verkäufer den Makler beauftragt hatte. Wer sich als Kaufinteressent über **längere Zeit** die Leistungen eines Immobilienmaklers **gefallen lässt,** kann nicht ohne weiteres davon ausgehen, dass der Verkäufer die Provision zahlt. Durch die **Entgegennahme** der Maklerleistungen kann nämlich ebenfalls **konkludent** ein Maklervertrag geschlossen werden, der den späteren Käufer zur Zahlung der Maklerprovision verpflichtet[43]. Will der Kaufinteressent dies vermeiden, so muss er den Makler **unmissverständlich** darauf **hinweisen,** dass er mit ihm keinen Maklervertrag schließen will[44]. Es genügt für die Begründung eines Provisionsanspruchs nicht, wenn der vermeintliche Kunde nur **Unterlagen** des Maklers **kommentarlos entgegennimmt** und sich eine spätere Maklerleistung nur gefallen lässt. Allein hieraus lässt sich im Zweifel ein **Bindungswille** nicht ableiten[45].

Tritt der Makler für einen längeren Zeitraum nur als **Gehilfe** eines Hausverwalters gegenüber dem Kunden auf, so kommt kein Maklervertrag zustande und es wird **kein Anspruch** auf eine Maklerprovision begründet[46].

## 8.3.4   Entstehung des Provisionsanspruchs

### 8.3.4.1 Hauptvertrag

Der **Anspruch** auf die vereinbarte Provision entsteht unmittelbar mit **Zustandekommen** des **Hauptvertrags.** Erforderlich ist aber, dass gerade dieser in Aussicht genommene Vertrag oder ein wirtschaftlich identischer Vertrag auf der Maklertätigkeit beruht[47].

Sind im Hauptvertrag **Bedingungen** für dessen Rechtswirksamkeit vereinbart, so entsteht der Provisionsanspruch gemäß § 562 Abs. 1 S. 2 BGB erst mit **Bedingungseintritt**[48]. Ein späterer **Rücktritt** oder eine **Kündigung** durch eine der beiden Parteien des Hauptvertrages lassen den Provisionsanspruch hingegen nicht entfallen[49].

Etwas anderes kann bei der Vermittlung eines **Mietobjektes** dann gelten, wenn der Mieter zur **Anfechtung** des Mietvertrags berechtigt war, weil er durch den Vermieter **getäuscht** wurde. Haben die Parteien den Mietvertrag daraufhin einvernehmlich **aufgehoben,** so kann dies zum nachträglichen Entfall des Provisionsanspruchs führen[50].

---

[43]OLG München, Urt. v. 12.12.2016 a. a. O.

[44]BGH, Urt. 25.09.1985 – IVa ZR 22/84; BGH, Urt. v. 25.05.1983 – IVa ZR 26/82; BGH Urt. v. 07.07.2017, a. a. O.; OLG Düsseldorf, Urt. v. 19.05.2017 – 7 U 158/16

[45]LG Düsseldorf, Urt. v. 11.11.2014 – 35 O 75/13

[46]BGH, Urt. v. 22.02.2018 – I ZR 38/17

[47]BGH, Urt. v. 16.05.1990 – IV ZR 337/88, NJW-RR 1990, 1008

[48]OLG Düsseldorf, Urt. v. 07.11.1997 – 7 U 36/97, NZM 1998, 528; LG Bremen, Urt. v. 16.09.2015 – 9 O 755/14

[49]BGH, Urt. v. 09.01.1974 – IV ZR 71/73; LG Hamburg, Urt. v. 28.09.2012 – 323 O 270/11

[50]AG Charlottenburg, Urt. v. 23.03.2015 – 237 C 285/14

Gleiches gilt, wenn der **Hauptvertrag nichtig** ist, weil er gegen ein **gesetzliches Verbot** verstößt. Auch in diesem Fall entfällt der Provisionsanspruch mit der Folge, dass eine bereits gezahlte Provision zurückzuzahlen ist[51].

**Fällig** wird die Provision zu dem **Zeitpunkt,** den die Parteien vertraglich **vereinbart** haben oder, so es an einer solchen Vereinbarung fehlt, zu dem Zeitpunkt, zu dem nach **Treu und Glauben** nach übereinstimmendem Parteiwillen die Entstehung des Provisionsanspruchs zu erwarten war[52].

### 8.3.4.2 Kausalität

Die Vermittlungstätigkeit oder der Nachweis des Maklers muss für den **Abschluss** des Hauptvertrages **ursächlich** sein. Fehlt es an einer solchen Ursächlichkeit, so besteht kein Provisionsanspruch des Maklers.

Für die erforderliche Kausalität **genügt** es, wenn die Maklertätigkeit jedenfalls **mitursächlich** für den Abschluss des **Hauptvertrags** war. Es ist nicht entscheidend, dass diese Tätigkeit des Maklers die Hauptursache für den Abschluss des Hauptvertrags ist, auch nicht die einzige Ursache[53]. Nur irgendeine Tätigkeit genügt nicht. Entscheidend ist, ob der Abschluss des Hauptvertrags noch als **finales Ergebnis** der Maklertätigkeit angesehen werden kann[54]. **Ursächlichkeit** wird beim Vermittlungsmakler auch dann noch angenommen, wenn der Makler den Vertragspartner zum Vertragsabschluss mit **motiviert** hat[55].

Bietet der Makler ein Grundstück an, das **nicht identisch** mit dem späteren Kaufgrundstück ist, so fehlt es ebenfalls an der notwendigen Kausalität[56]. Es genügt aber, wenn durch den Hauptvertrag der **wirtschaftlich** identische Erfolg erzielt wird, also eine inhaltliche und persönliche **Kongruenz** vorliegt[57].

### 8.3.4.3 Unterbrechung der Kausalität

Die notwendige **Kausalität** für den Provisionsanspruch kann auch **unterbrochen** werden, insbesondere durch **Zeitablauf.** Der Maklerkunde trägt allerdings die **Beweislast** für eine Unterbrechung der Kausalität zwischen Maklerleistung und Abschluss des Hauptvertrages.

---

[51]OLG Hamm, Urt. 26.05.2014 – 18 U 29/13

[52]OLG München, Urt. v. 07.12.2017 – 23 U 2440/17

[53]BGH, Urt. v. 11.10.2016, a. a. O.

[54]BGH, Urt. v. 26.02.1999 – III ZR 191/98, NJW 1990, 1255

[55]BGH, Urt. v. 11.10.2016, a. a. O.

[56]OLG Bremen, Urt. v. 05.12.2014 – 2 U 86/14

[57]BGH, Urt. v. 14.09.2017 – I ZR 261/16, Rn 11

Liegt zwischen der Maklertätigkeit und dem Abschluss des Hauptvertrags **mehr als ein Jahr,** so kann nicht mehr ohne weiteres auf einen **Kausalzusammenhang** geschlossen werden[58]. **Ursächlichkeit** ist unter Umständen auch noch nach **längerer Zeit** zwischen Maklertätigkeit und Abschluss des Hauptvertrages gegeben. In der Regel ist ein **Zeitraum** von einigen Monaten unschädlich. Nach einem Zeitraum von **ca. zwei Jahren** wird man in der Regel aber nicht mehr von einer Ursächlichkeit ausgehen können[59].

Der **Kausalzusammenhang** wird unabhängig vom Zeitablauf dadurch **unterbrochen,** dass der ursprüngliche Kaufinteressent seine **Kaufabsichten** endgültig **aufgibt,** weil beispielsweise die Vertragsverhandlungen gescheitert sind. Kommt es gleichwohl zu einem **späteren Zeitpunkt** zum Abschluss des Hauptvertrages, hat der Makler in einem solchen Fall keinen Anspruch auf die Provision. Der **BGH** hat hierzu folgendes ausgeführt:

> **Rechtsprechung:** „Ein Provisionsanspruch entsteht allerdings nicht, wenn der Makler seinem Auftraggeber eine Möglichkeit zum Erwerb eines Objekts nachweist, diese Gelegenheit sich aber zerschlägt, weil der Eigentümer die Verkaufsabsicht endgültig aufgegeben oder sich für einen anderen Interessenten entschieden hat, es aber gleichwohl unter veränderten Umständen später zum Vertragsschluss kommt (Senatsurteile BGHZ a. a. O. S. 46; und vom 23. November 2006 aaO Rn. 14; BGH, Urteile vom 20. März 1991 – IV ZR 93/90 – NJW-RR 1991, 950 und vom 16. Mai 1990 – IV ZR 337/88 – NJW-RR 1990, 1008 f.; vgl. auch OLG Karlsruhe NJW-RR 1995, 753 für den Fall, dass der Verkäufer Auftraggeber des Maklers war und der Käufer seine Erwerbsabsicht aufgegeben hat). Voraussetzung für den Honoraranspruch des Maklers ist nämlich, dass der in Aussicht genommene Vertragspartner des Kunden auch tatsächlich bereit ist, über das Objekt den in Rede stehenden Vertrag zu schließen (BGHZ a. a. O.)"[60].

Zieht der Auftraggeber des Maklers diesen von den Verhandlungen über den Hauptvertrag ab und führt die **finalen Verhandlungen** selbst, so führt dies nicht in jedem Fall zur **Unterbrechung** der Kausalität, jedenfalls dann nicht, wenn der Auftraggeber den Vertrag mit dem Makler nicht ausdrücklich gekündigt hat[61].

Die **Vorkenntnis** des Käufers vom Kaufobjekt kann unter Umständen auch die Kausalität der Maklerleistung infrage stellen. Nimmt der Kunde trotz Vorkenntnis gleichwohl die Maklerleistung, beispielsweise durch **Besichtigungen** und **Vertragsverhandlungen** in Anspruch, so besteht ein Anspruch auf die Maklerprovision, so der Hauptvertrag abgeschlossen wird. Die **Beweislast** dafür, dass der Kunde trotz seiner Vorkenntnis die Maklerleistung in Anspruch nehmen wollte und auch in Anspruch genommen hat, liegt allerdings beim Makler[62].

---

[58]BGH, Urt. v. 06.07.2006 – III ZR 379/04, NJW 2006, 3062

[59]OLG München, Urt. v. 09.06.2015 – 23 U 396/15

[60]BGH, Urt. v 13.12.2007 – III 163/07, NJW 2008, 651

[61]LG Hamburg, Urt. v. 28.05.2014 – 401 HKO 47/13

[62]LG Berlin, Urt. v. 09.12.2011 – 19 O 284/11

### 8.3.4.4 Umgehung des Maklers

Der Versuch, den Makler durch **Umgehungsgeschäfte** um seinen Maklerlohn zu bringen, ist ein grundlegendes **Problem** im Maklerrecht. Für den Makler stellt sich allzu häufig die Situation so dar, dass er dadurch umgangen und um seinen **Provisionsanspruch** gebracht werden soll, dass nicht der Maklerkunde, mit dem er eine Provisionsvereinbarung geschlossen hat, den Hauptvertrag abschließt, sondern ein **Dritter**[63]. Eine weitere Variante des Umgehungsgeschäfts ist die, dass ein Vertrag geschlossen wird, der mit dem ursprünglich angestrebten Inhalt nicht mehr übereinstimmt und es deswegen an der notwendigen **Kausalität** fehlt, beziehungsweise fehlen soll.

Der Provisionsanspruch besteht in solchen Fällen dennoch, wenn eine **enge wirtschaftliche Verbindung** von Kaufinteressent und späterem Käufer, beispielsweise bei zwei „Schwestergesellschaften"[64], naher Familienzugehörigkeit[65] oder bei wirtschaftlicher Identität vorliegt[66]. Gleiches gilt bei gesellschaftsrechtlicher oder sonstiger **Verflechtung** durch wesentliche Beteiligung oder der Möglichkeit der **Beherrschung**[67]. Die geforderte **wirtschaftliche Identität** bleibt also in diesen Fällen erhalten[68].

Der BGH nimmt eine wirtschaftliche Identität auch für den Fall an, dass anstatt eines ursprünglich gewollten **„share deals"** ein **„asset deal"** abgeschlossen wird, also kein Verkauf von Geschäftsanteilen einer Gesellschaft erfolgt, sondern von Unternehmensteilen.

**Rechtsprechung**: „Nach § 652 Abs. 1 Satz 1 BGB ist bei einem Nachweismaklervertrag, wie hier, der Kunde zur Entrichtung des Maklerlohns verpflichtet, wenn der angestrebte Vertrag infolge des Nachweises des Maklers zustande kommt. Dabei ist die erforderliche inhaltliche Identität der beiden Geschäfte nach wirtschaftlichen Gesichtspunkten zu beurteilen. Mit Rücksicht darauf hat der Senat in seinem zeitgleich mit dem Berufungsurteil ergangenen Urteil vom 16. Dezember 2004 – III ZR 119/04 (BGHZ 161, 349, 359 f. = NJW 2005, 753, 754) keine durchgreifenden Bedenken gesehen, die mehrheitliche Übernahme der Gesellschaftsanteile von Objektgesellschaften zum Betrieb mehrerer Kliniken (share deal) dem zunächst beabsichtigten Unternehmenskauf im Sinne des Erwerbs der gesamten Wirtschaftsgüter der Klinikunternehmen (asset deal) gleichzusetzen. Der Maklerkunde muss den vom Makler nachgewiesenen Vertrag auch nicht notwendig selbst schließen. Beim Erwerb des Objekts durch einen Dritten kann die wirtschaftliche Identität der Verträge gleichfalls bejaht werden, wenn zwischen dem Auftraggeber und dem Dritten besonders enge persönliche oder besonders ausgeprägte wirtschaftliche Beziehungen bestehen. Entscheidend ist, ob der Maklerkunde im Hinblick auf seine Beziehungen zu dem Erwerber gegen Treu und Glauben verstoßen würde, wenn er sich darauf beriefe, der erstrebte Vertrag

---

[63]BGH, Urt. v. 21.11.2018 – I ZR 10/18

[64]BGH, Urt. v. 05.10.1995 – III ZR 10/95, NJW 1995, 3311

[65]LG Karlsruhe, 24.07.2003 – 5 S 214/01, NZM 2004, 307; OLG Schleswig, Beschl. v. 03.04.2017 – 16 W 43/17

[66]OLG Hamm, Urt. v. 21.03.3013 – 18 U 133/12; KG Berlin, Beschl. v. 17.08.2011 – 10 U 89/11

[67]BGH, Urt. v. 09.05.2018 – I ZR 68/17, Rn 20

[68]BGH, Urt. v. 14.09.2017 – I ZR 261/16

sei nicht mit ihm, sondern mit einem Dritten zustande gekommen (Senatsurteil vom 8. April 2004 – III ZR 20/03 – NJW-RR 2004, 851, 852 m. zahlr. N.)"[69].

Wird in solchen oder ähnlichen Fällen ein **Umgehungsgeschäft** zulasten des Maklers festgestellt, so hat den Makler einen Provisionsanspruch, wenn auch die sonstigen Voraussetzungen hierfür vorliegen.

### 8.3.5   Aufwendungsersatz

Ein Makler hat grundsätzlich keinen Anspruch auf Ersatz etwaiger Aufwendungen gegenüber seinem Auftraggeber. Ein **Aufwendungsersatzanspruch** kommt gemäß § 652 Abs. 2 BGB nur bei vertraglicher **Vereinbarung** in Betracht. Eine solche Vereinbarung kann auch durch **AGB-Klauseln** wirksam vereinbart werden[70]. Ein Aufwendungsersatz für den Fall, dass der Hauptvertrag nicht zustande kommt, kann zwar vereinbart werden, ist aber eher unüblich.

Eine sog. „**Reservierungsgebühr**" kann zwar zwischen Kunde und Makler vereinbart werden. Eine solche Vereinbarung ist aber nur wirksam, wenn diese Gebühr, so der Hauptvertrag zustande kommt, von der verdienten Provision in **Abzug** gebracht wird. Eine gezahlt Reservierungsgebühr ist nach dem Scheitern eines Vertragsabschlusses wieder zurückzuerstatten. Auf eine anderslautende allgemeine Geschäftsbedingung kann sich der Makler nicht wirksam berufen[71].

Dem Makler ist es bei der **Wohnungsvermittlung** gemäß § 2 Abs. 3 WoVermRG ohnehin **verwehrt**, zusätzliche „Gebühren" außer der Provision zu verlangen. Dabei kommt es nicht darauf an, wie sich der Makler selbst bezeichnet. Bei der Besichtigung von Wohnungen wird der Makler grundsätzlich als solcher tätig, sodass eine **Besichtigungsgebühr** nicht verlangt werden darf[72].

### 8.3.6   Verlust der Maklerprovision

Unter bestimmten Voraussetzungen kann der Makler einen zunächst erworbenen **Provisionsanspruch** ganz oder zum Teil wieder **verlieren**. Neben dem gesetzlich geregelten Fall der verbotenen **Doppelmaklertätig** gemäß § 654 BGB kommt auch bei anderen schwerwiegenden **Treuepflichtverletzungen** in entsprechender Anwendung

---

[69]BGH, Urt. v. 21.12.2005 – III ZR 451/04

[70]BGH, Urt. v. 28.01.1987 – IVa ZR 173/85, NJW 1987, 1634

[71]vgl. hierzu KG Berlin, Urt. v. 19.10.2017 – 23 U 154/16

[72]LG Stuttgart, Urt. v. 15 06 2016 – 38 O 73/15 KfH

von § 654 BGB ein Verlust des Provisionsanspruch in Betracht[73]. Dies gilt insbesondere auch bei der Verletzung der bereits oben dargestellten **Aufklärungspflichten** (vgl. Abschn. 8.2.2).

### 8.3.6.1 Doppelmaklertätigkeit

Wenn der Makler eine **vertragswidrige** Doppelmaklertätigkeit ausübt, kann es durch **Verwirkung** nach **§ 654 BGB** zum Verlust des Provisionsanspruchs des Maklers kommen. Dies ist der Fall, wenn sich der Makler von beiden Vertragsparteien des Hauptvertrages eine Provision versprechen lässt. Dadurch gerät der Makler in einen **Interessenkonflikt**, da er nicht für beide Parteien des späteren Hauptvertrages vorteilhafte Verhandlungen führen kann, es sein denn, dass die Doppelmaklertätigkeit der jeweils anderen Partei klar **erkennbar**[74] oder ausdrücklich von beiden Parteien erlaubt war[75]. Eine verbotene Doppelmaklertätigkeit gibt es nur für den **Vermittlungsmakler**, nicht für den Nachweismakler, da letzterer keine Verhandlungen zu führen hat, sondern für seinen Provisionsanspruch nur die Gelegenheit zum Abschluss eines Hautvertrags schaffen muss[76].

Eine ähnliche Situation des **Interessenkonflikts** des Maklers liegt beispielsweise auch dann vor, wenn der Makler für einen Architekten bereits als **Projektentwickler** für das fragliche Grundstück tätig war. Eine solche wirtschaftliche **Vorbefassung** muss der Makler seinem Kunden **offenbaren**, weil er ein wirtschaftliches **Eigeninteresse** an dem Verkauf hat, mithin nicht frei beraten kann[77].

### 8.3.6.2 Unverhältnismäßig hohe Provision

Hat sich der Makler von seinem Auftraggeber eine **unverhältnismäßig** hohe Provision versprechen lassen, kann auf gerichtlichen Antrag des Provisionsverpflichteten hin durch **Urteil** eine **Herabsetzung** erfolgen. Diese Möglichkeit im Falle der Unverhältnismäßigkeit besteht allerdings nur für den Fall, dass der Auftraggeber den Makler noch **nicht bezahlt** hat, § 655 BGB.

Eine **sittenwidrig** überhöhte Provision kann auch in einer **Mehrerlösabführungsklausel** bestehen, wenn dadurch dem Makler eine Provision zustehen soll, die um mehr als 20 % über der **marktüblichen** Provision liegt[78]. Eine Mehrerlösklausel gibt dem Makler einen Anspruch auf eine zusätzliche Provision, ähnlich einem **Bonus**, wenn es ihm gelingt, die Immobilie zu einem **höheren Preis** zu veräußern, als ursprünglich vom Verkäufer gefordert.

---

[73]OLG Düsseldorf, Urt. v. 07.10.2016 – 7 U 143/15

[74]BGH, Urt. v. 31.10.1991 – IX ZR 303/90

[75]BGH, Urt. v. 30.04.2003 – III ZR 318/02

[76]BGH, Urt. v. 30.04.2003, a. a. O.; BGH, Urt. v. 31.10.1991 – IX ZR 303/90; OLG Saarbrücken, Urt. v. 17.09.2015 – 4 U 131/14

[77]OLG Hamm, Urt. v. 08.02.2018 – 18 U 41/17

[78]LG Berlin, Urt. v. 30.05.2013 – 9 O 540/11

### 8.3.6.3 Widerrufsrecht

Ist der Maklerkunde **Verbraucher** nach § 12 BGB, so kann ihm ein **Widerrufsrecht** nach den Vorschriften über den **Verbraucherschutz** zustehen, sodass durch den berechtigten Widerruf des Maklervertrages der Anspruch des Maklers auf die Provision entfallen kann[79].

Ist hingegen in einem notariellen Grundstückskaufvertrag eine **Maklerklausel** enthalten und wird diese Klausel **mitbeurkundet,** so besteht ein gegebenenfalls bestehendes Widerrufsrecht nicht mehr, da es sich bei einer solchen Maklerklausel um ein **Schuldanerkenntnis** handelt mit der Folge, dass sämtliche Einwendungen gegen den Anspruch des Maklers auf die vereinbarte Provision ausgeschlossen sind[80].

Ein Widerrufsrecht kann auch entfallen, wenn es **treuwidrig** wäre, dieses Recht auszuüben. Dies wäre beispielsweise dann anzunehmen, wenn der provisionspflichtige Käufer den Anspruch des Maklers nach einer Grundstücksbesichtigung und Unterbreitung eines Kaufangebots noch einmal ausdrücklich bestätigt hatte[81].

## 8.4     Die Zusammenarbeit von Maklern

Es ist **nicht unüblich,** dass zwei oder mehrere Makler in verschiedenster Form zusammenarbeiten, also ein Immobiliengeschäft **gemeinsam abwickeln,** indem jeder sein spezielles Know-how und insbesondere seine Geschäftskontakte einbringt.

### 8.4.1     Getrennte Beauftragung mehrerer Makler

Eine „Zusammenarbeit" von Maklern kann sich zunächst daraus ergeben, dass der Auftraggeber unabhängig voneinander zwei Makler beauftragt. Solange die beiden Makler keine Vereinbarung über eine gemeinsame Zusammenarbeit treffen, ergibt sich aus dieser Konstellation eine Art **„Konkurrenzsituation",** die für den Auftraggeber insoweit problematisch werden kann, wenn beide Makler unabhängig voneinander ihre Maklerleistung erfolgreich erbringen. Dies hat unter Umständen zur Folge, dass der Auftraggeber beiden Maklern provisionspflichtig ist, wenn er die Maklerleistung des einen Maklers wegen der Vorkenntnis durch den anderen Makler nicht unverzüglich zurückweist[82].

---

[79]OLG Sachsen-Anhalt, Urt. v. 01.06.2018 – 7 U 13/18; BGH, Urt. v. 12.01.2017 – I ZR 198/15, Rn 32 ff.

[80]LG Limburg, Urt. v. 05.08.2016 – 3 S 29/16

[81]LG Schwerin, Urt. v. 31.03.2015 – 1 O 252/14

[82]LG Offenburg, Urt. v. 13.07.1994 – 5 O 2/94, NJW-RR 1995, 499

## 8.4.2 Mitmakler

Beauftragt der Auftraggeber hingegen zwei Makler **gemeinsam,** so bilden diese eine **Gesellschaft bürgerlichen Rechts** (BGB-Gesellschaft), die gegebenenfalls einen gemeinsamen Provisionsanspruch gegen den Auftraggeber erwirbt. Diesen Anspruch können beide Makler auch nur gemeinsam gegenüber dem Auftraggeber durchsetzen. Beide Makler werden als **Mitmakler** bezeichnet.

## 8.4.3 Hauptmakler/Untermakler

Der sogenannte **Hauptmakler** bedient sich zur Erfüllung seines Maklerauftrags eines **Untermaklers**, der in keinem Rechtsverhältnis zum Auftraggeber steht. Für das Rechtsverhältnis zwischen Haupt- und Untermakler gelten die Vorschriften der §§ 652 ff. BGB zwar entsprechend. Es ist aber in jedem Fall angeraten, eine separate Vereinbarung zu schließen, insbesondere im Hinblick auf eventuelle Provisionsansprüche und deren Höhe[83].

## 8.4.4 Gemeinschaftsgeschäft

Vereinbaren der Makler der Verkäuferseite und der Makler der Käuferseite eine **Zusammenarbeit,** so bleibt das jeweilige Rechtsverhältnis zum Auftraggeber davon unberührt. Der eine Makler erwirbt aber je nach Vereinbarung einen Anspruch auf einen Teil der vom anderen Makler verdienten Provision. Eine solche Zusammenarbeit wird als **Gemeinschaftsgeschäft** bezeichnet[84].

## 8.4.5 Zubringergeschäft

Von einem **Zubringergeschäft** als spezielle Art des **Untermaklervertrags** spricht man, wenn jemand nur **gelegentlich** Maklertätigkeiten ausübt und in dieser Weise einem Hauptmakler die Gelegenheit zum Abschluss eines Hauptvertrages verschafft. Dem Zubringer steht – je nach den Umständen – allenfalls ein Anspruch auf einen **geringen Teil** der verdienten Provision gegenüber dem Hauptmakler zu, so nichts anderes vereinbart wurde[85]. Solche vertraglichen Vereinbarungen für den Einzelfall sind selbstverständlich möglich und aus Gründen der **Rechtssicherheit** für beide Seiten angeraten.

---

[83]OLG Stuttgart, Urt. v. 15.11.2000 – 3 U 213/99, NJW-RR 2002, 52

[84]OLG Hamburg, Urt. v. 18.06.2002 – 11 U 229/01, ZMR 2002, 839; OLG Frankfurt, Urt. v. 01.12.1981 – 5 U 186/80; vgl. hierzu die Regelungen des RDM für ihre Mitglieder

[85]BGH, Urt. v. 28.02.1968 – VIII ZR 6/66

## Weiterführende Literatur

Fischer, Maklerrecht anhand der höchstrichterlichen Rechtsprechung, 4. Aufl. 2017, dfv Medien-
    gruppe
Hamm/Schwerdtner, Maklerrecht, 7. Aufl. 2016, C.H. Beck Verlag
Ibold, Maklerrecht, 3. Aufl. 2015, ESV Verlag
Koch, Basiswissen zum Provisionsanspruch des Immobilienmaklers, 1. Aufl. 2014, Boorberg
    Verlag
Mutschler, Maklerrecht, 1. Aufl. 2013, Kohlhammer Verlag
Sailer/Kippes/Rehkugler, Handbuch für Immobilienmakler und Immobilienberater, 3. Aufl. 2017,
    C.H. Beck Verlag

# Versicherungsrecht

9

## 9.1 Der Versicherungsschutz allgemein

Ein Grundstück und die aufstehenden Gebäude sind in ihrem Bestand zahlreichen **Risiken** ausgesetzt, zum Beispiel durch Naturereignisse, Unfälle, Havarien usw. Eventuelle **Schäden** an der Substanz können den Eigentümer finanziell erheblich belasten.

Zudem gehen von der Immobilie selbst **Gefahren für Dritte** aus, beispielsweise für Mieter, Besucher, Lieferanten oder Fußgänger usw., für die der Eigentümer im Rahmen seiner **Verkehrssicherungspflicht** haftet.

Ein umfassender Versicherungsschutz für die Immobilie ist daher wirtschaftlich für den Eigentümer von großer Wichtigkeit und sollte immer wieder kritisch **überprüft** und ggf. den veränderten Verhältnissen **angepasst** werden.

### 9.1.1 Umfang des Versicherungsschutzes

Der Umfang des Versicherungsschutzes durch eine Versicherung regelt sich nach dem **Versicherungsvertragsgesetz** (VVG) und den jeweiligen allgemeinen **Versicherungsbedingungen,** zum Beispiel den AHB (Allgemeine Haftpflichtbedingungen) für Haftpflichtversicherungen oder den ARB (Allgemeine Rechtsschutzbedingungen) für Rechtsschutzversicherungen.

In den **Versicherungsbedingungen** ist festgelegt,

- welches **Risiko** versichert ist,
- welche **Ausschlüsse** bestehen und
- welche **Obliegenheiten** der Versicherungsnehmer zu erfüllen hat.

© Springer Fachmedien Wiesbaden GmbH, ein Teil von Springer Nature 2019
J. Handschumacher, *Immobilienrecht praxisnah,*
https://doi.org/10.1007/978-3-658-26909-8_9

## 9.1.2  Obliegenheiten

Versicherungsschutz besteht grundsätzlich nur dann, wenn die **Versicherungsbeiträge** fristgemäß **gezahlt** wurden und keine sonstige **Obliegenheitsverletzung** vorliegt. Bei Verletzung einer Obliegenheitspflicht wird der Versicherer unter Umständen von seiner Leistungspflicht zum Teil oder auch gänzlich frei. Eine Obliegenheitsverletzung besteht zum Beispiel darin, als Versicherungsnehmer gegenüber dem Schadensverursacher auf zukünftige Ansprüche im Wege eines **Abfindungsvergleichs** zu verzichten, wenn damit **Rückgriffsmöglichkeiten** des regulierenden Versicherers, auf den die Ansprüche gemäß § 86 Abs. 1 VVG übergehen, ausgeschlossen werden, § 86 Abs. 2 VVG[1].

Eine wichtige Obliegenheit des Versicherungsnehmers ist die **Anzeigeobliegenheit** nach § 5 Abs. 2 AHB. Sie setzt voraus, dass der Versicherungsnehmer positive **Kenntnis** vom Eintritt eines „**Versicherungsfalls**" hat. Das bedeutet, dass er das Schadensereignis kennen muss und weiß oder zumindest damit rechnet, dass das Schadensereignis Haftpflichtansprüche Dritter gegen ihn zur Folge haben könnte, für die sein Haftpflichtversicherer **eintrittspflichtig** sein kann. Ein bloßes **Kennenkönnen** oder **Kennenmüssen** des Schadensereignisses oder der die Haftpflicht begründenden Tatsachen genügt nicht[2]. Dass der Versicherungsnehmer eine Obliegenheitsverletzung durch eine **verspätete Schadensmeldung** begangen hat, muss der Versicherer nachweisen. Der Versicherer muss also die **Kenntnis** des Versicherungsnehmers **beweisen,** dass dieser etwas anzuzeigen hatte und was er anzuzeigen gehabt hätte[3].

Auch kann es zu einer **Beweislastumkehr** kommen, wenn durch eine **verspätete Schadensmeldung** im Sinne von § 19 VVG eine Beweisvereitelung zulasten des Versicherers vorliegt[4].

## 9.1.3  Der Anspruchsübergang, § 86 VVG

Mit der **Schadensregulierung** durch Versicherer gehen eventuelle Schadensersatzansprüche des Geschädigten gegen den Schädiger gemäß § 86 VVG auf den Versicherer über. Somit wird der Versicherer **Inhaber** der möglichen Schadensersatzansprüche des Geschädigten gegen denjenigen, der ihm den Schaden zugefügt hat. Die **Regulierung** des Schadens durch die Versicherung entlastet den Schädiger also nicht, weil die Versicherung bei ihm **Regress** nehmen kann.

---

[1]OLG Saarbrücken, Urt. v. 22.11.2018 – 14 O 221/17
[2]BGH, Urt. v. 27.11.2002 – IV ZR 159/01
[3]BGH, Urt. v. 16.09.2009 – IV ZR 246/08; OLG Saarbrücken, Urt. v. 15.05.2013 – 5 U 344/12
[4]OLG München, Urt. v. 30.03.2012 – 25 U 3953/10

## 9.2    Versicherungssparten

Für die verschiedensten **Gefahrensituationen** gibt es unterschiedliche Versicherungen, die grob in folgende „Versicherungssparten" unterteilt werden können:

- Haftpflichtversicherungen
- Personenversicherungen
- Sachversicherungen

Diese **Unterteilung** ist nicht zwingend, weil beispielsweise durch die Haftpflichtversicherung auch **Personen-** oder **Sachschäden** abgedeckt werden.

### 9.2.1    Haftpflichtversicherungen

Bei der Haftpflichtversicherung besteht das sogenannte **Haftpflichtdreieck** zwischen

- Versicherer,
- Versicherungsnehmer und
- Geschädigtem.

Das Verhältnis zwischen Versicherungsnehmer und Versicherer wird als **Deckungsverhältnis** bezeichnet, das zwischen dem Versicherungsnehmer und dem Geschädigten als **Haftungsverhältnis**.

Ansprüche bestehen nach dem sogenannten **Trennungsprinzip** jeweils nur im Deckungs- oder Haftpflichtverhältnis. Der Geschädigte hat daher **keinen direkten Anspruch** gegenüber dem Versicherer des Schädigers auf Zahlung (Ausnahme: Kfz-Haftpflicht).

Der Versicherungsnehmer hat gegenüber dem Versicherer vielmehr einen **Anspruch auf Befreiung** von seiner Schadensersatzpflicht gegenüber dem Geschädigten, auf sogenannte **Deckung.** Ob ein solcher Anspruch besteht, muss gegebenenfalls im **Deckungsprozess** zwischen Versichertem und der Versicherung gerichtlich geklärt werden.

### 9.2.2    Personenversicherungen

Sollen durch die Versicherung bestimmte Personen vor **Gefahren** abgesichert werden, so spricht man von Personenversicherungen. Die Personenversicherung deckt also mögliche **Personenschäden** unterschiedlichster Art ab.

### 9.2.3   Sachversicherungen

Allen Sachversicherungen ist gemein, dass die im Versicherungsvertrag benannten **Sachen** und **Gegenstände** versichert werden, nicht hingegen Personenschäden. Zu diesen Sachversicherungen zählen beispielsweise

- die Wohngebäudeversicherung,
- die Hausratsversicherung oder
- die Feuerversicherung.

Die **Sachversicherungen** decken Schäden aufgrund von

- Beschädigung,
- Zerstörung und
- Einbruchdiebstahl ab.

Die Versicherung kommt also für die **finanziellen Einbußen** des Versicherten auf. Die Sachversicherung orientiert sich dabei am **Sachsubstanzinteresse** oder dem Interesse des Versicherungsnehmers am **Sachwert.**

Zu einer beachtlichen Einschränkung des Versicherungsschutzes kann es durch eine **Über-** oder **Unterversicherung** kommen. Schließt der Versicherungsnehmer einen Versicherungsvertrag in der Absicht, sich aus der Überversicherung, also wenn die Versicherungssumme den Wert des versicherten Interesses (Versicherungswert) erheblich **übersteigt,** einen rechtswidrigen **Vermögensvorteil** zu verschaffen, so ist der Vertrag gemäß § 74 Abs. 2 VVG **nichtig.** Ist die Versicherungssumme erheblich **niedriger** als der Versicherungswert zur Zeit des Eintrittes des Versicherungsfalls, ist der Versicherer gemäß § 75 VVG nur verpflichtet, seine Entschädigungsleistung nach dem **Verhältnis** der Versicherungssumme zu diesem **Wert** zu erbringen[5].

### 9.3   Versicherungen für Immobilien

Bei den Versicherungen für eine Immobilie ist zwischen dem **Zeitraum,** währenddessen das Gebäude errichtet wird, also die **Bauzeit,** und dem Zeitraum während seines **Bestandes** zu unterscheiden.

---

[5]LG Düsseldorf, Urt. v. 04.02.2016 – 11 O 177/11

## 9.3.1   Versicherungen für die Bauphase

Den **am Bau Beteiligten** drohen schon während der Bauphase finanzielle **Risiken,** die durch eine entsprechende Versicherung abgedeckt werden sollten. Es empfiehlt sich insbesondere

- eine Bauherrenhaftpflichtversicherung,
- eine Bauleistungsversicherung bzw. eine Baugewährleistungsversicherung abzuschließen.

### 9.3.1.1   Bauherrenhaftpflichtversicherung

Die Bauherrenhaftpflichtversicherung deckt diejenigen Schäden ab, die durch den **Betrieb einer Baustelle** entstehen und für die der Bauherr haftet. Dieses sind zum einen **Personenschäden**, beispielsweise von Bauhandwerkern, Lieferanten, Sachverständigen usw., aber auch spielenden Kindern auf der Baustelle. Zudem werden durch eine Bauherrenhaftpflichtversicherung auch Beschädigungen an **Sachen,** wie beispielsweise an Baugeräten, Baumaterialien oder solchen, die durch Abgrabungen am Nachbargebäude entstehen, gedeckt.

Um den **Versicherungsschutz** einer solchen Versicherung nicht zu **verlieren,** muss der Bauherr seiner **Verkehrssicherungspflicht**[6] auf der Baustelle nachkommen. Grundsätzlich ist derjenige, der eine **Gefahrenquelle** schafft, für die Absicherung der Gefahren verantwortlich und zwar so lange, bis ein anderer die Sicherung der Gefahrenquelle tatsächlich und ausreichend **übernimmt**[7]. Diese Verkehrssicherungspflicht oder die Verpflichtung zur **Koordination** der Baustelle kann der Bauherr zwar an Dritte **delegieren**[8], beispielsweise den Architekten oder den Bauleiter. Gleichwohl bleibt er aber für deren **Überwachung** verantwortlich.

Nur durch die vertragliche **Übertragung** der Bauplanung, der Bauaufsicht und der Bauausführung an einen bewährten **Architekten** sowie einen zuverlässigen **Bauunternehmer** wird der Bauherr noch nicht von seiner Verpflichtung zur Einhaltung seiner **Verkehrssicherungspflichten** befreit. Es ist vielmehr erforderlich, dass die Verkehrssicherungspflichten wirksam von den Auftragnehmern übernommen werden. Dies setzt eine **klare Absprache** voraus, in der die **Verantwortlichkeiten** eindeutig geregelt werden und die die Gefahren **zuverlässig** ausschaltet[9].

Der Versicherungsschutz endet mit **Beendigung** der Bauarbeiten. Danach greift gegebenenfalls die Gebäudehaftpflichtversicherung.

---

[6]OLG München, Urt. v. 09.08.2017 – 20 U 3454/15

[7]OLG Braunschweig, Urt. v. 28.08.2014 – 8 U 179/12; BGH, Beschl. v. 22.10.2015 – VII 312/14 (Nichtzulassungsbeschwerde zurückgewiesen)

[8]OLG Frankfurt, Urt. v. 19.02.2008 – 18 U 58/07, jurisPR-PrivBauR 9/2008 (mit Anm. Handschumacher); OLG Celle, Urt. v. 02.02.2005 – 9 U 74/04, BauR 2006, 388

[9]BGH, Urt. v. 04.06.1996 – VI ZR 75/95, NJW 1996, 2646

Wird ein Gebäude nach der **Beendigung** der Bauarbeiten zu **Wohnzwecken** genutzt, so haftet im Schadensfall nicht mehr der Bauherr, sodass die Bauherrenhaftpflichtversicherung **nach Beendigung** der Bauarbeiten für eventuelle Schäden nicht mehr greift. Es kommt für die Beendigung der Bauherrenhaftung nicht darauf an, ob das Bauvorhaben **tatsächlich fertiggestellt** ist oder ob noch etwaige Mängel zu beseitigen sind. Es kommt ausschließlich darauf an, ob noch Bauarbeiten stattfinden und die eingetretenen Schäden hierauf zurückzuführen sind oder ob die Schäden im Zusammenhang mit der **Wohnnutzung** entstehen[10].

### 9.3.1.2 Bauleistungsversicherung

Die Bauleistungsversicherung, nicht zu verwechseln mit der Haftpflichtversicherung für Bauunternehmen, deckt die Risiken der **Zerstörung** oder **Beschädigung** von schon erbrachten **Bauleistungen** ab, bevor diese vom Bauherrn abgenommen werden. Bis zur **Abnahme** gemäß § 640 oder bis zur **Zustandsfeststellung** nach § 650 g BGB haftet gemäß 644 BGB nämlich grundsätzlich der Bauunternehmer für Schäden an den von ihm erbrachten Bauleistungen. Dieser muss im Falle einer Beschädigung oder Zerstörung der bereits erbrachten Bauleistungen gegebenenfalls nachleisten oder **noch einmal leisten.**

Dieses **Risiko** kann zum einen durch den Bauherrn versichert werden. Dann gelten die *„Allgemeinen Bedingungen für die Bauleistungsversicherung durch den Auftraggeber (ABN)"*.

Werden die Risiken durch den Auftragnehmer selbst versichert, dann gelten die *„Allgemeinen Bedingungen für die Bauleistungsversicherung von Unternehmerleistungen (ABU)"*. Es ist zulässig und auch üblich, dass im Falle des Abschlusses der Bauleistungsversicherung durch den Bauherrn die Kosten durch vertragliche Vereinbarung auf die bauausführenden Unternehmen **umgelegt** werden[11].

Die Regelung in den ABU, wonach keine Entschädigung geleistet wird, soweit gegen anerkannte **Regeln der Technik** verstoßen wurde oder zumutbare **Schutzmaßnahmen** nicht getroffen wurden, stellt eine zu erfüllende Obliegenheit dar und kann bei Nichterfüllung gegebenenfalls zum Leistungsausschluss führen[12].

Der Versicherungsschutz greift unter Umständen auch bei Schäden aufgrund von **Umwelteinflüssen**. Das Bauherrenrisiko verwirklicht sich bei **Hochwasserschäden**, wenn das Wasser höher als jemals zuvor in den letzten 20 Monaten vor der Ausschreibung stand[13].

---

[10]OLG Karlsruhe, Urt. v. 28.04.205 – 19 U 189/04, BauR 2005, 1222

[11]BGH, Urt. v. 06.07.2000 – VII ZR 73/00, BauR 2000, 1756

[12]OLG Frankfurt, Urt. v. 13.05.2009 – 7 U 55/08; BGH, Beschl. v. 27.01.2010 – IV ZR 125/09 (Nichtzulassungsbeschwerde zurückgewiesen)

[13]OLG Düsseldorf, Urt. v. 16.04.2002 – 4 U 187/01, BauR 2003, 1446

### 9.3.1.3 Baugewährleistungsversicherung/ Baufertigstellungsversicherung

Durch diese beiden Versicherungen soll das Risiko des Bauherrn vor der **Insolvenz** des Bauunternehmers oder sonstigem **Bautenstillstand** abgesichert werden. Eine solche Versicherung bietet sich insbesondere dann an, wenn eventuelle Bürgschaften, also zum Beispiel eine Gewährleistungsbürgschaft des Bauunternehmers, das Risiko nicht in hinreichender Weise absichern.

▶ Welche **Kosten** im Einzelnen abgesichert werden sollen, also Kosten für Mangelbeseitigung, Restfertigstellung, Bauverzögerung, Zustandsfeststellung oder erhöhte Planungs- und Fortführungskosten usw., muss im **Einzelfall** geprüft und entschieden werden. Beachtung muss in diesem Zusammenhang auch der Frage gewidmet werden, in welcher Weise die Möglichkeit zur **Aufrechnung** solcher Kosten gegen mögliche Restwerklohnansprüche zur **Schadensminderung** beitragen kann.

### 9.3.2 Versicherungen für den Bestand der Immobilie

Es gilt im Wesentlichen **zwei verschiedene Arten** von Risiken zu versichern, nämlich zum einen das Risiko, welches der Immobilie an sich droht, beispielsweise von Umwelteinflüssen wie Sturm oder Blitzschlag und diejenigen Risiken, die von der Immobilie selbst ausgehen und zum Beispiel Passanten drohen. Zudem kann es sich für den Fall eines Immobilienkaufs anbieten, eine Gewährleistungsversicherung abzuschließen.

### 9.3.2.1 Gebäudeversicherung

Durch eine Gebäudeversicherung werden die verschiedensten **Risiken,** welche der Immobilie in ihrem **Bestand** drohen, versichert wie

- Brand,
- Leitungswasser,
- Sturm,
- Hagel etc.

Zusätzlich können auch sogenannte **Elementarschäden** versichert werden, wie

- Überschwemmung,
- Hochwasser,
- Erdbeben oder
- Lawinengefahr etc.

### 9.3.2.1.1 Versicherungsumfang

Von der Versicherungswirtschaft werden besondere Versicherungspakete angeboten, beispielsweise die **Wohngebäudeversicherung**. Welche **Schadensrisiken** abgesichert werden müssen, kann nur im konkreten Einzelfall entschieden werden.

Von der Wohngebäudeversicherung mitumfasst sind neben dem eigentlichen Gebäude auch **sonstige Grundstücksbestandteile** wie Einfriedungen, also Zäune, Mauern und Hecken sowie Hof- und Gehsteigbefestigungen. Nicht dazu gehören zum Beispiel Trocken- oder Weinbergsmauern, die den Zweck haben, das Grundstück gegen Abrutschungen zu sichern[14].

Als eine **Überschwemmung** im Sinne einer Elementarschadenversicherung ist eine Überflutung von Grund und Boden zu verstehen, die voraussetzt, dass sich erhebliche **Wassermengen** auf der Geländefläche **ansammeln**. Auch wenn ein versicherter Überschwemmungsschaden nicht voraussetzt, dass das gesamte Grundstück überflutet wird, so ist jedoch erforderlich, dass das Wasser in **erheblichem Umfang** meist mit schädlichen Wirkungen nicht auf normalem Weg abfließen kann und sich **Wassermengen** auf der Geländeoberfläche ansammeln[15].

▶ Aus diesem Grunde sollten **Anlagen** zur Erzeugung von **erneuerbaren Energien** auch vor Beschädigung, Zerstörung, Diebstahl und Ausfall zusätzlich versichert werden, weil diese bei einer herkömmlichen **Wohngebäudeversicherung** meistens nicht mitversichert sind.

Auch eine Versicherung zum Schutz vor **Graffitis** kann unter Umständen, je nach Lage der Immobilie, wirtschaftlich sinnvoll sein.

Zu denken ist zudem an eine **Allgefahrenversicherung**, auch bezeichnet als „All-risk-Versicherung". Im Gegensatz zur herkömmlichen Gebäudeversicherung, die die versicherten Risiken im Einzelnen aufführt, sind durch eine Allgefahrenversicherung **sämtliche Risiken** abgesichert, es sei denn, sie sind ausdrücklich ausgeschlossen. Durch eine solche Versicherung sind üblicherweise auch Schäden aufgrund von Bedienfehlern, Fahrlässigkeit oder Vandalismus versichert. Die **Kosten** für diese Sachversicherung sind, anders als bei einer reinen **Mietausfallversicherung**, auch als Betriebskosten auf den Mieter **umlegbar**[16].

### 9.3.2.1.2 Versicherungswechsel

**Vorsicht** ist beim **Wechsel** einer Versicherung geboten. Kann nämlich der geschädigte Gebäudeeigentümer nicht beweisen, wann ein Wasserschaden genau eingetreten ist, mithin nicht eindeutig belegbar ist, welche der Versicherungen zum fraglichen **Zeitpunkt**

---

[14]OLG Dresden, Urt. v. 02.01.2018 – 4 U 1400/17
[15]OLG Koblenz, Beschl. v. 15.12.2017 – 10 U 811/16, m. w. N.
[16]BGH, Urt. v. 06.06.2018 – VIII ZR 38/17

des Schadensereignisses bestand, so kann der Versicherungsschutz entfallen, weil keine der beiden Versicherungen für den eingetretenen Schaden haftbar gemacht werden kann[17].

Probleme im Zusammenhang mit dem **Wechsel** des Versicherers können sich insbesondere bei einem **Leitungswasserschaden** stellen. Ein Leitungswasserschaden ist zumeist kein punktuelles Ereignis. Das „**Schadensereignis**" erstreckt sich regelmäßig über einen oft längeren **Zeitraum** und verursacht infolge nachlaufenden Wassers einen sich ständig vergrößernden Schaden. Für den Zeitpunkt des Versicherungsfalls lässt sich daher nicht allein darauf abstellen, wann die erste **Rohrundichtigkeit** im Sinne einer „**Erstschädigung**" eingetreten ist. Aus Sicht eines durchschnittlichen Versicherungsnehmers bedeutet dies, dass der Versicherungsfall „**Nässeschaden**" so lange andauert, wie Wasser bestimmungswidrig aus **Leitungen** austritt und versicherte Sachen zerstört oder beschädigt werden, mithin die ursprüngliche „Erstversicherung" auch für spätere Schäden einstehen muss[18].

### 9.3.2.1.3 Schadensnachweis

Der Versicherungsnehmer hat den **Umfang des Schadens** und dessen **Verursachung** grundsätzlich zu beweisen. Bei **Sturmschäden** muss der Versicherungsnehmer zum Beispiel beweisen, dass ein Sturm, also eine wetterbedingte Luftbewegung von mindestens **Windstärke** 8 nach Beaufort am Standort des Gebäudes vorgeherrscht hat oder der Schaden wegen des einwandfreien Zustands des versicherten Gebäudes nur durch den Sturm entstanden sein konnte[19].

Beim **Leitungswasserschaden** oder **Rückstauschaden** muss der Versicherungsnehmer beweisen, dass das Wasser **bestimmungswidrig** aus dem Rohrsystem des versicherten Gebäudes ausgetreten ist[20].

Beim **Überschwemmungsschaden** muss Beweis darüber erbracht werden, wo und auf welche Weise sich auf der Geländeoberfläche erhebliche Wassermengen angesammelt haben. Es genügt nicht die Darstellung, dass Wasser ohne eine solche Ansammlung außerhalb des Grundstücks in ein Gebäude hineingeflossen ist[21]. Der Versicherungsnehmer muss zumindest beweisen, dass das Schadensereignis **mitursächlich** für den eingetretenen Schaden war[22].

### 9.3.2.1.4 Schadensumfang

Was den Umfang des zu regulierenden Schadens angeht, so muss die Gebäudeversicherung beim **Leitungswasserschaden** gemäß § 11 Nr. 1 Buchst. b AWB bei

---

[17]OLG Celle, Urt. v. 10.05.2012 – 8 U 123/11

[18]OLG Hamm, Beschl. v. 20.07.2015 – 20 W 19/15; a. A. OLG Celle, 10.05.2012, 8 U 213/11

[19]OLG Saarbrücken, Urt. v. 20.06.2018 – 5 U 58/17

[20]KG Berlin, Urt. v. 18.06.2018 – 6 U 162/17

[21]OLG Koblenz, a. a. O., Rn 82, m. w. N.

[22]OLG Hamm, Beschl. v. 24.04.2017 – 20 U 36/17

beschädigten Sachen die **notwendigen Reparaturkosten** zur Zeit des Eintritts des Versicherungsfalls ersetzen, zuzüglich einer etwaigen, nicht auszugleichenden **Wertminderung.** Notwendig sind solche Reparaturmaßnahmen, die der **Wiederherstellung** des ursprünglichen Zustands dienen. Bei einer bereits vor dem Schadensereignis **beschädigten** Sache bedeutet dies, dass nur solche **Reparaturkosten** notwendig sind, die nicht bereits vor dem Eintritt des Versicherungsfalls notwendig waren[23].

Die **Beweislast** für das Fehlen solcher **Vorschäden** trägt der Versicherte. Er muss im Einzelnen die Behauptung des Versicherers oder sonstige Anhaltspunkte für **Vorschäden** ausschließen, also dass Schäden gleicher Art und gleichen Umfangs bereits vorhanden waren. Hierfür muss er sich zu der Art der Vorschäden einlassen und ggf. darlegen, dass bereits eine Reparatur erfolgt war[24].

### 9.3.2.1.5  Haftung des Inhabers einer Wasserversorgungsanlage

Neben der Deckung durch eine Wohngebäudeversicherung kommt noch eine **weitere Möglichkeit** in Betracht, einen **Wasserschaden** zu liquidieren, nämlich gegenüber dem **Inhaber einer Wasserversorgungsanlage** gemäß § 2 Abs. 1 HPflG. Der Inhaber einer Wasserversorgungsanlage haftet danach **verschuldensunabhängig** für Schäden, die durch die Anlage entstanden sind. Die Haftung des Inhabers, in der Regel ein Wasserversorgungsunternehmen, reicht typischerweise bis zur **Hauptabsperrvorrichtung** im Anschlussraum eines Gebäudes. Bis hierhin ist das Wasserversorgungsunternehmen auch für den **Unterhalt** und eine notwendige **Erneuerung** der Anlage verantwortlich.

§ 2 Abs. 3 HPflG enthält allerdings einen **Haftungsausschluss** für Schäden **innerhalb** des Gebäudes, wenn der Schaden auf die Anlage **innerhalb** des Gebäudes zurückzuführen ist[25]. Von einer Anlage i. S. v. § 2 Abs. 3 HPflG ist dann auszugehen, wenn eine gewisse **Selbstständigkeit** gegeben ist, wobei eine solche auch vorhanden ist, wenn die Anlage ein Teil einer anderen Anlage ist bzw. beide Teile nur zusammen **funktionsfähig** sind[26].

### 9.3.2.2  Gebäudehaftpflichtversicherung

Die Gebäudehaftpflichtversicherung wird auch als **Haus- und Grundbesitzerhaftpflichtversicherung** bezeichnet und deckt diejenigen **Risiken** ab, für die der Gebäudeeigentümer einem geschädigten **Dritten haftet,** weil er die ihm obliegenden **Verkehrssicherungspflichten** nicht erfüllt hat[27]. Dies sind beispielsweise die Verpflichtungen

---

[23]OLG Saarbrücken, 19.09.2012, 5 U 68/12

[24]OLG Celle, Beschl. v. 10.10.2016 – 8 U 94/16, Rn 36

[25]BGH, Urt. v. 11.09.2014 – III ZR 490/13, Rn 13

[26]BGH, a. a. O., Rn 14

[27]OLG Hamm, Urt. v. 25.01.2012 – 20 U 120/11

des Eigentümers zur baulichen Instandhaltung, Beleuchtung, Reinigung und die Durchführung des Winterdienstes auf Gehwegen[28].

Eine **Beräumungspflicht** besteht nicht für „Alternativwege", also solche, die zu Abkürzungszwecken genutzt werden, wenn der übliche **Hauptweg** ausreichend beräumt wurde[29].

Versichert sind nicht nur die Handlungen oder Unterlassungen des Haus- und Grundeigentümer als Person, sondern auch derjenigen, derer er sich durch **Arbeitsvertrag** zur Erfüllung seiner Verpflichtungen bedient, also typischerweise ein **Hausmeister,** ein **Hausverwalter** oder ein **Handwerkerservice.**

Das versicherte Haus- und Gebäuderisiko umfasst auch Bäume, Teiche und die üblicherweise verwendeten Arbeitsgeräte.

Die **Verkehrssicherungspflichten** treffen den Eigentümer aber nur so lange, wie er die **Verfügungsgewalt** über das Grundstück hat. Wurde ihm die **Verfügungsmacht** durch eine hoheitliche Maßnahme entzogen, indem zum Beispiel der Baulastträger zur Durchführung von Straßenbaumaßnahmen in den **Besitz** eingewiesen wurde, so entfällt diese Verpflichtung. Für eventuelle Schäden haften danach die staatlichen Stellen[30].

Die Höhe der möglichen Versicherungsleistung richtet sich nach der vereinbarten **Deckungssumme.**

Gefahren, die sich **unabhängig** von der Verletzung von Verkehrssicherungspflichten verwirklichen, Schäden also, die nur rein **zufällig** oder **bei Gelegenheit** im Zusammenhang mit dem Haus- und Grundbesitz eintreten, fallen nicht unter die Gebäudehaftpflichtversicherung. Der Verstoß des Grundstückseigentümers lediglich gegen allgemeine **Sorgfaltspflichten** begründet ebenfalls keinen Anspruch gegen den Versicherer[31]. Hier greift unter Umständen die Privathaftpflichtversicherung.

Versicherungsnehmer beim **Wohnungseigentum** ist die Wohnungseigentümergemeinschaft. Die Versicherung bezieht sich in diesem Fall nur auf das **Gemeinschaftseigentum**, nicht auf das Sondereigentum. Schäden, die am **Sonder- oder Teileigentum** selbst entstehen, sind hierdurch nicht mitversichert.

Eventuelle Ansprüche, die sich gegen den **WEG-Verwalter** richten oder Ansprüche der **Wohnungseigentümer untereinander,** sind dann mitversichert, wenn ein Schaden bei der Schadensverursachung, also die entsprechende Handlung, im Interesse und für Zwecke der WEG-Gemeinschaft vorgenommen wurde.

---

[28]BGH, Urt. v. 27.11.1984 – VI ZR 49/83, NJW 1985, 484; OLG Frankfurt, Urt. v. 26.11.2003 – 21 U 38/03

[29]OLG Koblenz, Urt. v. 02.10.2014 – 1 U 210/14

[30]BGH, Urt. v. 13.06.2017 – VI ZR 395/16

[31]OLG Hamm, a. a. O.

### 9.3.2.3  Gewährleistungsversicherung

Die Gewährleistungsversicherung, die in aller Regel durch den Käufer eines **Grundstücksvertrags** abgeschlossen wird, dient dazu, eventuelle **Gewährleistungsansprüche** insbesondere im Hinblick auf bauliche Anlagen gemäß §§ 434 ff. BGB oder solche, die sich aus im Kaufvertrag i. S. v. § 443 BGB gegebenen **Garantien** eines Grundstücksverkäufers ergeben, abzusichern. Im Falle eines noch während der **Gewährleistungszeit** auftretenden Mangels, kann der Käufer auf seinen Versicherer zugreifen, um den Schaden zu liquidieren und braucht sich nicht mit dem Verkäufer auseinanderzusetzen. Die Gewährleistungsversicherung, die auch **W & I-Versicherung (Warranty & Indemnity-Insurance)** genannt wird, kann insbesondere ein taugliches Mittel darstellen, eigentlich nicht akzeptable Kaufvertragsbedingungen des Verkäufers doch zu akzeptieren, also zum Beispiel **Haftungsausschlüsse** oder verkürzte **Verjährungsfristen.** Auch mangelnde Bonität des Verkäufers kann ein Grund für eine Gewährleistungsversicherung sein.

Typischerweise werden Zahlungsansprüche des Käufers gegen die Versicherung auf 10–30 % des Kaufpreises **begrenzt.** Die **Versicherungsprämie** beträgt durchschnittlich 1–2 % des Kaufpreises zuzüglich eines **Selbstbehalts** in entsprechender Höhe. All dies hängt aber vom jeweiligen Einzelfall ab und ist mit dem Versicherer verhandelbar.

**Nicht versicherbar** sind, was auch selbstverständlich ist, dem Käufer bereits **bekannt Risiken** sowie einige spezielle Gewährleistungsansprüche oder Umweltrisiken.

▶  Aber auch für den **Verkäufer** einer Immobilie kann der Abschluss einer Gewährleistungsversicherung sinnvoll sein, zum Beispiel zur **Verkürzung** von **Haftungszeiträumen,** Akzeptanz von erhöhten **Haftungsrisiken** oder zum Ausschluss einer **persönlichen Haftung.**

## Weiterführende Literatur

Beckmann/Matusche – Beckmann, Versicherungsrechtshandbuch, 3. Aufl. 2012, C.H. Beck Verlag
van Bühren, Handbuch des Versicherungsrechts, 7. Aufl. 2017, Deutscher Anwaltsverlag
Klaus-Allenstein, Handbuch Bauversicherungsrecht, 1. Aufl. 2013, Werner Verlag
Münchner Anwaltshandbuch Versicherungsrecht, 4. Aufl. 2017, C.H. Beck Verlag
Prölls/Martin, Kommentar zum Versicherungsvertragsgesetz, 30. Aufl. 2018, C.H. Beck Verlag
Rehm/Frömel, Kommentar Bauleistungsversicherung: ABN/ABU, 3. Aufl. 2009, C.H. Beck Verlag
Langheid/Rixecker, Kommentar zum Versicherungsvertragsgesetz, 6. Aufl. 2019, C.H. Beck Verlag
Späte/Schimikowski, Kommentar zu den AHB, 2. Aufl. 2015, C.H. Beck Verlag

# Steuerrecht

**10**

Im folgenden Kapitel soll ein kurzer **Überblick** über die wichtigsten **steuerlichen Aspekte** im Zusammenhang mit Immobilien gegeben werden.

Neben der hier dargestellten

- Grundsteuer und
- Grunderwerbsteuer.

sind für Immobilien zudem **relevant,** die

- Einkommensteuer,
- Körperschaftsteuer,
- Gewerbesteuer und die
- Umsatzsteuer.

## 10.1 Die Grunderwerbsteuer

### 10.1.1 Einführung

Die Grunderwerbsteuer ist eine **Sonderumsatzsteuer,** die beim **Verkauf** einer Immobilie oder grundstücksgleichen Rechten im Inland durch den deutschen Steuerfiskus erhoben wird, § 1, 2 GrEStG.

Das Recht der Grunderwerbsteuer ist im **Grunderwerbsteuergesetz** geregelt (GrEStG), zuletzt geändert im Juli 2016.

Durch die Erhebung der Grunderwerbsteuer wird der **Erwerbsvorgang** an sich besteuert, also zuvorderst der zivilrechtliche **Rechtsträgerwechsel.** An einem solchen

© Springer Fachmedien Wiesbaden GmbH, ein Teil von Springer Nature 2019
J. Handschumacher, *Immobilienrecht praxisnah,*
https://doi.org/10.1007/978-3-658-26909-8_10

Erwerbsvorgang müssen folglich mindestens zwei Rechtsträger beteiligt sein. Ein Erwerbsvorgang im steuerlichen Sinn ist nicht nur die **Veräußerung** von Grund und Boden, sondern auch das Meistgebot in der **Zwangsversteigerung,** die **Abtretung** von Rechten eines
Erwerbsvorgangs oder der **Erwerb von Verwertungsrechten** und Ähnlichem.

Die Grunderwerbsteuer fällt auch an, wenn bei „**Unternehmensverkäufen**" ein
wirtschaftlicher Eigentümerwechsel vom ursprünglichen Eigentümer auf einen neuen
Eigentümer bezüglich einer Immobilien stattfindet, § 2 Abs. 2a – 4 GrEStG. Dies kann
auch gelten, bei Ausscheiden eines **Gesellschafters** aus einer im Grundbuch als Eigen-
tümerin eingetragenen Gesellschaft bürgerlichen Rechts[1].

Die Grunderwerbsteuer bemisst sich nach der **Höhe** der **Gegenleistung** für die Übertragung des Eigentums an der Immobilie, also in der Regel der Höhe des **Kaufpreises.**
Aber auch ein Erwerbsvorgang in der Form eines **Tauschs** gemäß § 480 BGB unterliegt nach § 1 Abs. 1 Nr. 1 GrEStG der Besteuerung. Besteht die Gegenleistung ebenfalls in einem Grundstück, so unterliegen beide Leistungen gemäß § 1 Abs. 5 GrEStG
der Grunderwerbsteuer.

**Bemessungsgrundlage** kann auch der Wert der Übernahme von **Belastungen,**
Gewährung von Wohn- oder Nutzungsrechten etc. sein, §§ 8, 9 GrEStG.

Beim Kauf eines **erbbaurechtsbelasteten** Grundstücks durch den Erbbauberechtigten
oder einen Dritten unterliegt lediglich der nach Abzug des Kapitalwerts des Erbbauzinsanspruchs vom Kaufpreis verbleibende Unterschiedsbetrag der Grunderwerbsteuer[2].

Beim Erwerb einer Immobilie im Wege der **Zwangsversteigerung** ist das **Meistgebot**
als Bemessungsgrundlage der Grunderwerbsteuer maßgeblich. Eine **Minderung** um eine
anteilige Instandhaltungsrückstellung erfolgt nicht[3]. Bereits die Abgabe des Meistgebots
unterliegt gemäß § 1 Abs. 1 Nr. 4 GrEStG der Besteuerung, da hierdurch der Eigentumsübergang erfolgt (siehe Kap. 3; Abschn. 3.4.4.3).

Weitere steuerbare Erwerbsvorgänge sind in § 1 Abs. 1 Ziff. 5 – 7, Abs. 2 – 6 GrEStG
aufgeführt.

Wird im Zusammenhang mit dem Grundstückserwerb ein **Bauvertrag** abgeschlossen, so ist dies
steuerrechtlich ein einheitlicher Erwerbsvorgang, wenn zwischen Bauvertrag und Grunderwerb
ein objektiv sachlicher **Zusammenhang** besteht. Ein solcher Zusammenhang zwischen dem
Grundstückskaufvertrag und einer weiteren Vereinbarung wird **indiziert,** wenn die Veräußererseite dem Erwerber vor Abschluss des Kaufvertrags über das Grundstück ein bestimmtes Gebäude
zusammen mit dem Grundstück zu einem im Wesentlichen **feststehenden Preis** angeboten hatte
und der Erwerber dieses Angebot später unverändert oder mit geringen Abweichungen annimmt[4].

---

[1]OLG Jena, Beschl. v. 23.06.2011 – 9 W 181/11

[2]BFH, Urt. v. 06.05.2015 – II R 8/14

[3]BFH, Urt. v. 02.03.2016 – II R 27/14

[4]BFH, Urt. v. 04.12.2014 – II R 22/13

Erforderlich ist, dass das vom Erwerber mit der Bebauung beauftragte Unternehmen in diesem Zeitpunkt zur Veräußererseite gehört[5].

Werden zusätzlich zur eigentlichen Immobilie auch **Baupläne** mitverkauft, so hat der BFH hierzu folgendes entschieden:

**Rechtsprechung:** „1. Für Baupläne unterliegt der Kaufpreis auch dann nicht der Grunderwerbsteuer, wenn sie zusammen mit einem Grundstück erworben werden, das Gegenstand der Planung ist. 2. Etwas anderes kann gelten, wenn sich anhand der Unausgewogenheit von Leistung und Gegenleistung ergibt, dass die Kosten der Bauplanung in Wirklichkeit verdeckte Anschaffungskosten des Grundstücks darstellen, oder wenn die Bauplanung dazu dient, das Grundstück in den Bebauungszustand zu versetzen, wie er von den Vertragschließenden zum Gegenstand des Kaufs gemacht wurde"[6].

Ist der Erwerber eines Grundstücks **beim Abschluss** des Grundstückskaufvertrags hinsichtlich des „Ob" und „Wie" der Bebauung **bereits gebunden,** so ist das erworbene Grundstück zwar erst dann im bebauten Zustand Gegenstand des Erwerbsvorgangs, wenn der **Bauerrichtungsvertrag** geschlossen wird. Der Abschluss des Bauerrichtungsvertrags ist aber ein **nachträgliches Ereignis,** welches die Bemessungsgrundlage der Grunderwerbsteuer auf den Zeitpunkt des Grundstückserwerbs dahingehend verändert, dass zu den Kosten des Grundstückserwerbs nunmehr auch die Baukosten **hinzugerechnet** werden[7].

Es ist nicht Voraussetzung für den Anfall von Grunderwerbsteuer, dass der Erwerbsvorgang nach **deutschem Recht** vollzogen wird, sondern dass es sich um ein **inländisches Grundstück** handelt.

Die Einräumung eines **Vorkaufsrechts** oder die Unterbreitung eines **Angebots** bzw. ein **Vorvertrag** zum Abschluss eines Grundstückskaufvertrags stellen noch **keinen** steuerbaren Erwerbsvorgang dar[8].

Die **Freigrenze** für die Besteuerung eines Übertragungsvorgangs beträgt 2500,- €, § 3 Ziff. 1 GrEStG.

## 10.1.2 Steuerschuldner

**Steuerschuldner** für die Grunderwerbsteuer sind der **Käufer** und der **Verkäufer.** Beide haften **gesamtschuldnerisch,** unabhängig von einer vertraglichen Vereinbarung, wer von beiden die Steuer zu tragen hat[9]. Eine solche Vereinbarung der Vertragsparteien bindet den Steuerfiskus also nicht, sondern führt gegebenenfalls nur zu einem internen **Ausgleichsanspruch** der Vertragsparteien untereinander. Zumeist wird vereinbart, dass der Käufer einer Immobilie die Steuer zu zahlen hat.

---

[5]BFH, Urt. v. 06.07.2016 – II R 5/15

[6]BFH, Urt. v. 09.11.1999 – II R 54/98; vgl. auch BFH, Urt. v 27.11.2013 – II R 56/12

[7]BFH, Urt. v. 25.01.2017 – II R 19/15

[8]Niedersächs. FG, Urt. v. 15.03.1990 – III 57/85; BFH, Urt. v. 27.01.1972 – II 73/65

[9]BFH, Urt. v. 30.08.2017 – II R 48/15

### 10.1.3  Steuersätze der Bundesländer

Bis 2006 war die **Höhe** der Grunderwerbssteuer **bundeseinheitlich** auf **3,5 %** des Wertes der Gegenleistung festgelegt. Seitdem haben die Bundesländer die Möglichkeit, den Steuersatz individuell festlegen, da ihnen die Grunderwerbsteuer auch zufließt. Keines der **Bundesländer** hat jedoch, was ursprünglich mit der **Freigabe** des Steuersatzes beabsichtigt war, diesen gesenkt, um gegenüber anderen Bundesländern einen **Standortvorteil** zu generieren. Im Gegenteil, der Steuersatz wurde in den meisten Bundesländern deutlich erhöht, mit Ausnahme der beiden Freistaaten **Bayern** und **Sachsen.**

Stand 2019 beträgt der Steuersatz in den einzelnen **Bundesländern** folgende Prozentsätze, bezogen auf die **Bemessungsgrundlage**:

- Baden-Württemberg 5,0 %
- Bayern 3,5 %
- Berlin 6,0 %
- Brandenburg 6,5 %
- Bremen 5,0 %
- Hamburg 4,5 %
- Hessen 6 %
- Mecklenburg-Vorpommern 5,0 %
- Niedersachsen 5,0 %
- Nordrhein-Westfalen 6,0 %
- RheinlandPfalz 5,0 %
- Saarland 6,5 %
- Sachsen 3,5 %
- Sachsen-Anhalt 5,0 %
- Schleswig-Holstein 6,5 %
- Thüringen 6,5 %.

Wie **signifikant** der Steuersatz in einigen Bundesländern **erhöht** wurde, soll am Beispiel von **Berlin** gezeigt werden. Dort betrug der Steuersatz

- vor dem 01.01.2007 3,5 %,
- ab dem 01.01.2007 4,5 %,
- ab dem 01.04.2012 5,0 %,
- ab dem 01.01.2014 6,0 %.

### 10.1.4  Ausnahmen

Veräußerungen, Schenkungen und Erbschaften unter **Ehegatten** oder **Lebenspartnern** und **Verwandten** in gerader Linie werden nicht besteuert; ebenso wenig die Aufhebung von **Treuhandverhältnissen** und weitere **Ausnahmetatbestände** § 3 Ziff. 2 – 8 GrEStG.

Bei einer **Grundstücksschenkung** kann dennoch Grunderwerbssteuer anfallen, wenn sie unter einer **Auflage** erfolgen. Solche Grundstücksschenkungen unterliegen hinsichtlich des Wertes der Auflage dann der Grunderwerbsteuer, wenn die Auflage bei der Schenkungsteuer abziehbar ist[10]. **Unerheblich** ist, ob die Auflage tatsächlich bei der Schenkungsteuer abgezogen wurde. Das gilt selbst dann, wenn die Grundstücksschenkung insgesamt von der Schenkungsteuer befreit ist[11].

Die Verpflichtung zur Zahlung von Grunderwerbsteuer kann **nachträglich** gemäß § 16 GrEStG auf Antrag des Steuerpflichtigen wieder **entfallen,** wenn der Veräußerer das Grundstück zurückerwirbt. Auch für den **Rückerwerb** fällt dann keine Grunderwerbssteuer an. **Voraussetzung** ist aber, dass der Rückerwerb

- entweder innerhalb von **zwei Jahren** erfolgt, § 16 Abs. 2 Ziff. 1 GrEStG,
- das dem Erwerbsvorgang zugrundliegende Rechtsgeschäft **nichtig** ist oder durch **Anfechtung** wird, § 16 Abs. 2 Ziff. 2 GrEStG[12], oder
- wenn **Vertragsbedingungen** nicht erfüllt wurden und deshalb der Grundstückskaufvertrag **rückgängig** gemacht wurde, § 16 Abs. 2 Ziff. 3 GrEStG.

Eine spätere **Herabsetzung** ist nach § 16 Abs. 3 GrStG für den Fall möglich, dass die Gegenleistung für das Grundstück **nachträglich reduziert** wird.

Fällt der Verkäufer mit seiner Kaufpreisforderung gänzlich oder zum Teil aus, zum Beispiel bei der **Insolvenz** des Käufers, so führt dies nicht zu einer entsprechenden Reduzierung der Grunderwerbsteuer[13].

## 10.1.5 Zuständigkeit

Das **Finanzamt**, in dessen Bezirk das betreffende Grundstück liegt, ist für die Besteuerung zuständig, § 17 GrEStG. Der Immobilienverkauf wird vom **Notar** an das Finanzamt **gemeldet**, § 18 GrEStG, sodass das Finanzamt von jedem Immobilienverkauf Kenntnis erhält.

## 10.1.6 Entstehung und Fälligkeit

Die Steuer wird **fällig** einen Monat nach **Bekanntgabe** des Steuerbescheides gegenüber dem Steuerpflichtigen, § 15 GrEStG.

---

[10]BFH, Urt. v. 09.02.2017 – II R 38/15
[11]BFH, Urt. v. 12.07.2016 – II R 57/14
[12]BFH, Urt. v. 29.06.2016 – II R 14/12
[13]BFH, Urt. v. 13.05.2016 – II R 39/14

In Fällen, bei denen der Vertrag unter einer **Bedingung** geschlossen wurde oder einer **Genehmigung** bedarf, entsteht die Steuer **erst dann,** wenn

- die Wirksamkeit des Erwerbsvorgangs von dem Eintritt einer **Bedingung** abhängt, mit dem Eintritt der Bedingung[14], § 14 Ziff. 1 GrEStG oder
- bei einer Genehmigungsbedürftigkeit, mit der **Genehmigung,** § 14 Ziff. 2 GrEStG.

### 10.1.7  Unbedenklichkeitsbescheinigung

Nach Zahlung der Steuer erteilt das Finanzamt die Unbedenklichkeitsbescheinigung, die Voraussetzung für die Eintragung im **Grundbuch** ist, § 22 GrEStG. Ohne Entrichtung der Grunderwerbsteuer durch den Steuerpflichtigen ist somit keine vollwirksame **Eigentumsübertragung** einer Immobilie im Wege der vom GrEStG erfassten Erwerbsvorgänge möglich.

▶   Die Vorlage einer vom **Notar** ausgefertigten **beglaubigten Kopie** der finanzamtlichen Bescheinigung reicht hierfür aus. Es bedarf nicht der Vorlage des Originals[15].

### 10.1.8  Grunderwerbsteuer und Ertragsbesteuerung

Die bei einem Veräußerungsvorgang zu entrichtende Grunderwerbsteuer ist entweder als Teil der **Anschaffungskosten** als **Werbungskosten** absetzbar oder als **Betriebsausgaben.** Im ersteren Fall ist die Steuer auf Grund und Boden sowie auf das Gebäude **aufzuteilen.**

## 10.2    Die Grundsteuer

### 10.2.1  Einführung

Das Recht der Grundsteuer ist im **Grundsteuergesetz** (GrStrG) von 1973 geregelt, zuletzt geändert am 19.12.2008. Wann und in welcher Form die Grundsteuer aufgrund der Rechtsprechung des **Bundesverfassungsgerichts** (siehe Abschn. 10.2.7) reformiert wird, bleibt abzuwarten.

---

[14]BFH, Urt. v. 11.12.2014 – II R 26/12
[15]KG, Beschl. v. 29.11.2011 – 1 W 71/11

Die Grundsteuer ist eine **kommunale Steuer.** Den Gemeinden steht das sogenannte **Heberecht** zu, §§ 1, 46 GrStG. Gegenstand der Besteuerung ist der **Wert der Immobilie.** Besteuert wird also der inländische Grundbesitz an sich. Die Grundsteuer ist somit eine **Real-** bzw. **Objektsteuer.** Die Höhe des gesamten Grundsteueraufkommens aller Kommunen lag in den letzten Jahren im Durchschnitt bei ca. 12,5 Mrd. €. Das Bundesland mit dem durchnittlich höchsten Hebesatz in 2018, und zwar von 810 %, war Berlin. Die durchschnittlich niedrigsten Hebesätze hatten Bayern mit 394 % und Schleswig-Holstein mit 393 %.

## 10.2.2 Höhe der Grundsteuer

Die Höhe der Grundsteuer errechnet sich aus dem **Steuermessbetrag,** der sich aus dem sogenannten **Einheitswert** ableitet, §§ 2, 13 ff. GrStG. Die Höhe des Wertes wird nach dem **BewG** ermittelt.

Nach § 2 BewG ist jede **wirtschaftliche Einheit** für sich zu bewerten. Was alles zu dieser Einheit gehört, richtet sich gemäß § 2 Abs. 1 S. 2 BewG nach der **Verkehrsanschauung.** Bilden mehrere Wirtschaftsgüter eine wirtschaftliche Einheit, so werden sie nur dann im Sinne des BewG als solche behandelt, wenn sie im **Eigentum** desselben Eigentümers stehen.

Steuergegenstand bei **Grundstücken** ist nach § 68 BewG das **Grundvermögen.** Zum Grundvermögen gehören

- der Grund und Boden, die Gebäude, die sonstigen Bestandteile und das Zubehör,
- das Erbbaurecht,
- das Wohnungseigentum, das Teileigentum und das Wohnungs- und Teilerbbaurecht nach dem WEG,

soweit es sich nicht um **land- oder forstwirtschaftliches** Vermögen oder um **Betriebsgrundstücke** handelt.

Entsprechend § 70 BewG bildet jede **wirtschaftliche Einheit** ein Grundstück im Sinne des BewG.

Nach §§ 72 ff. BewG wird weiter zwischen **unbebauten** und **bebauten** Grundstücken differenziert, wobei letztere weiter unterteilt werden in

- Mietwohngrundstücke,
- Geschäftsgrundstücke,
- gemischt genutzte Grundstücke,
- Einfamilienhäuser,
- Zweifamilienhäuser und
- sonstige bebaute Grundstücke

**Unbebaute** Grundstücke sind solche, auf denen keine benutzbaren Gebäude stehen.

Bebaute Grundstücke werden grundsätzlich nach dem **Ertragswertverfahren** gemäß §§ 78 – 82 BewG bewertet.

Die sonstigen bebauten Grundstücke werden nach dem **Sachwertverfahren** gemäß §§ 83 – 90 BewG bewertet.

Für die **Bewertung** eines bebauten Grundstücks als „**Wohnung**" im Sinne des § 75 BewG ist es zum Beispiel unerheblich, ob das betroffene Grundstück zu einem durch einen **Bebauungsplan** ausgewiesenen **Wochenendhausgebiet** gehört, was gegen eine Qualifizierung als Wohnung spräche. Voraussetzung ist nämlich lediglich, dass die betreffenden Räume zum **dauernden Aufenthalt** von Menschen geeignet sind. Dies gilt auch dann, wenn sie, wie etwa bei einer **Ferienwohnung** der Fall, rechtlich nicht zum dauernden Aufenthalt bestimmt sind[16].

Gegen die Einordnung eines **Ferienhauses** als Wohnung im bewertungsrechtlichen und grundsteuerrechtlichen Sinn spricht nicht, dass das Ferienhaus nicht über eine separate Strom-, Gas- und Wasserversorgung verfügt, wenn das Ferienhaus an entsprechende Gemeinschaftseinrichtungen angeschlossen ist. Auch die Frage, ob eine Wohnung den derzeitigen **Wohnstandards** entspricht, ist **unerheblich**[17].

Auch eine vermietete **Containeranlage** kann als Gebäude angesehen werden. Hierfür spricht unter Umständen das **Erscheinungsbild** und die **Integration** in das Mieter-Betriebsgrundstück durch Einebnungsmaßnahmen, Bau eines Werksstraßenanschlusses und eines Verbundpflasterzuwegs mit Niveauausgleich zur Eingangsstufe sowie Kiesbeete usw.[18].

## Ertragswertverfahren
Das **Ertragswertverfahren** ermittelt nach §§ 78 ff. BewG den **Grundstückswert** aus

- dem Bodenwert,
- dem Gebäudewert und
- dem Wert der Außenanlagen.

Der **Grundstückswert** ergibt sich aus der Anwendung des **Vervielfältigers** nach § 80 BewG auf die **Jahresrohmiete** entsprechend § 79 BewG sowie der Berücksichtigung von **bestimmten Erhöhungs- oder Ermäßigungsfaktoren** nach §§ 81, 82 BewG.

## Sachwertverfahren
Das Sachwertverfahren geht bei der Ermittlung des **Grundstückswerts** – dem sogenannten **Ausgangswert** – aus vom

- Bodenwert, § 84,
- Gebäudewert, §§ 85 – 88 und dem
- Wert der Außenanlage, § 89.

---

[16]BFH, Urt. v. 29.10.1980 – II R 5/79
[17]FG Münster, Urt. v. 26.07.2018 – 3 K 233/18 EW, m. w. N.
[18]FG Hamburg, Urt. v. 28.04.2017 – 3 K 95/15, nicht rechtskräftig

Dieser so ermittelte **Ausgangswert** ist dann gemäß § 90 BewG an den **gemeinen Wert** des Grundstücks anzugleichen.

### 10.2.3 Steuerbefreiungen

Bestimmte Arten von Grundbesitz und bestimmte Rechtsträger sind von der Verpflichtung zur Zahlung von Grundsteuer **befreit**, §§ 3 – 8 GrStG[19].

### 10.2.4 Steuererhebung

Die Grundsteuer wird entsprechend des **Hebesatzes** (§ 25 ff. GrStG) **jährlich** zu Beginn des Jahres durch die Gemeinde erhoben, § 9 GrStG und **vierteljährlich** am 15.2, 15.5., 15.8. und 15.11. zur Zahlung **fällig**, § 25 GrStG (Abb. 10.1). Es wird dabei **stichtagsbezogen** auf die zum Beginn des Erhebungszeitraums (1. Januar 0:00) bestehenden Verhältnisse abgestellt. **Unterjährige** Veränderungen bleiben also außer Betracht.

### 10.2.5 Steuerschuldner

**Steuerschuldner** ist derjenige, dem der Besteuerungsgegenstand *„zugerechnet"* wird, § 10 GrStG. Ein neuer Eigentümer haftet nach § 11 Abs. 2 GrStG auch für die nicht gezahlte Grundsteuer seines **Rechtsvorgängers**[20]. Dies gilt gemäß § 11 Abs. 2 S. 2 GrStG nicht für den Fall, dass der Erwerb aus einer **Insolvenzmasse** erfolgt oder einem Erwerb im **Vollstreckungsverfahren.**

Wird das Grundstück **mehreren Personen** zugerechnet, so haften sie nach § 10 Abs. 3 GrStG als **Gesamtschuldner**. Gemäß § 11 Abs. 1 GrStG haften neben dem Steuerschuldner auch der eventuelle **Nießbraucher** und derjenige, dem ein dem Nießbrauch ähnliches Recht zusteht.

Die Grundsteuer lastet gemäß § 12 GrStG als **öffentliche Last** auf dem Steuergegenstand, also dem Grundstück. Das Grundstück **haftet** somit **dinglich** für die Entrichtung der Grundsteuer.

Im Falle des **Todes** des Grundstückseigentümers entsteht die Grundsteuerschuld in der Person des **Erben** nach dem Erbfall unmittelbar. Es handelt sich dabei nicht um eine vom Erblasser herrührende **Nachlassverbindlichkeit** im Sinn von § 1967 BGB, sodass auch nicht die **Dürftigkeitseinrede** des Erben nach § 1990 BGB erhoben werden kann[21].

---

[19]vgl. z. B. BFH, Urt. v. 27.09.2017 – II R 13/15, m. w. N.

[20]VG Potsdam, Urt. v. 20.12.2013 – 11 K 682/09

[21]BayVGH, Beschl. v. 12.07.2018 – 4 C 18.1135

**Stadt Leipzig**
Der Oberbürgermeister

Postanschrift: Stadt Leipzig - Amt 20.3  - 04092 Leipzig
087983

**Stadtkämmerei**
Abteilung Grundsteuer

Gohlis-Center, Elsbethstraße 19-25, 04155 Leipzig
E-mail: amt20_steuern@leipzig.de

Sprechzeiten:
Mo. u. Fr. 9-12 Uhr, Di. 9-18 Uhr, Do. 13-16 Uhr

> Empfänger des Bescheids
> (Eigentümer/Verwaltung)

Auskunft erteilt über
Steuerveranlagung:                     Frau Möslein, Zim. 318
                                       Telefon  (0341)  1238238
                                       Fax      (0341)  1238259

Kontostand/Zahlung:
                                       Telefon  (0341)
                                       Fax      (0341)  1233177

Datum
07.Januar 2005

# Grundsteuerbescheid

JAHRESVERANLAGUNG FÜR 2005

1. ▓▓▓▓▓ /3

**Kassenzeichen**
bei Zahlungen und
Anfragen angeben

Steuergegenstand (Aktenzeichen,Objekt,Lage)
232/▓▓▓▓▓▓▓/▓▓/000/7
GEMISCHTGENUTZT
STRASSE UND HAUSNUMMER

Steuerpflichtige/r

Eigentümer

Die Grundsteuer wird für o.g. Grundstück/Gebäude entsprechend Grundsteuergesetz wie folgt festgesetzt:

| Kalenderjahr | Berechnungsgrundlage | | | Grundsteuerbetrag |
|---|---|---|---|---|
| | Hebesatz bzw. Faktor | x | Messbetrag lt. Finanzamt bzw. Ersatzbemessung | |
| 2005 | 500% | von | 561,55 € | 2.807,75 € |

Vereinbarungsgemäß werden folgende Beträge vom Konto 0▓▓▓▓▓9 BLZ 860▓▓▓ abgebucht.

| Fälligkeitstermin | 15.02.2005 | 15.05.2005 | | 15.08.2005 | 15.11.2005 |
|---|---|---|---|---|---|
| Betrag (Euro) | 701,93 | 701,93 | | 701,93 | 701,96 |

Rechtsbehelfsbelehrung, Ausführungen zur Steuerfestsetzung, Zahlung der Steuer u. a. **siehe Rückseite.**
Dieser Bescheid ist maschinell erstellt und bedarf keiner Unterschrift.

Stadt Leipzig
22/024/08.04

Neues Rathaus
Martin-Luther-Ring 4 - 6
04109 Leipzig
Telefon  0341 123-0
Internet: www.leipzig.de

**Zahlungsverkehr Stadtfinanzkasse - Bankverbindungen**
Sparkasse Leipzig          Konto 101 000 1350  BLZ 860 555 92
Bay. Hypo- und Vereinsbank  Konto 841 055 0    BLZ 860 200 86
Commerzbank Leipzig         Konto 100 800 2    BLZ 860 400 00
Deutsche Bank Leipzig       Konto 017 001 1100  BLZ 860 700 00

Dresdner Bank Leipzig       Konto 07 107 006 00   BLZ 860 800 00
Postbank Leipzig            Konto 678 12 904      BLZ 860 100 90
**Auslandszahlungsverkehr (EU-Standardüberweisung)**
IBAN DE76 8605 5592 1010 0013 50   BIC WELADE8LXXX

**Abb. 10.1**  Grundsteuerbescheid

▶ Die Grundsteuer kann zulässigerweise auf die Mieter als **Betriebskosten** umgelegt werden[22], allerdings nur bei eindeutiger **Vereinbarung**[23].

## 10.2.6 Steuerminderung/Erlass

Gemäß § 33 GrStG kommt eine Erlass bzw. die **Minderung** der Grundsteuer in Betracht.

Ist bei Betrieben der **Land-** und **Forstwirtschaft** und bei **bebauten Grundstücken** der normale Rohertrag des Steuergegenstands um mehr als 50 % gemindert und hat der Steuerschuldner die Minderung des Rohertrags nicht zu vertreten, so wird die Grundsteuer in Höhe von 25 % **erlassen.** Beträgt die Minderung des normalen Rohertrags sogar 100 %, ist die Grundsteuer in Höhe von 50 % zu erlassen. Bei Betrieben der Land- und Forstwirtschaft und bei eigengewerblich genutzten, bebauten Grundstücken kommt ein Erlass aber nur in Betracht, wenn die Einziehung der Grundsteuer nach den wirtschaftlichen Verhältnissen des Betriebs **unbillig** wäre[24].

Zu **vertreten** hat der Steuerschuldner die Minderung des Rohertrags dann nicht, wenn die Gründe dafür **außerhalb seiner Einflusssphäre** liegen. Das heißt, dass er die Ertragsminderung weder durch ihm zurechenbares Verhalten herbeigeführt hat, noch ihren Eintritt durch geeignete und ihm zumutbare Maßnahmen hat verhindern können. Bei einem **Leerstand** muss er sich nachhaltig um eine Vermietung bemüht haben und dies auch im Einzelfall belegen können[25]. Ob hierzu auch eine Bewerbung im Internet notwendig ist, ist eine Frage des Einzelfalls[26].

Als **normaler Rohertrag** wird dabei nach § 33 Abs. 1 Nr. 2 GrStG bei bebauten Grundstücken nach den jeweiligen Verhältnissen zu Beginn des Erlasszeitraums die geschätzte übliche **Jahresrohmiete** angesehen. Darüber hinaus enthält § 33 GrStG noch weitere Regelungen für den Erlass bei eigengewerblich genutzten Immobilien.

Das **Erlassverfahren** richtet sich nach § 34 GrStG. Der **Erlassantrag** bedarf keiner besonderen Form[27].

Eine **Ertragsminderung** ist gemäß § 33 Abs. 5 GrStG allerdings dann **kein Grund** für einen Erlass, wenn sie für den Erlasszeitraum durch **Fortschreibung** des **Einheitswerts** berücksichtigt werden kann oder bei rechtzeitiger Stellung des Antrags auf Fortschreibung hätte berücksichtigt werden können.

---

[22]BGH, Urt. v. 12.12.2012 – VIII ZR 264/12

[23]OLG Schleswig, Urt. v. 10.02.2012 – 4 U 7/11

[24]OVG NRW, Beschl. v. 10.07.2018 – 14 A 1106/16

[25]OVG NRW, Urt. v. 20.03.2014 – 14 A 1648/12; OVG Bln-Bbg, Urt. v. 09.10.2017 – OVG 9 B 6.17

[26]BVerwG, Urt. v. 13.02.2017 – 9 B 37/16, vgl. auch OVG RP, Urt. v. 02.05.2016 – 6 A 10.971/15

[27]OVG Sachsen, Beschl. v. 20.06.2016 – 3 A 195/16

Da bei der **Berechnung** der normale Rohertrag nach § 33 Abs. 1 GrStG als gemindert anzusehen ist, ist der mit dem normalen Rohertrag ins **Verhältnis** zu setzende tatsächliche Rohertrag in Anlehnung an § 79 Abs. 1 und 2 BewG zu ermitteln. Im Falle der **Eigennutzung** von Teilen bebauter Grundstücke ist dem tatsächlichen Rohertrag ein **fiktiver Rohertrag** des eigengenutzten Teils des bebauten Grundstücks hinzuzurechnen. Dieser **fiktive Rohertrag** ist in Anlehnung an die Jahresrohmiete zu **schätzen,** die für Räume gleicher oder ähnlicher Art, Lage und Ausstattung regelmäßig gezahlt wird. Auf individuelle Besonderheiten der Eigennutzung kommt es nicht an[28].

## 10.2.7 Verfassungswidrigkeit

Mit seiner Entscheidung vom 10. April 2018 hat das **Bundesverfassungsgericht** die Vorschriften für die Bemessung der Grundsteuer für **verfassungswidrig** erklärt. Es hat ausgeurteilt, dass jedenfalls seit Beginn des Jahres 2002 die Einheitsbewertung von Grundvermögen in den „alten" Bundesländern mit dem allgemeinen Gleichheitssatz nicht mehr vereinbar sei. Das Festhalten an dem **Hauptfeststellungszeitpunkt** von **1964** führe zu einer erheblichen **Ungleichbehandlung,** für die es keine Rechtfertigung gebe.

Das Bundesverfassungsgericht hat zudem dem Gesetzgeber aufgegeben, bis zum **31. Dezember 2019** eine **Neuregelung** einzuführen und festgelegt, dass bis zu diesem Zeitpunkt die verfassungswidrigen Regelungen weiter angewendet werden dürfen. Nach der Verkündung der gesetzlichen Neuregelung dürfen die „alten" Regelungen dann noch **längstens fünf Jahre** angewandt werden[29].

Der **Bundesrat** hatte bereits 2016 eine grundlegende Reform der Grundsteuer beschlossen, die eine **Neubewertung** von ca. **35 Millionen Grundstücken** notwendig machen könnte. Eine Neuregelung ist bisher aber nicht umgesetzt worden. Sie befindet sich noch in der **politischen Diskussion.** Die vom Finanzministerium zuletzt vorgelegten Gesetzesentwürfe habe in der Koalition bisher wohl keine Mehrheit. Der Freistaat Bayern verlangt unter anderem eine **Öffnungsklausel** zugunsten der Bundesländer.

## Weiterführende Literatur

Boruttau, Kommentar zum Grunderwerbsteuergesetz, 19. Aufl. 2019, C.H. Beck Verlag
Gottwald, Grunderwerbsteuer, 6. Aufl. 2019, Carl Heymanns Verlag
Haase/Jachmann, Beck´sches Handbuch Immobiliensteuerrecht, 1. Aufl. 2016, C.H. Beck Verlag
Hofmann, Kommentar zum Grunderwerbsteuergesetz, 10. Aufl. 2014, NWB Verlag
Institut der Wirtschaftsprüfer, Praktiker-Handbuch Bewertung des Grundvermögens 2018, 31. Aufl. 2018, IDW Verlag

---

[28]OVG NRW, Urt. v. 10.07.2017, a. a. O.

[29]BVerfG, Urt. v. 18.04.2018 – BvL 11/14, BVR 889/12

Kreutziger/Schaffner/Stephany, Kommentar zum Bewertungsgesetz, 4. Aufl. 2018, C.H. Beck
   Verlag
Pahlke, Kommentar zum Grunderwerbsteuergesetz, 6. Aufl. 2018, C.H. Beck
Spiegelberger/Fumi/Wartenberger, Steuerecht in der Notar- und Gestaltungspraxis, 1 Aufl. 2014,
   C.H. Beck Verlag
Stöckel/Volquardsen, Festsetzung der Grundsteuer, 1. Aufl. 2017, Deutscher Gemeindeverlag
Troll/Eisele, Kommentar zum Grundsteuergesetz, 11. Aufl. 2014, Verlag Vahlen

# Öffentliches Baurecht/Bauplanungsrecht

11

## 11.1 Grundsätze im Öffentlichen Baurecht

### 11.1.1 Einführung

Das **öffentliche Baurecht** setzt sich aus folgenden zwei **Teilrechtsgebieten** zusammen:

- Bauordnungsrecht
- Bauplanungsrecht

Durch das **Bauplanungsrecht** wird geregelt, „ob" auf einem Grundstück gebaut werden darf, durch das **Bauordnungsrecht,** „wie" gebaut werden darf[1].

Das **Bauplanungsrecht** soll Gegenstand des abschließenden Kapitels sein, weil sich die grundsätzliche Zulässigkeit der Bebauung eines Grundstücks und damit seine **Werthaltigkeit** und **Verwertbarkeit** unmittelbar aus den entsprechenden Vorschriften des öffentlichen Baurechts, im speziellen dem Bauplanungsrecht, ergibt.

Im öffentlichen Baurecht gelten einige **Grundsätze,** die zunächst der weiteren Darstellung vorangestellt werden, weil sie für das **Verständnis** von diversen gesetzlichen Regelungen des Bauplanungsrechts erforderlich sind.

#### 11.1.1.1 Die Baufreiheit

Grundsätzlich hat jeder Grundstückseigentümer das Recht, sein Grundstück zu bebauen, wenn er sich hierbei im Rahmen der **gesetzlichen Bestimmungen** hält. Er hat unter diesen Voraussetzungen einen **Anspruch** auf Erteilung einer u. U. erforderlichen **Baugenehmigung.** Die zuständige Behörde muss also bei Vorliegen der Voraussetzungen

---

[1]BVerfG, Urt. v. 16.06.1954 – 1 PBvV 2/52, BVerfGE 3, 407

© Springer Fachmedien Wiesbaden GmbH, ein Teil von Springer Nature 2019
J. Handschumacher, *Immobilienrecht praxisnah,*
https://doi.org/10.1007/978-3-658-26909-8_11

eine solche Genehmigung erteilen und darf gegen den Bau nicht einschreiten, wenn keine Genehmigung erforderlich war. Die Behörde hat insoweit kein **Ermessen**; es ist *„auf null reduziert"*[2].

Der Grundsatz der Baufreiheit leitet sich aus der **Eigentumsfreiheit** nach Art. 14 GG ab[3]. Dieses Recht kann aber durch Gesetz eingeschränkt werden. Solche Vorschriften i. V. m Art. 14 Abs. 1 S. 2 GG sind unter anderem das **Baugesetzbuch** (BauGB) und die **Landesbauordnungen** (LBO's). Sie bestimmen in erheblichem Umfang **Inhalt und Grenzen** des Eigentumsrechts der Grundstückseigentümer. Ein gesetzlich übermäßiger beziehungsweise unverhältnismäßiger **Eingriff** seitens des Gesetzgebers in dieses Grundrecht kann zur **Verfassungswidrigkeit** der entsprechenden Vorschrift führen.

Mit der **Verfassungswidrigkeit** einer in das Eigentumsrecht eingreifenden Regelung ist nicht ohne weiteres ein **Entschädigungsanspruch** des betroffenen Eigentümers wegen eines enteignenden Eingriffs verbunden[4].

### 11.1.1.2 Der Bestandsschutz

#### 11.1.1.2.1 Passiver Bestandsschutz

Der passive Bestandsschutz schützt den Grundstückseigentümer im Falle eines baurechtswidrigen Zustands vor der Verpflichtung zur **Beseitigung** eines Bauwerks. Voraussetzung ist, dass das Bauwerk **rechtmäßig** errichtet wurde. In diesem Fall darf es auch dann **weiter genutzt** und **unterhalten** werden, wenn es dem inzwischen geltenden Baurecht nicht mehr entspricht. Weitere Voraussetzung ist, dass überhaupt ein **funktionsfähiges** Gebäude besteht. Kein Bestandsschutz besteht daher bei **Ruinen** oder **vollständiger Nutzungsaufgabe**[5].

Ein (ursprünglich) **nicht rechtmäßig** errichtetes Gebäude kann hingegen keinen Bestandsschutz genießen. Die Behörde kann in einem solchen Fall auch noch nach Jahrzehnten die **Beseitigung** verlangen[6].

Bestandsschutz kann ausnahmsweise dennoch bestehen, wenn das Gebäude zu einem Zeitpunkt in der Vergangenheit einmal **„legal"** gewesen ist, es also zunächst illegal errichtet, später aber durch Änderung der Gesetzeslage **„legalisiert"** wurde[7].

---

[2]vgl. z. B. § 72 SächsBO

[3]BVerfG, Urt. v. 19.06.1973 – 1 BvL 39/69, BVerfGE, 35, 263

[4]BVerfG, Urt. v. 15.07.1981 – 1 BvL 77/18, BVerfGE 58/300 (Nassauskiesungsentscheidung)

[5]BVerwG, Urt. v. 31.10.1990 – 4 C 45.88, BauR 1991, 55; BVerwG, Urt. v. 17.01.1986 – 4 C 80.82, NJW 1986, 2126

[6]OVG Saarland, Beschl. v. 14.04.2014 – 2 B 207/14; Beschl. v. 02.03.2011 – 2 A 190/10

[7]BVerwG, Urt. v. 23.02.1979 – 4 C 86.76, BauR 1979, 228; BVerwG, Urt. v. 23.01.1981 – 4 C 83.77, NJW 1981, 1224

### 11.1.1.2.2 Aktiver Bestandsschutz

Der **aktive Bestandsschutz** gibt dem Grundstückseigentümer einen **Anspruch** auf Genehmigung eines eigentlich unzulässigen Bauvorhabens. Der Eigentümer hat das Recht, in bestimmten Umfang die zur **Erhaltung** und **zeitgemäßen Nutzung** notwendigen baulichen Maßnahmen an einem bestehenden Bauwerk durchzuführen oder das Bauwerk einer anderen Nutzung zuzuführen, selbst wenn dies baurechtlich eigentlich unzulässig wäre. Kein aktiver Bestandsschutz besteht bei **Abbruch** und **Neubau**, komplettem **Umbau** oder einem **Ersatzbau**.[8]

### 11.1.1.3  Die Planungshoheit der Städte und Gemeinden

Die Planungshoheit der Städte und Gemeinden ist der **Kernbereich** der gemeindlichen Selbstverwaltung gemäß **Art. 28 Abs. 2 GG**. Sie gibt den Gemeinden die Befugnis, die Bodennutzung auf ihrem Gebiet zu planen, zu regeln und über die Verwendung des Grund und Bodens **eigenverantwortlich** zu disponieren.[9]

Gemeinden stellen hierzu eigenverantwortlich **Bauleitpläne** auf, § 2 Abs. 1 BauGB.

Art. 28 Abs. 2 GG gibt den Gemeinden auch ein **Abwehrrecht** gegen Planungen von Bund und Ländern, wenn **wesentliche Teile des Gemeindegebiets** durch Bundes- oder Landesplanung der eigenen Planung **entzogen** werden. Insoweit besteht ein Verbot der übermäßigen **Einschränkung** der Planungshoheit der Gemeinden durch Bundes- bzw. Landesplanung oder Planung einer **Nachbargemeinde**.[10] Um dieser Einschränkung vorzubeugen, besteht ein **Beteiligungsrecht** der Gemeinden gemäß § 36 BauGB.[11]

Die **Planungshoheit** der Gemeinden kann auch durch Gesetz oder aufgrund eines Gesetzes **eingeschränkt** werden, zum Beispiel für **überregionale Bauvorhaben,** aber nur unter Berücksichtigung des Grundsatzes der **Verhältnismäßigkeit**[12].

### 11.1.1.4  Die Zuständigkeiten

Der einzelne Bürger/Grundstückseigentümer hat grundsätzlich **keinen Anspruch** auf eine bestimmte Planung. Er kann nicht verlangen, dass ein Grundstück in bestimmter Weise überplant, also **Baurecht** geschaffen wird. Die **Planungshoheit** liegt – wie dargestellt – zuvorderst in der **Eigenverantwortung** der Städte und Gemeinden, **Art. 28 Abs. 2 GG**.

Im Gegensatz dazu liegt das **Planfeststellungsrecht** in der Zuständigkeit der **Länder**.

---

[8]BVerwG, Urt. v. 13.03.1981 – 4 C 2.78, NJW 1981, 2143; OVG Sachsen, Beschl. v. 12.06.2014 – 1 A 754/13, OVG Bln-Bbg, Beschl. v. 29.01.2013 – 10 N 91.12

[9]BVerfG, Urt. v. 13.01.1987 – 2 BvR 209/84

[10]VGH Bayern, Urt. v. 28.06.2011 – 15 N 08.3388, m. w. N.; OVG Sachsen, Urt. v. 26.05.1993 – 1 S 68/93; VerfGH NRW, Urt. v. 26.08.2009 – VerfGH 18/08, BauR 2009, 1851

[11]BVerwG, Urt. v. 20.05.1987 – 7 C 83.84, BVerwGE 77, 134

[12]BVerwG, Urt. v. 14.12.2000 – 4 C 13.99

Die Planungshoheit der Gemeinden ist auf das **Gemeindegebiet** begrenzt. Für **gemeindefreie** Gebiete, beispielsweise militärisch genutztes Gelände, besitzt die Gemeinde keine Planungshoheit[13].

Der für die tägliche Praxis maßgebliche Teil des Bauplanungsrechts ist das **Bauleitplanungsrecht**, auch als **Stadtplanungsrecht** oder **Städtebaurecht** bezeichnet. Dieses liegt – wie bereits erwähnt – in der Zuständigkeit der Städte und Gemeinden. Das Bauplanungsrecht wird durch die gemeindliche **Bauleitplanung** umgesetzt. Diese **Aufgabe** ist den Gemeinden gemäß § 1 Abs. 1 BauGB ausdrücklich **zugewiesen.**

Das **Bauplanungsrecht** enthält gesetzliche Regelungen über die **Nutzbarkeit** des Bodens. Durch die Gemeinde wird rechtlich **festgeschrieben,** in welcher Weise Grundstücke in einem Gemeindegebiet baulich genutzt werden können. Das Bauplanungsrecht enthält darüber hinaus Regelungen zur **Vorbereitung** und **Leitung** der Bauleitplanung, also der baulichen Entwicklung in einem Gemeindegebiet, mithin für die raumbedeutende Planung der öffentlichen Hand auf verschiedenen Ebenen.

Das maßgebliche Gesetz des Bauplanungsrechts ist das **Baugesetzbuch (BauGB)**. Es enthält Regelungen zur Zulässigkeit von Vorhaben sowie zum **Inhalt** und zum **Ablauf** der gemeindlichen **Bauleitplanung.**

Weitere wichtige gesetzliche Bestimmungen für das Bauplanungsrecht finden sich in der **Baunutzungsverordnung (BauNVO)**. Sie enthält Regelungen zur **Festsetzung** von Art und Maß der baulichen Nutzung auf einem Grundstück sowie zur zulässigen Bauweise in Flächennutzung- und Bebauungsplänen.

**Bauleitpläne** werden durch den Stadt- bzw. Gemeinderat entsprechend § 2 BauGB als **Satzung** beschlossen, nachdem sie zuvor das formelle **Aufstellungsverfahren** unter Beteiligung der Träger öffentlicher Belange sowie der Öffentlichkeit nach §§ 2 – 10 BauGB durchlaufen haben.

Wie im Einzelnen die Bauausführung eines Bauvorhabens zu erfolgen hat, ist im **Bauordnungsrecht**, früher auch Baupolizeirecht genannt, geregelt. Hier sind insbesondere die **Landesbauordnungen der Bundesländer** in Verbindung mit zahlreichen **Richtlinien** oder **Verordnungen** als maßgebliche Regelungen zu nennen[14]. Deren Regelungen, einschließlich der weiterführenden Rechtsverordnungen und Richtlinien sollen zuvorderst das **sichere Bauen** gewährleisten, also der Gefahrenabwehr dienen.

### 11.1.1.5 Der Nachbarschutz

Hierzu kann auf die Ausführungen im **Kapitel** über das Nachbarrecht verwiesen werden (siehe Kap. 6; Abschn. 6.2).

---

[13]BVerwG, Urt. v. 21.08.1995 – 4 N 1.95

[14]vgl. hierzu im Einzelnen zum Beispiel in: Wirth/Wolf, Öffentliches Baurecht – praxisnah, S. 93 ff.

## 11.2 Die Bauleitplanung allgemein

### 11.2.1 Die Planungshoheit der Städte- und Gemeinden

Die Planungshoheit der Gemeinde wird – wie oben bereits erwähnt – aus **Art. 28 Abs. 2 GG** abgeleitet. Dieser Grundgesetzartikel garantiert die kommunale **Selbstverwaltung**. Den Gemeinden steht nach Art. 28 Abs. 2 GG das Recht zu, die Angelegenheiten der örtlichen Gemeinschaft im Rahmen der Gesetze selbst zu regeln, mithin auch die Art und Weise der **Nutzung** und **Bebauung** des **gemeindlichen Grund und Bodens**.[15]

Hierzu stellen die Gemeinden

- **Flächennutzungspläne** und
- **Bebauungspläne**

auf, § 1 Abs. 2 BauGB. Dabei ist die Gemeinde nicht völlig frei, sondern die Bauleitpläne sind an die Ziele der **Raumordnung** anzupassen[16].

Ein **Abstimmungsgebot** besteht auch gegenüber Nachbargemeinden gemäß § 2 Abs. 2 BauGB[17].

Grundsätzlich sollen Bauleitpläne eine **nachhaltige städtebauliche Entwicklung**, die sozialen, wirtschaftlichen und umweltschützenden Anforderungen auch in Verantwortung gegenüber künftigen Generationen miteinander in Einklang bringen und eine dem Wohl der Allgemeinheit dienende **sozial gerechte Bodennutzung** gewährleisten, § 1 Abs. 5 BauGB.

Die **städteübergreifende Raumplanung** leitet sich demgegenüber im Wesentlichen aus den Landesentwicklungs- und Regionalplänen und Planfeststellungsbeschlüssen hinsichtlich einzelner **überregionaler Bauvorhaben** ab, wie zum Beispiel Straßenbau, Gleisbau und Flughafenbau.

Die Gemeinde stellt **Bauleitpläne** auf, sobald dies für die **städtebauliche Ordnung und Entwicklung** erforderlich ist, **§ 1 Abs. 1, 3 BauGB.**

An der notwendigen **Erforderlichkeit** kann es etwa fehlen, wenn der Verwirklichung des Bebauungsplans auf **Dauer** oder auf unabsehbare Zeit rechtliche oder tatsächliche **Hindernisse** entgegenstehen[18].

Die Ausweisung von **Freihalteflächen** in einem Bebauungsplan ist trotz der erheblichen Einschränkung für die betroffenen Grundstückseigentümer zwar grundsätzlich zulässig. Ist aber

---

[15]VerfGH NRW, Urt. v. 28.08.2009 – VerfGH 18/08, BauR 2009, 1851

[16]OVG Lüneburg, Urt. v. 01.09.2005 – 1 LC 107/05, BauR 2005, 1814 (Ls.)

[17]BVerwG, Beschl. v. 09.01.1995 – 4 NB 42.94, BauR 1995, 354; OVG Lüneburg, Beschl. v. 14.12.2016 – 1 MN 82/16

[18]BVerwG, Beschl. v. 23.08.2018 – 4 BN 26.18; BVerwG, Urt. v. 23.11.2016 – 4 CN 2.16

absehbar, dass zum Beispiel eine **Ortsumgehung**, für die ein Flächenkorridor freigehalten werden soll, nicht innerhalb von zehn Jahren realisiert werden kann, so fehlt es in einem solchen Fall an der notwendigen **Erforderlichkeit** gemäß § 1 Abs. 3 BauGB[19].

## 11.2.2   Der Flächennutzungsplan, § 5 BauGB

Mittels des Flächennutzungsplans dokumentiert die Gemeinde ihre **Entwicklungsabsichten** bezüglich ihres Gemeindegebiets. Der Flächennutzungsplan enthält die **Darstellungen** der beabsichtigten Grundnutzung des gesamten Gemeindegebiets. Diese Darstellung der für die Bebauung vorgesehenen Flächen erfolgt

- durch die **allgemeine Art** der baulichen Nutzung (Bauflächen),
- die **besondere Art** der baulichen Nutzung (Baugebiete) und das
- allgemeine **Maß** der baulichen Nutzung.

Der Flächennutzungsplan muss eine **Begründung** enthalten, welche inhaltlich

- die Ziele,
- die Zwecke und
- die wesentlichen Auswirkungen

des Flächennutzungsplans auf das Gemeindegebiet darstellt.

Neben den vorgenannten Darstellungen enthält der Flächennutzungsplan

- Kennzeichnungen,
- nachrichtliche Übernahmen und
- Vermerke.

**Kennzeichnungen** gemäß § 5 Abs. 3 BauGB sind Hinweise für die allgemeine Planung. Ähnliches gilt für **nachrichtliche Übernahmen** von Planungen und sonstigen Nutzungsregelungen, die von anderen **Planungsträgern** nach anderen Gesetzen festgesetzt werden, zum Beispiel Naturschutzgebiete oder Autobahnen.

Der Flächennutzungsplan entwickelt gegenüber dem einzelnen Grundstückseigentümer keine direkte rechtliche Wirkung. Er kann daher auch nicht wie ein Bebauungsplan im Wege eines **Normenkontrollverfahrens** gerichtlich angegriffen werden.

**Bindung** entwickelt der Flächennutzungsplan nur gegenüber der Gemeinde selbst. Will die Gemeinde von ihrer ursprünglichen Planung **abweichen,** so muss sie gegebenenfalls den Flächennutzungsplan **ändern.**

---

[19]BayVGH, Urt. v. 17.03.2015 – 15 N 13.972

Andere öffentliche **Planungsträger** müssen ihre Planung den Vorgaben eines gemeindlichen Flächennutzungsplans **anpassen,** so sie dem Plan nicht gemäß § 7 Abs. 1 BauGB **widersprochen** haben. Dies gilt beispielsweise auch für privilegierte Bauvorhaben nach dem Bundesfernstraßengesetz entsprechend § 38 S. 2 BauGB[20].

## 11.2.3  Der Bebauungsplan, §§ 8 ff. BauGB

### 11.2.3.1  Einführung

Der Bebauungsplan enthält die rechtsverbindlichen **Festsetzungen** für die städtebauliche **Ordnung** einer Gemeinde und bildet somit die Grundlage für den Vollzug derjenigen Maßnahmen, die das Baugesetzbuch vorsieht, § 8 Abs. BauGB.

Ein **Bebauungsplan** wird aus dem Flächennutzungsplan heraus **entwickelt**[21], so ein solcher existiert. Es gilt das sogenannte **Entwicklungsgebot.** Ein Bebauungsplan kann gegebenenfalls auch **gleichzeitig** mit dem Flächennutzungsplan aufgestellt, geändert, ergänzt oder aufgehoben werden (**Parallelverfahren** § 8 Abs. 3 BauGB).

Ein Bebauungsplan kann unter bestimmten Umständen auch aufgestellt, geändert, ergänzt oder aufgehoben werden, bevor ein Flächennutzungsplan existiert, wenn **dringende Gründe** dies erforderlich machen. Der Bebauungsplan darf allerdings nicht den beabsichtigten städtebaulichen Entwicklungen des Gemeindegebiets entgegenstehen (**vorzeitiger Bebauungsplan),** § 8 Abs. 4 BauGB[22].

Anders als der Flächennutzungsplan wird der **Bebauungsplan** nur für kleinere **Teilgebiete** des Gemeindegebiets aufgestellt und nicht für das gesamte Gemeindegebiet.

Ein **Gemeindegebiet** gliedert sich bauplanungsrechtlich somit in folgende **drei „Teilgebiete":**

- diejenigen Bereiche des Gemeindegebiets, die mit einem **Bebauungsplan** überplant sind,
- diejenigen Teilgebiete, die innerhalb eines **im Zusammenhang bebauten Ortsteils** liegen, ohne überplant zu sein (siehe Abschn. 11.3.3) und
- diejenigen Flächen, die im sogenannten **Außenbereich** (siehe Abschn. 11.3.4) liegen.

Der **räumliche Geltungsbereich** des Bebauungsplans, also das Gebiet, für das der Bebauungsplan Geltung hat, wird im Bebauungsplan selbst gekennzeichnet und festgesetzt, § 8 Abs. 7 BauGB.

---

[20]BVerwG, Urt. v. 24.11.2010 – 9 A 14.09

[21]BVerwG, Urt. v. 12.02.2003 – 4 BN 9.03, BauR 2003, 838

[22]OVG RP, Urt. v. 12.04.2011 – 8 C 10056/11; BVerwG, Beschl. v. 18.12.1991 – 4 N 2.89, NVwZ 1992, 882

Der Bebauungsplan kann gemäß § 9 Abs. 1 Ziff. 1 – 26 BauGB zahlreiche **Festsetzungen** enthalten. Die **wichtigsten** sind die Festsetzungen für die Bebauung hinsichtlich

- der Art und des Maßes der baulichen Nutzung,
- der Bauweise,
- der überbaubaren und der nicht überbaubaren Grundstücksflächen
- sowie der Stellung der baulichen Anlagen auf den Grundstücken.

Die Festsetzungen in § 9 Abs. 1 Ziff. 1 bis 9 BauGB beziehen sich auf die **baulichen Nutzungen** im Bebauungsplangebiet. Die Festsetzungen in § 9 Abs. 1 Ziff. 10 bis 24, 26 BauGB betreffen die **sonstigen Nutzungen** der überplanten Areale.

Darüber hinaus kann der Bebauungsplan auch **Festsetzungen** hinsichtlich des **Natur- und des Bodenschutzes** beinhalten sowie nachrichtliche Übernahmen und Vermerke, wie zum Beispiel Denkmäler oder festgesetzte Überschwemmungsgebiete (Abb. 11.1)[23].

### 11.2.3.2  Die Baunutzungsverordnung, BauNVO

#### 11.2.3.2.1  Einführung

In welcher Art und Weise die **Festsetzungen** durch die Gemeinde im Bebauungsplan im Einzelnen zu erfolgen haben, ist nicht im BauGB selbst geregelt, sondern in der Baunutzungsverordnung (BauNVO). Die **BauNVO** legt verbindlich für alle Gemeinden fest, in welcher Art und Weise die Festsetzungen im Bebauungsplan, insbesondere hinsichtlich Art und Maß der baulichen Nutzung, bestimmt werden müssen. Dies dient der **Rechtsklarheit** und setzt im **gesamten Bundesgebiet** verbindliche Standards für die planerischen Festsetzungen durch Bauleitpläne.

Die BauNVO **ergänzt** insoweit das BauGB.

#### 11.2.3.2.2  Festsetzungen zur Art der baulichen Nutzung

Die planende Gemeinde muss sich bei der Planung für einen der durch die BauNVO zugelassenen **Baugebietstypen** entscheiden, der dann gemäß § 1 Abs. 4 BauNVO weiter differenziert überplant werden kann. Das **Gebot,** einen der Baugebietstypen der BauNVO zu wählen, gilt sowohl für den Flächennutzungsplan, als auch für den Bebauungsplan.

Die BauNVO enthält hierfür in §§ 1, 2 – 11 **Festsetzungsmöglichkeiten** für die Plangebiete, durch welche die **Art der baulichen Nutzung** festgelegt wird und aus deren Festsetzung im jeweiligen Bebauungsplan sich dann die **Zulässigkeit** der Bauvorhaben ergibt. Es gibt insgesamt **12 Baugebietstypen:**

---

[23]OLG Naumburg, Urt. v. 20.06.2013 – 2 U 14/13; OVG Lüneburg, Urt. v. 24.11.2010 – 1 KN 266/07

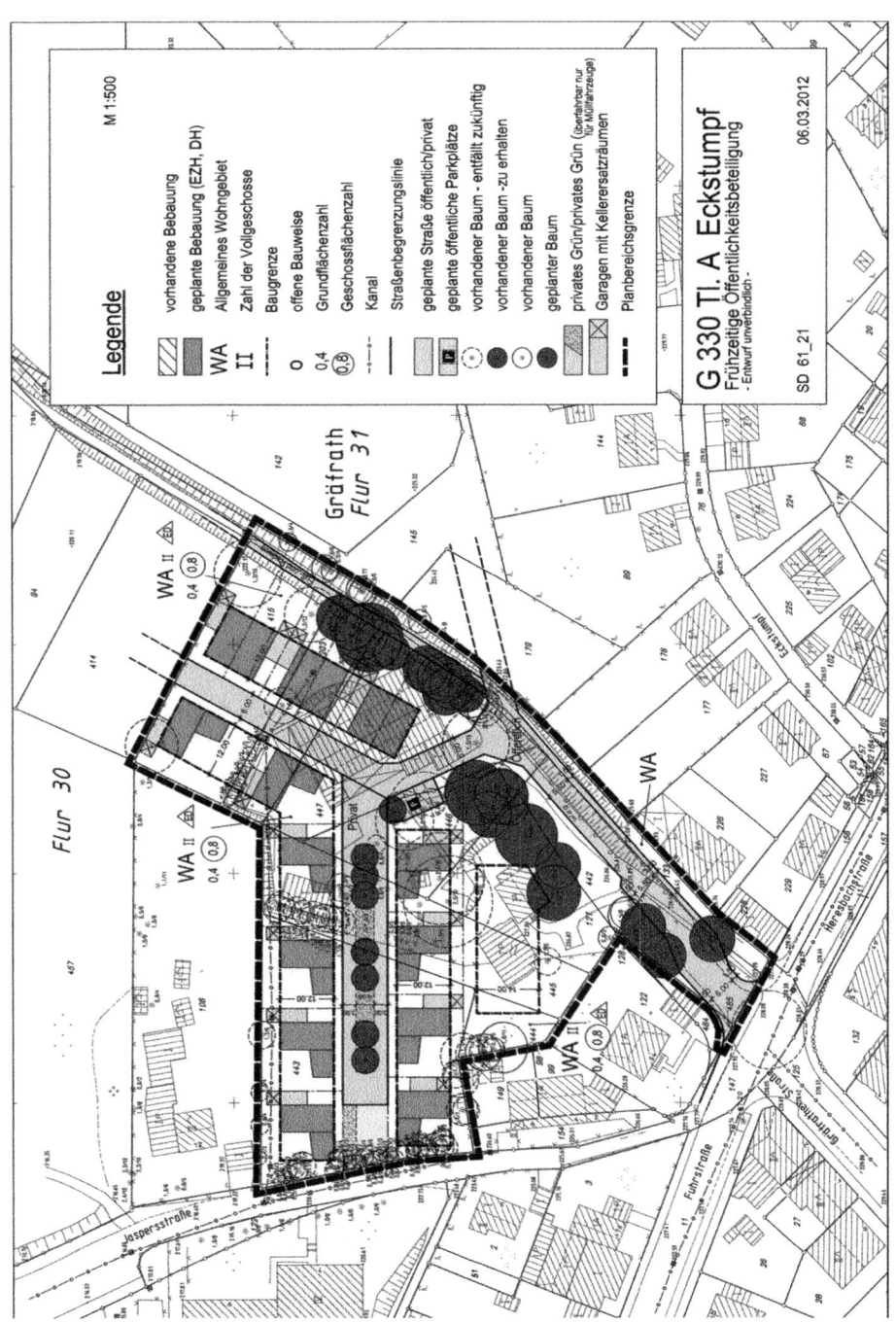

**Abb. 11.1** Bebauungsplan

- § 2 Kleinsiedlungsgebiete
- § 3 Reine Wohngebiete
- § 4 Allgemeine Wohngebiete
- § 4a Gebiete zur Erhaltung und Entwicklung der Wohnnutzung (besondere Wohngebiete)
- § 5 Dorfgebiete
- § 6 Mischgebiete
- § 6a Urbane Gebiete
- § 7 Kerngebiete
- § 8 Gewerbegebiete
- § 9 Industriegebiete
- § 10 Sondergebiete, die der Erholung dienen
- § 11 Sonstige Sondergebiete

Der Baugebietstyp „Urbane Gebiete" wurde erst zum Mai 2018 in die BauNVO eingefügt und soll eine Nutzungsmischung von Wohnen, Gewerbe und sozialen, kulturellen und sonstigen Einrichtungen zum Zwecke der innerstädtischen Verdichtung ermöglichen.

Für alle 12 Baugebietstypen ist jeweils in Absatz 1 des einschlägigen Paragrafen geregelt, wozu das jeweilige Baugebiet dient.

Abs. 1 zu § 7 – Kerngebiete lautet beispielsweise wie folgt:

(1) Kerngebiete dienen vorwiegend der Unterbringung von Handelsbetrieben sowie der zentralen Einrichtungen der Wirtschaft, der Verwaltung und der Kultur.

In Absatz 2 ist dann weiter geregelt, welche „Gebäudetypen" in dem jeweiligen Baugebietstyp zulässig sind.

Abs. 2 zu § 4 – allgemeine Wohngebiete lautet beispielsweise wie folgt:

(2) Zulässig sind,
    Wohngebäude,
    die der Versorgung des Gebiets dienenden Läden, Schank- und Speisewirtschaften sowie nicht störende Handwerksbetriebe,
    Anlagen für kirchliche, kulturelle, soziale, gesundheitliche und sportliche Zwecke.

Im jeweiligen Absatz 3 des einschlägigen Paragraphen ist schließlich weiter geregelt, welche Gebäudetypen ausnahmsweise im jeweiligen Baugebietstyp zulässig sind.

Abs. 3 zu § 6 – Mischgebiete lautet beispielsweise wie folgt:

(3) Ausnahmsweise können Vergnügungsstätten im Sinne des § 4a, Abs. 3 Nr. 2 außerhalb der in Abs. 2 Nr. 8 bezeichneten Flächen des Gebiets zugelassen werden.

▶ Durch den Einblick in den Bebauungsplan in Verbindung mit der BauNVO ist somit für jeden Bauwilligen zweifelsfrei festzustellen, welcher **Baugebietstyp** für den überplanten Bereich festgelegt wurde, welche „Gebäudetypen" dort **in der Regel** zulässig sind und welche **ausnahmsweise** zugelassen werden können.

### 11.2.3.2.3 Festsetzungen für das Maß der baulichen Nutzung

Die BauNVO legt neben den vorgenannten Baugebietstypen fest, wie das **Maß der baulichen Nutzung** im Gebiet des Bebauungsplans bestimmt wird.

Im Bebauungsplan kann gemäß § 16 Abs. 2 BauNVO das **Maß der baulichen Nutzung** bestimmt werden durch die **Festsetzungen**

- der **Grundflächenzahl** (GRZ) oder der Größe der Grundflächen der baulichen Anlagen,
- der **Geschossflächenzahl** (GFZ) oder der Größe der **Geschossflächen,**
- der **Baumassenzahl** oder der **Baumassen,**
- der Zahl der **Vollgeschosse** und
- der **Höhe** der baulichen Anlagen.

Bei der Festsetzung des Maßes der baulichen Nutzung im Bebauungsplan ist **zwingend** die **Grundflächenzahl** zu bestimmen oder die Größe der Grundfläche der baulichen Anlagen sowie die Zahl der Vollgeschosse oder die Höhe der baulichen Anlagen, wenn ohne ihre Festsetzung **öffentliche Belange**, insbesondere das Orts- und Landschaftsbild, beeinträchtigt werden könnte, § 16 Abs. 3 BauGB.

Bei Festsetzung des **Höchstmaßes** für die **Geschossflächenzahl** oder die Größe der **Geschossfläche,** für die Zahl der Vollgeschosse und die Höhe der baulichen Anlagen kann zugleich ein **Mindestmaß** gemäß § 16 Abs. 4 BauNVO bestimmt werden.

Auch die Zahl der **Vollgeschosse** und die **Höhe** baulicher Anlagen können zwingend festgesetzt werden. Solche Festsetzungen können auch für einzelne Grundstücke, Grundstücksteile oder Teile der baulichen Anlagen in unterschiedlicher Art und Weise erfolgen.

Im Bebauungsplan können ebenso **Ausnahmen** für die Art und den Umfang des festgesetzten Maßes der baulichen Nutzung vorgesehen werden.

§ 16 Abs. 2 Nr. 1 BauNVO erlaubt auch eine **grundstücksbezogene** Festsetzung, die je Baugrundstück eine bestimmte Größe der Grundfläche der baulichen Anlage zulässt[24].

### Grundflächenzahl (GRZ), § 19 BauNVO

Die **Grundflächenzahl** gemäß § 19 BauNVO legt denjenigen **Anteil der Grundstücksfläche** fest, der mit baulichen Anlagen **überdeckt** werden darf. Sie bestimmt somit, wie viele $m^2$ Grundfläche je $m^2$ Grundstücksfläche zulässig sind, wobei § 19 Abs. 3 BauNVO

---

[24]BVerwG, Urt. v. 14.06.2012 – 4 CN 5.10

festlegt, dass für die Ermittlung der zulässigen Grundfläche die Fläche des Baugrundstücks maßgeblich ist, die im Bauland oder hinter der im Bebauungsplan festgesetzten Straßenbegrenzungslinie liegt.

Enthält der Bebauungsplan die Festsetzung einer GRZ von 0,5 bei einer Grundstücksgröße von 1500 m², so sind 1500 m² × 0,5 = 750 m² des Grundstücks überbaubar.

**Geschossflächenzahl (GFZ), § 20 BauNVO**
Die **Geschossflächenzahl** ist die maximal zulässige **Nutzfläche** eines Geschosses im **Verhältnis zur Grundstücksgröße**, § 20 Abs. 2 bis 4 BauNVO. Die Geschossflächenzahl gibt also an, wie viele m² Geschossfläche je m² Grundstücksfläche i. S. v. § 19 Abs. 3 BauNVO zulässig sind. Bezugsgröße für das Ausmaß des Gebäudes sind alle **Vollgeschosse**, § 20 Abs. 3 BauNVO[25].

Enthält der Bebauungsplan die Festsetzung der GFZ von 0,6 bei einer Grundstücksfläche von 1800 m², so ist eine maximale Nutzfläche von 1800 m² × 0,6 = 1080 m² zulässig.

**Überbaubare Grundstückfläche, § 23 BauNVO**
Festsetzungen zur **überbaubaren Grundstücksfläche** bestimmen, an welcher **Stelle** auf einem Grundstück gebaut werden darf. Dies erfolgt durch Festlegungen von **Baulinien** und **Baugrenzen**, § 23 Abs. 1 BauNVO.
Bei einer **Baulinie** muss auf dieser Linie gebaut werden, § 23 Abs. 2 BauNVO. Bei einer **Baugrenze** darf nur bis zu dieser Grenze gebaut werden, § 23 Abs. 3 BauNVO.
Zudem kann eine **Bautiefe** festgesetzt werden, die nach § 23 Abs. 4 BauNVO von der tatsächlichen Straßengrenze zu ermitteln ist, es sei denn der Bebauungsplan sieht etwas Abweichendes vor.

**Baumassenzahl, Baumasse, § 21 BauNVO**
Schließlich ist noch die Festsetzung einer Baumassenzahl möglich, die angibt, wie viel m³ **Baumasse je m² Grundstücksfläche** im Sinne von § 19 Abs. 3 BauNVO zulässig sind. Bezugsgröße ist hierbei ebenfalls das **Außenmaß** der Gebäude vom Fußboden des untersten Vollgeschosses bis zur Decke des obersten Vollgeschosses, § 21 Abs. 2, Abs. 3 BauNVO.

Wird im Bebauungsplan die **Höhe** baulicher Anlagen oder die **Baumassenzahl** nicht festgesetzt, so dürfen Gebäude, die Geschosse von mehr als 3,50 m Höhe haben, eine Baumassenzahl, welche das 3 1/2-fache der zulässigen Geschossflächenzahl beträgt, nicht überschreiten, § 21 Abs. 4 BauNVO.

---

[25]BVerwG, Urt. v. 07.06.2006 – 4 CN 7.05

**Sonstige Festsetzungen, §§ 12–15 BauNVO**

Der **Bebauungsplan** kann gemäß § 12 BauNVO auch **Festsetzungen** enthalten für

- Stellplätze und Garagen,
- Gebäude und Räume für freie Berufe,
- sowie Nebenanlagen.

**Nebenanlagen** sind solche baulichen Anlagen, die den baulichen Anlagen im Sinne von §§ 2 bis 13 BauNVO untergeordnet sind, wenn sie dem **Nutzungszweck** der in dem Baugebiet gelegenen Grundstücke oder des Baugebiets selbst dienen und seiner Eigenart **nicht widersprechen,** § 14 Abs. 1 Satz 1 BauNVO. Dies sind zum Beispiel Garten- oder Gerätehäuser, Brennholzlager, Mobilfunkmasten und dergleichen. Alle baulichen Anlagen, die dem Wesen nach zur Hauptnutzung gehören, sind hingegen nicht **nebenanlagenfähig**.

**Allgemeine Voraussetzungen, § 15 BauNVO**

Liegen die speziellen Voraussetzungen für die Zulässigkeit von Bauvorhaben gemäß dem Bebauungsplan in Verbindung mit der BauNVO vor, so kann eine gemäß §§ 2 bis 14 BauNVO eigentlich zulässige bauliche oder sonstige Anlage im Einzelfall dennoch (ausnahmsweise) **unzulässig** sein, wenn sie nach

- Anzahl,
- Lage,
- Umfang oder
- Zweckbestimmung

der **Eigenart** des Baugebiets widerspricht. Gleiches gilt, wenn von der baulichen Anlage **Belästigungen** oder **Störungen** ausgehen können, die nach der Eigenart des Baugebiets selbst oder in dessen Umgebung **unzumutbar** sind oder wenn die Anlage selbst einer solchen Belästigung oder Störung ausgesetzt wird[26].

Somit bestimmt § 15 Abs. 1 BauNVO, dass eine bauliche Anlage trotz ihrer grundsätzlichen Zulässigkeit in speziellen **Ausnahmefällen** doch **unzulässig** sein kann. Hierbei handelt es sich aber um eine ganz spezielle **Ausnahmeregelung**, die nur unter ganz eingeschränkten Voraussetzungen zur Anwendung kommen kann. Die **Voraussetzungen** von § 15 BauNVO müssten sich quasi **aufdrängen,** da die Vorschrift Ausprägung des baurechtlichen **Rücksichtnahmegebots** ist.

---

[26]OVG Sachsen, Beschl. v. 04.09.2012 – 1 B 254/12; OVG Lüneburg, Beschl. v. 20.07.2012 – 12 ME 75/12

**Ausnahmen und Befreiungen**

Von den Vorgaben des § 30 BauGB in Verbindung mit der BauNVO können gemäß § 31 BauGB **Ausnahmen** und **Befreiungen** zugelassen werden, die in dem Bebauungsplan nach Art und Umfang ausdrücklich vorgesehen sind[27]. Zudem kann eine **Befreiung** von den Festsetzungen des Bebauungsplans erfolgen, wenn

- die Grundzüge der Planung nicht berührt werden[28] und
- Gründe des Wohls der Allgemeinheit die Befreiung erfordern,
- die Abweichung städtebaulich vertretbar ist oder
- die Durchführung des Bebauungsplans zu einer offenbar nicht beabsichtigten Härte führen würde und wenn
- die Abweichung auch unter Würdigung nachbarlicher Interessen mit den öffentlichen Belangen vereinbar ist.

Ist durch die Festsetzung im Bebauungsplan eine Bebauung ausdrücklich untersagt, beispielsweise **Nebenanlagen** in Form von **Mobilfunkmasten** in einem reinen Wohngebiet, so würde deren ausnahmsweise Zulassung gegen die Grundzüge der Planung verstoßen und somit unzulässig sein[29].

### 11.2.3.3 Aufstellung von Bebauungsplänen, §§ 2 ff. BGB

Das **Verfahren** zur Aufstellung von Bauleitplänen richtet sich nach §§ 2 ff. BauGB.

#### 11.2.3.3.1 Aufstellungsbeschluss

Durch die Gemeinde ist zunächst der **Beschluss** zur Aufstellung eines Bauleitplans zu fassen und **örtlich bekannt zu machen,** § 2 Abs. 1 Satz 2 BauGB. Bei der Aufstellung der Bauleitpläne sind gemäß § 2 Abs. 3 BauGB diejenigen Belange, die für die **Abwägung** der widerstreitenden Interessen von Bedeutung sind, zu ermitteln und zu bewerten (Abwägungsmaterial).

Aus Umweltschutzgründen ist gemäß § 2 Abs. 4 eine **Umweltprüfung** durchzuführen, in der die voraussichtlich erheblichen Umweltauswirkungen zu ermitteln sind und in einem **Umweltbericht** beschrieben und bewertet werden müssen. Die Ergebnisse der Umweltprüfung sind bei der **Abwägung** mit zu berücksichtigen.

Die Gemeinde hat dem Entwurf des Bebauungsplans eine **Begründung** beizufügen, in der je nach dem Stand des Verfahrens, die **Ziele,** der **Zweck** und die **wesentlichen Auswirkungen** des Bauleitplans darzulegen sind.

#### 11.2.3.3.2 Beteiligung der Öffentlichkeit, § 3 BauGB

Die **Öffentlichkeit** soll möglichst **frühzeitig** über die allgemeinen Ziele und Zwecke der Planung unterrichtet werden. Dabei sind auch die wesentlichen unterschiedlichen

---

[27]VGH BW, Urt. v. 17.05.2013 – S 1643/12

[28]VGH BW, Beschl. v. 20.09.2016 – 3 S 864/16

[29]BayVGH, Beschl. v. 30.10.2018 – 1 ZB 16.1634

**Lösungen,** die für die Neugestaltung oder die Entwicklung eines Gebietes in Betracht kommen, und die voraussichtlichen **Auswirkungen** der Planung öffentlich zu machen (vorgezogene Öffentlichkeitsbeteiligung).

Zudem sind die **Träger öffentlicher Belange**, gegebenenfalls gleichzeitig mit der Bürgerbeteiligung, gemäß §§ 4, 4a BauGB frühzeitig zu beteiligen. Träger öffentlicher Belange sind andere Behörden, wie zum Beispiele das Denkmalschutzamt, das Umweltamt oder die Feuerwehr.

Hieran schließt sich die **förmliche Öffentlichkeitsbeteiligung** an. Die **Entwürfe** der Bauleitpläne samt ihrer Begründung sind gemäß § 3 Abs. 2 BauGB für die Dauer eines **Monats** öffentlich auszulegen. Ort und Dauer der **Auslegung** sind mindestens eine Woche vorher **ortsüblich** bekannt zu machen. Bei der Bekanntmachung muss darauf hingewiesen werden, dass **Stellungnahmen** während der **Auslegungsfrist** abgegeben werden können und dass nicht fristgerecht abgegebene Stellungnahmen bei der Beschlussfassung über den Bauleitplan nicht mehr berücksichtigt werden können. Die **Frist** muss nicht datumsmäßig genannt werden, sondern es genügt, wenn der **Beginn der Auslegung** feststeht und die Dauer der Auslegung, sodass die Frist **berechenbar** ist[30]. Jeder Bürger muss tatsächlich die Möglichkeit haben, den Plan ungehindert **einsehen** zu können. Hinsichtlich der Veröffentlichung im **Internet** ist § 4 a Abs. 4 BauGB zu beachten.

### 11.2.3.3.3  Beteiligung der Träger öffentlicher Belange, § 4 BauGB
Im Rahmen der förmlichen Behördenbeteiligung sind die **Stellungnahmen** der Behörden und der sonstigen Träger öffentlicher Belange, deren Aufgabenbereich durch die Planung berührt werden kann, zum Planentwurf und der Begründung einzuholen, § 4 Abs. 2 BauGB.

### 11.2.3.3.4  Satzungsbeschluss und Bekanntmachung
Die Gemeinde beschließt nach **Abschluss** des Aufstellungsverfahrens den Bebauungsplan als **Satzung**, § 10 Abs. 1 BauGB. Danach ist der Bebauungsplan **ortsüblich** bekannt zu machen und für jedermann zur **Einsicht** bereit zu halten. Der Bebauungsplan tritt mit der **Bekanntmachung** gemäß § 10 Abs. 3 **in Kraft**.

### 11.2.3.3.5  Planerhaltung und Planungsfehler, § 214 BauGB
Bei der Aufstellung von Bebauungsplänen können sowohl **Verfahrensfehler** auftreten, also formelle Fehler unterlaufen, als auch **materielle Fehler,** die den Planinhalt betreffen.

Werden Fehler festgestellt, so ist eine **Heilung** oder **Nachholung** grundsätzlich in einem ergänzenden Verfahren gemäß § 214 Abs. 4 BauGB möglich. Die **Beachtlichkeit** solcher Fehler richtet sich nach § 214 BauGB.

---

[30]BVerwG, Beschl. v. 08.09.1992 – 4 NB 17.92

Fehler können im Nachhinein **unbeachtlich** werden, wenn sie gemäß § 215 BauGB nicht innerhalb **eines Jahres** seit Bekanntmachung schriftlich gegenüber der Gemeinde unter Darlegung des die Verletzung begründenden Sachverhalts geltend gemacht werden.

Die Verletzung von **Verfahrens-** und **Formvorschriften** ist gemäß § 214 Abs. 1 BauGB grundsätzlich **unbeachtlich**, es sei denn es liegen die Voraussetzungen von § 214 Abs. 1 Ziff. 1 – 4 BauGB vor[31].

**Bürgerbeteiligung und Beteiligung Träger öffentlicher Belange, §§ 3 Abs. 2, 4 Abs. 2, 4 a BauGB**

Die **Verletzung** der Vorschriften über die Öffentlichkeits- und Behördenbeteiligung ist ein **beachtlicher** Fehler.

**Planbegründung und Umweltbericht, §§ 2 a, 9 Abs. 8 BauGB**

Ebenso ist die Verletzung von Vorschriften über die **Planbegründung** und den **Umweltbericht** beachtlich.

**Abwägungsmaterial, § 2 Abs. 3, 4 BauGB**

Mängel im **Abwägungsvorgang** sind nur beachtlich, wenn sie **offensichtlich** sind und auf das **Abwägungsergebnis** Einfluss haben[32].

**Beschlussfassung, § 10 BauGB**

Gemäß § 214 Abs. 1 Ziff. 4 BauGB ist ebenfalls beachtlich, wenn ein **Beschluss** der Gemeinde über den Bebauungsplan nicht gefasst, eine **Genehmigung** nicht erteilt oder der mit der **Bekanntmachung** verfolgte Hinweiszweck nicht erreicht wurde.

Wird im Rahmen eines **Normenkontrollverfahrens** zur gerichtlichen **Überprüfung** von Bebauungsplänen festgestellt, dass **Rechtsfehler** vorliegen, so wird der Bebauungsplan für **unwirksam** erklärt, § 47 Abs. 5 Satz 2 VwGO.

### 11.2.3.4 Verletzung allgemein gültiger Planungsgebote und Planungsleitsätze

Die allgemein gültigen **Planungsgebote** und **Planungsleitsätze** sind gesetzlich zwar nicht geregelt, sie sind aber aus **rechtsstaatlichen Prinzipien** heraus dennoch **zwingend** durch die planende Gemeinde zu beachten. Ein **Verstoß** gegen diese Planungsgebote und Planungsleitsätze führt zur **Unwirksamkeit** des Bebauungsplans.

---

[31]BVerwG, Beschl. v. 21.02.1986 – 4 N 1/85, BauR 1986, 298

[32]BVerwG, Urt. v. 21.08.1981 – 4 C 57.80, BVerwGE 64, 33

### 11.2.3.4.1 Konkrete Planung

Nur eine konkrete Planung ist zulässig und **nicht bloße abstrakte Regelungen.** Es bedarf daher einer genauen **Festlegung** bezüglich der zulässigen Bebauung und Nutzung der betroffenen Grundstücke im Plangebiet.

### 11.2.3.4.2 Positive Planung/Verbot der Negativplanung

Die Planungen müssen durch die Gemeinde **positiv** festgelegt werden[33]. Es muss also genau bestimmt werden, welche Bebauung im Plangebiet zulässig ist und nicht, welche verboten sein soll.

Möglich ist aber eine Planung zur **Verhinderung** von zu erwartenden „**Fehlentwicklungen**" im Gemeindegebiet[34] oder der **Erhaltung** des **status quo** im Plangebiet. Eine solche Planung verstößt nicht gegen das Verbot der **Negativ- oder Verhinderungsplanung**[35].

### 11.2.3.4.3 Äußere Planeinheit

Für ein einzelnes Plangebiet darf nur ein **einziger Bebauungsplan** aufgestellt werden. Mehrere nebeneinander bestehende Bebauungspläne oder sich überschneidende Bebauungspläne sind nicht zulässig.

### 11.2.3.4.4 Bestimmtheitsgebot

Die betroffenen Grundstückseigentümer müssen aus dem Bebauungsplan und seiner Begründung erkennen können, in welcher Weise ihr Grundstück betroffen ist und welchen äußeren Einflüssen es ausgesetzt wird[36]. Insoweit ist zum Beispiel eine Planung mit der Bezeichnung „*zentrumstypische Einzelhandelsbetriebe*" zu **unbestimmt**[37].

### 11.2.3.4.5 Abwägungsgebot gemäß § 1 Abs. 7 BauGB

Die **Gemeinde** hat bei ihrer Planung, neben den zuvor dargestellten Planungsgeboten und Planungsleitsätzen, grundsätzlich auch das **Abwägungsgebot** gemäß § 1 Abs. 7 BauGB zu beachten. Danach muss die Gemeinde bei der Planaufstellung **öffentliche und private Belange** gegeneinander und untereinander gerecht **abwägen. Private** und **öffentliche Belange** sind dabei grundsätzlich **gleichwertig.**

Probleme können sich dann ergeben, wenn sich die Gemeinde bereits **vorher gebunden** hat, mithin eine echte Abwägung inhaltlich nicht mehr stattfinden kann oder der Bebauungsplan auf bestimmte **Interessen,** beispielsweise eine Gewerbeansiedlung, ausgerichtet wird.

---

[33]OVG RP, Urt. v. 07.03.2013 – 1 C 10456/12

[34]VGH Hessen, Urt. v. 12.05.2011 – 4 C 308/10

[35]BVerwG, Beschl. v. 15.03.2012 – 4 BN 9.12; BVerwG, Urt. v. 08.09.2016 – 4 BN 22.16 (zur „Auch-Negativplanung"); OVG Lüneburg, Beschl. v. 28.03.2017 – 1 ME 7/17

[36]OVG RP, Urt. v. 05.11.2007 – 1 C 10963/07; OVG Sachsen, Urt. v. 17.08.2006 – 4 BN 22.11

[37]OVG Sachsen, Urt. v. 17.08.2006 – 2 K 50/04

Um dem Abwägungsgebot gemäß § 1 Abs. 7 BauGB gerecht zu werden, muss die Gemeinde gemäß § 2 Abs. 3 BauGB bei der Planaufstellung die für die Abwägung bedeutenden Belange zunächst **ermitteln** und **bewerten (Abwägungsmaterial)**[38], beispielsweise die zu erwartende Lärmbelästigung durch Verkehrsaufkommen[39].

### 11.2.3.5  Rechtsschutz gegen einen Bebauungsplan

Gerichtlicher Rechtsschutz ist grundsätzlich auf zwei Arten zulässig, nämlich im Wege der

- **Normenkontrolle,** § 47 Abs. 1 Nr. 1 VwGO und der
- **Inzidenterkontrolle.**

Grundsätzlich sind sämtliche **Grundstückeigentümer** in einem Plangebiet zur Normenkontrolle **klagebefugt,** gegebenenfalls aber auch Mieter und Pächter.

Eine **Klagebefugnis** nur zur Verhinderung eines **Konkurrenzbetriebs** hingegen besteht nicht[40].

**Ausnahmsweise** besteht auch für einen außerhalb des Plangebiets liegenden Grundstückseigentümer eine **Antragsbefugnis,** wenn ein enger **konzeptioneller Zusammenhang** zwischen den Festsetzungen im Bebauungsplan und dem Ausschluss von möglichen Nutzungen sonstiger nicht im Plangebiet liegender Grundstück besteht[41].

Die Einhaltung des **Abwägungsgebotes** kann also im Wege einer Normenkontrolle gerichtlich überprüft werden. Eine **Inzidenterkontrolle,** also die indirekte Kontrolle, ob der Bebauungsplan in rechtmäßiger Weise zustande gekommen ist, kann im Wege einer **Anfechtungs-** oder **Verpflichtungsklage** des Bauherrn bezüglich einer Baugenehmigung erfolgen.

Folgende **Abwägungsfehler** können neben den oben dargestellten Verfahrens- und Planungsfehlern der Gemeinde zur **Unwirksamkeit** des Bebauungsplans führen, so diese offensichtlich Einfluss auf das Abwägungsergebnis haben[42]:

**Abwägungsausfall**

Die Gemeinde ist der Auffassung, überhaupt **keine Abwägung** vornehmen zu müssen[43].

---

[38]BVerwG, Urt. v. 13.12.2012 – 4 CN 1.11

[39]BVerwG, Beschl. v. 20.07.2011 – 4 BN 22.11

[40]OVG Bremen, Urt. v. 03.05.2016 – 1 D 260/14

[41]VGH BW, Urt. v. 03.03.2015 – 5 S 1591/13

[42]BVerwG, Urt. v. 21.08.1981 – 4 C 57.80; BVerwG, Beschl. v. 13.01.2016 – 4 B 21.15

[43]VGH Hessen, Urt. v. 22.04.2010 – 4 C 327/09

**Abwägungsdefizit**

Die Gemeinde vernachlässigt **abwägungsrelevante** Umstände, zum Beispiel einen Altlastenverdacht oder zu erwartende Geräusch- oder Geruchsemissionen[44]. Das planerische Ziel, etwa im Plangebiet Flächen für das produzierende Gewerbe vorzuhalten, ist eine tragfähige Begründung und somit kein Abwägungsdefizit[45].

**Abwägungsfehleinschätzung**

Die Gemeinde unterliegt einer **Fehleinschätzung,** zum Beispiel hinsichtlich von zu erwartender Gesundheitsgefährdung.

**Abwägungsdisproportionalität**

Eine andere **weniger belastende Planung** ist möglich, zum Beispiel keine Industrieansiedlungen direkt neben einem Landschaftsschutzgebiet zuzulassen, sondern weniger belastend an einer anderen Stelle im Gemeindegebiet[46].

▶ Bei der vorzunehmenden **Abwägung** muss die Gemeinde auch das Gebot der **Lastenverteilung** oder das Gebot der **Konfliktbewältigung** berücksichtigen. Es muss aber nicht jede Einzelheit planerisch erfasst und abgewogen werden[47].

**Abwägungsfehler** beim Planungsvorgang gelten als „geheilt", können also nicht mehr zur Unwirksamkeit des Bebauungsplans führen, wenn sie nicht innerhalb der Frist **eines Jahres** seit Bekanntmachung des Bebauungsplans **schriftlich** gegenüber der Gemeinde geltend gemacht werden, § 215 Abs. 1 Nr. 1, 3 BauGB[48].

## 11.2.4 Die Sicherung der Bauleitplanung

Die **Gemeinde** kann folgende gesetzlich zugelassene **Maßnahmen** ergreifen, um zu vermeiden, dass während der Phase der Planaufstellung tatsächliche **Veränderungen** der örtlichen Verhältnisse eintreten, die der **Planung zuwiderlaufen**[49] :

- Veränderungssperre, § 14 BauGB
- Zurückstellung von Baugesuchen, § 15 BauGB
- Vorkaufsrecht der Gemeinde, §§ 24 ff. BauGB

---

[44]für den Planfeststellungsbeschluss vgl. BVerwG, Urt. v. 24.03.2011 – 7 A 3.10

[45]BVerwG, Urt. v. 23.07.2009 – 4 BN 28.09

[46]OVG RP, Urt. v. 12.07.2012 – 1 C 11236/11; OVG Thüringen, Urt. v. 04.01.2017 – 1 N 252/14

[47]BVerwG, Urt. 09.04.2008 – 4 CN 1.07; OVG RP, Urt. 30.08.2017 – 8 C 11787/16

[48]BVerwG, Beschl. v. 10.01.2012 – 4 BN 35.11

[49]OVG Lüneburg, Beschl. v. 02.04.2003 – 7 B 235/03

### 11.2.4.1 Veränderungssperre, §§ 14, 16–18 BauGB

Ist ein **Aufstellungsbeschluss** für einen Bebauungsplan gefasst, so kann die Gemeinde eine Veränderungssperre in Form einer **Satzung** dergestalt beschließen, dass **Vorhaben** im Sinne von §§ 29 ff. BauGB nicht durchgeführt werden dürfen. Es wird in diesem Fall also **untersagt,** bauliche Anlagen zu beseitigen oder erhebliche oder wesentliche Veränderungen von Grundstücken und baulichen Anlagen vorzunehmen, deren Veränderung nicht genehmigungs-, zustimmungs- oder anzeigepflichtig ist[50].

**Ausnahmen** können zugelassen werden.

Eine Veränderungssperre kann durch die betroffenen Grundstückseigentümer **gerichtlich** angegriffen werden[51].

**Unzulässig** ist eine Veränderungssperre zum Beispiel dann, wenn sich der Inhalt der beabsichtigten Planung noch in keiner Weise absehen lässt oder das **Planungsziel** ist bereits an sich unzulässig *(„Wohnen für junge Leute und Studenten")*[52]. Die gemeindliche Planung muss wenigstens in **wesentlichen Zügen** konkretisiert sein, also zumindest eine Vorstellung bei der Gemeinde über die Art der Nutzung vorhanden sein[53].

Die Veränderungssperre **gilt nicht** für bereits genehmigte Bauvorhaben, § 14 Abs. 3 BauGB. Hier greift der **Bestandsschutz.**

Die Veränderungssperre tritt gemäß § 17 Abs. 1 BauGB nach zwei Jahren **außer Kraft**[54]. Die Gemeinde kann die Frist gemäß § 17 Abs. 1 S. 2 BauGB um ein Jahr **verlängern.** Liegen besondere Umstände vor, so kann die Gemeinde die Frist nach § 17 Abs. 2 BauGB noch einmal um ein **weiteres Jahr** verlängern.

Eine die zweite Verlängerung ersetzende **neue Veränderungssperre** ist nur unter den strengen Voraussetzungen von § 17 Abs. 2 BauGB möglich, da sich diese Voraussetzungen ansonsten umgehen ließen[55].

Die Veränderungssperre **verliert** spätestens ihre **Wirkung,** wenn die Bauleitplanung **rechtsverbindlich** abgeschlossen ist.

Eine **Entschädigungsregelung** erfolgt nach vier Jahren, § 18 BauGB. Dabei sind dem Betroffenen diejenigen **Vermögensnachteile** in Form einer **angemessenen Entschädigung** zu zahlen, die ihm durch die Fristüberschreitung entstanden sind. **Entschädigungsverpflichtet** ist gemäß § 18 Abs. 2 BauGB die Gemeinde, bei der zunächst der Schaden geltend zu machen ist. Kommt mit dieser keine **Einigung** zustande, so entscheidet gemäß § 18 Abs. 2 S. 3 BauGB die höhere Verwaltungsbehörde durch Bescheid.

---

[50]OVG RP, Urt. v. 21.01.2010 – 1 A 10779/09

[51]OVG Lüneburg, Beschl. v. 24.08.2016 – 1 KN 150/14

[52]BayVGH, Urt. v. 17.10.2017 – 15 N 17.574

[53]BVerwG, Beschl. v. 21.10.2010 – 4 BN 26.10; OVG RP, Urt. v. 23.11.2016 – 8 C 10662/17; OVG NRW, Urt. v. 08.05.2018 – 2 D 44/17

[54]OVG Lüneburg, Beschl. v. 10.01.2014 – 1 MN 190/13

[55]OVG Koblenz, Urt. v. 13.02.2019 – 8 C 10622/18.OVG

### 11.2.4.2  Zurückstellung von Baugesuchen, § 15 BauGB

Liegen die Voraussetzungen für eine Veränderungssperre vor, ohne dass sie beschlossen wurde oder sie aus anderen Gründen nicht wirksam ist, so kann die Gemeinde bei der Baugenehmigungsbehörde **beantragen,** die Entscheidung über die Zulässigkeit eines Bauvorhabens für einen Zeitraum von bis zu zwölf Monaten **zurückzustellen,** wenn Probleme bei der Umsetzung der **Bauleitplanung** zu erwarten sind. Aufgrund des **Bestandsschutzes** gilt die Möglichkeit der Zurückstellung von Baugesuchen nach § 15 BauGB – wie bei der Veränderungssperre – nicht für bereits genehmigte Bauvorhaben.

## 11.2.5  Zusammenarbeit mit Privaten

Die Gemeinde kann bei der Umsetzung ihrer „Planungsvorstellung" mit privaten Bauherrn/Investoren/Vorhabenträgern zusammenarbeiten. Sie kann **städtebauliche Verträge** abschließen, § 11 BauGB oder auf der Basis von Vorhaben- und Erschließungsplänen (V + E-Plan) **vorhabenbezogene Bebauungspläne** aufstellen, § 12 BauGB.

### 11.2.5.1  Der Vorhaben- und Erschließungsplan, § 12 BauGB

Der Vorhaben- und Erschließungsplan **bereitet einen Bebauungsplan vor,** bei dem der **Vorhabenträger** im Einzelnen mit in die Bebauungsplanaufstellung einbezogen ist. Der Vorhabenträger hat zur Vorbereitung eines solchen **vorhabenbezogenen Bebauungsplans** eine **Abstimmung** mit der Gemeinde anhand eines von ihm aufgestellten Vorhaben- und Erschließungsplans vorzunehmen.

Die Gemeinde hat nach pflichtgemäßem **Ermessen** über die **Einleitung** des Verfahrens für einen vorhabenbezogenen Bebauungsplan zu entscheiden.

Über die Durchführung des geplanten Vorhabens ist mit der Gemeinde nachfolgend ein **Durchführungsvertrag** zu schließen, in dem sich der Vorhabenträger vor dem Satzungsbeschluss der Gemeinde gegenüber (§ 10 BauGB) **verpflichtet** und bereit erklärt, das Vorhaben innerhalb einer bestimmten **Frist** zu verwirklichen und ganz oder teilweise die **Planungs- und Erschließungskosten** zu tragen.

Mit **Beschluss** der Gemeinde wird der Vorhaben- und Erschließungsplan **Bestandteil** des **vorhabenbezogenen Bebauungsplans.** Ein anderes Vorhaben als im Durchführungsvertrag vereinbart, darf nicht Gegenstand des vorhabenbezogenen Bebauungsplans sein[56]. Das Vorliegen eines Vorhaben- und Erschließungsplans ist also **Wirksamkeitsvoraussetzung** für einen vorhabenbezogenen Bebauungsplan[57].

---

[56]OVG NRW, Urt. v. 03.12.2003 – 7a D 42/01

[57]OVG NRW, Urt. 23.01.2006 – 7 D 60/04, BauR 2006, 1275

Die **Vorgaben** von § 9 der **BauNVO** sind beim vorhabenbezogenen Bebauungsplan **nicht bindend,** § 12 Abs. 3, 3 a BauGB. Es erfolgt vielmehr eine auf das Vorhaben
bezogene **konkrete Festsetzung** der zulässigen Nutzung.

Wird das Vorhaben vom Vorhabenträger nicht **fristgerecht** durchgeführt, so kann der
Bebauungsplan **aufgehoben** werden.

### 11.2.5.2 Städtebaulicher Vertrag, § 11 BauGB

Die **Zulässigkeit** solcher Verträge ist in § 11 BauGB ausdrücklich geregelt. Es dürfen aber keine **Gegenleistungen** vereinbart werden, auf die der Vertragspartner der
Gemeinde ohnehin einen **Anspruch** hätte, § 11 Abs. 2 BauGB[58] oder die nicht zur
**Finanzierung** von städtebaulichen Maßnahmen dienen, die Folge bzw. Voraussetzungen
des geplanten Vorhabens sind[59].

§ 11 Abs. 1 BauGB zählt die möglichen **Regelungstatbestände** nur beispielhaft auf,
§ 11 Abs. 4 BauGB:

- Vorbereitung oder Durchführung städtebaulicher Maßnahmen auf eigene Kosten
- Förderung und Sicherung der mit der Bauleitplanung verfolgten Ziele
- Kostenübernahme für städtebauliche Maßnahmen oder Zurverfügungstellung von
  Grundstücken
- Nutzung von Netzen und Anlagen für Strom, Wasser etc.

Verträge, die zum Ziel haben, einen Bebauungsplan zu ersetzen, sind **unzulässig**[60].

Städtebauliche Verträge sind **zivilrechtliche Verträge,** auch wenn sie Vereinbarungen enthalten, die öffentlich-rechtlicher Natur sind[61]. Sie bedürfen der **Schriftform**, gegebenenfalls bei gekoppelten Grundstückverfügungen auch der **notariellen
Beurkundung**.

## 11.3    Die Zulässigkeit von Bauvorhaben nach §§ 29 ff. BauGB

### 11.3.1 Einführung

Die baurechtliche Zulässigkeit von Bauvorhaben, also ob überhaupt ein **genehmigungs-
pflichtiges Bauwerk** auf einem Grundstück errichtet werden darf, beurteilt sich nach
**§§ 29 ff. BauGB**.

---

[58]BVerwG, Urt. v. 16.12.1993 – 4 C 27/92, NJW 1994, 2559
[59]OVG Lüneburg, Urt. v. 18.02.2016 – 1 LC 28/12
[60]VGH BW, Urt. v. 07.07.2017 – 5 S 1867/15
[61]BVerwG, Urt. v. 24.02.1994 – 4 B 40/93

An Hand der **Kriterien** der §§ 29 ff. BauGB prüft die **Baugenehmigungsbehörde**, ob eine beantragte **Baugenehmigung** zu erteilen ist. Das Baugenehmigungsverfahren an sich richtet sich nach den **Landesbauordnungen** der einzelnen Bundesländer. Die bauplanungsrechtlichen Voraussetzungen richteten sich nach den Vorschriften des BauGB.

Folgende **Baumaßnahmen** sind gemäß § 29 Abs. 1 BauGB baurechtlich relevant und bedürfen daher grundsätzlich einer **Genehmigung**:

- Vorhaben, die die Errichtung, Änderung oder Nutzungsänderung baulicher Anlagen zum Gegenstand haben,
- Aufschüttungen und Abgrabungen größeren Umfangs,
- Ausschachtungen,
- Ablagerungen, einschließlich Lagerstätten.

**Bauliche Anlagen** sind gekennzeichnet durch das **Merkmal** des Bauens und **Elemente** der bodenrechtlichen Relevanz[62].

Für ein **Hausboot** ist dies zu verneinen, wenn es überwiegend zum Befahren von Gewässern genutzt wird[63]. Anders ist eine bodenrechtliche Relevanz für einen dauerhaft abgestellten **Wohnwagen** oder ein **Tinyhouse** zu beurteilen[64].

**Aufschüttungen** sind Eingriffe in die Landschaft, wie zum Beispiel Sandentnahmen, Auskiesungen oder Steinbrüche.

Entscheidend für die Beurteilung der Zulässigkeit solcher Baumaßnahmen ist weiter, in welchem Bereich das Bauvorhaben im Gemeindegebiet liegt, also entweder

- im Bereich eines **Bebauungsplans,**
- in einem **im Zusammenhang bebauten Ortsteil**, für den es keinen Bebauungsplan gibt oder
- im **Außenbereich**, also außerhalb eines im Zusammenhang bebauten Ortsteils.

## 11.3.2  Bauvorhaben in Bebauungsplangebieten, § 30 BauGB

### 11.3.2.1  Zulässigkeit bei qualifiziertem Bebauungsplan, § 30 Abs. 1 BauGB

Ein Bauvorhaben innerhalb eines Bebauungsplangebiets ist nur dann **zulässig,** wenn es den **Festsetzungen** des qualifizierten Bebauungsplans **nicht widerspricht** und zudem die **Erschließung** gesichert ist, § 30 Abs. 1 BauGB.

---

[62]VGH BW, Urt. v. 15.03.1993 – 10 S 380/92

[63]OVG Bln-Bbg, Beschl. v. 10.07.2018 – 2 S 13.18

[64]BayVGH, Beschl. v. 30.10.2018 – 9 C 18.675

### 11.3.2.2 Zulässigkeit bei einfachem Bebauungsplan, § 30 Abs. 3 BauGB

Im **Geltungsbereich** eines Bebauungsplans, der nicht den Voraussetzungen von § 30 Abs. 1 BauGB entspricht (**einfacher Bebauungsplan**), richtet sich die Zulässigkeit von Vorhaben gemäß § 30 Abs. 3 BauGB bei **im Zusammenhang bebauten Ortsteilen** nach § 34 oder im **Außenbereich** nach § 35 BauGB.

## 11.3.3 Bauvorhaben innerhalb im Zusammenhang bebauter Ortsteile, § 34 BauGB

§ 34 BauGB ist eine der **zentralen Normen** des Bauplanungsrechts. § 34 BauGB kommt für innerstädtische Bereiche zur Überprüfung der Zulässigkeit eines Bauvorhabens dann zur Anwendung, wenn in dem Bereich, wo das geplante Bauvorhaben liegt, **kein Bebauungsplan** oder nur ein **einfacher Bebauungsplan** existiert. Erstere Situation herrscht bei den meisten innerstädtischen Gebieten in Deutschland wohl vor, da sich qualifizierte Bebauungspläne in der Regel nur auf einen eng begrenzten innerstädtischen Raum erstrecken.

Für die **Zulässigkeit** eines Bauvorhabens im unbeplanten Innenbereich ist zunächst zu prüfen, ob die **Eigenart der näheren Umgebung** des geplanten Bauvorhabens einem der **Baugebietstypen** der BauNVO entspricht. Ist dies der Fall, so richtet sich die Zulässigkeit nach den gleichen Voraussetzungen wie gemäß § 30 BauGB, § 34 Abs. 2 BauGB[65].

### 11.3.3.1 Baugebietstypen der BauNVO

Entspricht das B-Plangebiet einem der in der **BauNVO** vorgesehenen **Baugebietstypen**, so ist eine **Regelbebauung** der jeweiligen Baugebietstypen gemäß den Absätzen 2 von §§ 2–11 BauNVO immer zulässig.

Dies sind zum Beispiel für „**allgemeine Wohngebiete**" gemäß § 4 Abs. 2 BauNVO

- Wohngebäude,
- die der Versorgung des Gebietes dienenden Läden, Schank- und Speisewirtschaften sowie
- nicht störende Handwerksbetriebe,
- zudem Anlagen für kirchliche, kulturelle, soziale, gesundheitliche und sportliche Zwecke.

**Ausnahmsweise** können gemäß den jeweiligen Absätzen 3 der §§ 2–11 BauNVO auch noch weitere Bauvorhaben zugelassen werden.

Dies wären zum Beispiel für „**allgemeine Wohngebiete**" gemäß § 4 Abs. 3 BauNVO

---

[65]zur den Rechtsschutzmöglichkeiten der Nachbarn gegen eine Bebauung siehe Kap. 6; Abschn. 6.2

- Betriebe des Beherbergungsgewerbes,
- sonstige nicht störende Gewerbebetriebe,
- Anlagen für Verwaltungen,
- Gartenbaubetriebe und Tankstelle.

Grundsätzlich zulässige Bauvorhaben können aber gleichwohl im **Einzelfall** gemäß **§ 15 BauNVO unzulässig** sein, wenn sie nach Anzahl, Lage, Umfang oder Zweckbestimmung der **Eigenart** des Baugebiets widersprechen[66] (siehe auch Abschn. 11.2.3.2.3). Sie sind auch unzulässig, wenn von Ihnen **Belästigungen** oder **Störungen** ausgehen können, die nach der **Eigenart** des Baugebietes im Baugebiet selbst oder in dessen Umgebung **unzumutbar** sind oder wenn Bauvorhaben solchen Belästigungen oder Störungen ausgesetzt werden.

### 11.3.3.2 Kein Baugebietstyp der BauNVO

Entspricht die **Eigenart** der **näheren Umgebung** nicht einem der **Baugebietstypen** der BauNVO, was sehr häufig der Fall sein wird, sodass von einer **Gemengelage** auszugehen ist, so richtet sich die Zulässigkeit des geplanten Bauvorhabens danach, ob es sich nach § 34 Abs. 1 S. 1 BauGB in die **Eigenart der näheren Umgebung** *„einfügt"*[67].

Als **Merkmale** zur Beurteilung des sich Einfügens sind auch hier wieder die **Art der baulichen Nutzung**, das **Maß der baulichen Nutzung**, die **Bauweise** und die **überbaubare Grundstücksfläche** der näheren Umgebung maßgeblich. Zudem dürfen gemäß § 34 Abs. 3 BauGB keine **schädlichen Auswirkungen** vom dem Vorhaben ausgehen[68].

Abweichungen vom Merkmal des sich *„einfügen"* richten sich nach § 34 Abs. 3a BauGB. Danach kann vom Erfordernis des Einfügens in die Eigenart der **näheren Umgeb**ung nach § 34 Abs. 1 Satz 1 BauGB im **Einzelfall** dann **abgewichen** werden, wenn die Abweichung der Erweiterung, Änderung, Nutzungsänderung oder Erneuerung eines zulässigerweise errichteten Gewerbe- oder Handwerksbetriebes oder die Erweiterung, Änderung oder Erneuerung einer zulässigerweise errichteten baulichen Anlage, die zu Wohnzwecken dient, **städtebaulich vertretbar** ist. Diese **Abweichung** muss aber auch unter Würdigung **nachbarlicher Interessen** mit den öffentlichen Belangen vereinbar sein. In solchen Fällen hat eine **Ermessensentscheidung** der Gemeinde stattzufinden, die gegebenenfalls auch **gerichtlich** überprüfbar ist[69].

Zur Frage, ob sich ein geplantes Bauvorhaben in die Eigenart der näheren Umgebung einfügt, gibt es eine unüberschaubare Anzahl an **Rechtsprechung**[70]. **Zusammengefasst** ist bei dieser Frage grundsätzlich folgendes von Bedeutung:

---

[66]OVG Lüneburg, Beschl. v. 20.07.2012 – 12 ME 75/12

[67]BVerwG, Beschl. v. 21.06.2007 – 4 B 8.07; BVerwG, Urt. v. 16.09.2010 – 4 C 7.10

[68]BVerwG, Beschl. v. 12.01.2012 – 4 B 39.11

[69]OVG Hamburg, Urt. v. 25.02.2015 – 2 Bf 213/11, Rn 57

[70]OVG Sachsen, Beschl. v. 22.01.2013 – 1 B 376/12; OVG Sachsen, Urt. v. 27.07.2011 – 1 A 701/09; BVerwG, Beschl. v. 27.07.2011 – 4 B 4.11; BVerwG, Beschl. v. 14.03.2013 – 4 B 49.12; BVerwG, Beschl. v. 26.07.2006 – 4 B 55.06; VGH BW, Urt. v. 14.07.2000 – 5 S 418/00; OVG Bln-Bbg, Beschl. v. 17.03.1999 – 2 S 6.98

**„nähere Umgebung"**

Maßstab für die Festlegung der näheren Umgebung ist die **Auswirkung** des Vorhabens und seine **Beeinflussung** auf die **benachbarten Grundstücke.** Ein **Einfamilienhaus** wirkt sich in der Regel nur auf die unmittelbare Nachbarschaft aus, sodass auch nur die unmittelbaren Nachbargrundstücke die nähere Umgebung im Sinne von § 34 Abs. 1 BauGB darstellen, in die sich das Bauvorhaben einfügen muss. Ein **Gewerbebetrieb** wirkt sich in der Regel deutlich weiter in die Umgebung aus, sodass auch weiter entfernte Grundstücke zur näheren Umgebung zählen. Insoweit lässt sich das, was als nähere Umgebung und somit als **Vergleichsmaßstab** heranzuziehen ist, nur im jeweiligen **Einzelfall** beurteilen.

**„Eigenart der näheren Umgebung"**

Maßstab für die **Eigenart** der näheren Umgebung ist die dort bereits **vorhandene Bebauung** und gegebenenfalls die **Merkmale** der Baugebiete der **BauNVO.** Hierbei stellt sich häufig das Problem, welches Maß und welche Art der Bebauung für die nähere Umgebung **„prägend"** ist. Bei ganz unterschiedlicher Bebauung in der näheren Umgebung kann es für die zu berücksichtigende Eigenart auch eine **„Spanne"** geben[71].

**„einfügen"**

Das geplante Bauvorhaben muss sich für seine Zulässigkeit in jeder Hinsicht im Rahmen der **Umgebungsbebauung** bewegen und **Rücksicht** nehmen, um das Kriterium *„einfügen"* zu erfüllen. Das geplante Bauvorhaben darf also keine **städtebauliche „Spannung"** erzeugen[72] oder solche bereits vorhandenen Spannungen noch erhöhen. Einzelne **„Ausreißer"** sind daher in der Regel auch nicht ausnahmsweise genehmigungsfähig.

## 11.3.4  Bauvorhaben im Außenbereich, § 35 BauGB

Im **Außenbereich** sind Bauvorhaben nur **ausnahmsweise** zulässig, da dieser grundsätzlich von der Bebauung **freizuhalten** ist, um die **Zersiedlung** der Landschaft zu vermeiden[73].

Bauen im Außenbereich ist, insbesondere für **private Zwecke,** daher in der Regel **unzulässig**[74]. Zulässig sind nur **privilegierte Bauvorhaben** und im Einzelfall begründete **Ausnahmen.** Insbesondere dürfen **öffentliche Belange** nicht entgegenstehen und die Erschließung muss gesichert sein.

---

[71]BVerwG, Beschl. v. 27.07.2011 – 4 B 4.11; BVerwG, Beschl. v. 21.06.2007 – 4 B 8.07, BauR 2007, 1691; OVG Sachsen, Urt. v. 27.07.2011 – 1 A 701/09

[72]OVG NRW, Urt. v. 09.09.2010 – 2 A 508/09

[73]OVG Sachsen, Beschl. v. 30.06.2009 – 1 A 483/08; VG Trier, Urt. v. 23.05.2012 – 5 K 1511/11; VG Saarlouis, Beschl. v. 28.09.2011 – 5 L 867/11

[74]OVG Sachsen, Beschl. v. 29.06.2012 – 1 A 68/11

Wird die **Nutzung** eines privilegierten Gebäudes **aufgegeben,** so stellt dies eine Änderung dar mit der Folge, dass die baurechtliche Zulässigkeit entfällt und eine **Beseitigungsanordnung** ergehen kann[75].

Was **öffentliche Belange** sind, legt § 35 Abs. 3 BauGB fest, zum Beispiel

- der Widerspruch zu den Festsetzungen des **Flächennutzungsplans,**
- die Belange des **Naturschutzes,**
- die Gefahr des Entstehens, Erweiterns oder Verfestigens einer **Splittersiedlung**[76].

**Zulässig** sind Bebauungen im Außenbereich also nur, wenn diesen Vorhaben **öffentliche Belange** nicht entgegenstehen, die ausreichende **Erschließung** gesichert ist und es sich um **privilegierte Bauvorhaben** handelt. Dies sind gemäß § 35 Abs. 1 BauGB solche Vorhaben, **die land- oder forstwirtschaftliche Betriebe** betreffen, **Gärtnereien,** öffentliche **Versorgungseinrichtungen** oder solche, die zum Beispiel der Entwicklung oder Nutzung von **Wind- oder Wasserenergie** dienen. Dabei darf das Vorhaben nicht lediglich einen untergeordneten Teil der Betriebsfläche einnehmen.

Der Begriff der „**Landwirtschaft**" wird im Einzelnen in § **201 BauGB** definiert.

Weitere Voraussetzung für die **Privilegierung** nach § 35 Abs. 1 BauGB ist, dass der Betrieb, zu dem das Bauvorhaben gehört, **auf Dauer** angelegt ist.

Bei der Beurteilung und zur Abgrenzung zu einer nur **hobbymäßig** betriebenen Landwirtschaft wird entscheidend auf die nachhaltige **Wirtschaftlichkeit,** die fachliche **Eignung** des Betreibers sowie die **Dauerhaftigkeit** der notwendigen Flächennutzung abgestellt[77].

Eine eigentlich vorhandene **Privilegierung** kann dadurch **entfallen,** dass für das Vorhaben im beplanten oder unbeplanten Innenbereich der Gemeinde oder auch der Nachbargemeinde ein Standort vorhanden ist, es also der Inanspruchnahme einer Außenbereichsfläche für die Umsetzung des Bauvorhabens nicht bedarf[78].

**Bauvorhaben** sind gemäß § 35 Abs. 2 BauGB zwar auch dann **zulässig,** wenn öffentliche Belange nicht beeinträchtigt sind. Die Beeinträchtigung **öffentlicher Belange** liegt bei einer Bebauung im Außenbereich aber in aller Regel vor, weil diese gemäß § 35 Abs. 3 BauGB bereits dann **beeinträchtigt** sind, wenn

- das Bauvorhaben den Darstellungen des **Flächennutzungsplans** widerspricht oder
- das Entstehen, das Verfestigen oder die Erweiterung einer **Splittersiedlung** zu befürchten ist.

---

[75]OVG Sachsen, a. a. O.

[76]OVG Thüringen, Beschl. v. 25.09.2017 – 1 ZKO 402/17

[77]BVerwG, Urt. v. 03.11.1972 – IV C 9.70; OVG RP, Urt. v. 27.07.2011 – 8 A 10394/11

[78]OVG Lüneburg, Beschl. v. 04.09.2018 – 1 ME 65/18; BVerwG, Beschl. v. 12.04.2011 – 4 B 6/11

Bauvorhaben zur **privaten Nutzung,** also zum Beispiel Wohn- oder Wochenendhäuser, sind im Außenbereich, so sie keinen Bestandschutz genießen, daher **nahezu ausnahmslos** nicht genehmigungsfähig[79]. Hierdurch soll zuvorderst eine ungeplante **Zersiedlung** der Landschaft **verhindert** werden. Zudem sollen auch die Städte und Gemeinden davon entlastet werden, ständig neue **Erschließungsmaßnahmen** durchführen zu müssen.

## 11.3.5  Abgrenzung von Innenbereich zu Außenbereich

In **Ortsrandlagen** ist es häufig **schwierig** festzustellen, ob ein Grundstück noch in den unbeplanten Innenbereich, also einen **Ortsteil** fällt, innerhalb dessen eine Bebauung grundsätzlich zulässig ist oder ob es bereits im Außenbereich liegt, wo eine Bebauung nur in ganz besonderen **Ausnahmefällen** gemäß § 35 BauGB zulässig ist.

Die **Werthaltigkeit** eines Grundstückes kann sich daher gravierend an dieser Frage entscheiden, also ob ein Grundstück überhaupt bebaut werden darf oder ob es letztlich nur als landwirtschaftliche oder forstwirtschaftliche Fläche genutzt werden kann.

**Merkmal** des Innenbereichs gemäß § 34 BauGB ist der *„im Zusammenhang bebaute Ortsteil"*. Das heißt, dass eine **Bebauung** bereits **vorhanden** sein muss, die – trotz **Baulücken** –

- den Eindruck der **Geschlossenheit** und **Zusammengehörigkeit** erweckt,
- nach Zahl der vorhandenen Bauten ein **gewisses Gewicht** hat und
- den Ausdruck einer **organischen Siedlungsstruktur** aufweist[80].

Dabei muss der **Bebauungszusammenhang** i. S. v. § 34 BauGB so dicht sein, dass er das fragliche Grundstück prägt und eine **Einfügungs-Beurteilung** überhaupt zulässt[81]. Um diesen Anforderungen gerecht zu werden, muss eine solche **Bebauungsstruktur** vorhanden sein, also nicht bloß eine völlig regellose und in ihrer Anordnung funktionslose Bebauung.

Von einer organischen **Siedlungsstruktur** spricht man dann, wenn sich nicht nur eine **Splittersiedlung** gebildet hat. Eine Ansammlung von lediglich vier Häusern besitzt auf keinen Fall eine **Ortsteileigenschaft**[82]. Die unterste Grenze dürfte wohl bei **mindestens sechs Häusern** anzusetzen sein[83].

---

[79]OVG Sachsen, Beschl. v. 29.06.2012 – 1 A 68/11; OVG Thüringen, Urt. v. 16.03.2010 – 1 KO 760/07

[80]OVG Thüringen, Urt. v. 06.07.2011 – 1 KO 1380/10

[81]OVG Sachen, Beschl. v. 08.11.2012 – 1 A 285/11

[82]BVerwG, Beschl. v. 19.04.1994 – 4 B 77/94

[83]OVG Bln-Bbg, Beschl. v. 17.04.2018 – 2 N 70.16

Bei der **Beurteilung** der Frage, was zu einem im Zusammenhang bebauten Ortsteil gehört, ist insbesondere auch von Bedeutung, dass eine Bebauung auf der **gegenüber-liegenden Straßenseite** in der Regel nicht mehr für die Beurteilung der auf der anderen Straßenseite liegenden Grundstücke als im Zusammenhang bebauten Ortsteil heran-gezogen werden kann[84]. Bei **Baulücken** oder **Außenbereichsinseln** im Innenbereich[85] und am **Ortsrand** endet der Innenbereich regelmäßig hinter dem **letzten Gebäude.**

Aber auch eine **einzeilige, bandartige Bebauung** kann ausnahmsweise dann eine organische Siedlungsstruktur in dem vorgenannten Sinne aufweisen, wenn sie auf die **Funktion** und den **Nutzungszweck** der Bebauung zurückgeht und darin ihre Rechtfertigung findet zum Beispiel ent-lang eines Fluss- oder Seeufers[86].

## 11.3.6 Klarstellungs-, Entwicklungs-, Ergänzungs-, Außenbereichssatzung

Um **Unklarheiten** in Ortsrandlagen zu vermeiden, kann die Gemeinde unter bestimmten Voraussetzungen die **Grenzen** eines im Zusammenhang bebauten **Ortsteils** durch **Sat-zung** „definieren"[87].

### 11.3.6.1 Klarstellungssatzung

Durch eine Klarstellungssatzung werden die **Grenzen** des im Zusammenhang bebauten Ortsteils dargestellt. Eine solche Klarstellungssatzung hat gemäß **§ 34 Abs. 4 Nr. 1 BauGB** aber nur **deklaratorische** Bedeutung, indem sie das widerspiegelt, was in der Örtlichkeit **tatsächlich** schon **vorhanden** ist[88]. Sie **bindet** durch ihre Festlegung der Ortsteilgrenzen zwar die Baugenehmigungsbehörde, aber nicht den Grundstückseigen-tümer (Abb. 11.2)[89].

### 11.3.6.2 Entwicklungssatzung

Eine Entwicklungssatzung gemäß § 34 Abs. 4 Nr. 2 BauGB hat **konstitutive Wirkung,** indem sie Grundstücke im **Außenbereich** als im Zusammenhang bebauten Ortsteil fest-legt[90], zum Beispiel eine Splittersiedlung, obwohl ein solcher Ortsteil tatsächlich noch nicht vorhanden ist, sondern erst noch entwickelt werden muss.

---

[84]VG Stuttgart, Urt. v. 30.07.2009 – 11 K 3741/08

[85]BVerwG Urt. v. 17.02.1984 – 4 C 55.81

[86]BVerwG, Urt. v. 06.11.1968 – IV C 2.66; BVerwG, Urt. v. 01.09.2010 – 4 B 21/10

[87]BayVGH, Urt. v. 13.03.2019 15 N 17.1194, 15 N 17.1195

[88]OVG Sachsen, Urt. v. 26.08.2015 – 2 K 174/13

[89]BVerwG, Urt. v. 18.05.1990 – 4 C 37.87, BauR 1990, 451

[90]BVerwG, Urt. v. 16.02.2001 – 4 BN 55.00, BauR 2001, 1684; BVerwG, Beschl. v. 31.03.1998 – 4 BN 4.98, BauR 1998, 751

**Abb. 11.2**  Klarstellungssatzung

### 11.3.6.3 Ergänzungssatzung

Eine Ergänzungssatzung gemäß § 34 Abs. 4 Nr. 3 BauGB bezieht im **Außenbereich** liegende Grundstücke mit **konstitutiver Wirkung** in einen schon bestehenden Ortsteil mit ein[91].

### 11.3.6.4 Außenbereichssatzung

Eine Außenbereichssatzung nach § 35 Abs. 6 BauGB legt fest, dass in einem bestimmten Gebiet des **Außenbereichs,** in dem Bebauung von **„einigem Gewicht"** bereits vorhanden ist, geplanten Bauvorhaben **nicht entgegengehalten** werden kann, dass sie einer Darstellung im **Flächennutzungsplan** über Flächen für die Landwirtschaft oder Wald widersprechen oder die Entstehung bzw. Verfestigung einer **Splittersiedlung** befürchten lassen[92]. Das heißt, dass im Geltungsbereich der Außenbereichsatzung Bauvorhaben nicht aus diesen Gründen schon von vornherein unzulässig sind, mithin bei der Zulässigkeitsprüfung eine differenzierte **Einzelfallbetrachtung** zu erfolgen hat. Die Satzung ändert nichts an der **Zuordnung** zum Außenbereich, sie modifiziert nur die **Zulässigkeitsvoraussetzungen** für dort geplante Bauvorhaben.

---

[91]VGH München, Beschl. v. 12.03.2019 – 1 NE 19.85

[92]BVerwG, Urt. 13.07.2006 – 4 C 2.05, BauR 2006, 1858

## Außenbereichssatzung Nr. 442
## Dresden-Bühlau Nr. 2 Quohrener Straße / Am Stallteich

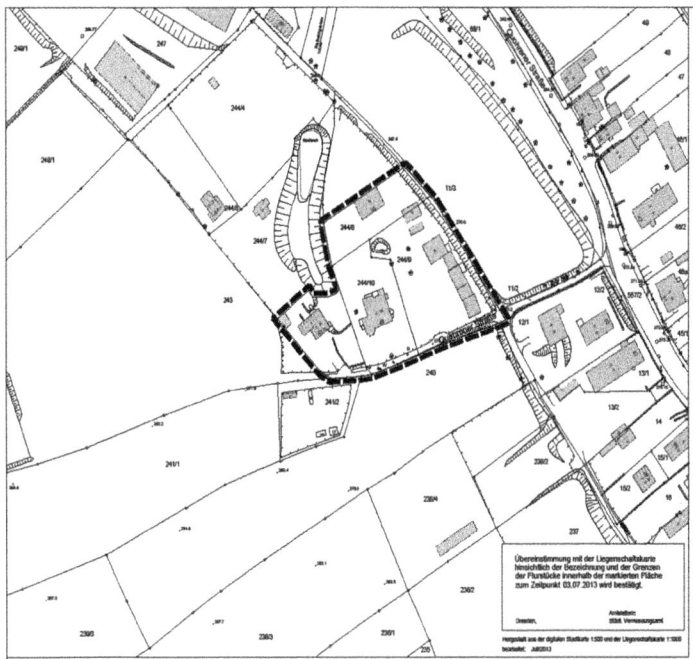

**Abb. 11.3**   Außenbereichssatzung

Die **Satzung** kann auch auf Vorhaben erstreckt werden, die **kleineren Handwerks-
und Gewerbebetrieben** dienen. In der Satzung können gemäß. § 35 Abs. 6 S. 3 BauGB
auch **nähere Bestimmungen** über die Zulässigkeit getroffen werden (Abb. 11.3).

### 11.3.7  Zulässigkeit von Bauvorhaben während der Planaufstellung, § 33 BauGB

§ 33 BauGB ist eine **Ausnahmeregelung** für Bauvorhaben, die eigentlich (noch) nicht
genehmigungsfähig wären, und schafft insoweit einen positiven **Zulässigkeitstat-
bestand**[93].

---

[93]BVerwG, Urt. 17.12.1964 – I C 36/64, NJW 1965, 548

Ein **Rechtsanspruch** aus § 33 BauGB auf Genehmigung eines Vorhabens im Bereich eines zukünftigen Bebauungsplans ist unter der Voraussetzung gegeben, dass bereits ein **Planaufstellungsbeschluss** besteht. Zudem muss bereits **Planungsreife** formell und materiell vorhanden sein, das heißt, dass die Träger öffentlicher Belange beteiligt wurden und ihre Einwendungen gewürdigt worden sein müssen (formelle Planungsreife gemäß § 33 Abs. 1 Nr. 1 BauGB).

Auch darf das Vorhaben den **späteren Festsetzungen** nicht widersprechen (materielle Planreife, § 33 Abs. 1 Nr. 2 BauGB).

Zudem muss der Antragsteller für das Bauvorhaben diese Festsetzung für sich und seine Rechtsnachfolger **schriftlich** anerkennen (Plananerkenntnis, § 33 Abs. 1 Nr. 3 BauGB) und die **Erschließung** muss gesichert sein (§ 33 Abs. 1 Nr. 4 BauGB).

Ein Bauvorhaben kann daher bei Erfüllung dieser vorgenannten Voraussetzungen schon **vor Inkrafttreten** des Bebauungsplans genehmigt werden, sodass es keines Rückgriffs mehr auf § 34 BauGB bedarf.

## Weiterführende Literatur

Battis, Öffentliches Baurecht und Raumordnungsrecht, 7. Aufl. 2017, Verlag W. Kohlhammer

Battis/Katzenberger/Löhr, Kommentar zum BauGB, 13. Aufl. 2016, C.H. Beck Verlag

Blessing, Planung und Genehmigung von Windenergieanlagen, 1. Aufl. 2016, Verlag W. Kohlhammer

Ernst/Zinkhahn/Bielenberg/Krautzberger, Kommentar zum BauGB (Loseblattsammlung), 131. Aufl. 2018, C.H. Beck Verlag

Fickert/Fieseler, Baunutzungsverordnung, 13. Aufl. 2018, Verlag W. Kohlhammer

Finkelnburg/Ortloff/Kment, Öffentliches Baurecht: Bauplanungsrecht, 7. Aufl. 2017, C.H. Beck

Hoppenberg/de Witt, Handbuch des Öffentlichen Baurechts, 51. Aufl. 2018, C.H. Beck Verlag

Jarass/Kment, Kommentar zum BauGB, 2. Aufl. 2018, C.H. Beck Verlag

Koenig/Roeser/Stock, Kommentar zur BauNVO, 3. Aufl. 2014, Verlag W. Kohlhammer

Muckel/Ogorek, Öffentliches Baurecht, 3. Aufl. 2018, C.H. Beck Verlag

Schrödter, Baugesetzbuch, 9. Aufl. 2019, Nomos Verlag

Spannowsky/Hommann/Kämper, Kommentar zur BauNVO, 1. Aufl. 2018, C.H. Beck Verlag

Spannowsky/Uechtritz, Kommentar zum BauGB, 3. Aufl. 2018, C.H. Beck Verlag

Stollmann, Öffentliches Baurecht, 11. Aufl. 2017, C.H. Beck Verlag

Stüer, Der Bebauungsplan, 5. Aufl. 2015, C.H. Beck Verlag

Wirth/Wolf, Öffentliches Baurecht praxisnah, 2. Aufl. 2016, Springer Vieweg Verlag

# Stichwortverzeichnis

# Ihr kostenloses eBook

Vielen Dank für den Kauf dieses Buches. Sie haben die Möglichkeit, das eBook zu diesem Titel kostenlos zu nutzen. Das eBook können Sie dauerhaft in Ihrem persönlichen, digitalen Bücherregal auf **springer.com** speichern, oder es auf Ihren PC/Tablet/eReader herunterladen.

1. Gehen Sie auf **www.springer.com** und loggen Sie sich ein. Falls Sie noch kein Kundenkonto haben, registrieren Sie sich bitte auf der Webseite.
2. Geben Sie die eISBN (siehe unten) in das Suchfeld ein und klicken Sie auf den angezeigten Titel. Legen Sie im nächsten Schritt das eBook über **eBook kaufen** in Ihren Warenkorb. Klicken Sie auf **Warenkorb und zur Kasse gehen**.
3. Geben Sie in das Feld **Coupon/Token** Ihren persönlichen Coupon ein, den Sie unten auf dieser Seite finden. Der Coupon wird vom System erkannt und der Preis auf 0,00 Euro reduziert.
4. Klicken Sie auf **Weiter zur Anmeldung**. Geben Sie Ihre Adressdaten ein und klicken Sie auf **Details speichern und fortfahren**.
5. Klicken Sie nun auf **kostenfrei bestellen**.
6. Sie können das eBook nun auf der Bestätigungsseite herunterladen und auf einem Gerät Ihrer Wahl lesen. Das eBook bleibt dauerhaft in Ihrem digitalen Bücherregal gespeichert. Zudem können Sie das eBook zu jedem späteren Zeitpunkt über Ihr Bücherregal herunterladen. Das Bücherregal erreichen Sie, wenn Sie im oberen Teil der Webseite auf Ihren Namen klicken und dort **Mein Bücherregal** auswählen.

## EBOOK INSIDE

**eISBN**
**Ihr persönlicher Coupon**

Sollte der Coupon fehlen oder nicht funktionieren, senden Sie uns bitte eine E-Mail mit dem Betreff: **eBook inside** an **customerservice@springer.com**.

Printed by Printforce, the Netherlands